Lorbeer
Literaturverlag

Titelfotos: Spinnerei II C © Christian Brünig
Gedenkstätte © Pascal Cziborra

ISBN 978-3-938969-41-0

KZ Venusberg

Der verschleppte Tod

Pascal Cziborra

Lorbeer - Verlag
Bielefeld 2015

Inhaltsverzeichnis

Einleitung

Teil 1 - Das Lager Venusberg

Von der Entstehung bis zur Auflösung

Teil 2: Personen im Lagerumfeld

Wachpersonal, Belegschaft und Bevölkerung

Teil 3: Stationen der Deportation

Häftlingsüberstellungen und Transporte

Teil 4: Statistik, Daten, Diagramme

Forschungsstand und Datenbasis

Geleitwort

Vor Ihnen liegt der dritte Band der Aufarbeitungsreihe *Die Außenlager des KZ Flossenbürg*, der anlässlich des 70. Jahrestages der Befreiung und des Kriegsendes überarbeitet und neu aufgelegt wurde. Das Buch ist Ergebnis umfangreicher Recherchen und dokumentiert den aktuellen Forschungsstand zum Außenlagerstandort Venusberg. Hauptziele der historischen Rekonstruktion sind die Klärung der einzelnen Häftlingsschicksale, die zukünftige Unterstützung der Erinnerungsarbeit und Bildung vor Ort, sowie die Anregung der weltweiten wissenschaftlichen Aufarbeitung des Holocaust. Hierfür wurden in intensiver Forschungsarbeit zahlreiche Dokumente zur Auswertung zusammengetragen, die diverse Facetten des Venusberger Lagergeschehens von verschiedenen Perspektiven her beleuchten sollen. Anhand zahlreicher Aussagen von Opfern, Tätern und weiterer Augenzeugen, sowie Dokumenten aus dem Schriftverkehr des Lagers, lässt sich ein relativ schlüssiges Gesamtbild der Lagerereignisse zeichnen, dem künftig Schritt für Schritt die letzten Puzzleteile hinzugefügt werden sollen. Insbesondere die Fortsetzung der Identifikationsbemühungen mit Erhebung eines Opferstatus für alle ehemaligen Häftlinge wird dabei noch eine größere Herausforderung darstellen, die nur mit Hilfe der ehemaligen Häftlinge und ihrer Angehörigen, sowie der Erschließung weiterer Archivmaterialien und der weiteren Öffnung von Entschädigungsakten für wissenschaftliches Arbeiten, gelingen kann. Nur so können sichere Daten über Häftlingsschicksale erhoben, und an die Opfer in gebührender Weise erinnert werden.

Die Hauptquellen dieser Wahrheitssuche

Die für die vorliegende Publikation verwendeten Aussagen der Opfer- und Täterseite speisen sich im wesentlichen aus den Archivbeständen der zentralen Stelle der Landesjustizverwaltungen in Ludwigsburg zur Aufklärung nationalsozialistischer Verbrechen, wo zwischen 1966 und 1971 Vorermittlungen bezüglich möglicher Tötungsverbrechen im Lager Venusberg mit dem Ergebnis einer Verfahrenseinstellung betrieben wurden. Dabei wurden mehr als 40 ehemalige Häftlinge vernommen und etliche weitere werden namentlich genannt. Den Ludwigsburger Ermittlern lagen aber wesentliche Informationen nicht vor, die in diesem Band vereint werden und zu deutlich besseren Erkenntnissen führen. Hinzugezogen werden die Ermittlungsakten sächsischer Polizeidienststellen aus dem Jahr 1945, die Flossenbürger Nummernbücher mit den Häftlingsdaten, der in Venusberg internierten Jüdinnen, sowie eine umfangreiche Sammlung Herbert Jankowskis, die mit Materialien aus der Firmengeschichte der Venusberger Spinnerei, aussagekräftiger kirchlicher und kommunaler Korrespondenz aus dem Jahr 1945, sowie Gesprächsmitschriften von Zeitzeugeninterviews aus dem Lagerumfeld aus dem Jahr 1997 interessante Perpektiven eröffnet.
Zur Klärung der Häftlingsschicksale wurden des weiteren 13 Protokolle der *DEGOB*[1] aus dem Jahr 1945 gesichtet, die Angaben zu 17 ungarischen Jüdinnen des Lagers enthalten, und mindestens 70[2] ehemalige Venusberger Häftlinge recherchiert, die für die *Shoah Visual History Foundation* seit 1994 Interviews gaben, die bislang leider überwiegend inhaltlich ungenutzt blieben, aber weitere Hinweise auf Überlebende und

---

[1] Deportáltakat Gondozó Országos Bizottság.
Ungarisches Hilfskomitee für Deportierte

[2] SVHF 1486, 2100, 2707, 2952, 3109, 4819, 4959, 5572, 6782, 11460, 11565, 11738, 11921, 12003, 14166, 16138, 16445, 16457, 16833, 17438, 19518, 21467, 22752, 24791, 25374, 25542, 26021, 26334, 26695, 27406, 27576, 27720, 27846, 27899, 29985, 30258, 30799, 31831, 31863, 32044, 32215, 32343, 32713, 32850, 32906, 33890, 34770, 37218, 38368, 41941, 41946, 42104, 42957, 43635, 44236, 44849, 45078, 46556, 47182, 47510, 47726, 47895, 47927, 48563, 48565, 48699, 49965, 50646, 50895, 51094

Todesopfer enthalten könnten. Diese Video-Interviews, die seit 2007 auch in Berlin vorliegen bilden ein eigenes noch zu bewältigendes Forschungsfeld für die Auswertung von mindestens 70 Interviews, d.h. mehr als 160 Stunden Videomaterial in 10 verschiedenen Sprachen. Leider fehlten zu dieser Auswertung bislang die zeitlichen und finanziellen Ressourcen. Weitere 8 Video-Interviews mit ehemaligen Venusberger Häftlingen wurden für die Gedenkstätte Mauthausen geführt.

Wesentlich für die intensive Häftlingseinzelschicksalrecherche waren außerdem Informationen des *Holocaust Document Center Budapest*[3], *Pages of Testimony -Yad Vashem*[4], Listen der *Jewish Agency*[5] von 1945, das Gedenkbuch[6] Liliana Picciotto Fargions für die deportierten italienischen Juden, Informationen der niederländischen Kriegsgräberfürsorge *OGS*[7] und des *Roten Kreuzes*, Informationen des französischen *Ministère de la Défense,* die Korrespondenz mit Marcia Haddad Ikonomopoulos[8] bezüglich des Schicksals griechischer Jüdinnen, sowie das Standardwerk, das *Kalendarium der Ereignisse im KZ Auschwitz-Birkenau 1939-1945* von Danuta Czech. Weitere Einzelnachweise und Korrespondenzen, sowie die Autobiografien von Henryka Schermant Shaw und Sonia Schreiber Weitz, konnten ebenfalls mit in die Dokumentation einbezogen werden und trugen dazu bei, dass wesentliche Fragen zum KZ Venusberg, nach mehr als 70 Jahren geklärt werden konnten. Die entscheidenden Fortschritte bei der Häftlingseinzelschicksalrecherche gegenüber der Erstauflage von 2008, sind dabei den nationalen Entlassungslisten des KZ Mauthausen vom 22. und 23. Mai 1945 und den Kennkarten der Krakauer Juden aus dem Staatsarchiv Krakau zu verdanken. Zudem lieferte das Auschwitzer Blockbuch 22B zahlreiche Hinweise und Häftlingsnummern, sodass mittlerweile mehr als 700 der gut 1000 ehemaligen Häftlinge identifiziert und ihre Schicksale dokumentiert werden konnten.

---

[3] Online eingesehen über die Homepage Yad Vashems

[4] Gedenklblätter für einzelne Holocaustopfer. Gedenkstätte Yad Vashem.

[5] Online eingesehen auf der Homepage von CRARG. [Nur polnische Juden]

[6] Il libro della memoria gli ebrei deportati dall'Italia (1943-1945)

[7] Oorlogsgravenstichting

[8] Kehila Kedosha Janina Synagogue & Museum

Teil 1: Das Lager Venusberg-Gelenau

Von der Entstehung bis zur Auflösung

a) Vorgeschichte und Anbahnung

Kriegsbedingte Produktionsverlagerungen der Rüstungsindustrie waren in der zweiten Hälfte des Krieges keine Seltenheit. Vom Wirtschaftsverwaltungshauptamt (WVHA) in Berlin zentral koordiniert, wurden kriegswichtigen Firmen meist in weniger gefährdeten Gebieten Fertigungsstandorte vermittelt. Im Jahr 1943 ist auch die Junkers Flugzeug- und Motorenwerke AG mit Sitz in Dessau, auf der Suche nach geschützten Verlagerungsstandorten. Nachdem 1935 durch den Tod Hugo Junkers die Firmenanteile vollständig in den Besitz des Reichsluftfahrtministeriums übergegangen waren, entstand 1936 die neue Aktiengesellschaft durch die Verschmelzung der zwei Gesellschaften Junkers Motorenbau GmbH und Junkersflugzeugwerk AG. Als rein staatlich gesteuertes Unternehmen, konnte man sich während der nationalsozialistischen Diktatur auch gegen den Widerstand von Eigentümern nahezu überall einquartieren, wo die Konzernleitung wollte. Aus welchem konkreten Grund die Wahl schließlich auf Venusberg fiel, ist bislang nicht bekannt. Möglicherweise steht diese Entscheidung aber schon im Zusammenhang mit den späteren Bestrebungen unterirdische Produktionsstätten zu errichten[9].

Trotz heftigen Widerstandes des Direktors Wunderlich, wird die Anmietung der Fertigungsräume von der Gebrüder Schüller AG, Venusberger Spinnerei, durch die neugegründete Junkerstochter, die Venuswerke AG, vorangetrieben und durchgesetzt. An das organisatorische Durcheinander dieser Verlagerungsbestrebung, sowie das Eintreffen der Montagearbeiter erinnert sich Gefolgschaftsmitglied Adolf Harzer:

> „Im Jahre 1943 wurden wir überrascht, als eines Tages die Junkerswerke mit ca. 150 Mann ankamen und sofort mit der

[9] Projekt „Knurrhahn“, Kalkwerk Herold. Baubeginn Oktober 1944. Da Firmenakten bislang nicht eingesehen werden konnten, liegen hierfür noch keine konkreten Belege vor.

Montage der Werkzeugmaschinen beginnen wollten. Der ehemalige Direktor Wunderlich sollte von der SS verhaftet werden, weil er sich weigerte, Teile vom Betrieb zu räumen. Es war der Direktor Black von den Junkerswerken, der es dann doch durchsetzte, dass die neuerbaute Abt. D [10] und die Abt. C ausgeräumt wurden. Im Keller der Abt. C war die Einlegerei, der Feuchtraum sowie die Einfachweiferei untergebracht. Die Einlegerei wurde nach dem 1. Ringsaal der Abt. B verlegt. Junkers benutzte die ehemalige Einlegerei für die Aufstellung von schweren Werkzeugmaschinen, Drehbänken usw. Der Flyersaal wurde nicht beschlagnahmt und die Produktion ging dort weiter. Die drei Spinnsäle wurden vollständig geräumt und 60 Selfaktoren wurden in große Kisten verpackt und standen lange Zeit im Hof. Es war ein furchtbares Durcheinander. Mit der Verpackung der Maschinen war der ehemalige Spinnmeister Max Opitz betraut worden. Die 3 Spinnsäle wurden für Büroräume usw. benutzt. Die Maschinenkisten wurden zum Teil in der ehemaligen Niederlage der Spinnerei Weißbach und zum Teil in zwei neuerbaute Baracken, dort wo jetzt die zwei neuen Häuser 103 F und 103 G stehen, untergebracht."[11]

Mit der erzwungenen Einquartierung der neuen Mieter und der Entstehung der sogenannten ‚Venuswerke' wurden damit bereits im Jahr 1943[12] die ersten Weichen zur späteren Gründung eines KZ-Lagers in Venusberg gestellt. Mit der Junkers-Verlagerung halten zunächst Zwangsarbeiter in Venusberg und weiteren umliegenden Ortschaften Einzug, die bald in noch größerem Stil in der kriegswichtigen Fertigung zum Einsatz kommen. Luise Seidenstücker und Ilse Jockschat, ehemalige Arbeiterinnen des Betriebes bestätigen:

> „Seit 1943 arbeiteten im Rüstungsbetrieb Junkers ausländische Arbeiter aus vielen Ländern der Erde (z.B. Belgien, Holland, Frankreich, CSR). Sie wohnten zum Teil im Werk I der ‚Schüllerschen' Baumwollspinnerei. Hier waren auch im Erdgeschoß die Waschgelegenheiten und im Obergeschoß ca.

[10] 1938 erst von der Spinnerei erstellt

[11] Aussage Adolf Harzer. Sammlung Herbert Jankowski.

[12] Genauer Zeitpunkt bislang leider nicht bekannt. Spätestens September.

60 Krankenbetten für Kriegsgefangene und ausländische Zivilarbeiter eingerichtet. Die Maschinen des Rüstungsbetriebes ‚Junkers' standen in den Abteilungen C und D des Werkes II, Ortsteil Venusberg/Spinnerei. In der Abt. D Saal 2 haben auch kurze Zeit ausländische Kinder[13] gearbeitet. Damit sie an den Maschinen hochkamen, wurden auf den Fußboden Holzoeste gelegt. Bei Wind und Wetter mussten die ausländischen Arbeitskräfte z.T. unter Bewachung zur Arbeit laufen. Die Arbeiter der Spinnerei und der Junkerswerke gingen durch getrennte Eingänge in den Betrieb."[14]

Ähnliches erinnern Louise und Werner Hofmann. Sie äußern 1997 in einem Gespräch mit Herbert Jankowski:

> „In der Spinnerei I Venusberg wohnten ausländische Zivilarbeiter und Kriegsgefangene aus Frankreich, Belgien, Holland, Italien – später auch Ukrainer. Den Franzosen, Holländern und Belgiern ging es ganz gut. Sie erhielten über das ‚Rote Kreuz' Pakete aus der Heimat. Die Italiener wurden sehr streng behandelt. Die Ausländer arbeiteten in den Junkerswerken der Spinnerei II. Sie liefen zur Arbeit z.T. unter Bewachung auf dem Waldweg oberhalb des Mühlgrabens."[15]

Bis Ende 1944 sind es weitestgehend eben diese Ausländer und Zwangsarbeiter, die die deutsche Rüstungsproduktion in Venusberg aufrecht erhalten. Es liegen Listen mit den Personalien von 1565 ausländischen Arbeitskräften vor, die gegen Kriegsende in Venusberg gemeldet waren. Dabei handelte es sich um 468 Belgier, 312 Tschechen, 214 Italiener, 203 Franzosen, 110 Weißruthenen, 91 Niederländer, 67 Russen, 5 Polen, 3 Ungarn und 2 Rumänen[16]. Die Mehrheit von ihnen arbeitete für die Venuswerke. Um den gestiegenen Arbeitskräftebedarf auch weiterhin zu sichern, entschließt sich schließlich die Junkers Flugzeug- und Motorenwerke AG auch für den Einsatz von KZ-Häftlingen

---

[13] Vgl.Bericht Hardy Melzer. Sammlung Herbert Jankowski

[14] Gesprächsmitschrift vom 16.05.1997. Sammlung Herbert Jankowski

[15] Gesprächsmitschrift vom 06.08.1997. Sammlung Herbert Jankowski

[16] Vgl. Bericht Hardy Melzer. Sammlung Herbert Jankowski.

in den *Venuswerken*, die Direktor Düwel[17] leitet. Wann, für welchen speziellen Zweck und aus welchem konkreten Anlass dies beschlossen, und wann das geplante Bauvorhaben begonnen wird, wäre noch zu klären.[18] Sehr wahrscheinlich steht die Beschließung des Häftlingseinsatzes in Zusammenhang mit dem geheimen Bauvorhaben „Knurrhahn" zur Errichtung unterirdischer Fertigungsstätten im Stollensystem des Kalkwerks Herold. Dort soll ab Oktober 1944 auf 7000qm eine bombensichere Fertigung fur Flugzeugteile der Firma Junkers entstehen. Der Stollenausbau beginnt etwa zur selben Zeit wie die Errichtung des Barackenlagers. Das umfangreiche Bauvorhaben wird bis Kriegsende aber nicht mehr fertiggestellt. Die Bauleitung hat ein Herr Jettner von der Firma Junkers inne. Das Bauvorhaben wird unter der Dringlichkeitsstufe Nr. A 209 vorangetrieben und die Firmen M. Seifert Einsiedel Betonarbeiten und Felsabtrag, Karl Baumann Tharand Stollenvortrieb, MIBAG Chemnitz Maurerarbeiten und W. Aurich Chemnitz Straßenbau werden mit den genannten Aufgaben betraut. Am 15.12.1944 sind 16 Maurer, 11 Zimmermänner, 3 Betonbauer, 13 Hilfsarbeiter Ausländer, 2 Zimmerer, 4 sonstige Facharbeiter, 15 Hilfsarbeiter und 330 Russen auf der Baustelle beschäftigt.[19] Während also ab Herbst 1944 knapp 1km südwestlich der Spinnerei unterirdische Produktionsstätten für die Firma Junkers entstehen sollen, wird gut 500m nordöstlich der Venuswerke auf dem Wiesenstück rechts der Wilisch zwischen den beiden Spinnereigebäuden I und II, angeblich von russischen Kriegsgefangenen[20] ein kleines Barackenlager errichtet. Hier sollen später im neugegründeten Außenlager des KZ-Flossenbürg weibliche Häftlinge interniert und im Rüstungsbetrieb eingesetzt werden. Der Bau des Barackenlagers wird Ende 1944 zügig vorangetrieben, was darauf hindeutet, dass die Zuweisung der Häftlinge von den Venuswerken sehnlichst erwartet wird und/oder aber bereits für den Januar 1945 zugesagt wurde. Ein Zeitzeuge aus Schönbrunn, der als

---

[17] Schreibweise variiert zwischen Düwel und Düwell

[18] Akten der Venuswerke bzw. Junkers Flugzeug- und Motorenwerke AG konnten bislang leider noch nicht eingesehen werden.

[19] http://team-delta.info/wiki/index.php?title=Knurrhahn

[20] Gesprächsmitschrift Ilse Jockschat und Luise Seidenstücker. Jankowski

Elektriker bei der Errichtung des Lagers beteiligt war, berichtet 1997:

> „Die Fertigstellung der Elektroarbeiten an der Außenbeleuchtung des Lagers drängte sehr, deshalb mußte auch in der Woche zwischen Weihnachten und Silvester 1944 gearbeitet werden.“[21]

Obwohl also das Barackenlager Anfang Januar 1945 bereits nahezu vollständig errichtet und selbst die Elektroinstallationen beendigt sind, versucht sich auch hier wiederum Direktor Wunderlich bis zuletzt gegen die bevorstehende Einquartierung der KZ-Häftlinge zu wehren. In seinem Schreiben an die Venuswerke AG vom 4. Januar 1945 heißt es:

> „Wie wir von Herrn Direktor Düwell hören, planen Sie die Errichtung eines KZ-Lagers auf unserem Gelände und auf der Wiese unseres Nachbars Bauer Neumann, Gelenau. Wir möchten darauf aufmerksam machen, dass wir Ihnen vertraglich Gelände und Räumlichkeiten nur zur Unterbringung von Gefolgschaftsmitgliedern überlassen haben. Keinesfalls können Sie daraus das Recht herleiten, ein KZ-Lager bei uns zu errichten. Wir protestieren deshalb hiermit in aller Form gegen Ihr Vorhaben. Wenn Sie durchaus Häftlinge beschäftigen wollen – aus welchen Gründen Sie dies tun, entzieht sich unserer Beurteilung – dann empfehlen wir Ihnen, den bereits beabsichtigten Weg zu beschreiten, einen Teil Ihrer Fertigung nach Waldheim zu verlegen. Unseres Wissens haben Sie diesbezügliche Verhandlungen bereits in Dresden eingeleitet. Wir ersuchen Sie in Ihrem eigenen Interesse, den Gedanken der Errichtung eines KZ-Lagers bei uns fallen zu lassen, da sie mit unserem schärfsten Widerstand gegen diesen [sic!] Vorhaben rechnen müssen.“ [22]

Trotz dieses Protestes werden am 8. Januar 20 SS-Wachmänner unter Führung zweier SS-Unterscharführer nach Venusberg versetzt[23] und unter das Kommando des Oberscharführers Dücker

---

[21] Anlage 4. Aufgeschrieben von Elfriede Dietrich. Sammlung H. Jankowski

[22] Schreiben vom 4.1.1945 Sammlung Herbert Jankowski.

[23] BArch, NS 4/FL 428, Versetzung am 8.1.1945 nach Venusberg/Erzg.

gestellt. Neben den zwei Unterscharführern handelt es sich um zwei *‚Sturmmänner'* und 16 *‚SS-Schützen'*, die wohl größtenteils als Volksdeutsche zur Waffen-SS eingezogen, in der Regel über 40 Jahre alt sind, und kurz zuvor im Stammlager Flossenbürg zu Wachposten ausgebildet worden waren. Sie finden das Lager unfertig vor. Der in den Ludwigsburger Ermittlungen vernommene Wachmann Stefan Frauhammer äußert sich wie folgt:

> „Als wir ankamen, war noch kein Lager vorhanden. Wir haben mitgeholfen, den Drahtzaun um das Lager zu errichten. Die Baracken standen bereits."[24]

Josef Zwickl, ebenfalls ehemaliger SS-Schütze bestätigt:

> „Als wir nach Venusberg kamen, waren noch keine Häftlingsfrauen dort. Es standen lediglich die Baracken schon da, diese mussten aber noch eingezäunt werden. Nachdem wir die Umzäunung, die aus Stacheldraht bestand, aufgebaut, bzw. soweit sie schon vorhanden war, ausgebessert hatten, kamen die ersten Häftlingsfrauen."[25]

Diese werden laut Berichten ehemaliger Häftlinge am 13. Januar[26] in Güterwaggons aus dem Frauen-Konzentrationslager Ravensbrück abtransportiert und treffen laut Flossenbürger Nummernbücher und Aussagen überlebender Häftlinge am 15. Januar 1945 am Bahnhof Gelenau[27] ein, von dem sie unter Begleitung ihres Transportkommandos in das neu errichtete Lager überführt und von Oberscharführer Dücker und seiner Wachmannschaft in Empfang genommen werden.

---

[24] Barch, B 162 / 8376 S. 484 VP Stefan Frauhammer
[25] Barch, B 162 / 8376 S. 480 VP Josef Zwickl
[26] Vgl. DEGOB 1206, 1557, 2477, 2807
[27] s.u. Barch, B 162 / 8375, S. 136 VP Towa (Antonia) F

b) Ankunft des 1. Häftlingstransportes

Mit der Übernahme der ersten Häftlinge am 15. Januar 1945 ist das Lager Venusberg, ca.15km südöstlich von Chemnitz gelegen, das zuletzt gegründete Außenlager[28] des KZ Flossenbürg für weibliche Häftlinge. Mit dem Bahntransport aus dem KZ Ravensbrück gelangen 500 ungarische Jüdinnen nach Venusberg. Sechs Überlebende dieser Häftlingsgruppe sollen zu diesem Vorgang zu Wort kommen. Die bei Ankunft im Lager 29-jährige Marta S. gibt am 12.09.1967 folgendes zu Protokoll:

> „Aus dem KL Ravensbrück wurde ich mit anderen 500 Häftlingen in Mitte des Monats Januar 1945 nach Venusberg verschleppt.- Wir wurden in geschlossenen Waggons aus Ravensbrück transportiert unter Aufsicht von Wehrmachtssoldaten, die uns dann dem Lagerführer in Venusberg übergaben und dann zurückfuhren."[29]

Die damals 30-jährige Ella L. bestätigt am 23.11.1967:

> „Am Wege von Ravensbrück nach Venusberg bewachten uns SS-Soldaten und als wir in der Nacht in Venusberg angekommen sind übergaben sie uns anderen SS-Soldaten. Wir wurden ins Lager geführt, das mit Stacheldraht umzingelt war, und wohnten in Baracken ungefähr 100 Frauen in einem Zimmer."[30]

Die bei Ankunft 26-jährige, gebürtige Budapesterin Towa F. erinnert:

> „Wir kamen an in der Bahnstation Gellenau [sic!] von wo wir in das Lager Venusberg, das mit Stacheldraht umzingelt war, geführt wurden. Im Lager übernahm uns der Lagerkommandant, ein SS-Oberscharführer."[31]

---

[28] abgesehen von Leitmeritz, wo aber schon ein Männerlager existierte

[29] Barch, B 162 / 8375, S. 70 VP Marta S.

[30] Barch, B 162 / 8375, S. 159 VP Ella L.

[31] Barch, B 162 / 8375, S. 136 VP Towa (Antonia) F.

Rosa L., die als 37-jährige Frau Venusberg erreichte, äußert:

> „In Venusberg kamen wir nachts an, dort wurden wir von SS-Aufseherinnen und bewaffneten Soldaten übernommen und in ein Lager, umgeben mit einem Drahtzaun bei der Gemeinde Gellenau [sic!] begleitet, wo man uns in Holzbaracken untergebracht hat."[32]

Auch Malka L. erinnert sich an den Transport nach Venusberg. Ihren sechzehnten Geburtstag hatte sie kurz zuvor im Lager Ravensbrück „feiern" müssen. 1967 gibt sie zu Protokoll:

> „Ich kam nach Venusberg Ende Dezember 1944 oder auch im Januar 1945. Ich kann mich genau nicht erinnern, aber ich weiß, dass es Winter war, es war Frost und Schnee, und der Weg nach Venusberg in offenen Waggons[33] war unaussprechlich schwer. Ich kam mit einem Transport ungarischer Frauen. Wie ich mich erinnere waren wir 500 Frauen. Es war der erste Transport. Als wir ankamen waren noch im Lager keine Häftlinge."[34]

Auch Rachel R. gehörte diesem Transport an. Sie wird als 25-jährige nach Venusberg überstellt. Sie berichtet 1967:

> „Wir kamen ins Lager bei Nacht [...] Wir wohnten dort in Holzbaracken. In den Stuben waren 3-stöckige Pritschen, geschlafen sind wir zu zweien."[35]

Den 500 Frauen werden später die Flossenbürger Häftlingsnummern 61758 bis 62257 zugewiesen. Die Häftlinge stammen mehrheitlich aus Budapest und wurden überwiegend zwischen Oktober und Dezember 1944 nach Ravensbrück deportiert[36]. Viele halten sich also nur wenige Wochen in Ravensbrück auf,

---

[32] Barch, B 162 / 8377, S. 772 VP Rosa L.

[33] vgl. Aussage Marta S. – Geschlossene Waggons sind für einen Arbeitstransport wahrscheinlicher. Einen adäquaten Schutz vor Witterung und Kälte boten diese natürlich auch nicht.

[34] Barch, B 162 / 8375, S. 138 VP Malka (Margit) L.

[35] Barch, B 162 / 8375, S. 101 VP Rachel (Rosi) R.

[36] Vgl. Teil 3

bevor sie nach Venusberg weiterüberstellt werden. Die Frauen und Mädchen dieses Arbeitstransportes sind etwa im Alter zwischen 15 und 55 Jahren, wobei der Anteil jüngerer Frauen überwiegt. Mehr als 250 Frauen sind Jahrgang 1920 und jünger. Der niedrigste registrierte Jahrgang des Transportes ist 1894, der höchste 1929. Die Jahrgangsangaben können aber vor allem in den Grenzbereichen, wegen *taktischer* Angaben bei der Selektion, abweichen. So ist beispielsweise Jolan Havas mit dem Jahrgang 1904 registriert und wurde 1893 geboren. Für die sehr wahrscheinliche Unterschreitung des Jahrgangs 1929 liegen allerdings bislang keine konkreten Hinweise vor.
Für KZ-Häftlinge sind die ungarischen Frauen bei Überstellung nach Venusberg in relativ guter körperlicher Verfassung[37]. Die teilweise Unterbringung in einem überfüllten Zelt und die herrschende Mangelversorgung in Ravensbrück hat aber auch unter ihnen bereits einige Spuren hinterlassen. Die ersten Wochen in Venusberg wurden daher zunächst von vielen Ravensbrücker Häftlingen als Verbesserung empfunden. Hier kamen sie bald nach ihrem Eintreffen im Schichtbetrieb in der Fertigung der Venuswerke zum Einsatz.

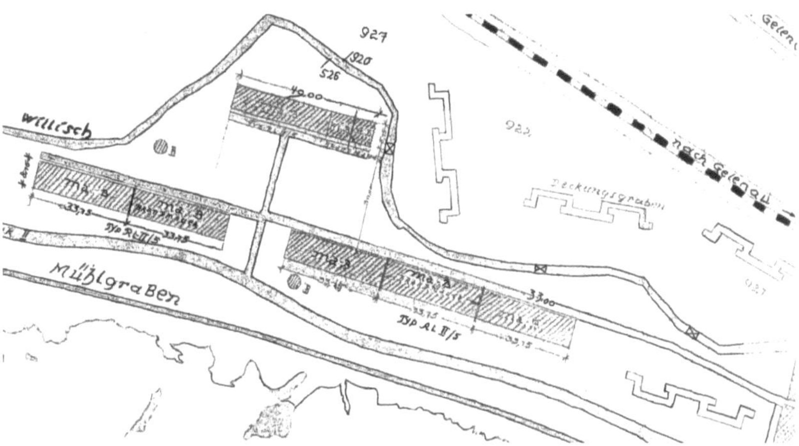

P1: Bauplan des KZ-Barackenlagers 1944 – Archiv Scheffler

[37] Zeitzeuge aus Schönbrunn. Sammlung Herbert Jankowski „Als die Frauen Anfang Januar 1945 hier im Lager ankamen, waren sie nicht abgemagert oder entkräftet.“

P2: Lageplan KZ Venusberg[38]

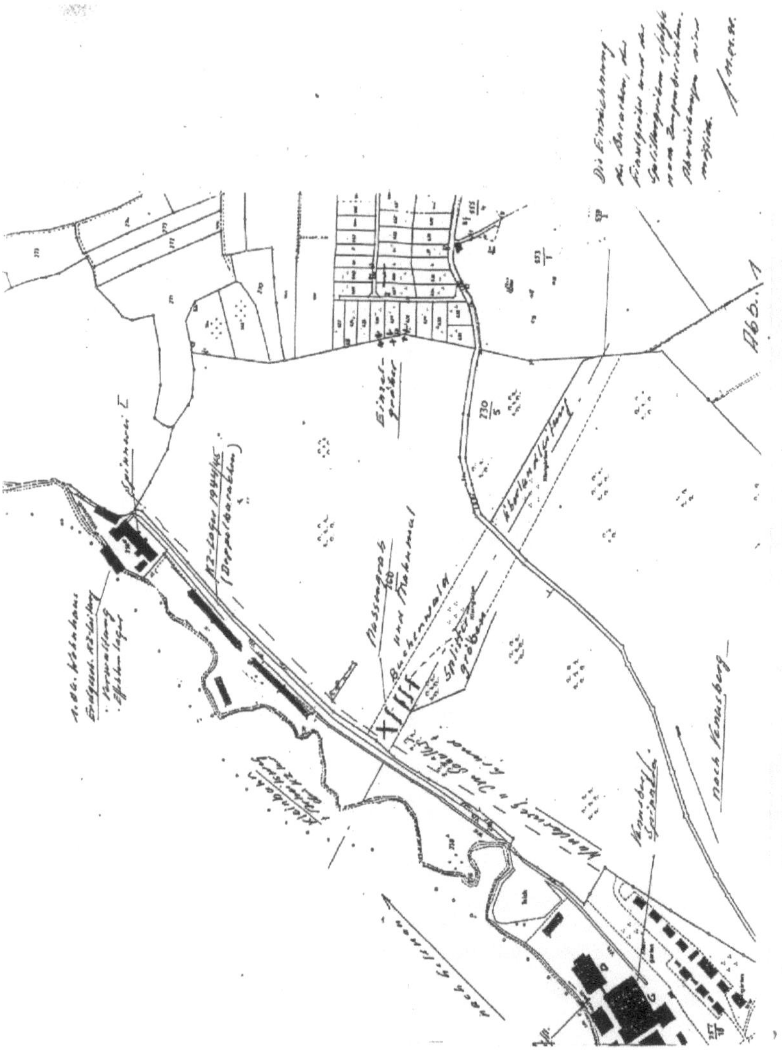

38 Sammlung Herbert Jankowski

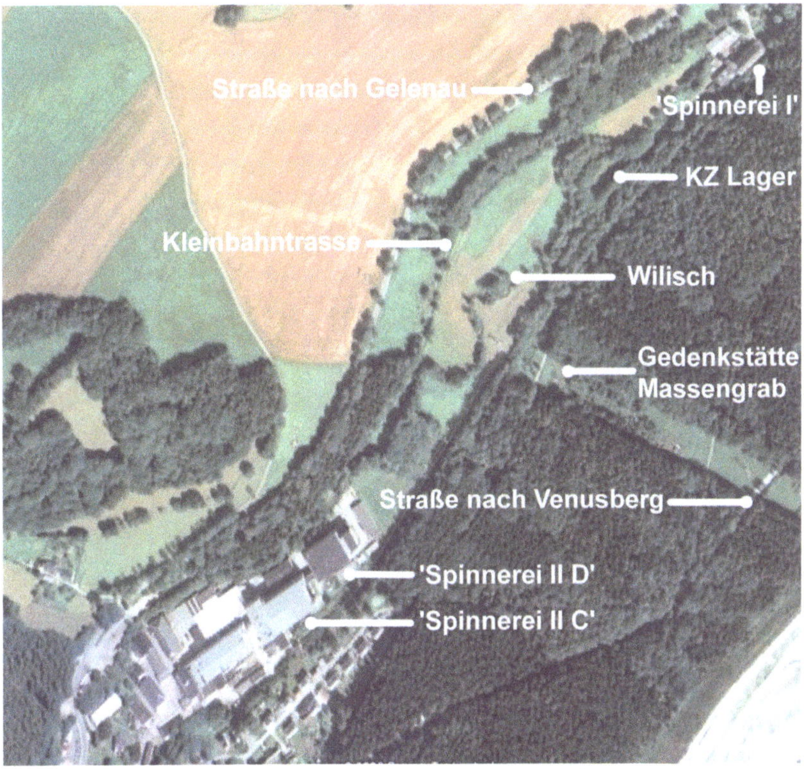

F1: Satellitenfoto Venusberg Spinnerei ~ 2004

F2: Spinnerei I - Zwangsarbeiterlager - Lehrlingsheim - 2005

F3: Vorne: Ex-Kleinbahntrasse - Hinten: ‚Spinnerei I'

F4: Ehemalige Kleinbahntrasse Richtung ‚Spinnerei I'
Entlang der Schienen wurden die Häftlinge u.a. von und zur Arbeit getrieben. Hinten rechts ist der Ufersaum der Wilisch zu erahnen. Dahinter befindet sich das ehemalige KZ-Lagergelände.

F5: Spinnerei II Abteilung C - Arbeitsstätte der Häftlinge

F6: Spinnerei II Abteilung D mit Tarnbemalung ~ 1945

F7: Historisches Foto aus der Bauphase des KZ 1944 mit der Wirtschafts- und den Häftlingsbaracken & Dach Spinnerei I

c) Lage und Beschaffenheit des Lagers

Das Lager, das die ungarischen Jüdinnen aus Ravensbrück vorfanden, bestand im wesentlichen aus zwei Mehrfachbaracken in Holzbauweise, die als Wohnunterkünfte für die Häftlinge dienten und einer Wirtschaftsbaracke, deren Silhouetten auf dem bislang einzigen vorliegenden Foto F7 des Lagers deutlich zu erkennen sind. Anhand dieses Fotos und der Zeugenaussagen wurden die Grundrisse, sowie andere rekonstruierte Details von Herbert Jankowski in den Plan P2 übertragen. F1 und P2 sollen als Orientierung und Veranschaulichung des Lagerstandortes dienen. Weitere hierfür hilfreiche Fotos sind F2 bis F6, sowie P1.

I. Aufbau und Funktionen des Lagers [laut Zeugenaussagen]

Wohl die stimmigste und detailreichste Beschreibung des Venusberger KZ-Lagers in den vorliegenden Dokumenten liefern Ilse Jockschat und Luise Seidenstücker. Die Gesprächsmitschrift aus der Sammlung Jankowskis lautet:

> „Im 2. Halbjahr 1944 errichteten sowjetische Kriegsgefangene das Konzentrationslager „Glück auf" Venusberg, Außenlager des KZ Flossenbürg, oberhalb der Spinnerei I im Tal der Wilisch. Es bestand aus 5 Holzbaracken, davon 1 für die Verwaltung und 4 als Unterkünfte. Die Baracken waren sehr primitiv eingerichtet, Sand- und Steinchenfußboden, keine Öfen[39], drei tiefe schmale Betten übereinander. Für größere Personen ein Sitzen im Bett kaum möglich. Zur Bettenausstattung gehörten ein Strohsack, ein Keilkissen und eine Decke. Um das Lager stand ein hoher Stacheldrahtzaun, abgekröpft nach der Lagerseite. 2 Wachtürme standen auf der Bahn- und Mühlgrabenseite mit Scheinwerfer und Posten."[40]

---

[39] Vgl. aber Katherine S. 1958: „In Venusberg kamen wir im Arbeitslager an. Hier erwartete uns eine saubere, geheizte, ganz hübsch gebaute Baracke." YV 03/1040 zitiert nach Baumgartner. Demnach hat es wohl Öfen gegeben.

[40] Gesprächsmitschrift Ilse Jockschat und Luise Seidenstücker. Jankowski

Ein Zeitzeuge aus Schönbrunn bestätigt größtenteils:

> „Es befanden sich insgesamt 5 Holzbaracken auf dem Wiesenstück links zur Wilisch zwischen ehemals Spinnerei I und Spinnerei II. 3 Baracken standen längs hintereinander, unmittelbar an der Böschung zum Mühlgraben, eine stand in Richtung Spinnerei II quer und eine schräg. Eine Baracke diente als Wirtschaftsgebäude, die anderen vier waren mit je etwa 70 bis 80 jüdischen Frauen belegt. Als Betten dienten Bretterböden, die durchgehend von vorn bis hinten der Baracke verliefen und die am Kopfteil etwas erhöht gebaut waren. Diese Bretterböden waren in drei Etagen (also 3 übereinander) angebracht, wobei die Abstände zwischen den einzelnen Etagen so gering waren, dass kaum jemand sitzen konnte. Vorn in einer Ecke war mit Bretterwand abgeteilt eine Toilette. [...] Auch wenn eine Zivilperson (z.B. die Handwerker) eine der Baracken betrat, mussten die Frauen aufstehen und stramm stehen, auch wenn sie sich, bedingt durch Nachtarbeit, schlafen gelegt hatten.“[41]

Die Belegung der Baracken dürfte allerdings wegen der Größe des Transportes schon von Beginn an enger ausgefallen sein. So berichtet der ehemalige Häftling Berta B.:

> „In einer Baracke waren ungefähr 100 Frauen untergebracht, wir schliefen zu dritt oder zu viert in einem Bett.“[42]

Auch viele andere Häftlinge lassen durch ihre Aussagen während der Ludwigsburger Ermittlungen ein recht solides Gesamtbild über die Beschaffenheit des Lagers, und die einzelnen Funktionen der Lagerbereiche entstehen. Judit K. äußert:

> „In Venusberg war ein regelmäßiges Konzentrationslager. Das Lager war mit Stacheldraht umgeben, an mehreren Stellen von Wächtern bewacht. Im Lagerterrain war ein langes Holzgebäude[43] und in dessen ca. 6 Räumen war unsere Unterkunft.

---

[41] Zeitzeuge aus Schönbrunn. Sammlung Herbert Jankowski

[42] Barch, B 162 / 8376, S. 449 VP Berta B.

[43] Die Anordnung der zwei Doppelbaracken (vgl. F1) mag in der Erinnerung wie ein langes Gebäude erscheinen

> In je einem Raume hielten wir uns mindestens 40[44] Personen auf. Im Lager waren ausschließlich nur Frauen. In einem anderen Gebäude[45] war die Küche und der Waschraum. Ein extra Raum befand sich für die Kranken und daneben war der Leichenraum. Die Wachmannschaft hatte ebenfalls ein besonderes Gebäude. Die Wachmannschaft bestand aus Männern und Frauen."[46]

Cäcilie K. bestätigt die räumliche Unterteilung der beiden Doppel- bzw. Mehrfachbaracken in einzelne Zimmer und Blocks:

> „In einer großen Baracke innerhalb des Lagers befanden sich mehrere Räume und darin erhielten wir Unterkunft. In einem anderen Gebäude[47] war eine Küche und ein Waschraum. Am Ende der Baracke[48] ein Krankenzimmer. Ich weiß es nicht, ob die Wachmannschaft ein besonderes Gebäude besaß, ihre Unterkunft war jedoch nicht im Lagergebiete."[49]

Regina W.:

> „Das Lager Venusberg bestand etwa aus 6-8 Baracken[50], zu denen noch die Wirtschaftsbaracken kamen. Das Lager war für uns in schöner Landschaft neu eingerichtet. Das Lager war von einem Stacheldrahtzaun umgeben, ich weiß nicht mehr, ob es ein elektrischer Draht gewesen ist. Wir wurden von Wachposten bewacht."[51]

Marta K.:

> „Im Lager wohnten wir in hölzernen Baracken. Küche und Krankenzimmer lagen extra."[52]

---

[44] Bei wechselnder Schicht also 80 Personen. 6x80=480 ~ 500
[45] Möglicherweise sind hier auch zwei verschiedene Gebäude gemeint. Vgl. Margit K.
[46] Barch, B 162 / 8375, S. 281a VP Judit K.
[47] Hier ist wohl die Spinnerei I gemeint. Vgl Aussage Julia D.
[48] Es ist nicht eindeutig welche Baracke gemeint ist.
[49] Barch, B 162 / 8375, S. 286f. VP Cäcilie K.
[50] Hier sind wohl die Zimmer bzw. Blocks gemeint.
[51] Barch, B 162 / 8376, S. 630 VP Regina W.
[52] Barch, B 162 / 8375, S. 293 Marta K.

Kati J.:

> „Wir wohnten in Baracken. Das Lagergelände war mit Draht umzäunt. Außen waren noch Baracken für SS-Bewachung, Verwaltung, Küche und Badeanstalt.“[53]

Ilona D.:

> „Innerhalb des Lagers wurden wir in langen Baracken untergebracht. Ich nehme an, dass in einem besonderen Gebäude sich die Küche befand, ich ging nicht [nach] dort. Ob ein Krankenzimmer war, weiß ich nicht. In Venusberg gab es keine Reinigungsmöglichkeit, keinen Waschraum und kein Bad.[54]“[55]

Margit K.:

> „Im Lager war ein langes Gebäude, bzw. eine Baracke, die mehrere Räume hatte. Hier erhielten wir Unterkunft. Wie ich mich erinnere, waren wir in jenem Raume, in welchem auch ich mich befand, etwa 8-10 Personen[56]. Alle Ungarn. In einem weiteren Gebäude war ein Krankenzimmer, und in einem weiteren die Küche. Am Ende der langen Baracke war die Waschküche.“[57]

Übereinstimmung in den Häftlingsaussagen besteht damit darin, dass sie in den zwei Mehrfachbaracken untergebracht waren, welche in einzelne Räume bzw. Blocks unterteilt waren, auch wenn die Baracken teilweise wohl als *ein* langes Gebäude erinnert werden. Außerdem nennt Katherine S. 1958 in einem Bericht explizit den Block 7. Geht man von einer durchgängigen Zweiteilung der Baracken aus, hat es also mindestens 8, laut Bauplan sogar 10 Blocks gegeben. Möglicherweise lag am Ende einer der Wohnbaracken ein Krankenrevier mit separatem Raum

[53] Barch, B 162 / 8375, S. 161 VP Kati J.
[54] innerhalb der Baracken
[55] Barch, B 162 / 8375, S. 296a VP Ilona (Lili) D.
[56] Das Zustandekommen dieser kleinen Zahl ist bislang nicht nachvollziehbar
[57] Barch, B 162 / 8375, S. 275a VP Margit K.

für die Toten[58]. Vielleicht gab es daher nur 7 Wohnblocks. Die Merheit der ehemaligen Häftlinge geht jedoch davon aus, dass sich das Revier in einem anderen Gebäude, möglicherweise mit in der Wirtschaftsbaracke befand. Auch die Lagerküche wird unterschiedlich lokalisiert. Julia D. gibt zu Protokoll:

> „Unweit von unserem Lager war ein Männerlager, wo nicht-Juden – Männer aus Belgien und Frankreich inhaftiert waren. Dort im Männerlager[59] war die Hauptküche und von dort bekamen wir das Mittagsessen. Die Männer arbeiteten mit uns zusammen in der Flugzeugfabrik, welche sich im Walde circa 4 km[60] von unserem Lager befand."[61]

Neben dieser geschilderten Hauptküche verorten die meisten ehemaligen Häftlinge die Lagerküche in der schräg zu den Wohnbaracken liegenden Wirtschaftsbaracke. Möglicherweise haben alle Recht und die Lebensmittel wurden ständig oder zeitweise von der Küche des Zwangsarbeiterlagers zur Küche des KZ Lagers geliefert. Die Erinnerungen einzelner Häftlinge können aber auch täuschen. Die meisten ihrer Angaben werden jedoch durch die Aussagen ehemaliger Wachleute bestätigt, die im Rahmen der Ludwigsburger Vernehmungen weitere Details zum Aufbau des Lagers beisteuern. Verblüffend ist, dass auch Josef Zwickl, wie etliche ehemalige Häftlinge die Unterkunftsbaracken als eine große Baracke erinnert. Er gibt zu Protokoll:

> „Im Lager selbst stand eine große Baracke, die als Häftlingsunterkunft diente, außerdem gab es eine Küchenbaracke. Die Krankenstube für die Frauen befand sich meiner Erinnerung nach außerhalb des Lagers. Das Lager hatte ein Haupttor, an der gegenüberliegenden Seite befand sich ein weiteres Tor, das von den Frauen benutzt wurde, wenn sie zum Baden geführt wurden. Es befand sich nämlich in unmittelbarer Nähe des Lagers ein Steinhaus[62] mit Badeeinrichtungen. Die Unter-

---

[58] Vgl. Cäcilie K.

[59] Spinnerei I

[60] Die tatsächliche Entfernung betrug nur etwa 500 Meter.

[61] Barch, B 162 / 83767, S. 686 VP Julia D.

[62] Spinnerei I vgl. Foto F2

kunftsbaracken für die SS-Männer und die SS-Aufseherinnen lagen außerhalb des Lagers in der Nähe des Haupttors. In der Mitte des Lagers lag der Appellplatz.“ [63]

Sein Kamerad Stefan Frauhammer bestätigt größtenteils:

> „Im Lager selbst gab es drei Baracken, davon diente eine als Küchen-, Magazin- und Revierbaracke, die anderen beiden als Wohnbaracken für die Häftlingsfrauen. In der Mitte des Lagers befand sich der Appellplatz. Die Unterkunftsbaracken für die SS-Aufseherinnen und die SS-Männer befanden sich außerhalb des Lagers in unmittelbarer Nähe des Haupttores. Das Haupttor befand sich an einer der schmalen Seiten des rechteckigen Lagers, gegenüber befand sich ein weiteres Tor.“[64]

Auch Wachmann Michael Wapp äußert sich ähnlich:

> „Meiner Erinnerung nach befanden sich in dem Lager Venusberg 2 lange Baracken für die Häftlinge. Außerdem war dort noch eine Küchenbaracke. Die Baracke für die Wachmannschaften stand außerhalb des Lagers und hier war auch das Krankenrevier[65].“ [66]

Laut der vernommenen Wachleute, befand sich die Lagerküche also einstimmig in der Wirtschaftsbaracke[67], wo Frauhammer auch Magazin und Revier verortet. Zwickl und Frauhammer weisen außerdem auf die zwei Tore an den schmalen Seiten des eingezäunten, rechteckigen Lagerbereichs hin. Das Haupttor lag demnach in Richtung Spinnerei II, der Arbeitsstätte der Häftlinge und das andere Tor in Richtung Spinnerei I, für den Gang zu den Duschen. Die Unterkunftsbaracke der Wachmannschaft soll sich in der Nähe des Haupttors befunden haben. Eine Verwechslung der beiden Tore scheint aber nicht ganz ausgeschlos-

---

[63] Barch, B 162 / 8376, S. 480 VP Josef Zwickl
[64] Barch, B 162 / 8376, S. 484 VP Stefan Frauhammer
[65] Michael Wapp meint hier möglicherweise das Krankenrevier der Wachmannschaft, wo er selbst einmal behandelt wurde. Siehe Teil 2
[66] Barch, B 162 / 8376, S. 413a VP Michael Wapp
[67] Wenn es sich um einen rechteckigen, länglichen eingezäunten Lagerbereich handelte, befand sich diese Baracke evtl. außerhalb der Umzäunung.

sen, da eine Unterbringung der Wachleute im Gebäudekomplex der Spinnerei I derzeit wahrscheinlicher scheint. Aufgrund der Vielzahl leicht widersprüchlicher Äußerungen und des Fehlens anderweitiger bestätigender Dokumente können nicht alle Lagerfunktionen mit gänzlicher Sicherheit lokalisiert werden und bilden hier lediglich eine Übersicht der bisherigen Aussagen und des rekonstruierten Kenntnisstandes. Weitere Hinweise sind erforderlich.

II. Sicherung des Lagers

Über die Sicherung des Lagers existieren ebenfalls leicht widersprüchliche Aussagen. Konsens besteht allerdings darin, dass die Wohnbaracken der Häftlinge innerhalb eines Drahtzauns lagen und dass es im Lager Wachtürme gab. Über deren Zahl und die Beschaffenheit des Drahtes gehen die Meinungen doch recht weit auseinander. Insgesamt liegen glücklicherweise sowohl Aussagen von Seiten der Wachmannschaft als auch seitens der Häftlinge, wie auch Angaben weiterer Zeugen vor, aus denen sich doch ein relativ schlüssiges Gesamtbild rekonstruieren lässt.

IIa) Wachtürme:

Über die Anzahl der Wachtürme liegen von Häftlingsseite in den Ludwigsburger Vorermittlungsakten keine konkreten Aussagen vor. Den Aussagen ist lediglich zu entnehmen, dass es mehrere Wachtürme in Venusberg gab. Ilona D. äußert:

> „Das Lager war durch Stacheldraht umzäunt, SS-Soldaten bewachten es, bewaffnet, auch Wachtürme gab es.“[68]

Stella H. bestätigt:

> „Es war ein verhältnismäßig kleines Lager mit einigen Baracken. Es gab einen Stacheldrahtzaun und Wachtürme.“[69]

---

[68] Barch, B 162 / 8375, S. 296 VP Ilona (Lili) D.

Während sich Wachmann Michael Wapp nur an einen Wachturm[70] erinnern will, gibt Wachmann Josef Zwickl zu Protokoll:

> „Das Lager hatte eine rechteckige Form. An den Ecken befand sich jeweils ein Wachturm.“[71]

Stefan Frauhammer bestätigt:

> „Meiner Erinnerung nach hatte das Lager eine rechteckige Form. An den vier Ecken standen hölzerne Wachtürme. Umzäunt war es mit einem teilweise aus Stacheldraht bestehenden Drahtzaun, der nicht elektrisch geladen war.“[72]

Demzufolge verfügte das Lager Venusberg über vier Wachtürme. Dies bestätigen 1997 auch Ilse Jockschat und Luise Seidenstücker, ehemalige Arbeiterinnen des Junkers-Rüstungsbetriebes. Sie erinnern [siehe oben]:

> „Um das Lager stand ein hoher Stacheldrahtzaun, abgekröpft nach der Lagerseite. 2 Wachtürme standen auf der Bahn- und Mühlgrabenseite mit Scheinwerfer und Posten.“[73]

Die Aussage des ehemaligen Wachmanns Michael Wapp kann damit möglicherweise als Selbstschutzbehauptung entlarvt werden. Er gab am 9. Juni 1970 außerdem zu Protokoll:

> „Das Lager war nur mit einfachem Maschendraht umzäunt. Es hatte keinen Stacheldraht und auch keinen elektrisch geladenen Zaun.“[74]

---

[69] Barch, B 162 / 8376, S. 538 VP Stella H.
[70] Barch, B 162 / 8376, S. 413 VP Michael Wapp
[71] Barch, B 162 / 8376, S. 480 VP Josef Zwickl
[72] Barch, B 162 / 8376, S. 484 VP Stefan Frauhammer
[73] Gesprächsmitschrift vom 16.05.1997. Sammlung Herbert Jankowski s.o.
[74] Barch, B 162 / 8376, S. 413 VP Michael Wapp

IIb) Die Drahtumzäunung

Die Drahtumzäunung des Lagers bestand zwar auch aus Maschendraht, war aber definitiv auch durch Stacheldraht gesichert. Lediglich Wachmann Michael Wapp ist nicht dieser Ansicht. Neben ihm gibt aber auch Stefan Frauhammer explizit zu Protokoll, dass der Drahtzaun nicht elektrisch geladen gewesen sei. Immerhin vier ehemalige Häftlinge behaupten jedoch, teilweise in detaillierten Schilderungen, das Gegenteil. Edith S. erinnert:

> „Das Lager Venusberg war ein Baracken-Lager mit zweistöckig[75] übereinander angeordneten Betten. Es wurde von einem elektrischen Drahtzaun umgeben. Um das Lager herum befanden sich auch Wachttürme. Ich arbeitete in einer etwas außerhalb des Lagers gelegenen Fabrik, wo Teile für – wie ich glaube – Flugzeuge oder Munition hergestellt wurden."[76]

Berta B. bestätigt:

> „Das Lager war von einem elektrisch geladenen Zaun umgeben. Ob es Wachtürme gab, weiß ich nicht."[77]

Yalana L. schildert:

> „Das Lager, mit unter Strom stehendem Stacheldraht umgeben, befand sich in der Nähe einiger Häuser, die von deutschen Zivilisten bewohnt waren. Ich war in einem Block in der Nähe der Küche untergebracht. Es gab auch einen Block, in dem die Toten aufbewahrt wurden, denn es gab kein Krematorium."[78]

Während außerdem nahezu alle Häftlinge Angaben zur Stacheldrahtumzäunung des Lagers machen, aber keine Aussage zu deren elektrischen Ladung treffen, könnte die Schilderung der

---

[75] Hier sind wohl 2 Etagen gemeint: also drei Betten übereinander. Vgl. s.o.
[76] Barch, B 162 / 8376, S. 641 VP Edith S.
[77] Barch, B 162 / 8376, S. 449 VP Berta B.
[78] Barch, B 162 / 8376, S. 561f. VP Yalana L.

Margit K. erklären, warum die Angaben einiger Häftlinge sich von den Aussagen des Wachpersonals in diesem Punkt unterscheiden. Sie gibt am 27.11.1969 in Budapest zu Protokoll:

> „Das Lager war mit Stacheldraht umgeben und wir wurden auf Tafeln aufmerksam gemacht, dass es sich um Hochspannung handelte. Woraus wir erfuhren, dass eine Flucht nicht möglich wäre, denn die betreffende wäre vom Strom getroffen worden."[79]

Es ist demnach möglich, dass der Drahtzaun wirklich nicht elektrisch geladen war, die Häftlinge dies jedoch glauben sollten, um eine Flucht für unmöglich zu halten. Selbstschutzbehauptungen des Wachpersonals sind diesbezüglich aber derzeit nicht völlig auszuschließen. Da sich aber vor allem Stefan Frauhammer sehr ausführlich und nachweislich glaubhaft zu den Bedingungen im Lager Venusberg äußert, scheint eine elektrisch geladene Umzäunung für das Lager Venusberg insgesamt weniger wahrscheinlich.

---

[79] Barch, B 162 / 8375, S. 275f. VP Margit K.

d) Widerstand und erste Todesfälle

Zehn Tage nachdem die Frauen aus Ravensbrück eingetroffen sind, beschwert sich Wunderlich mit deutlichen Worten bei Direktor Black, Venuswerke AG, über die Behandlung der Häftlinge und nimmt darin Bezug auf seinen Protest vor der Überstellung der ungarischen Jüdinnen. Sein Schreiben vom 25. Januar 1945 mit dem Betreff *„KZ-Lager auf unserem Grund und Boden"* lautet:

> „Unseren Protest vom 4. d.Mts. gegen die Errichtung eines KZ-Lagers haben Sie unbeachtet gelassen, wie wir das gewöhnt sind, wenn wir eine unangenehme Sache an Sie gelangen lassen. Wir protestieren wiederholt gegen die Durchführung Ihres Vorhabens, weil es einmal gegen die vertraglichen Abmachungen verstößt und von uns nicht erwartet werden kann, dass wir es ruhig hinnehmen, wenn auf unserem Grund und Boden Dinge geschehen, die ans finstere Mittelalter gemahnen und Empörung und Entrüstung bei den Mitbewohnern unserer Grundstücke auslösen. Selbst in den Reihen Ihrer eigenen Beamtenschaft regt man sich darüber auf, dass die Häftlinge so eng eingepfercht werden, dass die Gefahr des Ausbruchs von Seuchen besteht. Ferner ist keinerlei Vorsorge getroffen, wo die Häftlinge bei Fliegeralarm in Sicherheit zu bringen sind usw.
>
> Sie werden natürlich unseren Protest und unsere Einwände wie immer belächeln und schließlich beim Rüstungsstab erneut gegen den Unterzeichnaten [sic!] vorgehen, wie Sie dies bereits im Juli vor. Jahres getan haben. Der Unterzeichnete ist es nun langsam gewöhnt worden, persönlich von Ihnen verunglimpft zu werden, wenn er um das gute Recht seiner Firma kämpft. Hier handelt es sich aber nicht mehr allein um unsere Firma, sondern um das Menschenrecht unglücklicher Geschöpfe, die sich auf unserem Grund und Boden eine Behandlung gefallen lassen müssen, die nicht ins 20. Jahrhundert passt." [80]

Die Deutlichkeit, in der sich Wunderlich für die Menschenrechte der Gefangenen ausspricht, ist von äußerster Seltenheit und sucht in den Dokumentationen deutschen Widerstandes seines-

[80] Schreiben vom 25. Jan. 1945. Sammlung Herbert Jankowski Anlage 10

gleichen. Seine Worte bezüglich des 20. Jahrhunderts unterstreichen seine humanitäre Grundhaltung. Wunderlich ist seiner Zeit entscheidend voraus. Vielen Deutschen öffnen erst die Aufklärungskampagnen der Alliierten im Zuge der *Reeducation* und *Entnazifizierung* die Augen. Wunderlich hat die nationalsozialistische menschenverachtende Barbarei schnell durchschaut und scheut sich nicht, mit derartigen Äußerungen vielleicht sogar sein Leben in Gefahr zu bringen. Seine Wahrnehmung und sein Engagement sind außerordentlich vorbildlich. Auch schreckt Wunderlich nicht davor zurück, die Mechanismen des diktatorischen Systems offenzulegen. Er beendet sein Schreiben mit den Worten:

> „Sie werden unseren Einspruch mit dem Hinweis auf die SS und auf die Dringlichkeit Ihrer Fertigung abtun. Auf diese Weise ist es Ihnen bisher immer gelungen, uns durch Einschaltung der Berliner Stellen mundtot zu machen. Immerhin appellieren wir an Sie als Betriebsführer und erachten es als unsere Pflicht, sie auf die schwere Verantwortung hinzuweisen, die Sie übernehmen, wenn Sie unseren wiederholten Protest wiederum achtlos beiseite legen.“ [81]

Mit diesem Schreiben macht er Black, als einen sogenannten *Schreibtischtäter*, auf seine Verantwortung an dem Venusberger Geschehen aufmerksam und sichert sich selbst gegen eventuelle spätere Vorwürfe ab. Es ist möglich, dass Wunderlich zu diesem Zeitpunkt bereits eine baldige Niederlage ahnte. Dies soll aber nicht den Wert seines mutigen Widerstandes schmälern. Alle seine Protestschreiben wurden am 18. November 1946 dem damaligen Bürgermeister Gerlach vorgelegt, und Wunderlichs Unterschrift amtlich beglaubigt. Die Argumentation, Wunderlich hätte die Protestschreiben nur aus taktischen Überlegungen, aus persönlichem bzw. unternehmerischen Eigennutz aufgesetzt, kann durch die Vorgeschichte und die Zeitpunkte seiner Schreiben entkräftet werden. Wunderlich scheut keine Auseinandersetzung, was die Konflikte von 1943[82] und Juli

[81] Schreiben vom 25. Jan. 1945. Sammlung Herbert Jankowski Anlage 10
[82] vgl. Aussage Adolf Harzer. Sammlung Herbert Jankowski

1944[83] unterstreichen. Außerdem lässt sich jedes seiner Protestschreiben auf einen konkreten Anlass zurückführen und reiht sich schlüssig in das Lagergeschehen ein.
Wunderlichs Befürchtungen und Bedenken finden mit dem Tod der ersten Häftlingsfrau ihre baldige Bekräftigung. Am 7. Februar 1945, etwa drei Wochen nach Ankunft des Ravensbrücker Transportes wird das erste Opfer des Lagers in Herold beerdigt[84]. Möglicherweise handelt es sich bei dieser Frau um Zsuzsanna Blumenfeld, Jahrgang 1921, die am 20.02.1945 als erster Venusberger Häftling aus der Flossenbürger Lagerstärke gestrichen wird. Unter dem Eindruck dieses konkreten Ereignisses entsteht wohl das dritte vorliegende Protestschreiben vom 11. Februar 1945. Diesmal richtet man sich im Auftrag Wunderlichs an den Kreisleiter Löser in Marienberg und macht diesen auf das skandalöse Potenzial des Lagers aufmerksam:

> „Wie bereits wiederholt gemeldet und wie in der persönlichen Aussprache vom 9. d.M. ausführlich bereits dargelegt, möchten wir heute nochmals schriftlich darauf hinweisen, dass sich die Angelegenheit des KZ-Lagers bei den Venuswerken nachgerade zu einem öffentlichen Skandal auswächst. Die hiesige Bevölkerung ist empört, einmal über die unmenschliche Behandlung der Häftlinge durch die SS, zum andern auch darüber, dass sich die Betriebsführung kaum um die Sache kümmert und alles der SS überlässt. (Unterbringung ist höchst mangelhaft, Seuchengefahr, Verpflegung nur durch die SS ohne jede Kontrolle durch staatliche Organe, DAF usw., keinerlei Vorsorge bei Fliegergefahr.) Herr Betriebsführer Black hat auf unsere verschiedensten Proteste uns keinerlei Antwort gewürdigt. Vertraulich hören wir durch Herrn Direktor Düwell, dass er sich vorgenommen [hat] ‚Wunderlich wieder einmal einen Wischer durch den Rüstungsstab zu geben wie im vergangenen Juli' Dazu wird dann ein Sonderkurier nach Berlin gesandt, um Sondermaßnahmen gegen den Unterzeichneten [sic!] einzuleiten. So werden sachliche Dinge stets auf ein persönliches Gleis geschoben. Dir. Wunderlich hat deshalb alle weiteren persönlichen Verhandlungen mit den

---

[83] in den Schreiben vom 25. Januar 1945 und 11. Februar 1945 angedeutet
[84] Brocke, Ruthenberg, Schulenberg S.419

> Venuswerken abgelehnt und alles Weitere unserem Rechtsbeistand übergeben. Denn wie die Dinge sich jetzt zuspitzen, ging es nicht weiter. Unser Dir. Schüller wurde als ‚Kriegsverbrecher' bezeichnet und Dir. Wunderlich droht man mit der Partei, die nur darauf warte, gegen ihn eine Handhabe zu bekommen. Da wir an den Annaberger Kreis abgrenzen, greift die Empörung in der Bevölkerung wegen des KZ-Lagers auch auf den Nachbarkreis über. Es wäre deshalb empfehlenswert, mit der Kreisleitung Annaberg Fühlung aufzunehmen. Zweifellos liegen auch dort schon Beschwerden vor. Wir hoffen, dass Ihnen möglich ist, die Venuswerke zur Raison zu bringen. Unsere bisherigen energischen Bemühungen, mündliche und schriftliche Proteste, verliefen ergebnislos und bewirkten nur, dass das gegenseitige Verhältnis immer schlechter und mit der Zeit für uns gänzlich untragbar wird." [85]

Bekräftigt wird das Schreiben mit dem Schlusssatz:

> „Wir sind jederzeit bereit, für unsere Behauptung den Wahrheitsbeweis anzutreten." [86]

Indirekt handelt es sich hier um einen wahrheitsbekräftigenden rhetorischen Schachzug, praktisch um die Einladung bzw. die Aufforderung zu einer Ortsbesichtigung. Zudem lässt sich aus dem Beschriebenen erahnen, welchen Lagerbedingungen die Frauen in Venusberg ab der ersten Woche ausgesetzt waren. Nur einen Tag nach diesem Schreiben stirbt eine zweite Frau aus Ungarn, die am 13. Februar in Drebach beerdigt wird. Noch am selben Tag beschwert sich Pfarrer Leistner per Brief bei der Superintendantur Marienberg vermutlich zur Weitergabe an das Kirchenamt Chemnitz betreffs Belegung seines *‚Gottesackers mit Judenfrauen und Kriegsgefangenen'*. Der Brief ist leider von ihm falsch datiert[87]. In der Kopfzeile des Briefs steht zwar „13. Januar 1945" aus dem Inhalt und den Indizien am Dokument

[85] Schreiben vom 11. Febr. 1945, Sammlung Herbert Jankowski

[86] Schreiben vom 11. Febr. 1945, Sammlung Herbert Jankowski

[87] Das führt zu einigen fehlerhaften Aussagen in dem Kurzüberblick über das Lager Venusberg von Ulrich Fritz in der jüngst im C.H.Beck Verlag erschienenen Reihe *Der Ort des Terrors.*

ergibt sich aber der Februar als Verfassungsmonat. Das Dokument ist mit einem Eingangsstempel der Superintendantur vom 16. Feb. 1945 versehen. Da es sich zudem um eine Eilsache handelt, ist es sehr unwahrscheinlich, dass der Brief für das Erreichen seines Adressaten mehr als einen Monat benötigte. Der inhaltliche Verweis auf die Beerdigung in Herold, schließt ebenfalls den Januar aus. Folgendes ist dem Schreiben zu entnehmen:

> „Nach soeben erfolgter Rücksprache mit unserem Herrn Superintendenten möchte ich folgenden Bericht einreichen zur eiligsten Erledigung. In Venusberg Spinnerei I (Spinnerei II gehört nach Herold, Spinnerei I nach Venusberg) befindet sich ein Lager mit Kriegsgefangenen und Judenfrauen. Das hängt mit dem großen Schüllerwerk in Venusberg Spinnerei I und II zusammen. Gestern kam nun von der Lagerleitung ein Anruf. Eine Judenfrau wäre verstorben und sollte in der Selbstmörderecke eingeschart [sic!] werden. Darauf wurde vom Pfarramt erwidert, dass es hier keine Selbstmörderecken gäbe. Es müsste ein Einzelgrab gegraben werden und dafür seien die Gebühren zu entrichten. Das Lager sagte die Gebühren zu. Auf die weitere Anfrage, ob zur Leiche Papiere mitkämen, wurde erwidert. Es käme nichts mit. Die Leiche sollte nur eingeschart [sic!] werden. Ein Grab wäre nicht nötig. Das Pfarramt vereinbarte nun, dass die Leiche heute um 10Uhr gebracht werden solle. Man sagte auch noch zwei Hilfsarbeiter mit zu. Das Pfarramt beauftragte nun den Totenbettmeister, ein Normalgrab in der Nordspitze des Gottesackers auszuheben. Ein anderer Platz war einfach nicht möglich, weil der Platz auf unserem Gottesacker äußerst beschränkt ist und wir nur unter eisernster Disziplin mit den eigenen Gräbern auskommen, wenn nach der Neuplanung und Belegung kein Chaos auf dem Gottesacker eintreten soll. Wie wir hörten, war schon eine Judenfrau Tage vorher auf dem viel näher liegenden Herolder Friedhof eingeschart [sic!] worden. Der Herolder Ortspfarrer hatte sich aber geweigert, weitere Beisetzungen zuzulassen und nach Drebach verwiesen. Da nun die Lagerleitung kein Auto gleich zum Transport bekam (zum nahen Herolder Friedhof war die Leiche getragen worden!) musste auf ein Auto gewartet werden. Das war erst am Spätnachmittag möglich. Die Leiche wurde in einem langen Kasten gebracht. Drei

Soldaten kamen zur Bewachung mit, sechs Judenfrauen mussten den Kasten tragen. Dann wurde die Leiche, die auf einer Art Holzrost lag, herausgenommen. Die Judenfrauen mussten zum Auto zurückkehren und dann wurde die Leiche, die nackt auf dem Rost lag, einfach von den Soldaten in das Grab gekippt. Die Soldaten schaufelten dann das Grab wieder zu unter Beisein des Totenbettmeisters. Als sie nun die Spitze des Friedhofes sahen, sagten sie ob das alles wäre. Unser Totenbettmeister sagte: Hier könnten 6 ungefähr untergebracht werden. Da meinten sie: Das langt nicht. Drüben ist sehr viel krank. Auch sind heute wieder 200 neue gekommen[88]. Wir werden bald noch viel, viel mehr hierher schaffen müssen. Es werden noch viele sterben. Unser Totenbettmeister meldete dies dem Pfarramt. Darauf erfolgte mein Anruf nach Marienberg. Ich bitte die Superintendantur, umgehend einzugreifen. Es ist glatt unmöglich, dass wir unseren Gottesacker auf diese Weise übervölkern lassen können mit nur einzuscharrendem Fremdvolk. Wir haben einfach keinen Platz. Eine Friedhoferweiterung ist unmöglich durch die feste Steinmauer und angrenzende Pfarrfelder. Hier muss anders Rat geschafft werden. In der Nähe des Lagers liegt also der Herolder Friedhof, der weit bessere Möglichkeiten hat, vor allem wohl auch eher erweitert werden kann. Vor allem liegt auch näher der sehr große Gelenauer Friedhof. Auf alle Fälle ist aber zu untersuchen, ob überhaupt diese Leichen, denen jedes regelrechte Begräbnis verweigert wird, auf Friedhöfen, vor allem auf kirchlichen Friedhöfen, eingeschart [sic!] werden müssen. Dazu könnte man doch auch einen freien Platz in der Nähe der Lagerleitung anlegen. Auf alle Fälle verwahren wir uns äußerst davor, dass unser geheiligter Gottesacker einfach als eine Art Schindanger für menschliche Kadaver benutzt wird. Das mag ein- oder zweimal, je nachdem ein großer Friedhof Raum hat, möglich sein. Für Masseneinscharrungen nackter Menschenkadaver ist das nicht möglich, bei uns wegen Mangel an Platz auf keinen Fall. Ich bitte die Superintendentur [sic!], hier das Nötigste zu veranlassen. Eile tut not! Ich bitte dringendst den Kirchenvorstand vom weiteren Stand der Dinge umgehendst zu benachrichtigen.“ [89]

---

[88] Möglicher Hinweis auf die Überstellung aus Bergen Belsen, die in den Flossenbürger Nummernbüchern auf den 28. Februar datiert wurde. Vgl. d)

[89] Brief Pfarrer Leistners Drebach, den 13. Februar. 1945

Das dringende Anliegen Pfarrer Leistners wird von dem Superintendenten in Marienberg am 16. Februar 1945 an das Kirchenamt in Chemnitz mit folgender Einschätzung weitergeleitet:

> „Den Ausführungen des Pfarrer Leistners betr. Belegung des Drebacher Gottesacker mit Judenfrauen und Kriegsgefangenen pflichte ich vollkommen bei. Unsere Friedhöfe können für solche Zwecke nicht in Anspruch genommen werden, wo man Menschen verscharrt, weil man ihnen keinerlei Menschenrechte zugesteht. Dafür ist einfach kein Platz vorhanden und ist unvereinbar mit der Würde des Friedhofes und der Ehre, die wir den dort Beerdigten schuldig sind. Meines Erachtens müsste doch das Lager selbst an Ort und Stelle den nötigen Raum schaffen, ohne dass wir den kostbaren Platz unserer Gemeindefriedhöfe hergeben. Außerdem ist es ein Widerspruch, wenn der kostbare Treibstoff für Bestattungen geschafft werden muß, die in dieser Form stattfinden."

Ein Anliegen, das - wie die weiteren Ereignisse zeigen werden - Früchte trägt und dazu führt, dass künftige Bestattungen von KZ-Häftlingen des Lagers Venusberg andernorts erfolgen.

e) Ankunft des 2. Häftlingstransportes

Wahrscheinlich ist der 13. Februar 1945 der Tag, an dem aus Bergen Belsen ein zweiter Frauentransport mit weiteren 500 Jüdinnen im Lager Venusberg eintraf. Die im Brief von Pfarrer Leistner genannte Zahl von 200 nicht näher spezifizierten Neuankömmlingen könnte vom entsprechenden Wachmann gegenüber Pfarrer und Totenbettmeister bewusst heruntergespielt worden sein und verweist aller Wahrscheinlichkeit nach auf die 500 Häftlinge aus Bergen Belsen. Denkbar ist auch, dass nicht allen Wachleuten der Gründungsmannschaft schon am Ankunftstag, vielleicht auch generell, die Stärke des Bergen-Belsener Transportes genau bekannt war, was neben nicht völlig auszuschließenden Selbstschutzbehauptungen auch erklären könnte, warum die im Rahmen der Ludwigsburger Ermittlungen ver-

---

Sammlung Herbert Jankowski. Gedenkstätte Flossenbürg

nommenen, ehemaligen, doch recht auskunftswilligen Wachmänner die Häftlingsgesamtbelegung mit 700, 700-800 oder 900-1000 Frauen, allesamt tendenziell niedriger als dokumentarisch belegbar erinnern bzw. einschätzen. Ein drittes Argument für den 13. Februar 1945 als Ankunftstag der Frauen aus Bergen Belsen liefert Katherine S. 1958 mit der konkreten Nennung dieses Datums in ihrem autobiografischen Bericht für die Gedenkstätte Yad Vashem[90]. Es ist die einzige explizite Datumsanangabe in den gesichteten Dokumenten. Ein konkret angegebenes bzw. erinnertes Datum, muss aber nicht zwangsläufig mit der Realität übereinstimmen. In diesem Fall gibt es aber etliche andere Indizien, die tatsächlich für den 13. Februar 1945 sprechen. In den Flossenbürger Nummernbüchern weist man dem Transport aus Bergen Belsen allerdings den 28. Februar 1945 als Registraturdatum zu. Datierungsverschiebungen in dieser Quelle sind allerdings keine Seltenheit. Ein dritter größerer Transport für das KZ-Lager Venusberg ist jedenfalls nicht bekannt und wird auch durch die Berichte ehemaliger Häftlinge ausgeschlossen. Außerdem können fast alle Schilderungen Pfarrer Leistners schlüssig mit dem Bergen Belsener Transport in Verbindung gebracht werden. Ein Großteil dieser Häftlinge ist bei Ankunft in Venusberg nämlich bereits typhuskrank, was die Nachfrage nach Beerdigungsmöglichkeiten seitens der Wachmänner durchaus plausibel erscheinen lässt. Leider liegen bislang keine weiteren konkreten Datierungen der Ankunft dieses Transportes durch betroffene Häftlinge vor, die die Aussage der Katherine S. und die aufgestellte These bestätigen. Einige in Protokollen genannte Zeiträume lassen den 13. Februar 1945 als Ankunftstag aber ebenfalls sehr wahrscheinlich erscheinen. So beschreibt Dora S. ihre Deportationsstationen bis Bergen Belsen und die Überstellung Anfang Februar nach Venusberg im Rahmen der Ludwigsburger Vorermittlungen wie folgt:

> „Ich stamme aus Krakau. Während der deutschen Besetzung war ich im Krakauer Ghetto und nach Liquidierung des Krakauer Ghettos kam ich ins Lager Plaszow, wo ich bis Oktober 1944 inhaftiert war. Ich wurde damals nach Auschwitz

[90] Vgl. YV 03/1040 s.u.

> abtransportiert, wo ich im Männer-Musterlager bis zum 18.1.1945, d.h. bis zur Liquidierung inhaftiert war. Ich ging damals in den Evakuierungsmarsch zuerst zu Fuß und dann in Güterwaggons und kam in einem Frauentransport von einigen hundert Frauen nach Bergen-Belsen. In Bergen-Belsen war ich etwa 2-3 Wochen und schon Anfang Februar 1945 wurde ich ins Lager Venusberg abtransportiert. Ich muss bemerken, dass dieses Lager in meinem Gedächtnis als Gelenau zurückgeblieben ist. Möglich, dass diesen Namen ein nahegelegenes Städtchen trug, oder habe ich so ein Schild gesehen. Mit einem Wort, ich bezeichnete oft dieses Lager als Gelenau. Es wurde mir dann klar, dass der eigentliche Name des Lagers Venusberg war. [...] Am Wege von Bergen-Belsen nach Venusberg erkrankte ich an Typhus und kam nach Venusberg krank an. Ich lag auf meiner Pritsche in der Baracke, dann raffte ich mich zusammen und ging zur Arbeit, obwohl ich noch hohes Fieber hatte und sehr krank war. Meine Schwester Helene [...] steckte sich von mir an und lag typhuskrank in der Krankenstube. Fast der ganze Transport aus Bergen-Belsen [...] war typhuskrank. Wir brachten den Typhus nach Venusberg."[91]

Dies wird in vollem Umfang von Sonia Schreiber Weitz in ihrer Autobiografie *I Promised I Would Tell* bestätigt. Auch sie gehört zu den Krakauer Jüdinnen, die über Plaszow mit kurzem Aufenthalt in Auschwitz nach Bergen Belsen deportiert wurden. Die folgenden eindrucksvollen Erinnerungen schildern den Transport nach Venusberg und bringen ihre Gefühlslage eindringlich zur Geltung:

> „Nachdem wir einige Wochen in Bergen Belsen waren, hörten wir, dass ein Transport das Lager in ein anderes, ein Arbeitslager verlassen würde. Verzweifelt versuchten wir bei diesem Transport dabei zu sein. Zu dieser Zeit war Blanca[92] typhuskrank. Wir wussten alle, dass die SS keine Typhusopfer für diesen Transport akzeptieren würde. Darum hat sich Blanca angestrengt gut auszuschauen, so dass sie ihre Krankheit vor den Aufsehern verheimlichen konnte. Wie durch ein Wunder überstand sie die Selektion mit mir und etwa 30 anderen Frau-

[91] Barch, B 162 / 8376, S. 459 VP Dora S.
[92] Blanca Borer. FloNo. 62902

en. [...] Als wir in den Viehwaggons waren, begriff ich, dass meine Schwester sterben könnte. Zu dieser Zeit war ich sechzehneinhalb[93], aber das Alter hatte keine Bedeutung in dieser Welt. Ich war beides, älter, aber auch deutlich jünger als mein eigentliches Alter. Als ich begriff, dass ich Blanca verlieren könnte, weinte ich vor Angst. Wie sollte ich ohne sie überleben? Sie war meine Lebenslinie, mein Retter, meine Mutter, mein Vater, meine Schwester, meine Familie und ich liebte sie über alles. Glücklicherweise gab es noch andere, die mir halfen – Selma[94], Lola[95] und Edzia[96]. Es war nicht leicht Freundschaften in den Lagern zu schließen, aber irgendwie hatten wir – diese drei Frauen, Blanca und ich genau das getan und waren Freunde geworden. Wir glaubten, dass man gemeinsam stärker wäre und wir passten aufeinander auf. Diese drei Frauen halfen Blanca's Leben zu retten. Die Güterwagen waren so vollgepackt mit Frauen von Transporten aus anderen Lagern, dass die Leute buchstäblich aufeinander liegen mussten, gestapelt wie die Konserven in einem Regal. Aber es ist unmöglich so zu existieren ohne beinah zu ersticken. Darum war großes Durcheinander in den Waggons – Schreien, Drängeln, Geschubse, Gedrücke und Schläge. Eine neue Art Hölle fiel über uns herein. Blanca war zu schwach, um sich selbst zu schützen. Darum hielt Selma Blancas Kopf auf ihrem Schoß und ich versuchte zu schrumpfen, um unsichtbar zu werden, so dass meine Schwester etwas von meinem Platz bekäme.

Zeit heilt nicht alle Wunden. Die Jahre dämpften den Schmerz aber nicht die Erinnerungen. Bis heute kann ich diese endlosen Stunden mit furchteinflößender Klarheit erinnern. Es ist am Regnen und sehr, sehr kalt. Obwohl die Güterwaggons versiegelt waren, sickerte der Regen durch die Ritzen. Meine Schwester stöhnt leise; das Fieber und der Typhus haben ihr einen jenseitigen Gesichtsausdruck verliehen, beinahe friedlich. Sie bewegt sich kaum. Jemand wimmert. Jemand ist dabei zu sterben. Ich bin schweißgebadet und hilflos vor Angst. Panik ergreift mein Herz, und ich beginne zu zittern. ‚Lass sie nicht sterben. O Gott, lass sie nicht sterben (Gott? Welcher

---

[93] Jahrgang 1928, als 1923 registriert im Flossenbürger Nummernbuch
[94] Selma Kleinmann. FloNo. 63045
[95] Lola Fuks [Fuchs]. FloNo. 62974
[96] Edzia Fuks [Fuchs]. FloNo. 63973

Gott?). Ich kann doch nicht hier sitzen und zusehen wie sie stirbt. Vielleicht könnte ein Gebet helfen.' Ich wunderte mich wie lange es her war, dass ich das Sh'mah, den heiligen, alten Gesang des jüdischen Volkes, der die Einheit Gottes verkündet, ausgesprochen hatte. Dann denke ich, ‚Das ist der Grund warum sie stirbt, weil ich nicht gebetet habe, weil ich nicht beten kann.' Aber eine andere innere Stimme erwiderte ‚Unsinn! Das Universum funktioniert nicht so. Du weißt, dass dies wahr ist, denn im Ghetto hast du gebetet und gebetet für das Leben deiner Mutter und deine Gebete wurden nicht erhört. Sie haben sie dir weggenommen.'

Lola und Selma versuchen meiner Schwester ein wenig zusätzlichen Platz zu verschaffen – einen Platz sich anzulehnen. Sie drücken eine alte, delirierende Frau zur Seite. Die Frau schreit. Selma legt den Oberkörper meiner Schwester auf ihren Schoß und schüttelt sie vor und zurück. Ich presse meine Knochen zur Seite um ihre Beine zu entspannen. ‚Wie viele weinende, wimmernde, elende Gestalten sind dort in dieser dunklen, stinkenden Grube der Hölle?' Ich lehne mich hinüber und flüstere, ‚Blaneczko, kannst du mich hören?' Aber irgendein knochiger Ellenbogen (oder war es ein Knie?) schubste mich heftig, geradewegs auf das verschlossene Tor zu, in die Nähe der widerlichen Tonne, die als unsere Latrine fungierte. Dort in den Urinlachen von dem überlaufenden Eimer, dachte ich, ich würde lachen, bis ich bemerkte, dass Tränen über meine Pausbacken flossen. Die Schluchzer lassen mich husten und würgen und würgen und ein weiteres Mal husten, bis mich jemand verflucht und mir droht mein Genick zu brechen, wenn ich nicht aufhöre. Ich schlucke die Tränen und den Schleim hinunter. Ich ersticke vor Verbitterung und schmecke die Hoffnungslosigkeit der Verzweiflung. Immer und immer wieder wiederhole ich ‚Lass sie nicht sterben!' Aber die Räder des Zuges haben ihren eigenen Refrain. 'Stirb, stirb“ sagen sie. Regen fließt an der Seite der Wand herunter und ich bin durchnässt. Jemand berührt behutsam meinen Arm. Ich zittere. Es ist Mama Friedrich[97]. Sie ist die Mutter von Ruth[98], einem Mädchen in meinem Alter. Wie Blanca, droht Ruth ebenfalls an Typhus zu sterben. Mama Friedrich hat ein Stück einer Decke – einen abgenutzten, dreckigen, Laus befallenen

---

[97] Cesia [Helena] Friedrich. FloNo. 62971

[98] Ruth Friedrich. FloNo. 62972

Schatz. Jede Nacht hat sie ihre Tochter getröstet und vor den anderen skelettartigen Gespenstern verteidigt wie eine Löwin, wie eine Mutter. Jetzt starrt sie mich an mit einem Gefühl von Mitleid in ihren wässrigen Augen, die kaum noch fokussieren können.

Dort, im Inneren des entmenschlichten Übels[99], nahm sie ein Stück dieser Decke von ihrem eigenen delirierenden Kind und wickelte es um mich. Ich werde mich immer an diese menschliche Umarmung – diesen Akt der unglaublichen Güte, an jene Geste der selbstlosen Fürsorge erinnern. Dort in der tiefsten Sinnlosigkeit, ließ diese tapfere Frau, Ruths Mutter, für einen kostbaren Moment etwas von meinem Horror dahinschwinden. Nach einigen Tagen erreichten wir unser Ziel – Venusberg, ein kleines Arbeitslager.“[100]

Da in Bergen Belsen kurz vor Kriegsende nahezu alle Lagerdokumente vernichtet wurden, liegen dort keine konkreten Informationen zu den abgehenden Transporten vor, weswegen zur Absicherung des in den Flossenbürger Nummernbüchern genannten Transport- bzw. Registraturdatums nur Zeugenaussagen herangezogen werden können. Da Regina W. von einer Transportdauer von zwei Tagen ausgeht, könnten die Häftlinge also demnach am 11. Februar Bergen Belsen verlassen haben. Regina W. gibt zu Protokoll:

> „Als im Januar 1945 Auschwitz evakuiert wurde, kam ich etwa Ende Januar 1945 in das Lager Bergen-Belsen, wo ich 2-4 Wochen blieb. Von dort aus wurde ich mit einem Transport von insgesamt 500 Frauen zwei Tage lang in Güterwagen in das Lager Venusberg gebracht. Ich entsinne mich heute nicht mehr genau an den Namen ‚Venusberg'. Ich erinnere mich aber an den Namen Gellenau [sic!] und nehme an, dass dies das Lager Venusberg war. Bei unserer Ankunft im Lager Venusberg befanden sich dort bereits etwa 500 andere Frauen, die kurze Zeit vorher aus dem Lager Ravensbrück dort hingebracht waren. Dieses waren hauptsächlich ungarische Häftlinge.“[101]

[99] „in the bowels of dehumanized evil“

[100] Sonia Schreiber Weitz. I Promised I Would Tell. S.58 ff. Übers. Cziborra

[101] Barch, B 162 / 8376, S. 630 VP Regina W.

Auch wenn hier zur Ankunft in Venusberg lediglich polnische Jüdinnen mit ausführlicheren Berichten zitiert werden können, bestand der Transport, wie bei Schreiber Weitz angedeutet aus einem bunten Mix an Nationen. Laut Flossenbürger Nummernbuch handelt es sich um 181 ungarische, 143 polnische, 103 griechische, 19 französische, 18 holländische, 7 tschechische, 7 slowakische, 5 reichsdeutsche, 2 türkische und eine jugoslawische Jüdin. Diese 500 Jüdinnen werden mit den Flossenbürger Häftlingsnummern 62858 bis 63357 registriert. Bei der Zuordnung der Nationalitäten kommt es bei der Registrierung zu einigen Fehlern, daher kommen kleinere Abweichungen zur Realität zustande[102]. Die überwiegende Mehrheit der Häftlinge durchlief auf ihrem Leidensweg auch Auschwitz-Birkenau. Nicht alle Häftlinge wurden direkt von Auschwitz nach Bergen Belsen überstellt oder evakuiert, eine kleinere Gruppe, etwa 25 Häftlinge[103], gelangen in zwei verschiedenen Transporten[104] von Auschwitz über das KZ Dachau nach Bergen Belsen. In ihrem Transport vom 17.12.1944 befinden sich etwa weitere 15 Häftlinge[105], die am 24. November 1944 mit einem Transport aus Budapest in Dachau eingeliefert wurden und damit zu der Minderheit des Bergen Belsener Transportes gehören, die vorher nicht Auschwitz durchliefen. Außerdem wurden einige Budapester Jüdinnen Ende November[106] und im Dezember 1944[107] auch direkt aus der ungarischen Hauptstadt nach Bergen Belsen eingeliefert, sodass derzeit noch nicht genau festzustellen ist, wieviele Häftlinge des zweiten Venusberger Transportes keine Auschwitzer Häftlinge waren. Alle Häftlinge anderer Nationen

---

[102] POL 62958 = RD, HUN 63193 = GRE, HUN 63240 = POL, POL 63283 = GRE, FRA 63307 = GRE u.a.

[103] Dachau No.: 86433, [86434], 86637, 86638, 86639, 86641, 86765, 86793, 119860, 119862, 119878, 119879, 119881, 119887, 119888, 119889,119890, 119892, 119895, 119901, 119918, 119925, 119944, 119947, 119951, 120541

[104] 26.07.1944: 800 ungarische Jüdinnen + 500 ungarische Juden nach Dachau. Ankunft 01.08.1944 Sie sind für das Lager Kaufering bestimmt. 2. Transport verschiedene Nationalitäten Ankunft 27.10.1944 in Dachau.

[105] Dachauer Nummern 131659, 131681,[131788], 132139, 132151, 132271, 132405, 132407, 132410, 132411, 132443, 132719, 132745, 132767, 135436

[106] Vgl. Barch, B 162 / 8376, S. 370 VP Margit L., Sie selbst + 2 Schwestern

[107] Vgl. DEGOB Vilma Z.

dürften aufgrund der früher abgeschlossenen Deportationen auch Auschwitz Birkenau durchlaufen haben.
Aufgrund des längeren KZ-Aufenthaltes, der vielfachen Teilnahme an Auschwitzer Evakuierungs- und Todesmärschen, sowie des um sich greifenden Flecktyphus aus Bergen Belsen, sind die Häftlinge des zweiten Transportes in einer deutlich schwächeren Verfassung als die aus Ravensbrück überstellten Frauen. Allein bei deren Unterbringung hatte Direktor Wunderlich ohne ein Blatt vor den Mund zu nehmen von unzumutbaren Lagerbedingungen: Verpflegungsmangel, Einpferchung mit Seuchengefahr und unmenschlicher, skandalöser Häftlingsbehandlung gesprochen. Welche Worte hätte er wohl nach der Ankunft der Bergen Belsener Jüdinnen finden müssen? Da neuerliche Proteste nicht überliefert sind, hatte es wohl auch ihm nun gänzlich die Sprache verschlagen, oder er hatte einsehen müssen, dass es sinnlos war auf ofiziellem Weg Einspruch gegen diese Vernichtungsmaschinerie zu erheben.
Was die Ankunft des Transportes aus Bergen Belsen mit 500 zusätzlich im Lager unterzubringenden Leidensgenossinnen für die bereits anwesenden Häftlinge bedeutete, lässt sich wohl kaum nachfühlen. Überlebende aus der Gruppe der Ravensbrücker Jüdinnen geben zu Protokoll: Ester V.:

> „Später kam noch ein Frauentransport nach Venusberg. Am Anfang[108] waren die Verhältnisse in Venusberg verhältnismäßig gut, später wurden die Verhältnisse immer schlimmer.“[109]

Edith B.:

> „Wie ich schon erwähnte, nach dem Ankommen des Transportes aus Bergen-Belsen begann die Typhusepidemie. Die, welche noch auf den Füßen waren, gingen zur Arbeit, die Toten ließ man auf dem Schnee bei den Baracken liegen. Es war schauderhaft jeden Tag die toten Körper zu sehen, jeden Tag einige.“[110]

---

[108] etwa die ersten drei Wochen
[109] Barch, B 162 / 8377, S. 813 VP Ester (Katalin) V.
[110] Barch, B 162 / 8375, S. 202 VP Edith B.

Ibi L.:

> „Im Vergleich mit Ravensbrück war uns in Venusberg verhältnismäßig gut. Wir bekamen Decken, bekamen verhältnismäßig nicht schlecht zu Essen, man schlug uns nicht, wir arbeiteten in der Flugzeugfabrik. Alles änderte sich als der zweite Frauentransport aus Bergen Belsen kam, auch an die 500 Frauen aus verschiedenen Ländern – Polen, Tschechoslowakei auch Ungarn. Wir bekamen schon fast kein Essen, mussten sehr viel und schwer arbeiten, es begannen epidemische Krankheiten. Es brach eine Typhusepidemie aus, welche viele Opfer nach sich zog. Jeden Tag waren viele Sterbefälle. Insbesondere viele ungarische Frauen erlagen der Epidemie."[111]

Auch die bereits erwähnte Katherine S. wertet die Ankunft der Frauen aus Bergen Belsen als einen tiefen Einschnitt für die Häftlinge aus Ravensbrück. Die Stärke des am 13. Februar eintreffenden Transportes schätzt sie dabei allerdings deutlich zu hoch ein. Sie berichtet:

> „Vier Wochen lang dauerte das gute Leben, bis ein Transport von 1500 Personen aus Bergen-Belsen kam. Dies war am 13. Februar. Im neuen Transport waren ebenfalls aus Ungarn deportierte Jüdinnen, hauptsächlich aus Oberungarn. Nach ihrer Ankunft änderte sich unsere Lage redikal. Das Essen wurde wenig und sehr schlecht. Das neu eingetroffene SS-Personal brachte die in Bergen-Belsen gültige Lagerordnung mit. Die Baracken waren überfüllt, es gab Läuse und Flecktyphus."[112]

Wunderlichs Befürchtungen treffen also ein. Die von Bergen Belsen eingeschleppte Typhus-Epidemie greift auch auf die ungarischen Frauen aus Ravensbrück über und breitet sich im gesamten Lager aus. Die allgemeinen Lagerbedingungen tragen einen erheblichen Teil dazu bei.

---

[111] Barch, B 162 / 8377, S. 683 VP Ibi L.

[112] YV 03/1040 zitiert nach Baumgartner S.190 Vgl. Julia D. Seite 188f.

f) Allgemeine Lagerbedingungen in Venusberg

I.Kleidung:

Die Häftlingskleidung wurde keinesfalls der winterlichen Witterung und dem Aufenthalt in schlecht isolierten Baracken gerecht. Die alltäglichen Appelle und der Weg zur Arbeit allein beanspruchten die Widerstandskräfte und das durch Mangelernährung ohnehin geschwächte Immunsystem der Mädchen und Frauen in erheblichem Maße. Ibi L. berichtet:

> „Wir waren dort [Venusberg] im Winter, es war kalt, Schnee und Frost, wir waren sehr schlecht gekleidet und das lange Appellstehen frühmorgens und dann der Weg – waren für uns sehr schwer.“[113]

Julia D. bestätigt:

> „Wir gingen in den Wald in Frost und Schnee fast nackt und barfuss – in Papier waren unsere Füße gewickelt.“[114]

Auch deutsche Zeitzeugen aus dem Lagerumfeld berichten:

> „Ihre Fußbekleidung waren Gummistiefel oder Holzschuhe zwei verschiedene Größen mit Leinenstoff, die so groß waren, dass sie sich die Schuhe mit Stricken an die Füße binden mussten.“[115]

> „Es war sehr kalt und die Frauen haben gefroren, weil sie nur mit einer Art Schlafanzug[116] und einem grauen Kittel darüber, bekleidet waren.“[117]

Außerdem geben Ilona S. und Marta S. in der Entschädigungakte 59160 des Bezirksamtes für Wiedergutmachung Koblenz an:

---

[113] Barch, B 162 / 8377, S. 813 VP Ester (Katalin) V.
[114] Barch, B 162 / 8377, S. 687 VP Julia D.
[115] Elfried Mehner. Sammlung Herbert Jankowski.
[116] Geststreifte Häftlingskleidung vgl. parsippanyfocus.com Cecile Mosberg
[117] Zeitzeuge aus Schönbrunn. Sammlung Herbert Jankowski

> „Wir wohnten zusammen in einer Baracke, trugen Zivilkleidung mit einem Kreuz auf dem Rücken und einer Häftlingsnummer.“[118]

Die überlebenden Häftlinge hätten sicher mehr über ihre persönliche Kleidungsausstattung berichten können. Da man bei den Vernehmungen im Rahmen der Ludwigsburger Ermittlungen aber Tötungsdelikte fokussierte und Täterbeschreibungen wünschte, liegen kaum konkrete Aussagen über den Kleidungsaspekt vor. Die Video-Interviews der Shoah Visual History Foundation sind diesbezüglich aufschlussreicher.

II. Verpflegung:

Auch zur Verpflegung sind konkrete Aussagen zur Lagersituation in Venusberg in den Ludwigsburger Akten eher spärlich gesät. Insgesamt lässt sich aber trotzdem ein anschauliches Bild entwerfen. Die Häftlinge erhielten wohl in der Regel drei Mahlzeiten, von denen jeweils die mittlere während der Arbeit eingenommen wurde. Das Mittagessen war wohl meist eine Rüben- oder Kartoffelsuppe. Außerdem gab es regelmäßig eine Art Kaffeeersatz[119]. Nach Ankunft des Bergen Belsener Transportes verschlechterte sich die Ernährungslage. So berichtet Ester V.:

> „Es wurde besonders schwer, als der Transport aus Bergen Belsen kam. Das Essen, welches für 1000 Frauen[120] ausgeteilt wurde musste jetzt auf 2000 reichen. Es begann ein schrecklicher Hunger und Typhusepidemie.“[121]

Auch Berta B. führt die Typhusanfälligkeit mit auf die Unterernährung zurück:

---

[118] Barch, B 162 / 8375, S. 29f.

[119] Vgl. Berta B. und Sonia Schreiber Weitz.

[120] Ester V. geht fälschlicherweise von einer zu großen Häftlingszahl aus. Am grundsätzlichen Inhalt ihrer Aussage ändert dies allerdings nichts.

[121] Barch, B 162 / 8377, S. 813 VP Ester (Katalin) V.

> „Im Lager gab es viele Typhus-Fälle. Wir waren alle unterernährt. Die Fabrik sollte für unsere Verpflegung sorgen. In der Fabrik bekamen wir gewöhnlich Kaffee und Suppe. Wenn wir von der Arbeit ins Lager zurückkehrten, bekamen wir Suppe oder eine Kartoffel. Wie ich in der Fabrik bemerkt habe, hätten wir im Lager auch Brot[122] bekommen sollen; diese Zuwendungen der Fabrik wurden aber nicht an uns ausgegeben."[123]

Eine eindrucksvolle Beschreibung über den Ernährungszustand der Häftlingsfrauen liefert auch die ehemalige Arbeiterin der Venuswerke, Elfriede Mehner. Sie berichtet über die Jüdinnen:

> „Die Einen waren nur noch mit Haut überzogenen Skelette, die Anderen mit Wasser gefüllte Geschöpfe, die zu tun hatten, dass sie ihre dicken mit Wasser gefüllten Beine und Bäuche fortbrachten. Und in dieser unmenschlichen Verfassung mussten sie 12 Stunden arbeiten. Woher Kraft nehmen bei den alltäglichen Mittagessen aus Kohlrüben und Wasser. Vor Hunger rannten sie was die Beine noch hergaben, um als erste in der Ausgabereihe zu sein, weil sie Angst hatten es könnte nicht reichen. Es gab einige Deutsche, die sich darüber amisierten [sic] und sagten: ‚Wie die wilden Tiere.' Wie Tiere wurden sie auch behandelt. Obwohl ein Fahrstuhl vorhanden war, mussten die kraftlosen Frauen die Essenkübel die Treppen hochschleppen."[124]

Einen besonderen Vorfall bei der Essensausgabe schildert auch Sonia Schreiber Weitz in ihrer Autobiografie. Sie beginnt:

> „Während meiner Jahre in den Lagern, war ich emotional gequält worden, hungerte, arbeitete mich fast zu Tode, aber ich war nie geschlagen worden – nicht bis Venusberg. Ich stand in der Reihe für unsere magere tägliche Ration wässriger, schleimiger Suppe in der einige undefinierbare Stückchen schwommen. Als ich meine Portion bekommen hatte, gab ich sie Blanca weil sie zu krank war sich anzustellen. Dann ging ich

---

[122] Im Lager gab es definitiv auch Brot . Vgl. Sonia Weitz S.60

[123] Barch, B 162 / 8376, S. 450 VP Berta B.

[124] Elfriede Mehner. Sammlung Herbert Jankowski

erneut aber die verdammte SS-Frau bemerkte mich. Wie es ihr möglich war einen Häftling vom anderen zu unterscheiden, weiß ich bis heute nicht, aber sie konnte es. Ihr Gesicht schwoll an vor Wut und sie schlug mich, erst mit einer Peitsche über meinen Rücken und dann mit ihrer Hand in mein Gesicht. Die SS-Frauen, die uns in Venusberg bewachten, waren so vollkommen unmenschlich, dass wir den Tod nicht länger fürchteten. Wir fürchteten das Leben stattdessen.“[125]

Um die zugebilligten Lagerrationen aufzubessern, nutzten die hungernden Häftlinge jede sich ihnen bietende Möglichkeit. Helene G. gibt zu Protokoll:

> „Im Lager war fürchterlicher Hunger. Es war kein Essen, die Zufuhr der Lebensmittel war auch sehr schwer. [...] Ich weiss, dass für Entwendungen von Kartoffeln die Aufseherinnen fürchterlich schlugen. Das war im Lager bekannt.“[126]

Ester V. berichtet:

> „Es war ein schrecklicher Hunger – eine Kartoffelschale war ein Leckerbissen, den man im Misthaufen aussuchte.“[127]

Solches Auflesen von Küchenabfällen wurde aber durch die Wachmannschaften wie Lebensmitteldiebstähle geahndet. Auf Malka L. wird bei einem solchen Versuch sogar geschossen. Sie gibt zu Protokoll:

> „Ich war nicht Augenzeuge von Erschießungen, aber ich erinnere mich, dass auf mich und andere Häftlingsfrauen geschossen wurde als wir in einem Misthaufen etwas zu Essen suchten.“[128]

Wahrscheinlich hat es sich hierbei um einen Warnschuss gehandelt, den möglicherweise andere Häftlinge, die keine Augen-

---

[125] Sonia Schreiber Weitz S. 60f. Übersetzung Cziborra
[126] Barch, B 162 / 8377, S. 533f. VP Helene G.
[127] Barch, B 162 / 8375, S. 205 VP Ester (Katalin) V.
[128] Barch, B 162 / 8375, S. 139 Malka (Margit) L.

sondern nur Ohrenzeugen dieses Vorfalls wurden, als Erschießung deuteten. Ähnlich umgedeutet könnte folgender Fall in späteren Häftlingsvernehmungen als ‚Erhängung'[129] interpretiert oder beschrieben werden. Margit K. gibt zu Protokoll:

> „Im Lager Venusberg hörte ich, dass eine Frau[130], deren zwei Töchter auch im Lager waren, nachts in die Küche ging und dort Speck stahl. Angeblich wurde sie wegen dieser Tat im Lagergebiet mit ihrem Arm auf einen Baum ausgebunden. Ich sah dies nicht, nur hörte es. Die Frau starb dann nicht. Von einer weiteren Misshandlung hörte ich nichts."[131]

III. Einbindung in den Arbeitsprozess:

Da die Rüstungsfirmen für jeden von der SS „geliehenen", ungelernten, arbeitsfähigen Häftling, einen Hilfsarbeitertagessatz von 4 Reichsmark, abzüglich 65-70 Pfennigen seitens des Unternehmens verauslagter Verpflegungstagespauschale, an die KZ-Verwaltung Flossenbürg entrichten mussten, war den Wirtschaftsvertretern zur Profitsteigerung viel daran gelegen, dass ihre Häftlinge möglichst schnell eine hohe Produktivität erreichten. Die Anlernung der Häftlinge begann daher meist unmittelbar nach ihrer Ankunft. In Venusberg fertigte man Bauteile aus dem Junkersprogramm. Ob es sich dabei nur um Flugzeugteile oder auch um Bestandteile der V2[132], der berüchtigten Fernrakete handelte, die als Wunderwaffe galt und durchaus mit der geplanten Verlagerung in unterirdische Produktionsstätten[133] in Zusammenhang stehen könnte, ist bislang nicht eindeutig dokumentarisch belegt.
Die Arbeit bei den Venuswerken erfolgte zunächst in einem 12-stündigen Zweischichtsystem und wurde später aufgrund des Gesundheitszustandes der Häftlinge wahrscheinlich auf ein 8-

---

[129] Vgl. Aussagen Rachel R. Kapitel 2.1.1.1.2
[130] Diese Person konnte bislang nicht identifiziert werden.
[131] Barch, B 162 / 8375, S. 276 VP Margit K.
[132] Vgl. Aussagen Margit K., Judit K., Ilona D. Cäcilia K.
[133] Bauvorhaben mit dem Decknamen "Knurrhahn" im Kalkwerk Herold s.o.

stündiges Dreischichtsystem[134] umgestellt. Die Aussagen diesbezüglich sind allerdings nicht ganz eindeutig. Insbesondere die Häftlinge der Nachtschicht bekamen relativ wenig vom Lagergeschehen mit, da die Schichten offensichtlich nicht wochenweise gewechselt wurden.[135] Die Produktion erfolgte in den Abteilungen C und D der Spinnerei Gebrüder Schüller AG, die von den Venuswerken zwangsweise angemietet worden waren. Bei Fliegeralarm wurden die Jüdinnen im vierten Geschoss der Abteilung D einfach eingesperrt. Unter Bewachung der SS-Männer und einiger Aufseherinnen hatten die Jüdinnen an sechs Tagen in der Woche vom KZ-Lager zu ihrer etwas mehr als 500 Meter entfernten Arbeitsstelle zu marschieren. Diese Entfernung wird bei den Distanzangaben ehemaliger Häftlinge nahezu durchweg deutlich überschätzt. Diese Erinnerungstäuschungen mit größeren gefühlten Entfernungen, zeugen von der schlechten körperliche Verfassung der Häftlinge und lassen ahnen, welche Strapazen dieser Weg bei den meisten Häftlingen verursachte. Aber auch die Erinnerungen der ehemaligen Wachleute neigen dazu, die Entfernungen größer einzuschätzen als sie waren.
Folgende Aussagen bezüglich der Arbeitsprozesse wurden thematisch sortiert, sollen aber aufgrund ihrer Eigenständigkeit weitestgehend unkommentiert bleiben.

Aussagen aus Belegschaft und Bevölkerung:

> „Die jüdischen Frauen arbeiteten ebenfalls im Junkers-Rüstungsbetrieb, Abt. D. Zur Arbeit ging es über den Hof entweder den Kleinbahnschienen entlang oder auf der Straße Gelenau-Herold. Über einen gesonderten Eingang vor der Abt. D erfolgte der Zutritt zum Werk. Die Behandlung der Frauen war sehr schlecht. Sie sahen sehr mager und geschwächt aus.“[136]

[134] Vgl. Aussage Ella L. & Ester V. s.u.
[135] Vgl. Aussage Marta S. & Dora S. & Stella H.
[136] Gesprächsmitschrift Louise und Werner Hofmann. Sammlung Jankowski

„Das Lager befand sich hinter dem Werk I in Richtung Werk II und bestand aus Baracken. Die Häftlinge mussten über eine Brücke an der Abt. C und arbeiteten dort für die Junkers-werke."[137]

„Die Frauen arbeiteten im Rüstungsbetrieb Junkers, Abt. D4. Am Anfang 12 Std. in 2 Schichten pro Tag, später kürzer auf Grund ihres schlechter werdenden Gesundheitszustandes. [...] Zur Arbeit mussten die jüdischen Frauen in Viererreihe[138] über eine Holzbrücke vom Lager an der linken Kleinbahnseite [...] den Weg zur Arbeit laufen. Der Eingang war ebenfalls gesondert. Er erfolgte über die Wilisch mit einer Holzbrücke zwischen der Abt. Zwirnerei und D. Die Aufsicht hatten SS-Frauen, die bei Marschverzögerung zuschlugen."[139]

„Im 4. Saal der Abt. D standen 6 Ringspinnmaschinen. Sie wurden zuerst nach der Abt. A umgesetzt. Dieser Saal wurde für die Jüdinnen als Gefangenenraum benutzt. Was sich da abgespielt hat, ist auch nicht viel an die Öffentlichkeit gedrungen. Wenn Luftalarm gegeben war, wurde der Saal abgeschlossen und die armen Frauen ihrem Schicksal überlassen. Die SS-Posten verschwanden nach dem Kalkwerk Herold[140] und kamen oft lange nach der Entwarnung zurück."[141]

„Bei Fliegeralarm wurden die Frauen im Produktionssaal Abt. D4 eingeschlossen."[142]

---

137 Aussage Manfred Looß. Sammlung Herbert Jankowski

138 Übliche Häftlingsformation in KZ-Lagern waren Fünferreihen. Möglicherweise ließ die Breite der Brücke oder der Weg zur Arbeit dies nicht zu.

139 Gesprächsmitschrift 16.05.1997. Sammlung Herbert Jankowski

140 Stollensystem, das unter dem Decknamen „Knurrhahn" für Junkers als unterirdische Produktionsstätte ausgebaut werden sollte. s.o.

141 Aussage Adolf Harzer. Sammlung Herbert Jankowski

142 Ilse Jockschat und Luise Seidenstücker. Sammlung Herbert Jankowski

Aussagen ehemaliger Häftlinge:

Julia D.:

> „Als Fliegerangriffe auf die Fabrik und Bombardierungen waren, da verließen uns die SA-Leute und SS-Frauen und gingen sich verstecken und uns verschloss man in der Fabrik und Frauen bekamen Nervenanfälle vor Schreck.“[143]

Ella L. gibt zu Protokoll:

> „Die Fabrik war nicht weit vom Lager und ich musste bei einer Fräsermaschine arbeiten. In der Fabrik waren auch Vorarbeiter, die hauptsächlich aus Holland stammten. Wir arbeiteten in 2 Schichten je 12 Stunden. Nach einigen Wochen als wir im Lager waren, ist eine neue Gruppe aus beiläufig 500 Frauenhäftlingen bestehende – wie ich mich erinnere – aus Bergen Belsen angekommen. Nach der Ankunft dieser Gruppe arbeiteten wir in drei Schichten je 8 Stunden.“[144]

Ein [späteres] Dreischichtsystem bestätigt auch Ester V.:

> „Ich arbeitete in Venusberg in einer Flugzeugfabrik. Der Weg zur Arbeitsstelle dauerte ungefähr eine halbe Sunde[145] zu Fuß. [...] Ich war im sogenannten Kommando Montage und arbeitete immer in der Tagesschicht. Es waren noch zwei Schichten, meine war die leichteste und ich muss sagen, dass mein Kommando am Wege von den begleitenden SS-Leuten nicht besonders zu leiden hatte. Auch in der Fabrik wurden wir nicht schlecht behandelt“[146]

Towa F.:

> „Im Lager wohnten wir in Holzbaracken und in der Früh nach dem Appell wurden wir außer [sic!] dem Lager zur unseren

---

[143] Barch, B 162 / 8377, S. 688 VP Julia D.
[144] Barch, B 162 / 8375, S. 159 VP Ella L.
[145] Die Distanz ist sicher in deutlich weniger Zeit zu bewältigen. Das gesamte Prozedere mit Durchzählen etc. könnte aber durchaus so lange gedauert haben
[146] Barch, B 162 / 8375, S. 813 VP Ester (Katalin) V.

[sic!] Arbeitsplatz geführt, der in einer Entfernung von 2-3 Kilometer[147] lag."[148]

Rachel R.:

„Ich habe dort in einer Fabrik gearbeitet. Dort waren Flugzeugwerke. Zur Arbeit sind wir eine Stunde[149] zu Fuß gegangen."[150]

Malka L.:

„Zur Arbeit gingen wir in eine Fliegerfabrik, welche in einem Walde in Entfernung von einigen Kilometer[151] vom Lager gelegen war."[152]

Edith B.:

„Wir haben schwer gearbeitet, 12 Stunden in einer Flugzeugfabrik in zwei Schichten bei Tag und bei Nacht."[153]

Marta S.:

„Ich arbeitete mit den anderen Häftlingen in einer Fabrik die Flugzeugbestandteile erzeugte und zwar ich arbeitete immer in der ersten Schicht von 6 Uhr in der Früh bis 6 Uhr Nachmittag."[154]

Regina W.:

„Die Fabrikationshallen befanden sich etwas außerhalb des Lagers. Der Weg dorthin war nicht weit. In der Fabrik wurden Flugzeugteile hergestellt. Ich hatte in kleine Teile Löcher zu bohren. Wir hatten 12-Stunden-Schichten [...] Bei der Arbeit

---

147 Die Distanz wird deutlich zu groß eingeschätzt.

148 Barch, B 162 / 8375, S. 136 VP Towa (Antonia) F.

149 Diese Erinnerung unterliegt einer Täuschung. Dauer zu hoch angesetzt.

150 Barch, B 162 / 8375, S. 101 VP Rachel (Rosi) R.

151 Die Distanz wird deutlich zu groß eingeschätzt.

152 Barch, B 162 / 8375, S. 138 Malka (Margit) L.

153 Barch, B 162 / 8375, S. 201 VP Edith B.

154 Barch, B 162 / 8375, S. 70 VP Marta S.

in den Hallen wurden wir von dem technischen Aufsichtspersonal der Fabrik und von SS beaufsichtigt. Der Arbeitstag bestand aus zwei Schichten. Jeweils 500 Frauen nahmen an einer Schicht teil."[155]

Magda W.:

„Wir arbeiteten in einer Fabrik. Es war – wie ich glaube – eine Flugzeugfabrik. Eine jede von uns arbeitete bei Maschinen, welche irgendwelche einzelne Gegenstände ausarbeiteten. Ich glaube, dass es Flugzeugteile waren."[156]

Marta K.:

„Täglich arbeiteten wir 12 Stunden in einer in der Nähe des Lagers befindlichen Fabrik für Flugzeugbestandteile. Ich arbeitete an einer Drehbank, in jener Werkstatt leitete die Arbeit ein holländischer Meister."[157]

Berta B.:

„Wir mussten täglich zu Fuß zur Arbeit in eine große Fabrik gehen. Die Fabrik war ziemlich weit entfernt[158], der Weg ging bergauf und bergab und war bei Schnee und Eis sehr beschwerlich. Wir arbeiteten in zwei Schichten. In der Fabrik wurden viele kleine Einzelteile hergestellt. Ich erinnere mich, dass ich an Propellerteilen arbeitete."[159]

Anne-Rose E.:

„Gearbeitet haben wir in einer Flugzeugteile-Fabrik, die etwa 3 km[160] vom Lager entfernt war. Mit uns zusammen arbeiteten dort Männer, meistens Italiener aus einem nahegelegenen Männerlager – wahrscheinlich Zwangsarbeiter. Der Weg zur Arbeit war sehr schwer. Es war Winter, Frost und Schnee. Die Häftlingsfrauen waren sehr schlecht angezogen, fast nackt."[161]

---

[155] Barch, B 162 / 8376, S. 630 VP Regina W.
[156] Barch, B 162 / 8375, S. 163 VP Magda W.
[157] Barch, B 162 / 8375, S. 293f. Marta K.
[158] Diese Aussage verdeutlicht die Strapazen, die der kurze Weg verursachte.
[159] Barch, B 162 / 8376, S. 449 VP Berta B.
[160] Distanz wird zu groß eingeschätzt.
[161] Barch, B 162 / 8376, S. 530 VP Anne-Rose E.

Helene G.:

> „Was die Verhältnisse im Lager Venusberg anbetrifft, so arbeiteten wir in einer Junkersfabrik, welche in einer gewissen Entfernung war. Der Marsch zur Arbeit war sehr schwer – es war Winter und wir waren schlecht gekleidet und krank. Aus Bergen Belsen haben wir den Typhus gebracht und zur Arbeit ging man sofort nach überstandenen Typhus, noch ganz schwach oder während der Krankheit. Ich ging zur Arbeit noch als Typhuskranke und fiel noch in der Fabrikshalle um, da ich noch hohes Fieber hatte. Meine Kameradinnen schleppten mich zur Arbeit weil ich allein nicht gehen konnte.“[162]

Piroska G.:

> „Wir arbeiteten in der Nähe des Lagers in einer Fabrik für Flugzeugbestandteile. Natürlich wurden wir von den Wächtern begleitet. In der Fabrik löcherte ich Bestandteile durch. Dort arbeiteten auch Italiener, Polen, Russen und sonstige Nationalitäten.“[163]

Häftlinge der Nachtschicht:

Dora S.:

> „Ich arbeitete in einer Flugzeugfabrik – Junkerswerke – fast die ganze Zeit in der Nachtschicht.“[164]

Stella H.:

> „Wir arbeiteten in einer etwa eine Fußstunde[165] entfernt gelegenen Flugzeugfabrik. Wir gingen zu Fuß hin und zurück. Ich arbeitete immer in Nachtschicht. [...] Ich möchte abschließend betonen, dass ich während meiner gesamten Lagerzeit in

[162] Barch, B 162 / 8377, S. 533 VP Helene G.
[163] Barch, B 162 / 8375, S. 290a Piroska (Ilona) G.
[164] Barch, B 162 / 8376, S. 460 VP Dora S.
[165] Entfernung deutlich zu hoch angesetzt.

Flossenbürg[166] in Nachtschicht gearbeitet und tagsüber geschlafen habe. Auf diese Weise habe ich nur wenig von dem mitbekommen, was tagsüber im Lager vor sich ging."[167]

Kati J.:

„Ich arbeitete in der Nachtschicht, man zählte uns bei der Tür der Baracke beim Weggehen und Zurückkommen, bei den Appellen war unsere Schicht selten, höchstens wenn etwas passiert ist. Ich kann darum nichts konkretes über die Tätigkeit der Oberaufseherin sagen. Ich war sehr jung, 17 Jahre alt, ich war die einzige, die aus Ravensbrück mit nicht geschnittenen Haaren gekommen bin, war blond, mein Aussehen hat mir vielleicht geholfen, ich persönlich wurde nicht geschlagen. Was im Lager vorging weiss ich nicht. Wir kamen ins Lager in der Früh zurück, wir schliefen dann in der Baracke und später war es schon dunkel und man ging nicht heraus."[168]

Zoja A.:

„Aus der Zeit wo ich noch arbeitete, erinnere ich mich an die SS-Aufseherinnen welche uns bei der Arbeit und auch im Lager bewachten. Bei der Arbeit schikanierten sie uns schrecklich, besonders während der Nachtschicht. Wir waren hungrig, schwach und manchmal waren wir gar nicht im Stande vor Schwäche bei Nacht zu arbeiten. Die Aufseherinnen schlugen uns aber und ließen keinen Augenblick Ruhe. Die Aufseherinnen waren viel ärger als die SS-Männer. Sie waren noch viel grausamer. An ihre Namen kann ich mich nicht erinnern und kann sie auch nicht beschreiben."[169]

---

166 Stella H. erinnert das Lager Venusberg generell nur als Flossenbürg.
167 Barch, B 162 / 8376, S. 538f. VP Stella H.
168 Barch, B 162 / 8375, S. 161 VP Kati J.
169 Barch, B 162 / 8377, S. 781 VP Zoja A.

Häftlingsaussagen zum Bau der V2:

Margit K.:

> „Wir waren in einem Betriebe in der Nähe des Lagers beschäftigt. Wir gingen täglich dorthin und zurück zufuß. Der Weg dauerte etwa 30 Minuten[170]. In diesem Betriebe fertigten wir unter Anleitung von deutschen Fachmännern die Bestandteile der V2. Ich wusch Schrauben in Öl. Als es Luftalarm gab, wurden wir von der Wachmannschaft im Betriebe eingesperrt, sie flüchteten jedoch in die Schutzräume. Meine Einteilung war, dass ich immer abends in die Arbeit ging und morgens ins Lager zurückkam."[171]

Judit K.:

> „In Venusberg mussten die Gefangenen jeden Tag arbeiten. In einer Schicht arbeiteten wir 12 Stunden lang. Unsre Arbeitsstelle befand sich unweit des Lagers in den Messerschmid[172] Werken [sic!], wo wir an den Bestandteilen des V 2 arbeiteten. Zur Arbeit wurden wir angelernt. Ich arbeitete an einer Drehbank, unter Leitung eines deutschen Meisters. Die eine Schicht begann um 18 Uhr und dauerte bis morgen[s] 6 Uhr. Im Lager bekamen wir Frühstück und Abendessen, soweit man dies es nennen kann. Im Betriebe speisten wir einmal tagsüber. Zum Arbeitsplatz gingen wir zufuss. Wir wurden stets begleitet und wenn jemand langsamer ging, wurde misshandelt. Im Betriebe leisteten wir eine ziemlich schwere Arbeit. Die Arbeit wurde dadurch besonders erschwert, weil wir physisch uns in sehr herabgekommenen Zustand befanden und unsre Verpflegung sehr schlecht war."[173]

---

[170] Der reine Fußweg nahm wahrscheinlich weniger Zeit in Anspruch.

[171] Barch, B 162 / 8375, S. 275a. VP Margit K.

[172] Junkers müsste es heißen. Auch Sonia Schreiber Weitz nennt in ihrer Autobiografie fälschlicherweise Messerschmidt. [Messerschmitt AG !] S.62, Zsuzsi E. im DEGOB-Protokoll 1557 ebenfalls

[173] Barch, B 162 / 8375, S. 281af. VP Judit K.

Ilona D.:

> „Wir gingen täglich in einen in der Nähe des Lagers befindlichen Betrieb arbeiten, wo wir die Bestandteile des V 2 fertigten. Im Betriebe arbeiteten auch Männer von verschiedener Nationalität. Ich arbeitete an einer Drehbank mit einem Perser zusammen. Mein Meister war ein Deutscher.“[174]

Cäcilie K.:

> „Es war ein Arbeitslager, das hieß, dass jedermann täglich arbeiten musste. Wir arbeiteten in zwei Schichten, Tag und Nacht. Zum Arbeitsplatz gingen wir zufuß. Wir schafften in einem Betrieb, wo wir die Bestandteile der V2 fertigten. Die Arbeit wurde von deutschen und belgischen Fachmännern geleitet. Die Belgier waren alle Gefangene. Ich arbeitete auf einer Poliermaschine.“[175]

Zwar erwähnt Cäcilie K. 1945 nach ihrer Rückkehr in Budapest im DEGOB-Protokoll 2477 die V2 nicht explizit, doch tut dies die oben zitierte Margit K., im DEGOB-Protokoll 2468. Dort heißt es:

> „Mitte Januar wurden wir nach Venusberg transportiert. Hier arbeitete ich in einer Fabrik, wo Bestandteile der V2 hergestellt wurden.“[176]

Der frühe Zeitpunkt dieser Aussage und die Bestätigungen aus den 60er und 70er Jahren im Rahmen der Ludwigsburger Ermittlungen, lassen es doch recht wahrscheinlich erscheinen, dass die Häftlinge relativ genau wussten, was sie in den Venuswerken fertigten. Durch Firmendokumente konnte dies allerdings noch nicht belegt werden, weshalb derzeit ein Häftlingsirrtum noch nicht völlig auszuschließen ist.

---

[174] Barch, B 162 / 8375, S. 296a VP Ilona (Lili) D.
[175] Barch, B 162 / 8375, S. 286a VP Cäcilie K.
[176] DEGOB-Protokoll 2468. Übersetzung aus dem Ungarischen: Cziborra

Aussagen zu Arbeitsunfällen und Sabotagevorwürfen:

Katherine S.:

> „In der Fabrik ist die neben mir arbeitende Frau[177] gegen die Bohrmaschine gefallen, ihre Haare wurden eingeklemmt, ein Büschel samt Haut herausgerissen. Weiters wurde sie am Arm und an anderen Stellen schwer verletzt. Die Bohrmaschine ist auch gebrochen. Die Aufseherin zog sie zur Verantwortung, wie sie es wagen konnte, die Bohrmaschine kaputt zu machen und gab der armen Frau noch eine Ohrfeige."[178]

Die ehemalige deutsche Arbeiterin der Venuswerke, Elfriede Mehner, bestätigt 1997 möglicherweise diesen oder einen ähnlichen zweiten Fall mit den Worten:

> „Die noch einigermaßen gesund waren, mussten an Bohrmaschinen arbeiten, wo sonst nur kräftige Fremdarbeiter tätig waren. Einer Jüdin[179] hatte es die Finger abgerissen."[180]

Zu [anderen] Sabotagevorwürfen äußert sich Towa F.:

> „Ich erinnere mich, dass einmal – das genaue Datum weiss ich nicht – eine Häftlingsfrau, die mit mir bei meinem Tische bei einer Maschine arbeitete von SS-Soldaten und SS-Soldatenfrauen herausgehoben wurde. Man erzählte – und zwar die andere[n] Häftlinge, dass jene Häftlingsfrau der Sabotage beschuldigt wurde, d. heisst sie arbeitete zu langsam. Die SS-Soldaten und SS-Soldatenfrauen schrien auf diese Häftlingsfrau [ein], sie wurde weggeführt und wir sahen sie dann nie mehr. Ich weiss nicht wie die Häftlingsfrau[181] hiess, aber ich glaube, dass sie aus Transylvanien stammte. Sie wohnte nicht mit mir in der Baracke, aber es wurde zwischen uns dann gesprochen, dass sie verschwunden ist."[182]

---

[177] Diese Person konnte noch nicht identifiziert werden.

[178] Katherine S. YV 03/1040 zitiert nach Baumgartner S.191

[179] Klara W.: Im Lager Venusberg mußte ich an einer Maschine arbeiten. Da ich die Maschine nicht beherrschte, geriet ich mit meinen Fingern in die Maschine und verlor hierbei 2 Glieder der Finger meiner rechten Hand.(Mittel- und Ringfinger) ZStL S.37

[180] Aussage Elfriede Mehner. Sammlung Herbert Jankowski

[181] Diese Person wurde bislang nicht identifiziert.

[182] Barch, B 162 / 8375, S. 136 VP Towa (Antonia) F.

IV. Hygiene:

Die hygienischen Bedingungen im Lager Venusberg waren miserabel. Innerhalb der Unterkunftsbaracken gab es keine Waschmöglichkeiten, lediglich eine mit einem Holzverschlag abgetrennte Latrine. Zur Körperreinigung wurden die Frauen daher gelegentlich aus dem Lager in das Spinnereigebäude I geführt, wo die Häftlinge die Duschen im Erdgeschoss nutzen konnten. Darüber liegen etliche, jedoch leicht widersprüchliche Zeugenaussagen vor. Judit K. erinnert:

> „In Venusberg war die Reinigungsmöglichkeit nur so gesichert, dass wir gelegentlich in den Waschraum getrieben wurden und [dort] hat man auf uns kaltes Wasser gelassen. Übrigens waren im Lager Läuse und Wanzen verbreitet, sogar im Krankenzimmer."[183]

Marta K. gibt 1969 zu Protokoll:

> „Wir hatten nur etwa zweimal die Gelegenheit, in der Nähe des Lagers in einer Fabrik zu baden. Zum Bad erhielten wir keine Seife, nur die Dusche konnten wir benutzen."[184]

Ehemalige deutsche Arbeiterinnen der Venuswerke geben 1997 in einem Gespräch mit Herbert Jankowski allerdings sehr detailliert an, was den KZ-Häftlingen für die persönliche Hygiene zugebilligt wurde. In der Gesprächsmitschrift heißt es:

> „Für die persönliche Hygiene erhielten die jüdischen Frauen 1 Stück Schwimmseife (Seifenersatz) für 4 Personen und Woche [und] 1 Paket Waschpulver für 4 Personen und Monat."[185]

Es ist durchaus möglich, dass die Seife und das Waschpulver längst nicht bei allen Häftlingen ankam. Die Richtigkeit der Zeugenangaben konnte außerdem nicht anderweitig abgesichert werden. Für viele geschwächte Häftlinge wurde selbst der Weg

[183] Barch, B 162 / 8375, S. 282 VP Judit K.
[184] Barch, B 162 / 8375, S. 293a VP Marta K.
[185] Gesprächsmitschrift vom 16.05.1997. Sammlung Herbert Jankowski

zu den Sanitäranlagen zu einer Tortur. Louise und Werner Hofmann erinnern:

> „Nach dem Duschen im Erdgeschoß der Spinnerei I mussten einige von ihnen getragen werden. Sie hatten keine Kraft mehr zum Laufen. Immer wieder schlugen SS-Frauen zu.“[186]

Wie bereits durch Judit K. angedeutet, litt die Mehrheit der Häftlinge auch unter Läusen und Wanzen, die als Wirtstiere die nach Venusberg eingeschleppte Typhus- bzw. Fleckfieberepidemie begünstigten. Sonia Schreiber Weitz schildert mit eindringlichen Worten, wie sich die Häftlinge behelfen mussten, um die miserablen hygienischen Bedingungen für sich ein wenig erträglicher zu machen:

> „Ich erinnere mich, dass wir dort Kaffee hatten, oder besser gesagt eine Flüssigkeit, die Kaffee ähnelte. Wir schütteten unseren Kaffee zusammen und wuschen unsere Haare darin. Der warme Kaffee fühlte sich gut an auf unseren Köpfen. Nach unserer Haarwäsche suchten wir uns gegenseitig die Kopfhaut nach Läusen ab. Wann immer möglich drehten wir die Innenseite unserer Kleidung nach außen und kratzen die befallenen Säume aus. Ich kategorisierte die Läuse. Die mit dem großen roten Punkt auf dem Rücken waren die, die den Typhus in sich trugen. Wir waren besonders achtsam wegen dieser. Das Läusejagen wurde zu unserer Hauptfreizeitbeschäftigung – unsere Entspannung. Nicht dass wir viel Freizeit gehabt hätten.“[187]

Die Tatsache, dass die Häftlinge diverse Gelegenheiten nutzten, um sich waschen zu können, legt die katastrophalen hygienischen Bedingungen im Lager Venusberg deutlich offen. Elfriede Mehner, ehemalige deutsche Fräserin bei den Venuswerken erinnert sich:

> „Die Judenfrauen konnten sich weder baden, noch ihr Gesicht u. Hände waschen. Nicht selten taten sie Gesicht und Hände

[186] Gesprächsmitschrift Louise und Werner Hofmann. Sammlung Jankowski

[187] Sonia Schreiber Weitz. S. 62 Übersetzung Cziborra

ins frische Spülwasser, was zum Spülen der fertigen Teile in Eimern an den Maschinen stand. Sie stanken demzufolge auch danach. Fremdarbeiter beschwerten sich, sie wollten, wenn keine Waschgelegenheit für die Jüdinnen geschaffen würden, nicht mehr mit ihnen zusammen arbeiten."[188]

V. Medizinische Versorgung:

Für die medizinische Versorgung der KZ-Häftlinge wurde in der Regel innerhalb des Lagers ein Krankenrevier eingerichtet. So auch in Venusberg. Towa F. berichtet:

> „Viele Häftlinge wurden in einem [sic!] sogenannten Revier gebracht, weil sie schon von der Schwäche, Unterernährung oder Krankheit nicht mehr arbeiten konnten."[189]

Meist wurden diese Reviere von Ärzten und Schwestern aus der eigenen Häftlingsbelegung versorgt, denen aber nahezu keine Hilfsmittel bzw. Medikamente zur Verfügung standen. Auch im Lager Venusberg wird zunächst ein kleines Krankenrevier eingerichtet, das anfangs möglicherweise nur von einer ungarischen Ärztin betreut wurde. Yalana L. erinnert:

> „Gewisse Häftlinge arbeiteten außerhalb des Lagers, ich selbst aber habe das Lager praktisch nicht verlassen. Ich bekam Typhus und blieb lange Zeit im Revier. Diesem Lager stand kein Arzt zur Verfügung. Es war eine jüdische Ärztin aus Budapest, auch Häftling, die uns behandelte."[190]

Bereits vor der Ankunft der Jüdinnen aus Bergen Belsen und damit vor dem Ausbruch der Typhus- bzw. Fleckfieberepidemie, wurde aber in einem Schreiben vom 8. Februar 1945 eine Häftlingsärztin vom Flossenbürger Außenlager in Hainichen für Venusberg angefordert. Mit Absprache der Verwaltung Flossen-

[188] Elfriede Mehner. Sammlung Herbert Jankowski
[189] Barch, B 162 / 8375, S. 136 VP Towa (Antonia) F.
[190] Barch, B 162 / 8376, S. 562 VP Yalana L.

bürg[191] wurde schließlich nach einigem hin und her die polnische Jüdin und Häftlingsärztin Elisa Lewin[192] aus Königsberg bzw. Lodz, am 6. März von Hainichen in das Lager Venusberg überstellt. Ihr weiteres Schicksal ist bislang unbekannt.
Trotz dieser Verstärkung des medizinischen Häftlingspersonals, ist es aufgrund der Lagerbedingungen nicht möglich die Seuche einzudämmen. Ob weitere Ärzte angefordert oder hinzugezogen wurden ist ungeklärt. Berta B. gibt zu Protokoll:

> „Es gab eine Krankenstation, die aus einem Zimmer bestand. Sie wurde von einer Ärztin versorgt. Die Ärztin war kein Häftling. Dort waren auch einige Krankenschwestern, die, wie ich glaube, Häftlinge waren."[193]

Ob es tatsächlich eine zivile Betriebs- oder Lagerärztin gab, ist eher fraglich. Die Aussage über die Krankenschwestern ist aber korrekt. Eine dieser Schwestern war Henryka Schermant Shaw:

> „Es war in Venusberg, dass ich begann, Kranke zu pflegen. Unsere Bewacher setzten mich dort in einer kleinen Klinik ein, und ich tat was ich konnte, um mich um die Leute zu kümmern, wenn sie krank wurden. Eine Frau kam und erzählte mir, dass sie schwanger und verzweifelt besorgt um die Gesundheit ihres ungeborenen Kindes sei. Schwangerschaft war etwas, das vor den Deutschen versteckt werden musste. Es gab keine Hoffnung irgendeine Art Arbeitsbefreiung oder menschlichere Behandlung zu erhalten. Wenn überhaupt, gab es den Soldaten noch mehr Grund eine Person zu vernichten. Glücklicherweise war ich in der Lage dafür zu sorgen, dass sie für zwei aß, indem ich ihr extra Suppe gab. Irgendwie hörte ich schließlich, dass die Frau ein gesundes Baby bekam und beide überlebten."[194]

Eine Bestätigung dieses Schwangerschaftsfalles steht noch aus. (vgl. KZ Freiberg – Geheime Schwangerschaft)

---

[191] Vgl. Schreiben aus Hainichen vom 16.02.45 an den SS-Standortarzt Flo.
[192] FloNo.: 53348
[193] Barch, B 162 / 8376, S. 449 VP Berta B.
[194] Henryka Scherman Shaw. Standing Tall. S.79 – Übersetzung Cziborra

Eine weitere Krankenschwester war Anne-Rose E. Sie erinnert:

> „Ich persönlich ging nur eine Zeitlang zur Arbeit in die Fabrik, weil ich nach überstandenem Typhus in der Krankenstube beschäftigt war, und auch durch den Lagerführer zur Listenführung herangezogen wurde.[...] Wenn man über die Zeit in Venusberg berichtet, muss man in erster Reihe über die Typhusepidemie berichten. Ich habe persönlich noch in Plaszow den Typhus überstanden, deshalb steckte ich mich nicht an und konnte den Kranken helfen. Die Typhusepidemie wurde aus Bergen-Belsen mitgebracht und die Epidemie brach kurz nach unserem Ankommen in Venusberg aus. Eine Baracke – die Revierbaracke war mit Kranken vollgestopft. Es war keine Möglichkeit die Kranken ganz abzusondern. Das Lager war klein. Nötige Medikamente waren überhaupt nicht vorhanden, oder in ganz unzureichlichem Maß. Es waren keine Lebensmittel und keine Getränke für Typhuskranke im hohen Fieber. Viele starben, Die Zahl kann ich nicht angeben aber ich weiß, dass eine Häftlingsfrau die Aufgabe hatte die Toten unter Bewachung aus dem Lager herauszuführen und zu begraben. An ihren Namen erinnere ich mich nicht, Diese Epidemie brachte als Folge eine große Entkräftung der Häftlingsfrauen, welche das Glück hatten die Krankheit zu überstehen.“[195]

Die meisten Erkrankten merkten daher kaum etwas von einer medizinischen Versorgung bzw. ärztlichen Betreuung. Ibi L. gibt zu Protokoll:

> „Wie gesagt war dort eine große Sterblichkeit infolge des Hungers und der Typhusepidemie. Es war schrecklich zu sehen wie junge Mädchen und Frauen vom Typhus weggeschafft wurden. Es war keine Rede von ärztlicher Hilfe, obwohl ein Revier im Lager war. Es war dort kein Arzt, ich wenigstens habe dort keinen Arzt gesehen. Es waren keine Medikamente.“[196]

---

[195] Barch, B 162 / 8376, S. 530f. VP Anne-Rose E.

[196] Barch, B 162 / 8377, S. 684 VP Ibi L.

Helene G. bestätigt:

> „Im Lager war eine Krankenstube, Krankenrevier konnte man es nicht nennen. Es war ein Zimmer in dem die Kranken konzentriert waren ohne jedwede ärztliche Hilfe und ohne Medikamente. Wieso man die Krankheit überstanden hat ist für mich bis heute ein Rätsel.“[197]

Auch Zoja A. erkrankte und kam ins Revier. Sie berichtet:

> „Ich arbeitete nicht mehr wie einen Monat und erkrankte an Typhus. Ich fürchtete das Krankenrevier, weil ich mich aus Birkenau erinnerte wie man Kranke von dort ins Krematorium nahm. Da ich aber schwer krank war wurde ich doch in Venusberg ins Krankenrevier genommen. Hier wurde man nicht ins Krematorium geschickt, es waren aber keine Medikamente, keine Hilfe bekam man, es war nichts zu essen und die Sterblichkeit war schrecklich.“[198]

Piroska G. gibt zu Protokoll:

> „Ich erinnere mich, dass gesondert ein Krankenzimmer war. Dies weiss ich daher, weil meine Schwester Ibolya fast ständig sich im Krankenzimmer aufhielt.“[199]

Ester V. bezüglich des Reviers:

> „Es war ein Krankenzimmer, das war immer voll.“[200]

Auf der Höhe der Typhus- bzw. Fleckfieberepidemie musste anscheinend ein zweiter Block zum Revier hinzugenommen werden. Kati J.:

> „Ich weiß nur, dass viele erkrankten, besonders die von dem polnischen Transport. Später aber wurden auch ungarische Frauen krank. Es waren zwei Krankenzimmer, welche dann ganz voll waren. Es war eine sehr große Sterblichkeit.“[201]

---

[197] Barch, B 162 / 8377, S. 533 VP Helene G.
[198] Barch, B 162 / 8377, S. 781 VP Zoja A.
[199] Barch, B 162 / 8375, S. 290 Piroska (Ilona) G.
[200] Barch, B 162 / 8375, S. 205 VP Ester (Katalin) V.
[201] Barch, B 162 / 8375, S. 162 VP Kati J.

Trotz der großen Sterblichkeit werden kaum konkrete Todesfälle genannt. Lediglich der Fall *Havas* wird in den Ludwigsburger Vernehmungen angesprochen. Judit K. erinnert:

> „Im Lager war dort auch eine Frau Havas[202] mit ihrer Tochter Magda/Magdalene[203]. Sie kamen aus Budapest dorthin. Frau Havas war so entkräftet, dass sie ins Krankenzimmer gebracht werden musste. Von den ungarischen Mädchen hörte ich es, dass sie aus dem Krankenzimmer in die Leichenkammer zwischen die Toten gebracht wurde, obwohl sie noch lebte. Tatsache ist, dass Frau Havas nicht mehr zu uns zurückkehrte. Ihre Tochter starb später in Mauthausen."[204]

Möglicherweise hat auch Malka L. diesen, oder aber einen ähnlich gelagerten Fall im Sinn, als sie zu Protokoll gibt:

> „Ich habe gesehen wie man aus den Schonungsblocken Frauen heraustrug und auf dem Lagergelände begrub – obwohl sie kurz vorher noch lebendig waren und noch zum Leben fähig waren. Ich habe sie gesehen, wie sie schwach im Schonungsblock gelegen sind, ich habe mit ihnen gesprochen und ganz kurz darauf wurden sie begraben. Es waren Fälle, wo nach einigen Stunden nach meinem Besuch im Schonungsblock Frauen begraben wurden, mit denen ich gesprochen habe. Besonders erinnere ich mich an eine Mutter und Tochter mit denen ich aus Ravensbrück kam. Ich kann mich [sic] gar nicht vorstellen, dass sie nach einigen Stunden starben [sic] konnten und doch wurden sie nach einigen Stunden begraben. Fast jeden Tag waren solche Begräbnisse der Häftlingsfrauen aus dem Schonungsblock. Im Lager herrschte Hunger, Krankheiten, ärztliche Hilfe war überhaupt nicht. Wer nicht arbeiten konnte, kam in den Schonungsblock und das war das Ende."[205]

Andere Häftlinge können derartiges nicht bestätigen. Regina W.:

> „Ich selbst befand mich etwa 2 Wochen in der Revier-Baracke Venusberg bewusstlos. Ich weiß, dass in dieser Zeit viele

[202] Jolan Havas. FloNo.: 61941
[203] Magda Kalman. FloNo.: 61980
[204] Barch, B 162 / 8375, S. 282 VP Judit K.
[205] Barch, B 162 / 8375, S. 139 VP Malka (Margit) L.

Häftlinge an Typhus ums Leben kamen. Über Tötungsverbrechen in der Revier-Baracke weiß ich nichts.“[206]

g) Typhusepidemie und Bestattung der Todesopfer

Nachdem die ersten Todesopfer des Lagers Venusberg auf den Friedhöfen in Herold und Drebach bestatten worden waren, und die Art und Weise der Begräbnisse eine Welle der Entrüstung und heftigen Widerstand ausgelöst hatten, war der Lagerführer des KZ Venusberg gezwungen neue Lösungen für die Häftlingsbestattung zu finden. Aus dieser ersten Übergangsphase stammt wohl folgende Beobachtung Adolf Harzers:

> „Noch ein Erlebnis möchte ich schildern. Ich ging nach Venusberg. Am Steinberg kam ein kleiner Lieferwagen. Der Wagen hielt bei mir und zwei Wehrmachtshelferinnen sprangen heraus und frugen [sic!] nach dem Friedhof Herold. Ich gab Auskunft und sagte, sie seien auf dem falschen Weg. Ich war doch neugierig und sah in den offenen Wagen. Es lagen drei Frauen drinnen, nur halb zugedeckt. Es war ein furchtbarer Anblick. Die Gesichter waren ganz dick geschwollen und die Beine mit vielen Falten versehen. Ich konnte es auf den ersten Blick sehen, dass diese armen Frauen verhungert waren. Eine der Wehrmachtshelferinnen kam wütend auf mich zu und sagte, ich solle meine dreckige Fresse woanders hinsperren. Der Wagen drehte um und wie die Teufel waren sie wieder verschwunden.“[207]

Bislang ist ungeklärt, wo diese drei Leichen schließlich tatsächlich bestattet worden sind. Da laut Pfarrer Leistner, die erste Leiche zur Bestattung auf den Herolder Friedhof getragen worden sein soll, muss es sich zumindest um den Versuch einer zweiten Bestattung an diesem Ort gehandelt haben. Möglicherweise wurde dort aber ein weiteres Begräbnis abgelehnt. Daher ist es möglich, dass die drei Frauenleichen die ersten Opfer waren, die oberhalb des Lagers in der Nähe des Steinbruchs auf

[206] Barch, B 162 / 8376, S. 633 VP Regina W.

[207] Adolf Harzer. Sammlung Herbert Jankowski.

dem Rittergutsfeld, heutige Schrebergartenanlage, beerdigt wurden. Für eine dortige Bestattung hatte der Venusberger Bürgermeister der Lagerleitung eine Erlaubnis erteilt, die er in einem Schreiben vom 15. März 1945 allerdings schon wieder zurückzieht. Die Mitteilung an SS-Oberscharführer Dücker lautet:

> „Vor einigen Wochen erteilte ich Ihnen die Erlaubnis, die in Ihren KZ-Lager verstorbenen Jüdinnen am Rande des Rittergutsfeldes in der Nähe des Steinberges zu beerdigen. Wie ich mich wiederholt überzeugen konnte, geschieht dies in einer Weise, wobei jede hierfür erforderliche Sorgfalt außer Acht gelassen wird.[208] Ich bin deshalb gezwungen, die Ihnen erteilte Erlaubnis zurückzunehmen und verbiete Ihnen weitere Beerdigungen dort vorzunehmen. Außerdem ist diese Ecke als Gemeindefriedhof vorgesehen, mein Vorgehen dürfte Ihnen deshalb ohne weiteres verständlich sein.
> Ich empfehle Ihnen, zwecks Schaffung einer Begräbnisstätte sich an den Herrn Forstmeister in Stollberg/Erzg. zu wenden, der Ihnen in den in der Nähe liegenden Forst einen Fleck zuweisen wird.“[209]

Gewissheit über die Zahl der Beerdigungen, die an der genannten Stelle vorgenommen wurden, liegt derzeit noch nicht vor. Herbert Jankowski markiert in seinem Lageplan P2 lediglich den Bereich für mögliche Gräber. Als Zeitfenster für potentielle Bestattungen ergibt sich der Zeitraum zwischen dem 13. Februar und dem 19. März 1945. Spätestens seit diesem Tag bestattete man die Toten in einem Splitterschutzgraben in der Schneise der Hochspannungsleitung in unmittelbarer Nähe des Lagers. Nur vier Tage nachdem der Lagerleitung des KZ-Venusberg die Erlaubnis für die alternative Beerdigungsstätte entzogen wurde,

---

208 Vgl. Bericht Arb.-Gebietssekretär der KPD (März 1945): „Die toten Frauen werden nackt ausgezogen, die Leichen in alte Zementsäcke gehüllt, mit Bindfaden verschnürt und im Morgengrauen irgendwo im Acker des Rittergutes oder im Wald eingescharrt... auf dem Feldgrundstück ... schauten aus dem rotbraunen Lehmboden weibliche Oberschenkel heraus. Die Opfer dieses wahnsinnigen Mordterrors lagen in flachen Erdmulden, die wenigen Zentimeter Ackerboden ... wurden bald durch den Regen abgewaschen.“ Vgl. Betriebschronik der VEB Feinspinnerei Erzgebirge

209 Schreiben des Venusberger Bürgermeisters. Sammlung Herbert Jankowski

gibt es also erneute Beschwerden über die Bestattungspraxis der SS, die sich trotz wiederholter kirchlicher und kommunaler Widerstände nicht gebessert hatte. Haumeister Adolf Decker betreffs Bestattungen von KZ-Häftlingen:

> „Am 19.3.45 teilte mir ein ausländischer Arbeiter (Flame) von den Venuswerken AG., Venusberg-Spinnerei, mit, dass im sogn. Heroldswald in der Nähe der Hochspannungsleitung die verstorbenen Häftlinge aus dem KZ-Lager dort beerdigt würden. Ich teilte das sofort am nächsten Tag dem betreffenden Betriebsbeamten, Forstwart Hahnel, mit. Am 20.3.45 untersuchte ich gemeinsam mit Forstwart Hahnel diese Angelegenheit, entdeckten auch bald am Ende der sogn. Splittergräben frisch aufgeworfene Erde. Da wir kein Werkzeug mit uns führten, scharrten wir mit Stiefeln und Händen die frisch aufgeworfene Erde beiseite und stießen bei etwa 10cm Tiefe auf einen menschlichen Leichnam. Nach meinem Wissen, hat dies der zuständige Betriebsbeamte sofort seinen höheren Dienststellen angezeigt.“[210]

Förster Pressler bestätigt:

> „Am 20.3.45 erzählte mir mein Haumeister Adolf Decker, Gelenau, dass die verstorbenen Insassen des KZ-Lagers in meinem Dienstbezirk, Abtl. 52/53, beerdigt würden. Nach dieser Mitteilung begaben wir uns sofort dorthin und suchten das Gelände ab. Wir entdeckten bald am Ende der Splittergräben frisch bearbeiteten Boden. Da wir kein Werkzeug zur Beseitigung der Erde hatten, versuchten wir mit Händen und Stiefeln frisch aufgeworfene Erde zu beseitigen. Wir hatten kaum 10 cm gegraben, da stießen wir auf eine nackte menschliche Leiche. Von diesem furchtbaren gewissenlosen Zustand beeindruckt, begab ich mich sofort nach Hause. Gegen 21 Uhr desselben Tages setzte ich meine vorgesetzte Dienstbehörde, Herrn Forstmeister Dr. Richter, Forstamt Stollberg, telefonisch in Kenntnis und teilte ihm mit, dass in meinem Dienstbezirk Abt. 52 lit. mmm Leichen aus dem KZ-Lager verscharrt würden, denn von einer Beerdigung konnte man in diesem Zustand nicht sprechen. Da keine Genehmigung zur

[210] Aussage Haumeister Adolf Decker. Sammlung Herbert Jankowski

Bestattung von Leichen auf fiskalischem Boden vorlag, bat ich Herrn Forstmeister Dr. Richter, sofort Schritte zu unternehmen, dass die Leichen auf Friedhöfe überführt würden. Am folgenden Tage besichtigte Forstmeister Richter selbst den Zustand. Ich machte daraufhin dem Forstamt Stollberg einen Bericht[211] und verlangte eine ordnungsgemäße Bestattung der Häftlinge.
Trotzdem, dass das Forstamt dem Lagerführer die weitere Bestattung verboten hatte, wurden jeden Tag weitere Häftlinge begraben. Selbst durch wiederholte Berichte an den Landrat zu Marienberg wurde das schändliche Treiben fortgesetzt. Es war nicht einmal dem Landrat möglich, diesem Zustand Einhalt zu gebieten."[212]

Die beschriebene Bestattungspraxis fällt in eine Phase in der sich die Typhusepidemie im Lager Venusberg auf ihren Höhepunkt zubewegt. Etwa ab Mitte März 1945 häufen sich die Todesfälle, die in den Flossenbürger Nummernbüchern mit einigen Tagen Verzögerung aufscheinen. Die Leichen werden für die Mithäftlinge sichtbar innerhalb des Lagers gesammelt und wohl in unregelmäßigen Abständen durch ein Leichenkommando beerdigt. Edith. G. gibt zu Protokoll:

> „Wohl aber gab es viele Todesfälle wegen Hungers, Kälte und Entbehrungen. Die Leichen wurden entkleidet und in Papier eingewickelt, teilweise im Schnee, teilweise in der Revierbaracke bis zur Abholung niedergelegt."[213]

Katherine S. berichtet 1958:

> „Das Revier war anfangs in einem Block mit 20 Betten untergebracht. Als sich die Flecktyphusepidemie verbreitet hatte, brauchte man immer mehr Krankenbetten. Die Leichen wurden bis zum Abtransport auf den Appellplatz gelegt. In der

[211] Die Anzeigen Presslers an das Forstamt Stollberg und von dort an das Landratsamt Marienberg über die Beerdigung der KZ-Häftlinge wurden nach dessen Aussage auf Befehl des Herrn Forstmeisters Dr. Richter verbrannt. Selbst die Eintragungen in die Registrande wurden unkenntlich gemacht.
[212] Aussage Försters Pressler. Sammlung Herbert Jankowski
[213] Barch, B 162 / 8375, S. 420 VP Edith G.

> Früh waren dort zwei bis drei[214], später bereits 20-30[215] Leichen."[216]

Die zuletzt genannte Zahl ist ziemlich unrealistisch und kann nicht bestätigt werden. Laut Flossenbürger Nummernbuch starben insgesamt 46 Häftlinge des Lagers Venusberg bis Mitte April 1945 im Außenlager. Von einer kleineren Dokumentationslücke ist auszugehen, da bis zur Liqudierung des Lagers wahrscheinlich nicht mehr alle Todesfälle an die Verwaltung des Stammlagers gemeldet wurden. Größere Abweichungen scheinen aber weniger schlüssig, da die Aufzeichnungen der Nummernbücher auch mit den Aussagen einiger auskunftswilliger ehemaliger Aufseherinnen gut übereinstimmen. So sagt Elly Schauer bei ihrer polizeilichen Vernehmung 1945 über ihre Dienstzeit aus:

> „Bin dann dreimal zum Leichenkommando kommandiert worden, wo ich das erstemal 7 und das zweite und drittemal je 4 Leichen zu beerdigen hatte. Die Leichen wurden in den Splitterschutzgraben begraben."[217]

Elly Schauer wurde Ende März 1945 aus dienstlichen Gründen aus ihrer Aufseherinnentätigkeit entlassen. Ihre Schilderungen scheinen alle sehr plausibel. Sehr wahrscheinlich beerdigte sie in erster Linie jene Häftlinge, die am 26. März [6], 27. März [4] und 29. März [5] im Flossenbürger Nummernbuch als verstorben abgemeldet werden. Demnach ist auch nicht davon auszugehen, dass es bereits in Venusberg 300 Todesopfer unter den Häftlingen gegeben hat, wie es Wachmann Stefan Fraühammer und die polnische Jüdin Regina W.[218] in unabhängiger Übereinstimmung explizit zu Protokoll geben. Bei beiden Angaben handelt es sich um Schätzungen, die mehr als 25 Jahre

---

[214] Trifft wohl zu, da die Leichen wahrscheinlich über mehrere Tage gesammelt wurden. Vermutlich kam es aber nie zu einer zweistelligen Zahl.
[215] Sehr wahrscheinlich ziemlich übertrieben. Innerhalb eines Monats wären dann 750 Häftlinge – ¾ der Belegung gestorben. Das ist ausgeschlossen.
[216] Katherine S. YV 03/1040 zitiert nach Baumgartner S. 190f.
[217] Akte Venusberg. Stadtarchiv Zschopau
[218] Barch, B 162 / 8376, S. 631 VP Regina W. s.u.

nach den Ereignissen erfolgten. Dokumentarisch belegbar sind diese Angaben nicht.[219]

Zwar nahm auch Stefan Frauhammer wie Elly Schauer zumindest an einem Häftlingsbegräbnis teil, seine Äußerungen diesbezüglich verdeutlichen aber auch, dass er keinen genauen Überblick über die Todesfälle im Lager Venusberg gehabt haben kann. Er gibt zu Protokoll:

> „Bis zur Evakuierung des Lagers im April 1945 sind viele Frauen infolge Unterernährung und Krankheit verstorben. Ich schätze, dass es mindestens 300 Frauen waren. Es gab im Lager ein ständiges Leichenkommando, das damit beschäftigt war, die Leichen in die Totenkammer und von dort auf den Friedhof zu bringen. Zunächst wurden die toten Frauen auf dem Friedhof begraben, später dann an einem Waldesrand. Ich selbst war auch einmal auf dem Friedhof mit dabei, wie Frauen beerdigt wurden. Die Toten wurden in der ersten Zeit in Papier eingewickelt und ohne Särge in Massengräbern beerdigt. Ich habe nicht gesehen, dass die Leichen Merkmale von Gewaltanwendungen trugen. Sie waren einfach, das sah man deutlich, an Erschöpfung gestorben. Später bin ich dann nicht mehr mit Leichen in Berührung gekommen, weil ich den Oberscharführer erklärt habe, ich wolle nicht mehr zu einer Beerdigung mitgehen."[220]

Zum wechselnden Leichenkommando gehörte auch mehrmals die ungarische Jüdin Marta K.. Sie gibt zu Protokoll:

> „Während wir im Lager Venusberg uns aufhielten, starben dort viele an Typhus oder an Entkräftung. Die Leichen wurden von den Gefangenen zu einem Hügel in der Nähe des Lagers gebracht und dort begraben. In zwei-drei Fällen habe auch ich an solchem Wegtransport der Toten teilgenommen. Es starben täglich und viele."[221]

---

[219] Vgl. Kapitel über Exhumierung und Häftlingsliste

[220] Barch, B 162 / 8376, S. 485 VP Stefan Frauhammer

[221] Barch, B 162 / 8375, S. 293a VP Marta K.

Ilona D. äußert ähnlich:

> „Im Lager Venusberg starben mehrere an Entkräftung oder infolge Erkrankung. Diese Verstorbenen wurden durch die Gefangenen auf den nahe liegenden Hügel gebracht und dort begraben. Namen der Verstorbenen kann ich nicht benennen."[222]

Sollte aber tatsächlich nahezu jeder dritte Häftling in Venusberg gestorben sein, müsste dies viel häufiger der Fall sein, da sich die Häftlinge oftmals aus familiären, freundschaftlichen, oder nachbarschaftlichen Beziehungen aus der Vorkriegszeit und der Deportationsphase gegenseitig kannten. Neben den Höchstschätzungen von 300 Todesopfern in Venusberg gibt es von Häftlingsseite auch Schätzungen auf 200, 150 oder 50-100[223] Todesfälle. [Vgl. Kapitel Exhumierung und Ankuft in Gusen]
Die Typhus- bzw Fleckfieberepidemie bekommt man bis zur Evakuierung des Lagers nicht mehr in den Griff.

h) Funktionshäftlinge in Venusberg

Ohne *Funktionshäftlinge* hätte es die SS schwer gehabt eine Lagerordnung aufrecht zu erhalten. Daher wurden ausgesuchte Häftlinge, die meist auch der deutschen Sprache mächtig waren in die organisatorischen Abläufe integriert. Schnittstelle zwischen SS-Wachmannschaft und KZ-Häftlingen bildete stets eine *Lagerälteste*, sowie die *Blockältesten* der einzelnen Barackenunterkünfte. Sie gehörten zur Gruppe der *Funktionshäftlinge*, die außerdem spezielle Tätigkeiten in der Küche, im Revier und Reinigungs- oder Verwaltungsaufgaben zu erledigen hatten. Die Funktionsbesetzung der Lagerältesten wurde in Venusberg mehrmals gewechselt. Rachel R. berichtet:

> „Ich erinnere mich, dass die jüdische Lagerälteste Lili geheissen hat. Wie ich gehört habe – lebt sie nicht. Sie war nicht

[222] Barch, B 162 / 8375, S. 296a VP Ilona (Lili) D.
[223] Vgl. Sosana A. Barch, B 162 / 8375, S. 99 [ungarisches VP]

die ganze Zeit [Lagerälteste]. Man hat die jüdischen Funktionshäftlinge oft gewechselt. Ich kann nichts konkretes über diese Funktionshäftlinge sagen. Niemand wollte in Venusberg Funktionshäftling sein. Darum wurden sie gewechselt [...] Es war nichts zu essen und schwer musste man arbeiten. Von den Funktionshäftlingen verlangten wir, sie sollen uns Essen verteilen und darum bat eine jede man soll sie von dieser Pflicht befreien."[224]

Edith B. gibt weniger wohlwollend zu Protokoll:

> „Ich möchte noch die jüdische Lagerälteste Lili erwähnen. Sie kam mit dem Transport aus Bergen Belsen. Sie stammte aus der Tschechoslowakei. Mit dem Lagerführer war sie noch aus Auschwitz bekannt[225]. Sie hatte in Venusberg einen großen Einfluss auf ihn. Sie war eine schlechte und grausame Frau, sie war nicht viel besser als die Aufseherinnen. Ich glaube, dass sie am Leben ist und ganz gewiss wohnt sie in der Tschechoslowakei (sie hat auch ungarisch gesprochen)."[226]

Da diese „Lili" erst mit dem Transport aus Bergen Belsen das Lager erreichte, hat es wohl zuvor eine oder mehrere andere Lagerälteste aus dem Transport von Ravensbrück gegeben. Später übernahm diese Funktion möglicherweise auch ein Polin. Malka L. gibt zu Protokoll:

> „Was die Funktionshäftlinge anbetrifft so erinnere ich mich an die jüdische Lagerälteste – eine Frau aus Polen. Ihren Namen habe ich vergessen."[227]

Stella H. bestätigt:

> „Die Lagerälteste, glaube ich, war eine Polin."[228]

Möglicherweise ist die Lagerschreiberin Anna Kranz gemeint.

---

[224] Barch, B 162 / 8375, S. 102f. VP Rachel (Rosi) R.
[225] Hier ist wohl Livia Kralovska aus der Slowakei gemeint.Vgl.FloNo.63319
[226] Barch, B 162 / 8375, S. 202f. VP Edith B.
[227] Barch, B 162 / 8375, S. 138f. Malka (Margit) L. Vgl. auch Julia D. S.188f.
[228] Barch, B 162 / 8376, S. 538 VP Stella H.

Rosa L. etwas ausführlicher:

> „Eine unsrer Mitgefangenen, sie war polnischer Abstammung, wie ich glaube, eine Lagerälteste, hatte die Aufgabe, täglich der Lagerführerin über die Kranken und sonstiges Fehlen /wegen Absterbens, Einweisung ins Krankenhaus/ zu melden.[229] Wir nannten Lagerführerin jene Aufseherin, die wie vorgetragen, unsre Mitgefangene totgepeitscht hat. Der Lagerältesten erstatteten die Meldungen die für die einzelnen Baracken Verantwortlichen, nämlich die Blockältesten."[230]

Eine dieser Blockältesten war eine Häftlingsfrau namens Marie. Ester V. gibt zu Protokoll:

> „An jüdische Funktionshäftlinge aus dem Lager Venusberg kann ich mich nicht erinnern außer unseren Blockältesten mit Namen Marie. Sie war aus Ungarn. War eine gute Frau. Sie ist jetzt aber nicht [mehr?] am Leben."[231]

Weitere Personenbeschreibungen der Funktionshäftlinge liegen nicht vor. Kati J. erinnert allgemein:

> „Funktionen im Lager bekleideten anfangs ungarische, später aber polnische Frauen. Ich erinnere mich nicht an die Funktionshäftlinge."[232]

Marta S. nennt lediglich deren Aufgaben:

> „Wir hatten eine Lagerälteste und außer ihr einige Häftlinge arbeiteten in der Küche oder in den Baracken, Reinigungsarbeiten."[233]

Auch die Häftlingsärztinnen und Schwestern sind zu den *Funktionshäftlingen* zu zählen. [Vgl. Kapitel Medizinische Versorgung] Außerdem arbeitete Flora W. nach eigenen Angaben als Friseurin im Lager[234]. Hinweise zur Identität und zum Schicksal der genannten und weiterer Funktionshäftlinge sind erwünscht.

---

229 Möglicherweise ist mit dieser Person Anne-Rose E. gemeint. s.o.

230 Barch, B 162 / 8377, S. 774 VP Rosa L.

231 Barch, B 162 / 8375, S. 205 VP Ester (Katalin) V.

232 Barch, B 162 / 8375, S. 162 VP Kati J.

233 Barch, B 162 / 8375, S. 70 VP Marta S.

i) Evakuierung und Befreiung

Das schlimmste Kapitel ihrer Lagerhaft war für die Venusberger Frauen häufig die Evakuierung des Lagers im April 1945. Die Aussagen bezüglich dieses Vorgangs sind zahlreich und besonders detailliert. Allerdings auch oft widersprüchlich, sodass das Evakuierungsgeschehen nur mit viel Mühe korrekt rekonstruiert werden kann. Schon für den Beginn der Evakuierung und ihre Datierung gibt es selbst in der Forschungsliteratur verschiedene Varianten. Übereinstimmung liegt nur darin zugrunde, dass die Evakuierung am Wochenende zwischen dem 13. und 15. April 1945 erfolgte. An welchem der drei Tage genau, konnte bislang dokumentarisch nicht eindeutig belegt werden. Regina W. spricht sich in ihrer komprimierten Schilderung des Evakuierungsgeschehens für den Sonntag aus:

> „An einem Sonntag Mitte April 1945 wurde das Lager Venusberg evakuiert. Wir wurden 16 Tage lang in geschlossenen Güterwagen hin- und hergefahren. Der Zug kam schließlich nach Mauthausen."[235]

Berta B. hingegen gibt [möglicherweise auf Nachfrage] den *13. April* zu Protokoll [siehe unten]. Dieses Datum kann auch durch die DEGOB-Protokolle der Magda H., Julia V./D., u.a.[236] aus dem Jahr 1945 bestätigt werden. Ein drittes konkretes Datum, den 14. April, liefern die ehemaligen Aufseherinnen Susanne Panitz und Olga Böhm, sowie die Arbeiterin Johanna Müller. Außerdem spricht Aufseherin Leni Starke von einem Sonnabend im April, was ebenfalls auf den 14. April verweist. Dieses Datum wird auch im DEGOB-Protokoll der Cäcilie K.[237] genannt. Auch wenn man zeitnahen Dokumenten insgesamt eine größere Verlässlichkeit zutraut, existieren in den DEGOB-Protokollen für das Lager Venusberg allerdings auch etliche andere Datierungen, die nicht einmal auf das genannte Wochenende fallen und teilweise um etliche Wochen abweichen. Es ist

---

[234] Barch, B 162 / 8375, S. 32

[235] Barch, B 162 / 8376, S. 631 VP Regina W.

[236] DEGOB 2807, DEGOB 3595, DEGOB 1764

[237] DEGOB 2477

also generelle Vorsicht auch bei expliziten Datumsangaben in frühen Zeugenaussagen geboten. Gerade KZ-Häftlinge hatten nicht selten im Lageralltag die zeitliche Orientierung verloren, oder maßen, nach all dem was sie erlebt hatten, der genauen Erinnerung der Transportdaten keinen all zu großen Wert bei. Da auf den 13. April aber die letzte Stärkemeldung des KZ Flossenbürg und seiner Außenlager[238] datiert, scheint der Befehl zur Evakuierung für den 14. April doch recht schlüssig[239]. Zumindest die Aussage der Susanne Panitz schließt aber eine Durchführung am 15. April, beispielsweise wegen mangels an Transportmitteln etc. nicht völlig aus. Für eine Evakuierung am Sonntag spräche grundsätzlich auch, dass sich alle Häftlinge regulär im Lager befunden hätten, was den organisatorischen Ablauf der Evakuierung ganz bestimmt erleichtert hätte, worauf die Frontsituation andererseits aber sicher keine Rücksicht nahm. Das genaue Datum der Auflösung des Lagers wäre also noch zu bestimmen. Im Idealfall könnten kontinuierlich geführte Tagebucheinträge von Augenzeugen oder des beteiligten Wachpersonals letzten Aufschluss bringen. Wahrscheinlich fand die Auflösung des Lagers jedoch am Morgen des 14. Aprils statt.

Neben der Varianz in den Zeitangaben war auch die Evakuierungsroute bislang nicht eindeutig geklärt. So schrieb Dr. Hans Brenner:

> „Die Frauen von Venusberg mussten vorher einen Fußmarsch nach Dorfchemnitz bei Stollberg zurücklegen. Eine der Frauen wurde dort erstes Opfer des Todestransportes, der dann über Aue, Zwota, Graslitz nach Falkenau (heute Sokolov) rollte.“[240]

Bei dieser vermeintlichen Evakuierungsroute liegt allerdings eine Verwechslung vor. Es handelt sich um die rekonstruktive Vermischung zweier Transporte. Die Verlegung ausländischer Zwangsarbeiter der Venuswerke führen Dr. Brenner auf die falsche Fährte. Es handelt sich bei dem Abmarsch in Richtung Stollberg nicht um die KZ-Häftlinge. Laut Hardy Melzer sollen

---

[238] Diese orientiert sich weitestgehend an dem Stand der Nummernbücher.

[239] Auch Jüdinnen aus Zschopau&Wilischthal wurden am 14.04. evakuiert.

[240] Freie Presse. Dr. Hans Brenner. 22.04.1997 Zschopauer Zeitung

die Venuswerke noch kurz vor Kriegsende in die Tschechoslowakei verlegt werden. Brenners falsche Route stützt sich demnach wohl auf eine kurze Mitteilung des Bürgermeisters von Venusberg an das Staatliche Gesundheitsamt in Marienberg vom 3. Mai 1945. Darin heißt es:

> „Antwortlich Ihres Schreibens vom 25.4.45 teile ich Ihnen mit, dass nach Angaben der Venuswerke die Ausländer nach Stollberg abtransportiert worden sind. Wohin die Ausländer von dort gebracht worden sind, ist unbekannt.“[241]

Auch Ulrich Fritz, Mitarbeiter der Gedenkstätte Flossenbürg, verlässt sich in *Der Ort des Terrors* bei seiner Kurzabhandlung über das Lager Venusberg auf die Angaben Dr. Brenners. Diese können aber, wie hier dargelegt, mittlerweile schlüssig entkräftet werden. Die Venusberger KZ-Häftlinge wurden definitiv, lediglich in einem Transport über Gelenau und Wilischthal evakuiert. Bevor es dazu aber den Befehl gab, hatten die Häftlinge etliche Tage voller Ungewissheit und Angst zu überstehen. Julia D. schildert:

> „Schrecklich war die Evakuierung aus Venusberg. Erstens hat man uns noch eine Woche früher gesagt, dass man uns erschießen wird, weil wir zu viel wissen – über die Flugzeugfabrik nämlich, haben wir laut den Worten der Lagerbesatzung zu viel gewusst. Nur der SABO[242] beruhigte uns, er sagte: habt keine Angst, man wird euch nicht erschießen. Wir glaubten aber an das Ärgste.“[243]

Zu Recht; auch wenn es zu keiner Massenerschießung kam, fanden die Häftlinge auch weiterhin zahlreich einen qualvollen Tod. Diejenigen, die an dem besagten Wochenende im April noch laufen konnten, wurden aus dem KZ-Lager zunächst zum Kleinbahnhof Gelenau geführt. Ihre dortige Ankunft wird durch folgende Aussagen aus der Bevölkerung belegt. Helene Beck:

---

[241] zitiert nach Hardy Melzer. Sammlung Herbert Jankowski
[242] Wachmann Laszlo Sabo.
[243] Barch, B 162 / 8377, S. 688 VP Julia D.

„Ich stand am Schuppen, gegenüber der ‚Schüller-Mühle', in der ich damals wohnte und konnte die ‚Verladung' direkt beobachten. Die Frauen kamen zu Fuß nach Gelenau von Venusberg-Spinnerei [244], der Herolder Straße herein. An der Kreuzung bogen sie in die Venusberger Straße, die zum Gelenauer Bahnhof führt. Dort standen bereits vier oder fünf Viehwaggons[245]. Wagen mit Lattenrosten quer überdacht. Die Frauen liefen zu sechst oder acht nebeneinander[246]. Sie hatten kahlgeschorene Köpfe, die Kleidung bestand aus sackleinenartigen Gewändern. Sie liefen sehr langsam. Beim Einsteigen verlor eine Frau ihren Schuh, alle trugen Holzschuhe, eine der begleitenden SS-Frauen hob ihn auf und warf den Schuh einfach in den Waggon. Der Zug fuhr in Richtung Wilischthal ab."[247]

Manfred Looß bestätigt im wesentlichen:

„Kurz vor Ende des Krieges stellt eines Morgens die Eisenbahn Gelenau ca. 7 gedeckte Güterwagen ab, die von der SS bewacht wurden. Kurz darauf wurden von der Herolder Straße die Häftlingsfrauen, von SS mit Hunden bewacht, herangetrieben und in die Waggons verladen. Dieses Verladen geschah mit großer Hektik und viel Geschrei, so daß die Hunde aufgeregt waren und kaum gehalten werden konnten. Anschließend kam eine Lokomotive und transportierte die Waggons in Richtung Wilischthal ab."[248]

Den Abmarsch zum Bahnhof Gelenau bestätigt Berta B. aus Häftlingssicht:

„Die Evakuierung des Lagers Venusberg fand am 13. April 1945 statt und nicht, wie ich vorher angegeben habe, am 19. März. Ich habe das verwechselt. Wir mussten drei Kilometer[249] zum Bahnhof marschieren. Von den Schwerkranken

---

[244] Bezeichnung des Ortsteils
[245] Vgl. Aussage Manfred Looß.
[246] Möglicherweise auch in Fünferreihen, was in den KZ-Lagern wohl zum besseren Zählen üblich war.
[247] Aussage Helene Beck vom 18.10.1998. Sammlung Herbert Jankowski
[248] Aussage Manfred Looß. Sammlung Herbert Jankowski
[249] nicht einmal

> waren viele im Lager zurückgeblieben. Was aus ihnen geworden ist, weiß ich nicht. Die Frauen, die weniger krank waren, nahmen wir mit. Auf dem Wege zum Bahnhof starben viele vor Erschöpfung[250]. Ob auf dem Marsch zum Bahnhof jemand erschossen worden ist, weiß ich nicht. Am Bahnhof wurden [wir] in Viehwaggons gepfercht. Wir waren so viele in einem Waggon, dass wir kaum stehen konnten, geschweige uns bewegen konnten."[251]

Bei Magda W. heißt es deutlich komprimierter:

> „Etwas Grauenhaftes war die Evakuierung des Lagers Venusberg. Als sich die Russen näherten wurden wir in Viehwaggons verladen und weggeführt. Es war Mitte April 1945."[252]

Laut Wachmann Wapp war die Verladung der Häftlinge gegen 11 Uhr abgeschlossen. [Vgl. Frauhammer: „gegen Mittag"]

I. Die Evakuierung des Krankenreviers:

Als zu den Häftlingen durchdrang, dass die Evakuierung des Lagers kurz bevorstand, gelang es noch etlichen kranken Frauen die Revierbaracke zu verlassen und mit Hilfe ihrer Mitgefangenen, den Weg zum Gelenauer Bahnhof zu bewältigen. Über die verbliebenen Häftlinge aus dem Revier entstanden unter den Frauen schnell Gerüchte. Towa F. gibt zu Protokoll:

> „Als wir Venusberg verließen fragten wir uns untereinander was mit den Häftlingen geschehen ist, die im Revier untergebracht waren. Es wurde gesprochen, dass sie alle vernichtet wurden. In welcher Weise diese Vernichtung durchgeführt wurde ist mir nicht bekannt."[253]

[250] Diese Aussage ist nicht belegbar. Möglicherweise: „drohten zu sterben"
[251] Barch, B 162 / 8376, S. 450 VP Berta B.
[252] Barch, B 162 / 8375, S. 165 VP Magda W.
[253] Barch, B 162 / 8375, S. 136f. VP Towa (Antonia) F.

Etwas vorsichtiger formuliert Stella H.

> „Als wir aus Flossenbürg[254] abtransportiert wurden, blieben die Kranken und Arbeitsunfähigen im Hospital und übrigen Lager zurück. Was aus ihnen geworden ist, weiß ich nicht.“[255]

Ebenfalls unsicher über das Schicksal der im Revier verbliebenen Häftlinge äußert sich Yalana L. bei ihrer Vernehmung. Sie gibt am 6. Oktober 1970 zu Protokoll:

> „Wenn ich mich recht erinnere, wurden die Kranken des Lagers Venusberg nicht evakuiert, aber ich könnte nicht sagen, was mit ihnen geschehen ist. Ich selbst verdanke mein Leben nur dem Umstand, dass mich eine Freundin gezwungen hat, das Revier zu verlassen. Diese Freundin, inzwischen verstorben, hatte erfahren, dass die Kranken umgebracht werden sollten. Wie ich oben bereits sagte, lag ich sehr lange im Revier des Lagers Venusberg und war nicht Zeugin von Tötungshandlungen. Ich habe allerdings gehört, dass Häftlinge zu Tode geschlagen worden sind, aber nach 25 Jahren kann ich nichts näheres dazu sagen.“[256]

Glücklicherweise konnten aber auch zwei ehemalige Häftlinge gefunden werden, die Auskunft über den Abtransport der Schwerkranken per Auto geben, und damit zur Aufklärung ihres wahren Schicksals beitragen konnten. Vilma Z. sagt im Juni 1945 aus:

> „In Venusberg wurden die Menschen auf Autos geschmissen, als sie vor den Russen flüchteten. Die Kranken wurden geschlagen und auf die Autos geworfen, es gab sehr viele Tote[257].“[258]

---

[254] Sie erinnert Venusberg generell nur unter dem Namen des Stammlagers

[255] Barch, B 162 / 8376, S. 538f. VP Stella H.

[256] Barch, B 162 / 8376, S. 562ff. VP Yalana L.

[257] Dieser Satz bezieht sich wohl auf die gesamte Evakuierung.

[258] DEGOB-Protokoll 128 zitiert nach Baumgartner S. 192

Ella L. bestätigt am 23.11.1967 aus eigener Erfahrung:

> „Im Lager war ein sogenanntes Revier, weil sehr viele Häftlinge Typhuskrank wurden. Ich erinnere mich nicht genau, aber ich glaube, dass im Monat März oder Ende Februar 1945 erkrankte ich auch und ich weiß, dass zu dieser Zeit schon viele Häftlinge von Krankheit starben. Als ich krank im Revier lag, sah ich, dass alle Häftlinge das Lager verlassen, weil das Lager evakuiert wird. Beim Revier erschien ein Autobus und alle Kranken wurden hineingeschmissen. Man führte uns zur Bahnstation, wo wir in Viehwaggone eingepresst wurden. Von der Bahnstation Venusberg[259] wurden wir nach Mauthausen geführt, wo ich am 5-ten Mai 1945 von den Amerikanern befreit wurde.“[260]

Auch die oben erwähnte ehemalige Aufseherin Susanne Panitz bestätigt die Evakuierung der Häftlinge über Gelenau und Wilischthal. Dort endete das Thumer Kleinbahnnetz und die Waggons mussten auf die reguläre Spurbreite zurückgesetzt werden. Wenn für den Abtransport zunächst reine Kleinbahnwaggons verwendet worden waren, war ein Umsteigen der Häftlinge in Wilischthal unumgänglich. Susanne Panitz:

> „Am 14.4.45 bekamen wir den Befehl Venusberg zu verlassen mit all den Häftlingen, da sich die Amerikaner näherten. Es wurden auch alle kranken Häftlinge mitgenommen, wo ich dann nocheinmal gesehen habe, wie Elfriede Pfeifer, Anni Ott, diese Irmgart aus Breslau und noch mehrere, die ich nicht mit Namen kenne, die Häftlinge geschlagen haben. Es war in Wilischthal, wir mussten alle umsteigen, auch die kranken Häftlinge. Diese konnten nicht schnell gehen und manche überhaupt nicht, dort haben diese Aufseherinnen, die ich mit Namen genannt habe und viele kenne ich nicht an Namen noch einmal die Kranken geschlagen. Ich konnte es nicht mehr mit ansehen, ich habe vielen geholfen, dass sie ein bisschen schneller vorwärts kamen und die Schläge erspart bleiben sollte[n]. Ich hatte mich entschlossen den Zug zu verlassen sobald es mir die Gelegenheit gab. In Buchholz hielt

[259] Hier ist wohl Gelenau oder Wilischthal gemeint. Vgl. Aussage Panitz

[260] Barch, B 162 / 8375, S. 159f. VP Ella L.

> der Zug zum erstenmal und ich habe mit Ellen Herr den Zug verlassen."[261]

Bei den Schilderungen des Umsteigens handelt es sich unter Berücksichtigung der vorliegenden Informationen also entweder um alle Häftlinge aus dem Zug von Gelenau, [demnach hätten in Wilischthal andere Waggons bereit gestanden und die Häftlinge aus dem Revier wären mit dem Auto nach Gelenau gebracht worden], oder es ist aber das Umsteigen der Wachleute und der Häftlinge aus dem Revier vom Auto in den wartenden Zug aus Gelenau gemeint. Klärende Hinweise wären hilfreich. Die Formulierungen schließen auch nicht völlig aus, dass Häftlinge sowohl aus dem einen Zug in den anderen, als auch aus dem Auto in den endgültigen Transportzug umsteigen mussten.
Sicher ist jedoch, dass sich der Transportzug von Wilischthal aus, dann zunächst in südliche Richtung bewegte. Der erste Halt in Buchholz wurde bereits erwähnt.

II. Die Evakuierungsroute:

Über die Stationen Gelenau - Wilischthal - Scharfenstein - Hopfgarten - Warmbad - Wolkenstein - Wiesenbad - Wiesa - Buchholz - Annaberg - Sehma - Cranzahl - Königswalde - Bärenstein - Weipert [Vejprty] gelangt der Zug schnell ins Sudetenland.
Die Bahnstrecke führt dann über Kovárská und Medenec nach Chomutov [Komotau]. In unmittelbarer Nähe von Most [Brüx] in der Ortschaft Trebusice [Triebschitz] erfolgt ein erster längerer Halt, bei dem verstorbene Häftlinge aus den Waggons ausgeladen werden. Zudem kommt es zu einem Zusammenschluss mit einem Männertransport aus dem Buchenwalder Außenlager Flößberg und einem Evakuierungstransport aus dem Flossenbürger Außenlager Freiberg. Die Freiberger Überlebende Helga Weiss erinnert:

> „Sie haben zwei Transporte bei uns angehängt. Griechinnen und Polen. Ihr Zustand ist erschreckend, noch viel schlechter als unserer. Angeblich haben sie seit einer Woche nichts ge-

[261] Susanne Panitz. Jahnsbach den 21.6.1945.Akte Ven. Stadtarchiv Zschopau

gessen, und sie haben Flecktyphus. In der Nacht hört man es von dort jammern, sie rufen nach Wasser. Ihr Schara [Scharführer] und ihre Aufseherinnen sind viel schlimmer als unsere. Sie gehen furchtbar mit ihnen um. Wir dürfen nicht zu ihnen, sondern haben sie nur gesehen, als sie zum Lager [in Triebschitz] gingen, um Essen zu holen. Sie können nicht mal richtig gehen, sie taumeln nur. Die Männer tragen gestreifte Anzüge und sehen noch schlechter aus als die Frauen."[262]

Nach diesem Aufenthalt erfolgt eine Irrfahrt mit unklaren Zielen. Der Zug soll zunächst nach Chomutov dann wieder zurück nach Trebusice gefahren sein, außerdem soll er Louny [Laun], Zatec [Saaz] und sogar Sokolov [Falkenau] passiert haben. Eine klare Evakuierungsroute ergibt sich dann erst wieder, nachdem der Zug den Ort Mladotice erreicht, wo die Häftlinge Hilfe durch dortige Einwohner erhalten haben sollen. Über Plasy erreicht der Zug am 21.04.1945 um 21 Uhr Horni Briza. Nach einem längeren Aufenthalt, bei dem erneut Tote ausgeladen werden setzt sich der Zug erst am 23.04. um 6 Uhr 21 wieder in Bewegung.[263] In Plzen [Pilsen] soll sich der Zug ebenfalls noch am 23.04.1945 aufgehalten haben. Über Umwege erreicht der Zug später Klatovy [Klattau]. Er hält zunächst in der Ortschaft Nýrany, bewegt sich dann aber über Tachov nach Domazlice. Von dort wird der Verbund über Kout na Sumave und Kdyne nach Nýrsko transportiert. Hier werden erneut Tote ausgeladen und die Waggons mit Venusberger Häftlingen werden angeblich von dem restlichen Transport abgetrennt. Vermutlich passiert der Venusberger Evakuierungszug dann auch Klatovy [Klattau]. Möglicherweise wird er dort oder später auch wieder dem langen Evakuierungszug angeschlossen. Ab Klatovy [Klattau] setzt der Evakuierungszug seine Reise in südöstliche Richtung fort und passiert die Gemeinden Besiny, Kolinec und Horazdovice. Von dort erreicht er Strakonice [Strakonitz] und Ceske Budejovice [Budweis], passiert bei Dolni Dvoriste die österreichische Grenze und gelangt über Freistadt, Kefermarkt und Pregarten nach St. Georgen an der Gusen. Über das eigene

---

[262] Helga Weiss. Und doch ein ganzes Leben. S.152

[263] Vgl. Pascal Cziborra. KZ Freiberg & Wendy Holden. Born Survivors 240 Vgl. Aussage Antonin Pavlicek in Düsing. Zwangsarbeit für den Endsieg 113

Anschlussgleis des KZ Lagers Gusen wird der Zug zu seiner Endstation rangiert. Von hier aus werden die marschfähigen Häftlinge etwa 4,5 km ins KZ Mauthausen geführt.[264]

F8: Kleinbahnhof Gelenau

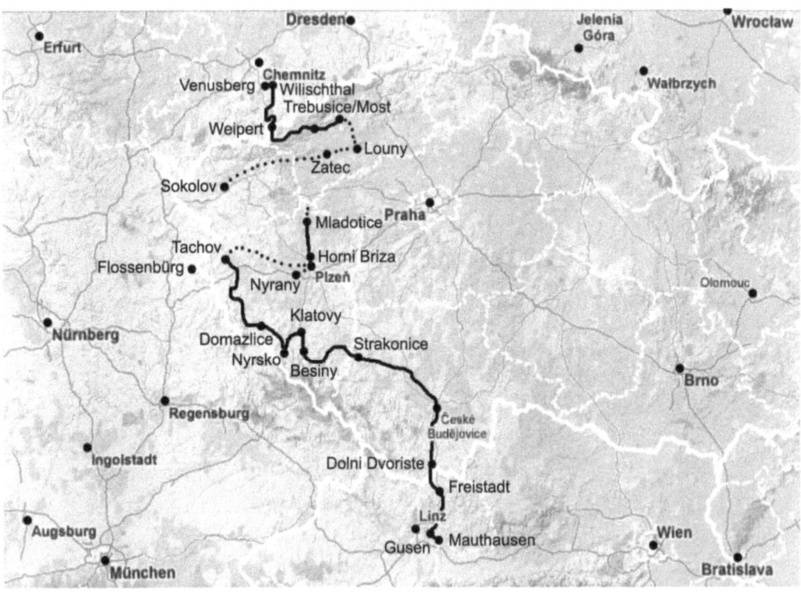

P3: Rekonstruktion der Evakuierungsroute

[264] Vgl. Pavla Placha. Evakuierungstransport Freiberg. Gedenkstätte Flo.

III. Verpflegung und Hygiene während der Evakuierung:

Als Reiseproviant erhalten die Venusberger Häftlinge ein Brötchen mit Margarine, das scheinbar für die ersten Tage der Evakuierungsfahrt genügen musste. Yalana L. berichtet:

> „Bei der Abfahrt hat jeder von uns ein Brötchen mit Margarine erhalten. Nach fünf Tagen der Reise erhielten wir ein wenig Suppe. Schließlich haben wir noch einmal Suppe erhalten, und das war die ganze Verpflegung, die die SS-Angehörigen uns gegeben haben.“[265]

Ibi L. bestätigt weitestgehend:

> „Schrecklich war die Evakuierung nach Mauthausen aus Venusberg. Wir fuhren zuerst einige Tage in geschlossenen Waggons. Einige Tage wurden die Waggons nicht geöffnet. Wir saßen so eng, dass man nicht atmen konnte. Man gab uns nichts zu Essen, nichts zu Trinken man ließ uns nicht aus dem Waggon aussteigen um natürliche Bedürfnisse zu erledigen. Viele Frauen wurden wahnsinnig, es war schrecklich ihr Geschrei bei Nacht zu hören. [...] Erst nach einigen Tagen, schon in Österreich[266] bekamen wir auf einer Station irgend was wie Suppe. Später gab man uns in einem Eimer (für zehn Frauen ein Eimer) mit einer Flüssigkeit die man Suppe nannte und auch schmutziges Wasser zu Trinken. Diese ‚Suppe' aus dem Eimer mussten wir mit Händen essen, Löffel gab man uns nicht. Die Verhältnisse in der Evakuierung sind nicht zu beschreiben, so schrecklich, so grauenhaft waren sie.“[267]

Auch Cäcilie K. gibt ähnliches zu Protokoll:

> „Im April 1945 wurde das Lager Venusberg geräumt. Wir wurden in Waggons gebracht, darin sehr zusammengedrängt. Fünf Tage lang bekamen wir weder zum Trinken, noch zum Essen. Unterwegs erhielten wir einmal etwas zu Essen.“[268]

---

[265] Barch, B 162 / 8376, S. 563 VP Yalana L.
[266] Dies ist sicher falsch. Verpflegung gab es spätestens in Tschechien.
[267] Barch, B 162 / 8377, S. 684 VP Ibi L.
[268] Barch, B 162 / 8375, S. 287 VP Cäcilie K.

Kati J. weiß bestätigend zu berichten:

> „Schrecklich war die Evakuierung des Lagers Venusberg. Es war ungefähr Anfang April 1945. Wir wurden in Viehwaggons verladen – 120 Frauen waren in einem Waggon[269]. Die Reise dauerte etwa zwei Wochen. Die ersten 5 Tage haben wir kein Essen bekommen, die Waggons wurden überhaupt nicht geöffnet. Wir hatten keine Luft, konnten unsere Bedürfnisse nicht erledigen."[270]

Neben der Verpflegung durch die SS sind aber auch mehrere Hilfsaktionen der tschechischen Bevölkerung belegbar.

Anne-Rose E. berichtet:

> „Viel schrecklicher als der Aufenthalt, war die Evakuierung aus Venusberg nach Mauthausen. An die 14 Tage unterwegs in geschlossenen Viehwaggons, zu 120 Frauen in einem Waggon. Während der ganzen Fahrt haben wir nur etwa 4 Mal etwas Nahrung bekommen, aber nicht von den Deutschen. Das hat die Bevölkerung, die das Jammern aus den Waggons hörte, organisiert und verteilt. Das war natürlich fast nichts. Wir hatten keine Möglichkeit unsere natürlichen Bedürfnisse zu erledigen. Die Waggons wurden nur einige Male auf eine Weile geöffnet. Frauen in den Waggons wurden wahnsinnig."[271]

Yalana L. gibt außerdem zu Protokoll:

> „Wir wurden mit der Eisenbahn abtransportiert. [...] Wir wurden etwa 3 Wochen[272] umhergefahren. Ich kann nicht mehr angeben, durch welche Städte wir gekommen sind und welchen Reiseweg wir zurückgelegt haben. Ich erinnere mich lediglich, dass wir in der Tschechoslowakei Halt gemacht haben. Tschechische Zivilisten wollten uns Nahrung geben, sie wurden aber von SS-Männern unserer Eskorte geschlagen.

---

[269] Großer Waggon vgl. Aussage Marta K.
[270] Barch, B 162 / 8375, S. 162 VP Kati J.
[271] Barch, B 162 / 8376, S. 531f. VP Anne-Rose E.
[272] Die Evakuierungsdauer wird leicht überschätzt.

> Diese Eskorte setzte sich aus SS-Männern und Aufseherinnen zusammen, aber ich kann nicht sagen, ob es dieselben wie vorher im Lager Venusberg waren. Sie waren mit Gewehren und Maschinenpistolen bewaffnet. Während der Evakuierung entfernten sich zwei Frauen während eines Aufenthaltes von unserer Gruppe. Von weitem schoss ein SS-Mann auf sie und tötete die beiden Frauen.[273] Ich kann aber weder über die Person des SS-Mannes noch der Opfer nähere Angaben machen. Die Leichen wurden neben den Schienen liegengelassen. Es ist das einzige Mal, dass ich während der Evakuierungsfahrt im Zug Zeugin wurde. Aber jeden Tag starben Frauen."[274]

Auch Berta B. kann sowohl Schüsse während der Evakuierung als auch den Versuch einer Hilfsaktion durch eine Wohltätigkeitsvereinigung, der sich die SS entgegenstellte, bestätigen:

> „Es dauerte zehn Tage[275], bis wir in Mauthausen ankamen. Offenbar wollte uns niemand haben, deshalb dauerte die Fahrt so lange. Wir bekamen während der Fahrt nur einmal Verpflegung: im Sudetenland erhielten wir von einer Wohltätigkeitsvereinigung etwas Suppe. Wir sollten auch etwas Brot bekommen, die SS, die uns begleitete, verhinderte das aber.[...] Soweit ich mich erinnere, fuhr der Zug am Tage und stand Nachts still[276]. Die Verhältnisse in den Waggons waren schockierend. Wir hatten viele Tote unter uns. Nur ab und zu durfte die Tür für kurze Zeit geöffnet werden, um frische Luft hereinzulassen. Die Menschen schrieen vor Hunger. Dann wurde geschossen, vermutlich um die Leute zu erschrecken und einzuschüchtern. Ich weiß nicht, ob dabei jemand erschossen worden ist."[277]

Unterm Strich bleibt die Häftlingsverpflegung während der gesamten Fahrt mangelhaft. Zoja A. erinnert:

---

[273] Diese Opfer sind unbekannt, könnten aber auch aus Freiberg stammen.
[274] Barch, B 162 / 8376, S. 562f. VP Yalana L.
[275] Die Evakuierungsdauer wird definitiv unterschätzt.
[276] Vgl. Aussage Zoja A.
[277] Barch, B 162 / 8376, S. 450 VP Berta B.

> „Ich erinnere mich an die Evakuierung des Lagers nach Mauthausen. Wir fuhren sehr lange, vielleicht 20 Tage, aber fast immer nur bei Nacht. Bei Tag stand der Zug[278]. Einmal in einigen Tagen öffneten die Deutschen die Türe und gaben ein Stückchen hartes Brot. Zu trinken gab man nichts. Unsere Lippen waren schwarz und ausgetrocknet.“[279]

Ella L. gibt zu Protokoll:

> „Am Wege bekamen wir nichts zum Essen und zu Trinken, ich war krank, und wie ich mich erinnere haben wir einmal einige rohe Kartoffeln und einmal etwas Zucker bekommen.“[280]

Viele weitere Häftlinge sprechen lediglich allgemein davon, nur selten Nahrung oder fast nichts bzw. nichts zu Essen und zu Trinken während der Evakuierung erhalten zu haben. Auch letztere dürften aber in geringem Maße verpflegt worden sein.

Sara V.:

> „Anfang April 1945 wurde das Lager evakuiert. Wir wurden in geschlossene Viehwaggons eingeladen, beiläufig 80 Häftlinge in einem Waggon[281]. In diesen Waggons waren wir beiläufig 2-3 Wochen eingesperrt, wir bekamen sehr selten zu Essen und zu Trinken. Viele Häftlinge starben, vom Hunger und Durst und außerdem waren viele Häftlinge typhuskrank.“[282]

Ester V. am 26.12.1967:

> „Als sich die Amerikaner näherten, wurden wir aus dem Lager herausgeführt, in Waggons eingeschlossen. Es war schrecklich eng, und man gab uns fast nichts zu Essen und zu Trinken.

---

[278] Vgl. Aussage Berta B.

[279] Barch, B 162 / 8377, S. 782 VP Zoja A.

[280] Barch, B 162 / 8375, S. 160 VP Ella L.

[281] Kleiner Waggon vgl. Aussage Marta K.

[282] Barch, B 162 / 8375, S. 72 VP Sara V.

Der Weg war schauderlich. Wir fuhren circa 8-10 Tage[283]. In den Waggons starben sehr viele. Fast alle meine Kameradinnen sind in diesem Waggon gestorben.“[284]

Ester V. am 25.07.1971:

„Schrecklich war die Evakuierung nach Mauthausen. Die Reise dauerte 10 Tage bis 2 Wochen. Wir bekamen fast nichts zu Essen und zu Trinken. Man öffnete nicht die Waggons um uns die Möglichkeit zu geben natürliche Bedürfnisse zu erledigen.“[285]

Regina W.:

„Während der Fahrt durften die Häftlinge diese Viehwagen nicht verlassen. Während des ganzen Transportes gab es nichts zu essen. Wir lebten von dem wenigen, was wir aus dem Lager Venusberg mitnehmen konnten. Mindestens 100 Häftlinge wurden in einem Güterwagen untergebracht. Im Lager Venusberg waren schon etwa 300 Häftlinge[286] an Typhus gestorben.“[287]

Margit K.:

„Im April 1945 wurde das Lager evakuiert, wir wurden in Waggons gebracht. In den Waggons waren wir sehr zusammengedrängt und unter unmenschlichen Verhältnissen. Wir bekamen weder Essen noch Trinken, auch hatten wir keine Reinigungsmöglichkeit.“[288]

Dora S.:

„Die Evakuierung nach Mauthausen in geschlossenen Güterwaggons war schrecklich – man bekam während der Reise nichts zu essen und zu trinken.“[289]

---

[283] Die Evakuierungsdauer wird um etliche Tage unterschätzt.
[284] Barch, B 162 / 8375, S. 205 VP Ester (Katalin) V.
[285] Barch, B 162 / 8377, S. 814 VP Ester (Katalin) V.
[286] Diese Zahl ist nicht zu belegen und eher unwahrscheinlich.
[287] Barch, B 162 / 8376, S. 631 VP Regina W.
[288] Barch, B 162 / 8375, S. 276 VP Margit K.
[289] Barch, B 162 / 8376, S. 460 VP Dora S.

Marta K.:

„Nahrung und Getränk erhielten wir nicht.“[290]

Julia D.:

„Die Evakuierung nach Mauthausen dauerte circa 16 Tage. Wir fuhren in abgeschlossenen Waggons – mit zwei kleinen Fensterchen – ohne Luft, ohne Essen ohne Wasser, circa 100 Frauen in einem Waggon. [...] Wie die Verhältnisse waren – sieht man schon davon, dass man uns nicht erlaubte den Waggon zu verlassen um die natürlichen Bedürfnisse zu erledigen. Viele Frauen gingen von Sinnen, wurden wahnsinnig.“[291]

Piroska G.:

„In dunklen Waggons waren wir sehr zusammengepfercht. Während der Fahrt hatten wir keine Reinigungsmöglichkeiten, zu essen und zu trinken erhielten wir nichts. Daher starben in den Waggons sehr viele an Entkräftung.“[292]

Towa F.:

„Bei der Fahrt aus Venusberg nach Mauthausen wurden wir in geschlossene Waggons eingepresst, wir waren beiläufig 120 Häftlinge in einem Waggon, bekamen weder zum Essen noch Trinken.“[293]

Judit K.:

„Mitte April 1945 wurde das Lager Venusberg geräumt. Wir wurden einwaggoniert. Leider wurden 120-130 Personen in einen Waggon gepfercht. Wir saßen im Waggon und konnten uns kaum bewegen. Zwei Wochen lang reisten wir. Während dieser Zeit erhielten wir keinerlei Nahrung. Im Waggon gab es keine Reinigungsmöglichkeit. Unterwegs hielt der Zug ein-

[290] Barch, B 162 / 8375, S. 293a VP Marta K.
[291] Barch, B 162 / 8377, S. 688 VP Julia D.
[292] Barch, B 162 / 8375, S. 290a VP Piroska (Ilona) G.
[293] Barch, B 162 / 8375, S. 137 VP Towa (Antonia) F.

mal, wir stiegen aus und jedermann rupfte sich nach Möglichkeit Gras zusammen und aß dieses."[294]

Rachel R.:

> „Das Lager Venusberg wurde liquidiert, weil sich die Front näherte. In Chemnitz (unweit von Venusberg) waren schon angeblich amerikanische oder englische Truppen, als wir wegfuhren. Wir waren 16 Tage im Zug am Wege nach Mauthausen. Wir waren ohne Essen und ohne Wasser. Sehr viele sind am Wege gestorben."[295]

Stella H.:

> „Nach Mauthausen wurden wir in Eisenbahnwaggons transportiert. Die Fahrt dauerte 17 Tage, und es gab nichts zu essen und zu trinken. Viele Häftlinge starben unterwegs. Tötungshandlungen sind mir jedoch auch während dieser Fahrt nicht bekannt geworden."[296]

Magda W.:

> „Wir waren etwa 2 Wochen am Wege, in geschlossenen Waggonen, ohne Luft, ohne Essen, ohne Trinken. Die SS-Besatzung, welche uns bewachte war ganz wild – wir wurden geschlagen und gepeinigt."[297]

Helene G. erinnert:

> „Etwas schreckliches war die Evakuierung nach Mauthausen. Die Fahrt dauerte unendlich lange, ich glaube, dass es volle zwei Wochen oder sogar etwas mehr war. Wir standen viel im Wege, weil bombardiert wurde. Unsere Lagerbesatzung fuhr mit, aber für Essen und Trinken für uns sorgte niemand.[...]Ich weiß, dass wir am Wege schrecklich gehungert haben. Es waren Frauen, die während der Fahrt wahnsinnig wurden. In den Waggons starben Frauen von Hunger und Schwäche."[298]

---

[294] Barch, B 162 / 8375, S. 282f. VP Judit K.
[295] Barch, B 162 / 8375, S. 103 VP Rachel (Rosi) R.
[296] Barch, B 162 / 8376, S. 538 VP Stella H.
[297] Barch, B 162 / 8375, S. 165 VP Magda W.
[298] Barch, B 162 / 8376, S. 534 VP Helene G.

Dora S. bestätigt:

> „Während der Bombardierungen ließ man uns in geschlossenen Waggons, während sich die SS-Besatzung zu schützen wusste."[299]

Außerdem gibt auch Julia D. zu Protokoll:

> „Bei Bombardierungen liefen die Angehörigen der Bewachung (unsere SS-Leute, SA-Leute und SS-Aufseherinnen aus Venusberg) aus ihren Waggons weg und wir blieben in den verschlossenen Waggons. Auf unser Schreien und Weinen reagierte niemand."[300]

Konkrete Anschuldigungen gegenüber dem Lagerkommandanten äußert Margot B:

> „Der Lagerkommandant benahm sich während der Evakuierung wie ein Sadist. Wie ich mich erinnere waren wir circa 10 Tage im Wege[301]. Die Waggons wurden 3 Tage überhaupt nicht geöffnet. Ein Waggon hatte kein Dach. Kalter Regen rann in Strömen. Zu Essen und zu Trinken bekamen wir 3 Tage nichts. Einige Häftlinge bekamen auf einer Station schwarzen Kaffee, aber der Kommandant kam, riss ihnen das Kaffeegeschirr aus den Händen und schüttete es aus. Viele sehr viele Frauen starben am Wege in Folge der schrecklichen Bedingungen. Der Lagerkommandant misshandelte während der Evakuierung die Häftlingsfrauen. Ich war so müde, dass ich mich an die Waggonwand lehnte und einschlief. Da kam der Lagerkommandant und versetzte mir einen Schlag ins Gesicht. Es war so eng, dass niemand sich setzen konnte. Von schlafen war keine Rede – atmen konnte man nicht. Darum starben viele. Die Frauen schrieen und weinten und wurden dafür geschlagen. Ich war so vorsichtig, dass ich nicht klagte, ich war ganz still und doch wurde auch ich geschlagen."[302]

---

[299] Barch, B 162 / 8376, S. 460 VP Dora S.
[300] Barch, B 162 / 8377, S. 688 VP Julia D.
[301] Die Evakuierungsdauer wird deutlich unterschätzt.
[302] Barch, B 162 / 8376, S. 613f. VP Margot B.

IV. Die sich absetzende Wachmannschaft:

Bereits während der Evakuierung soll sich die Venusberger Wachmannschaft stark reduziert haben. Die ersten Aufseherinnen setzten sich bereits in Buchholz ab. Etliche waren krankheitsbedingt gar nicht erst mit auf Evakuierung gegangen. Zur Bewachung des Evakuierungszuges befragt, äußert Kati J.:

> „Nach Mauthausen kamen sehr wenige [Häftlinge], alle waren Typhuskrank. Auch ich war Typhuskrank. Ich bin sicher, dass unsere Lagerbesetzung mit uns zur Bahn gegangen ist. Während des Weges war ich so abgeschwächt, dass ich schon nicht bemerkte ob unsere oder fremde SS die Waggontüre öffneten.“[303]

Die Zahl der begleitenden SS-Aufseherinnen reduzierte sich insgesamt wahrscheinlich recht schnell. Sara V. gibt zu Protokoll:

> „Während dieser Fahrt, die wie ich schon erwähnte 2-3 Wochen dauerte, habe ich die SS-Frauen schon nicht gesehen. Ende April 1945 kamen wir an in Mauthausen und nach 7-8 Tagen wurden wir durch den [sic!] Amerikanern befreit.“[304]

Einige SS-Aufseherinnen bestätigen in ihren Nachkriegsaussagen aber, bis zum Schluss beim Evakuierungszug dabei gewesen zu sein und sich danach einige Tage in Mauthausen aufgehalten zu haben. Nicht alle Häftlinge scheinen daher noch von ihnen Notiz genommen zu haben. Rachel R. berichtet:

> „Unterwegs haben uns die SS-Frauen verlassen und dann auch der Oberscharführer und der Unterscharführer. Wer uns weiter begleitete, weiß ich nicht, ich erkrankte an Typhus und nach Mauthausen bin ich bewusstlos angekommen.“[305]

---

[303] Barch, B 162 / 8375, S. 162 VP Kati J.
[304] Barch, B 162 / 8375, S. 72 VP Sara V.
[305] Barch, B 162 / 8375, S. 103 VP Rachel (Rosi) R.

In Teilübereinstimmung berichtet Magda W.:

> „Der Lagerführer und die Oberaufseherin flüchteten noch während des Weges[306]. Die SS-Frauen kamen mit uns nach Mauthausen. Dort verschwanden sie. In Mauthausen wurde ich am 5. Mai durch amerikanische Truppen befreit.“[307]

Towa F. will aber zumindest den Oberscharführer Dücker noch in Mauthausen gesehen haben. Sie gibt zu Protokoll:

> „Das ganze[308] SS-Lagerpersonal, das in Venusberg mit uns war, begleitete uns am Wege nach Mauthausen. Als wir in Mauthausen angekommen sind, sah ich den Oberscharführer, aber später habe ich ihn schon nicht mehr gesehen.“[309]

Margot B. bestätigt:

> „Nachdem wir nach Mauthausen kamen, habe ich den Lagerkommandanten und die ganze Besatzung aus Venusberg nicht mehr gesehen.“ [310]

Insgesamt scheint es daher sehr wahrscheinlich, dass der verantwortliche Lagerkommandant die Evakuierung auch bis zum Schluss begleitete. Unterwegs abgesetzt haben sich wohl vor allem die SS-Aufseherinnen, aber nicht alle, und auch einige der SS-Wachleute. Der größere Teil von ihnen dürfte den Häftlingstransport aber bis Mauthausen begleitet haben. Berta B.:

> „Als wir am Bahnhof Mauthausen ankamen, verschwanden alle SS-Männer und SS-Frauen, die uns begleitet hatten. Man erzählte sich, sie hätten Zivilkleider mit sich geführt und sich als Zivilisten aus dem Staube gemacht.“[311]

---

306 Bislang nicht zu bestätigen.
307 Barch, B 162 / 8375, S. 165 VP Magda W.
308 abgesehen von einigen krankheitsbedingten Ausnahmen
309 Barch, B 162 / 8375, S. 137 VP Towa (Antonia) F.
310 Barch, B 162 / 8376, S. 614 VP Margot B.
311 Barch, B 162 / 8376, S. 451 VP Berta B.

Ihre Einschätzung bezüglich der Wachmannschaft ist allerdings nicht ganz korrekt. Die Venusberger Wachmannschaft ist definitiv noch bei der Überführung der Häftlinge nach Mauthausen beteiligt. Dies bestätigen die ehemaligen Wachmänner Frauhammer, Wapp und Zwickl, die die Marschkolonne begleiteten. Ein Teil der Wachmannschaft wird dann abkommandiert ein Teil hält sich trotz anders lautender Aussagen noch einige Tage in Mauthausen auf. Judit K.:

> „Ende April 1945 kamen wir in Mauthausen an. Dort wurde unser Wachpersonal abgelöst und ich weiß nicht, wohin sie kamen. Wir erhielten neue Wachmannschaft, ausschließlich Männer, die in heller drapp. Uniform hergingen."[312]

V. Entledigung der Leichen:

Wie bereits anhand der Häftlingsaussagen rekonstruiert werden konnte, fuhr der Evakuierungszug mit den Häftlingen aus dem Lager Venusberg zunächst etwa drei bis fünf Tage, ohne dass die Waggons für die Verpflegung der Häftlinge oder zur Erledigung der Notdurft geöffnet wurden. Die Toten wurden während dieser Zeit ebenfalls in den Waggons belassen. Die SS erkundigte sich aber offensichtlich von außen über die Anzahl der Todesopfer im Inneren der Waggons.[313] Ibi L. erinnert sich:

> „Sehr viele starben in den Waggons. Jeden Tag kamen die SS-Leute mit der Frage , Wie viel Tote?' aber die Leichen blieben im Waggon, wir fuhren zusammen mit den Leichen. Neben mir starb meine Freundin[314] – ich schlief auf ihrer Leiche. Ich glaube keine einzige von uns war ganz normal damals. Hohes Fieber hatten wir alle. Nach einigen Tagen wurden die Leichen weggenommen und die welche schrieen und sehr krank waren wurden von den Waggons auf offene Plattformen[315] [verfrachtet?] und dort starben sie alle aus. Keine einzige von

[312] Barch, B 162 / 8375, S. 282a VP Judit K.
[313] Vgl. auch Aussage Zoja A & Yalana L. s.u.
[314] Diese Person wurde noch nicht identifiziert.
[315] Hier ist wohl ein offener Waggon gemeint. Vgl. Aussage Margot B. s.o.

> den offenen Plattformen ist mit uns zusammen nach Mauthausen gekommen. In den geschlossenen Waggons wurde schon viel Platz – ganz wenige blieben in den Waggons.“[316]

Die bislang nicht identifizierte Freundin von Ibi L. starb anhand der Schilderungen wohl auf der ersten Etappe der Evakuierung, d.h. vor dem ersten Halt bei dem die Waggons geöffnet wurden. Dieser muss anhand der vorliegenden Aussagen und Dokumente in Trebusice[317], damaliger Name Triebschitz, erfolgt sein. Hier werden zwei Evakuierungstransporte mit weiblichen Häftlingen des KZ Flossenbürg miteinander verbunden. An den Transport aus dem Außenlager Freiberg, etwa 1000 Frauen in vorwiegend offenen Waggons, der sich hier möglicherweise bereits seit ein paar Tagen aufhält, wird der Transport aus Venusberg angeknüpft. Nach Häftlingsaussagen, auch ehemaliger Freiberger Häftlinge[318], werden hier aus dem Venusberger Transport viele Tote ausgeladen. Die bei der Evakuierung 18-jährige Ungarin Kati J., Venusberger Häftling, berichtet am 20.11.1967 über dieses Ereignis:

> „Als man nach 5 Tagen zum ersten Mal die Waggontüre öffnete wurden ungefähr 50 Leichen herausgeworfen. Später wurden die Waggons jede 2-3 Tage geöffnet, immer war[en] viel[e] Leichen.“[319]

Bei der genannten Zahl scheint es sich um eine geschätzte Gesamtzahl der bis zu diesem Zeitpunkt verstorbenen Venusberger Häftlinge zu handeln. Laut einem polizeilichen Bericht des SNB Klatovy vom 11.05.1946 wurden die Transportopfer am 04.12.1945 exhumiert und möglicherweise 1946 nochmals umgebettet[320]. Laut diesem Bericht befanden sich in dem Trebusicer Massengrab 206 Opfer, davon 42 Frauen. Diese 42 weiblichen Todesopfer, dürften größtenteils aus dem Evakuierungstransport des Lagers Venusberg stammen, da die Sterblichkeit

[316] Barch, B 162 / 8377, S. 684 VP Ibi L.
[317] Heute Ortsteil von Most. Die Bahnstation wurde wegen Kohleförderung beseitigt
[318] Hana Krauskopfová, Sona Pytelová, Marie Svarcová
[319] Barch, B 162 / 8375, S. 162 VP Kati J.
[320] Vgl. Aufstellung von Pavla Placha. Gedenkstätte Flossenbürg

der Frauen aus dem Freiberger Lager nachweislich deutlich geringer war. Absolute Klarheit um welche konkreten Personen es sich bei diesen Opfern handelt, wird wohl nicht mehr vollständig zu erzielen sein. Etliche weitere Aussagen von ehemaligen Venusberger Häftlingen bestätigen die mehrmalige Entledigung der Leichen. Julia D. gibt am 12.01.1971 im Rahmen der Ludwigsburger Vorermittlungen zu Protokoll:

> „Wir saßen auf den toten Körpern unserer Leidensgenossinnen. Nur jede 2-3 Tage wurden die Leichen durch uns herausgetragen.“[321]

Sie nennt damit in Übereinstimmung mit Kati J. einen Turnus der Leichenkommandos, der etwa drei bis vier weitere Leichenräumungen auf der Evakuierung erwarten lässt. Etliche andere Häftlinge sprechen jedoch insgesamt nur von zwei oder drei Räumungen. Marta K. gibt zu Protokoll:

> „Unterwegs hielt der Zug zweimal, um die Leichen der in den Waggons Verstorbenen auf den Bahndamm hinauswerfen zu können.“[322]

Auch Ester V. kann sich nur an zwei solche Räumungen erinnern:

> „Ich glaube, dass nur zweimal die Waggons geöffnet [wurden] und damals wurden auch die Leichen herausgeholt. In Folge der schrecklichen Bedingungen starben die Frauen massenweise in den Waggons und tagelang sind wir zusammen mit den Leichen gefahren.“[323]

Nur Edith B. spricht innerhalb der Ludwigsburger Vorermittlungen von drei Leichenräumungen und nennt damit den größten konkreten Wert. Sie gibt zu Protokoll:

---

[321] Barch, B 162 / 8377, S. 688 VP Julia D.
[322] Barch, B 162 / 8375, S. 293a VP Marta K.
[323] Barch, B 162 / 8377, S. 814 VP Ester (Katalin) V.

> „Grauenhaft war die Evakuierung des Lagers. Man packte uns in die Waggons hinein, in einer schrecklichen Engheit [sic!]. Der Weg dauerte 2 Wochen und nur drei Mal wurden die Waggons geöffnet um die Toten hinauszuwerfen.“[324]

Das zweite Mal bei dem die Waggons des Venusberger Transportes geöffnet und Leichen herausgeholt werden, ist demnach sehr wahrscheinlich in Horni Briza. Diesen kleinen Ort nördlich von Pilsen soll am 21. April 1945 um 20:58 Uhr ein Transport mit etwa 3000 Menschen erreicht haben. Er besteht aus drei einzelnen Evakuierungstransporten die aneinander gekoppelt wurden. Neben den Flossenbürger Häftlingen aus Freiberg und Venusberg, befindet sich im Zug mittlerweile auch ein Transport mit männlichen Häftlingen verschiedener Nationalität, der aus dem Außenlager Flössberg des KZ Buchenwald stammte.
In Horni Briza werden erneut Todesopfer aus den Waggons geholt und auf dem Friedhof Horni Briza begraben. Es handelt sich laut Berichten des SNB Horni Briza vom 13.5.1946 um 15 Männer und 20 Frauen. Auch bei diesen weiblichen Toten dürfte es sich größtenteils um Frauen des Lagers Venusberg handeln. Die Häftlinge aus dem Lager Freiberg werden in geschlossene Waggons umquartiert. Der Zug schlägt nach Aufenthalt in Nyrany die Richtung Tachov ein, von wo er nach Domazlice rollt.
Der SNB Kout na Sumave meldet laut Bericht vom 7.5.1946 die Durchfahrt des Zuges etwa in der Nacht vom 20. auf den 21. April, was zeitlich im Widerspruch zum Aufenthalt in Horni Briza und Pilsen steht. Auch diesen polizeilichen Datumsangaben ist daher mit Vorsicht zu begegnen. Laut Bericht gab es aber keine Opfer. In Nýrsko hält der Evakuierungszug wohl ein drittes Mal und auch hier werden Todesopfer entladen. Auf dem jüdischen Friedhof befindet sich ein Massengrab mit 108 Opfern, 80 Männer und 28 Frauen und am Bahnhof zwei Gräber mit 58 und 10 Opfern. Vermutlich finden sich unter den weiblichen Opfern auch hier Frauen aus den Lagern Venusberg und Freiberg. Am 25.04.1945 sollen hier die Waggons mit den Venusberger Frauen vom restlichen Zug abgetrennt worden sein. Eine dokumentarische Bestätigung steht noch aus.

---

[324] Barch, B 162 / 8375, S. 202 VP Edith B.

An der weiteren Strecke liegen die Ortschaften Klatovy, Luby und Besiny. Hier könnten möglicherweise weitere Leichenräumungen des Venusberger Transportes stattgefunden haben. Am wahrscheinlichsten für eine mögliche vierte Räumung ist die Bahnstation Besiny. Hier gab es ein Massengrab neben der Bahnstrecke mit 42 Opfern, 26 Männern und 16 Frauen.
Da der Evakuierungszug mit den Frauen aus Venusberg und Freiberg nicht der einzige Zug war, der auf dieser Strecke verkehrte, kann bestenfalls eine Höchstgrenze der Opferzahl auf diesem Evakuierungsabschnitt bestimmt werden. Da derzeit weder die Vollständigkeit der Begräbnisstellen an diesem Streckenabschnitt zu bestimmen, noch die Zahl anderer potentieller Transporte einzugrenzen ist, muss darauf vorerst verzichtet werden. Auch dürfte eine nicht unerhebliche Zahl an Leichen bis zur Ankunft in Gusen in den Waggons verblieben sein, und sehr wahrscheinlich dort im Krematorium verbrannt oder zum selben Zweck nach Mauthausen überführt worden sein. Um Klarheit über die genaue Zahl der Evakuierungstoten zu erlangen, bedarf es also weiterer Recherchen. Es ist aber von mindestens 88 weiblichen Opfern [42+20+10+16] beider Transportteile mit deutlichem Scherpunkt an Venusberger Opfern auszugehen.
Was andere Venusberger Häftlinge allgemein bezüglich der Leichenräumungen erlebten und beobachteten, soll im folgenden weitestgehend unkommentiert bleiben. Ilona D.:

> „Unterwegs hielt der Zug bei Bombardierungen. Es kam vor, dass die Wächter die Türen der Waggons öffneten und dabei die Leichen durch die Gefangenen auf den Bahndamm hinauswerfen ließen. Nämlich während der Reise starben in den einzelnen Waggons mehrere infolge Erkrankung oder Entkräftung.“[325]

Piroska I.:

> „Aus unserem Waggon wurden die Leichen unterwegs nicht auf den Damm der Eisenbahn geworfen.“[326]

[325] Barch, B 162 / 8375, S. 296a VP Ilona (Lili) D.
[326] Barch, B 162 / 8375, S. 290a Piroska (Ilona) G.

Sara V.:

„Aus den Waggons war es verboten auszusteigen und die Toten wurden manchmal nach einigen Tagen ausgeräumt. Wir mussten die Toten aus den Waggons herausschaffen und das geschah immer auf Befehl desselben Lagerführers der mit uns im KL Venusberg war und den ich schon schilderte.“[327]

Zoja A.:

„Eine Menge Frauen fanden den Tod während dieser Reise. Jeden Tag klopfte der Wachposten an die Türe und fragte: ‚wie viel Tote?‘ Dann kam das Leichenkommando und holte die Toten heraus.“[328]

Anne-Rose E.:

„Viel, sehr viele starben in den Waggons. Die Deutschen klopften an die Tür und fragten: ‚Sind Tote?‘ Wenn Tote waren, so wurden sie herausgenommen.“[329]

Margit K.:

„Unterwegs starben mehrere in den Waggons, weil sie physisch völlig ermatteten. Als unterwegs der Zug hielt, kamen die Wächter und warfen die Toten auf die Bahnböschungen. Ich kann nicht sagen, wie die Toten hießen und auch nicht, wer die Wächter waren, die die Toten aus den Waggons warfen.“[330]

Cäcilie K.:

„Auf Befehl der Wachposten legten die Gefangenen die Leichen aus den Waggons auf den Bahndamm.“[331]

---

[327] Barch, B 162 / 8375, S. 72 VP Sara V.
[328] Barch, B 162 / 8377, S. 782 VP Zoja A.
[329] Barch, B 162 / 8376, S. 532 VP Anne-Rose E.
[330] Barch, B 162 / 8375, S. 276 VP Margit K.
[331] Barch, B 162 / 8375, S. 287 VP Cäcilie K.

Towa F.:

> „In der Früh kamen SS-Soldaten und wir mussten die Leichen aus den Waggons hinausschieben.“[332]

Yalana L.:

> „Jeden Morgen kamen die SS-Wachen den Zug entlang und fragten nach der Zahl der Toten. Wenn wir 4-5 antworteten, fanden es die SS-Leute sehr wenig. Im Durchschnitt gab es täglich etwa 20 Tote[333]. Die Leichen wurden teils beerdigt, teils neben den Bahndamm geworfen.“[334]

Judit K.:

> „Wir hielten noch einmal und auf Befehl der Wachposten mussten wir die Leichen aus den Waggons auf den Bahndamm hinauswerfen. Aus unsrem Waggon waren dies 10-20 Leichen. Todesursache war die physische Entkräftung und der Umstand, dass wir nichts zu trinken bekamen. Übrigens war diese Reise sehr fürchterlich, wir litten viel und darbten viel. Leider kann ich nicht sagen, welche jene Personen waren, die unterwegs starben und deren Leichen aus dem Waggon hinausgeworfen werden mussten. Ich erinnere mich, dass sich in unsrem Waggon drei Schwestern – Mädchen – sich befanden. Sie starben alle drei in nach einander folgenden Tagen[335]. Im Waggon war ich neben meiner Schwester, ich gab dauernd auf sie acht, weil sie sehr krank war. Ende April 1945 kamen wir in Mauthausen an.“[336]

---

[332] Barch, B 162 / 8375, S. 137 VP Towa (Antonia) F.

[333] Die Höhe dieser Angabe wäre „pro Waggon“ unmöglich. Woher ein Häftling einen Gesamtüberblick erhalten haben soll, ist fraglich. Bei diesen konreten Angaben, handelt es sich sicher auch lediglich um Schätzungen. Die Schätzung läuft auf etwa 400 Evakuierungstote hinaus. s.u.

[334] Barch, B 162 / 8376, S. 563 VP Yalana L.

[335] Diese drei Schwestern sind noch nicht identifiziert. Hinweise erbeten!

[336] Barch, B 162 / 8375, S. 282a VP Judit K.

Über Ceske Budejovice [Budweis] gelangt der Evakuierungszug aus dem Lager Venusberg allein, möglicherweise aber auch wieder im Verbund, auf österreichisches Gebiet. Von St. Georgen wird er anscheinend über das eigene Anschlussgleis bis zum Lager Gusen rangiert[337]. Der Ankunftstag konnte bislang nicht genau bestimmt werden, ist aber mit dem 28.04.1945 und dem 04.05.1945 einzugrenzen.[338] Da zwischen Transportankunft und späterer Befreiung in Mauthausen laut der Mehrheit der Häftlinge und des Wachpersonals[339] einige Tage gelegen haben sollen, ist eine Ankunft Ende April 1945 sehr wahrscheinlich. Bei der Bestimmung des genauen Datums könnte der Transport aus Freiberg behilflich sein. Dieser erreichte am 29. April 1945 Mauthausen. Laut Pavla Placha[340] ebenfalls über Gusen, auch wenn einige ehemalige Häftlinge sugerrieren am Bahnhof Mauthausen angekommen zu sein[341]. Insgesamt ist es daher durchaus denkbar, dass die Frauen doch gemeinsam Gusen erreichten. Wenn nicht, wäre zu klären, in welchem zeitlichen Abstand und in welcher Reihenfolge die Transporte in Gusen eintrafen. Einige Erinnerungen Freiberger Häftlinge deuten darauf hin, dass der Transport aus Venusberg etwas später Mauthausen erreichte, da das Eintreffen entsprechender Transportgruppen im selben Lagerbereich geschildert wird. So schreibt die Freiberger Überlebende Rikica-Radmila Slozberg, die sich sonst eher nicht durch besonders verlässliche Erinnerungen und eine faktentreue Darstellungsweise auszeichnet:

> „Ein Transport mit Griechinnen traf ein. Sie waren lange in Freiheit gewesen, sahen noch gut aus, wirkten aber verängstigt. Unter ihnen befanden sich auch Schwangere.“[342]

---

[337] Vgl. Aussage Wapp, Zwickl, Frauhammer s.u.

[338] 28.04.: Cäcilie K. DEGOB 2477, Maria S. DEGOB 175, S. Frauhammer 29.04.: Magda H. DEGOB 2807, Julia V. DEGOB 3595, Piroska S. DEGOB 1764 30.04.: Zsuzsi E. DEGOB 1557 // 04.05.: Ester V.,Yalana L siehe ZStL

[339] Aufseherin Starke berichtet am 08.07.1945 von 5 Tagen in Mauthausen.

[340] Aufstellung zum Evakuierungstransport. Gedenkstätte Flossenbürg.

[341] Vgl. Helga Weissová-Hosková in Düsing S. 67, Katarina Löfflerová S.83

[342] Rikica-Radmila Slozberg. "Auf dich wartet noch das Leben..." S. 73

Ob sich folgender Hinweis auf diese Schwangeren bezieht und verlässlich ist, bleibt im Erzählzusammenhang unsicher:

> „Dr. Zhivkowitsch traf ein, um Frauen zu untersuchen. Die zwei im achten Monat hatten tote Kinder geboren. Chaja sorgte dafür, dass die Kinder weggebracht wurden aber die Frauen bluteten schrecklich. Dr. Zhivkowitsch rettete sie irgendwie“[343]

Zu diesen vermeintlich schwangeren Griechinnen ist jedoch zu sagen, dass nahezu alle Venusberger Griechinnen vom Festland schon im März 1944 deportiert und von ihren Männern getrennt worden sind. Schließt man Lagervergewaltigungen oder illegale Häftlingskontakte aus, könnte es sich also höchstens um Jüdinnen von Korfu [Kerkyra] oder „Italienerinnen“ von Rhodos gehandelt haben, die erst Ende Juli 1944 deportiert worden waren und unmittelbar vor ihrer Deportation schwanger geworden sein müssten.[344]

Dem jugoslawischen Arzt Svetislav Zivkovic, der bereits 1946 eine Autobiografie über seine Erfahrungen im KZ Mauthausen veröffentlichte, schreibt Slozberg auch drei Schwangerschaftsunterbrechungen in Mauthausen zu. Hierbei könnten allerdings auch die Entbindungen schwangerer Jüdinnen aus dem Außenlager Freiberg gemeint sein.

Außerdem dürfte sich auch folgende Aussage auf den Transport aus Venusberg beziehen:

> „Ein großer Frauentransport aus Ungarn erreicht das Lager, darunter auch Französinnen. Wie wir hatten sie vorher in Deutschland schuften müssen. Sie sahen elend aus. In der

[343] Ebd. S.80 vgl. 75 [vgl. bzgl. Slozberg aber Cziborra KZ-Autobiografien]

[344] Auf einer Entlassungsliste des KZ Mauthausen ist etlichen Jüdinnen von Korfu das Deportationsdatum 29.07.1944 zugeordnet, obwohl die eigentliche Deportation der Gemeinde von Korfu im Juni 1944 und die Einweisung ins KZ Auschwitz am 30.06.1944 erfolgte. Für diesen Transport von Korfu ist ebenfalls eine reguläre Schwangerschaft bis mindestens Ende April 1945 extrem unwahrscheinlich, wenn nicht biologisch beinahe unmöglich. Wenn es im Lager Venusberg also schwangere Griechinnen gegeben haben soll, dürften die wohl erst am 16.08.1944 Auschwitz erreicht haben.

> Baracke tummelte sich nun ein Gemisch aus vielen Ländern. Doch wir kamen gut miteinander aus."[345]

Es stellt sich also die Frage, ob der Venusberger Transport unterwegs möglicherweise gegen Ende der Evakuierung doch noch geteilt wurde, oder einfach nur in mehreren Gruppen abgefertigt und nacheinander einquartiert wurde. Letzteres ist recht wahrscheinlich.
Dokumentarisch wird auf einer Entlassungsliste griechischer Jüdinnen des KZ Mauthausen allerdings der 28.04.1945 als Überstellungsdatum explizit genannt, was eine Ankunft, zumindest der Griechinnen aus Venusberg vor dem Transport aus Freiberg bedeuten könnte.[346] Die Herkunft und Verlässlichkeit dieses explizit genannten Datums ist ungeklärt. Eine zweifelsfreie Rekonstruktion der Abläufe ist daher schwierig.
Nach Ankunft in Gusen zeigt sich für viele Häftlinge erst das gesamte Ausmaß der verheerenden Evakuierung. Nur ein Bruchteil der verbliebenen Venusberger Häftlinge ist noch in der Lage selbstständig aus den Waggons zu steigen. Fest steht, dass sich die Zahl der urspünglichen Häftlinge weiter stark dezimiert hat. Über die Zahl der verbliebenen und der marschfähigen Häftlinge klaffen die Nachkriegsschätzungen der Überlebenden aber weit auseinander. Berta B. gibt zu Protokoll:

> „Während der Fahrt starben viele vor Erschöpfung. Ich glaube, dass nur ein kleiner Teil von den Frauen den Transport überlebte."[347]

Wie groß dieser kleine Teil war, lässt sich anhand von Häftlingsaussagen nicht verlässlich beantworten, da das Spektrum für die Häftlingssterblichkeit von etwa 25% bis über 90% reicht und auch noch leicht niedriger liegende Schätzungen plausibel erscheinen. Im folgenden soll das genannte Spektrum mit den entsprechenden Aussagen belegt werden.

---

[345] Ebd. S.73 [vgl. bzgl. Slozberg aber Cziborra KZ-Autobiografien]
[346] AMM Y/49
[347] Barch, B 162 / 8376, S. 450 VP Berta B.

Aussagen zur Häftlingssterblichkeit unter 50%:

Auf den geringsten Schätzungswert läuft wohl die Angabe aus dem DEGOB-Protokoll 1206 vom 4. Juli 1945 hinaus, nach der auf der 17-tägigen Fahrt in jedem Waggon etwa 10 Frauen gestorben seien. Die Zahl der Evakuierungstoten beliefe sich dann unter 100 Personen[348]. Die Gesamtsterblichkeit dürfte nach dieser Schätzung etwa bei 25% gelegen haben. Auf einen ähnlich ‚niedrigen' Wert läuft die Äußerung der Zsuzsi E. vom 17. August 1945 hinaus. Sie gibt zwar an, dass auf der Fahrt nach Mauthausen mindestens 150 Venusberger Häftlinge zugrunde gegangen seien,[349] unter Berücksichtigung der Häftlinge, die bereits im Lager oder nach der Befreiung verstarben, könnte ihre Schätzung der Gesamtsterblichkeit aber immer noch auf ‚nur' etwa 30% hinauslaufen. Konkrete Angaben hierzu macht sie nicht. Außerdem gibt die ungarische Jüdin Cilli L. aus dem Bergen Belsener Transport am 2. August 1945 zu Protokoll:

> „In meinem Waggon befanden sich 130 Personen und 79 überlebten die Fahrt."[350]

Bereits am 16. Juli 1945 berichtete Margit G., eine ungarische Jüdin aus dem Ravensbrücker Transport, nach ihrer Rückkehr in Budapest, über ein ähnliches Verhältnis. Sie gab zu Protokoll:

> „In unserem Waggon befanden sich anfänglich 105 Personen, nach vierzehn Tagen waren wir nur mehr 72. Die Toten warfen wir auf der Strecke einfach hinaus.[...] Mit dem Transport gingen wir 800[351] los und blieben zuletzt 500, nach einer Woche – zehn Tagen. Todesursache: Erschöpfung und Typhus. Waschen konnten wir uns nicht, wir waren vollkommen verwanzt."[352]

Möglicherweise ist es kein Zufall, dass diese frühen Protokolle von geringeren Opferzahlen zeugen als die späteren Ludwigs-

---

348 Vgl. Aussage der Aufseherin Olga Böhm. [80 Personen Verlust]
349 DEGOB-Protokoll 1557
350 DEGOB-Protokoll 2020
351 Margit G. geht damit wohl von etwa 200 Todesopfern in Venusberg aus.
352 Margit Grosszmann in: Meine Tage waren leer S.24, Quelle DEGOB 741

burger Vernehmungen. Allerdings geht auch Maria S. bereits am 29. Juni 1945 davon aus, dass nur 400 Häftlinge aus Venusberg das Lager Mauthausen erreichten. [siehe unten]. Umgekehrt liegen in den Ermittlungsakten im Fall Dücker auch ungarische Protokolle vor, die nicht mehr übersetzt wurden, aber ebenfalls recht niedrige Werte nennen. So berichtet Jolan H. über ihren Waggon: *„Meiner Ansicht nach sind ca. 20 Frauen gestorben.“*[353] Laut ihrer Aussage soll es in ähnlicher Höhe Todesfälle in den anderen Waggons gegeben haben. Bei einer Evakuierungssterblichkeit von etwa 20% dürfte eine Gesamtschätzung bei etwa 30-40% liegen. Rozsa W. gibt sogar explizit zu Protokoll: *„[...],alles in allem blieben dreiviertel am Leben.“*[354]
Die Schätzungen hängen daher wohl eher davon ab, in welchem Waggon sich die Häftlinge auf der Fahrt befanden, mit welcher Gruppe sie nach Mauthausen überführt, in welchem Lagerteil sie vor und nach der Befreiung untergebracht, und wann sie repatriiert wurden. Einen ganzheitlichen Überblick über die einzelnen Schicksale ihrer Mitgefangenen konnte kein Häftling haben. Die ehemalige Aufseherin Olga Böhm spricht gar nur von etwa 80 Personen Verlust auf Evakuierung. Geht man jeweils von den geringsten Opferzahlen, in Venusberg von 50 und bei den Todesfällen nach der Befreiung von 30 Personen aus, kamen jedoch auch dann schon mindestens 160 Häftlinge des Lagers Venusberg ums Leben. Mehr als 120 Opfer sind bereits namentlich bekannt. Die tatsächliche Häftlingssterblichkeit dürfte sich daher im Bereich zwischen 16% und 40% bewegen. Denn es konnten für die vorliegende erweiterte Auflage bereits gut 570 Überlebende identifiziert werden, die in der Häftlingsliste in Kaptitel 4 dokumentiert wurden und nachzuschlagen sind. Eine möglichst realistische Beispielsrechnung für die Lagermortalität finden Sie ebenfalls in Teil 4 dieses Buches. Die ganze Wahrheit kann letztlich nur die Einzelschicksalrecherche mit der Klärung der restlichen etwa 300 ungeklärten Fälle erschließen.

[353] 23.11.1971 FloNo.: 61955 Staatsanwaltschaft Nürnberg-Fürth 2004-01-523
[354] 22.11.1971 FloNo.: 62241 Staatsanwaltschaft Nürnberg-Fürth 2004-01-523

Von einer geschätzten Häftlingssterblichkeit um 50% bis 60% sprechen aber folgende Häftlinge:

Towa F.:

> „Die Fahrt dauerte zwei Wochen und jeder zweite zwischen uns starb vom Hunger, Durst und Typhuskrankheit."[355]

Ester V.:

> „Nach Mauthausen kam ungefähr die Hälfte der Frauen."[356]

Cäcilie K.:

> „In den Waggons starben während dieser Reise sehr viele, weil sie physisch geschwächt waren und erkrankten. Nach meiner Ansicht starb so unter diesen Umständen mindestens die Hälfte der Gefangenen."[357]

Julia D.:

> „Nach Mauthausen kam weniger als die Hälfte an – so viele Häftlingsfrauen verstarben unterwegs in Folge der schrecklichen Bedingungen dieser Evakuierung."[358]

Ella L.:

> „Ich erinnere mich nicht an Mordtaten, die im Lager Venusberg verübt wurden; Aber ich weiss, dass am Wege von Venusberg bis Mauthausen, sehr viele Häftlinge starben. Ich erinnere mich, dass unsere Fahrt wenigstens zwei Wochen dauerte. Wir sind nicht ständig gefahren und unser Transport ist immer stehen geblieben.[...]Von Unterernährung, von Krankheiten, sind in dem Waggon in welchem ich transportiert wurde, wenigstens die Hälfte der Häftlinge gestorben. Ich lag mit hohem Fieber und war meistens bewusstlos, aber

---

355 Barch, B 162 / 8375, S. 137 VP Towa (Antonia) F.

356 Barch, B 162 / 8377, S. 814 VP Ester (Katalin) V.

357 Barch, B 162 / 8375, S. 287 VP Cäcilie K.

358 Barch, B 162 / 8377, S. 688 VP Julia D.

wie ich mich doch erinnere wurde[n] die Leichen weggeschafft. Andere Häftlinge, die uns erzählten, dass auch schon in ihren Waggonen die meisten tot sind, kamen zu unserem Waggon und trugen die Leichen weg.“[359]

Magda W.:

„Die Frauen starben, wie Fliegen, wir fuhren zusammen mit den Leichen. Die Hälfte starb am Wege. In Venusberg waren etwa 100 [sic!] Häftlingsfrauen aus Budapest. Nach Hause kehrten nicht mehr wie 20-25 zurück. Wer nicht im Wege starb kam nach Mauthausen typhuskrank an. Viele starben davon in Mauthausen.“[360]

Yalana L.:

„In ‚meinem' Güterwagen waren wir etwa 150 Frauen, von denen nur etwa zwanzig die Reise überstehen konnten.“[361]

Während in ihrem Waggon die Häftlingssterblickeit über 80% gelegen haben soll, geht Yalana L. im allgemeinen davon aus, dass im Durchschnitt 20 Frauen pro Tag starben. Bei einer Evakuierungsdauer, die sie auf etwa 20 Tage ansetzt, ergibt sich rein rechnerisch eine geschätzte Opferzahl von 400 Frauen auf der Evakuierung. Mit den Opfern in Venusberg und nach der Befreiung, liegt ihre Schätzung sicherlich bei mindestens 500 Todesopfern. Sie wurde daher in die Kategorie 50% bis 60% eingeordnet. Yalana L. geht fälschlicherweise von 2000 Venusberger Häftlingen aus. Außerdem liegen in den Ermittlungsakten unübersetzte ungarische Protokolle vor, in denen Erzsebet Z.[362] und Rozsa N.[363] eine Häftlingsgesamtsterblichkeit von etwa 50% nennen und Magdolna F.[364] von einer Evakuierungssterblichkeit von 30-50% spricht. Diese Schätzungen müssten ebenfalls in die Kategorie 50-60% eingeordnet werden.

---

[359] Barch, B 162 / 8375, S. 160 VP Ella L.
[360] Barch, B 162 / 8375, S. 165 VP Magda W.
[361] Barch, B 162 / 8376, S. 562 VP Yalana L.
[362] 23.11.1971 FloNo.: 62256 Staatsanwaltschaft Nürnberg-Fürth 2004-01-523
[363] 24.11.1971 FloNo.: 62074 Staatsanwaltschaft Nürnberg-Fürth 2004-01-523
[364] 17.11.1971 FloNo.: 61869 Staatsanwaltschaft Nürnberg-Fürth 2004-01-523

Schätzungen der Häftlingssterblichkeit von 60% bis 70%:

Maria S.:

> „Wir wurden wieder in Waggons verladen. Wir kamen zu 150 in einen Waggon und fuhren sechzehn Tage lang. In den sechzehn Tagen erhielten wir nur zweimal etwas zu essen, jeden fünften Tag zehn Deka Brot, so dass im Waggon am Ende zehn Tote waren. 1000 Menschen sind losgefahren und 400 kamen in Mauthausen an."[365]

Zoja A.:

> „Ich kann nicht sagen wie viel Frauen aus dem Evakuierungstransport kamen in Mauthausen an, aber ich glaube nicht mehr wie die Hälfte und vielleicht sogar der dritte Teil."[366]

Anne-Rose E.:

> „Unsere Anzahl verminderte sich mindestens auf ein Drittel bis wir nach Mauthausen kamen."[367]

Häftlingssterblichkeit zwischen 70% und 80%:

Marta K.:

> „Mitte April 1945 wurden wir aus dem Lager Venusberg nach Mauthausen in Waggons transportiert. In jenem Waggon, in welchem ich mich befand, waren wir 120.[…] Wie ich mich erinnere, blieben wir in unsrem Waggon 28 lebend, die anderen starben alle. Auch in den anderen Waggons starben oder blieben im Leben in ähnlichem Verhältnis. Ich betone, dass unser Waggon ein langer war, im Zuge hat es auch kürzere Waggons gegeben.[368]

---

[365] Maria Stern in: Meine Tage waren leer. S. 38, Quelle DEGOB 175
[366] Barch, B 162 / 8377, S. 782 VP Zoja A.
[367] Barch, B 162 / 8376, S. 532 VP Anne-Rose E.
[368] Barch, B 162 / 8375, S. 293a VP Marta K.

Sara V.:

> „Ich bemerke, dass in dem Waggon in welchen ich nach Mauthausen transportiert wurde, waren wir bei der Verladung ungefähr 80 Häftlinge und als wir in Mauthausen ankamen blieben nur noch 20-25 am Leben.“[369]

Außerdem nennt Magda H.[370] in einem unübersetzten ungarischen Protokoll explizit, dass etwa 70% der Venusberger Häftlinge verstarben.

<u>Häftlingssterblichkeit zwischen 80% und 90%:</u>

Regina W.:

> „Als die Güterwagen in Mauthausen[371] ausgeladen wurden, marschierten etwa nur 100-130 Häftlinge in das Lager Mauthausen. Was mit den Leichen in den Güterwagen geschah, kann ich nicht angeben.“[372]

Regina W. geht davon aus, dass etwa 300 Frauen[373] bereits in Venusberg verstarben. Demnach gingen nach ihrer Schätzung etwa 700 Frauen auf Transport. Die einzelnen Bestandteile ihrer Aussage können zwar noch nicht widerlegt werden, fest steht jedoch, dass nicht nur marschfähige Häftlinge das Lager Mauthausen erreichten und überlebten, sondern dass auch im Zug verbliebene Kranke ins Lager transportiert wurden [s.u.]. Mehr als 570 Überlebende konnten bereits recherchiert werden. Ibi L.:

> „Für die grauenhafte Evakuierung aus Venusberg nach Mauthausen ist ohne Zweifel der Lagerführer verantwortlich. Der Lagerführer aus Venusberg und die ganze Lagerbesatzung begleitete uns nach Mauthausen und ohne jedwede Menschlich-

---

369 Barch, B 162 / 8375, S. 72f. VP Sara V.

370 15.11.1971 FloNo.: 61967 Staatsanwaltschaft Nürnberg-Fürth 2004-01-523

371 Gusen

372 Barch, B 162 / 8376, S. 631 VP Regina W. vgl. SVHF 19518: 132-142 Pers

373 Diese hohe Opferzahl kann nicht belegt werden.

> keit ließen sei den Großteil der Frauen im Wege aussterben – einen schrecklichen Tod. Auch die welche nach Mauthausen gelangten waren nicht lebensfähig – sie kamen krank an und starben dann in Mauthausen. Eine kleine Anzahl der Frauen blieb am Leben, sogar nicht [nicht einmal] 20% der beiden Transporte, die nach Venusberg kamen. Ich glaube, dass 20% ist sehr übertrieben, denn meines Wissens nach blieben nur wenige Frauen beim Leben. In Mauthausen wurde ich durch Amerikaner befreit, ich lag aber damals bewusstlos, typhuskrank."[374]

Die Aussage der Ibi L. bezüglich der Häftlingssterblichkeit kann bereits widerlegt werden, da 570 Überlebende im Rahmen der Recherchen zu diesem Buch nachgewiesen werden konnten.

Häftlingssterblichkeit über 90%:

Edith B.:

> „Wir bekamen kein Essen und kein Wasser. Ich war in dem Typhuskranken Waggon. Ich war auch typhuskrank, der Durst plagte mich, aber Wasser bekam ich nicht. Der Waggon war voll gestopft, aber als wir nach Mauthausen kamen, da waren vielleicht zehn lebendige. Es war auch ein Waggon wohin man Frauen hineinpackte, welche am Wege verrückt wurden. Bei Nacht war grauenhaft zu hören was dort vorkam. Das Geschrei und das Toben. Aus dem ganzen Transport kam nicht mehr wie 10% nach Mauthausen und dort wurden sogar die krank, die früher noch nicht den Typhus hatten."[375]

Edith B. geht fälschlicherweise von 2000 Venusberger Häftlingen aus. Laut ihrer Aussage hätten also weniger als 200, bei einer Sterblickeit von über 90% eigentlich sogar weniger als 100 Frauen aus dem Lager Venusberg überlebt. Da mindestens 570 Überlebende im Rahmen der Recherchen zu diesem Buch nachgewiesen werden konnten, ist ihre Aussage bezüglich der extrem

[374] Barch, B 162 / 8377, S. 684f. VP Ibi L.
[375] Barch, B 162 / 8375, S. 202 VP Edith B.

hohen Häftlingssterblichkeit ebenfalls bereits deutlich widerlegt. Die Einschätzungen zur Lagermortalität sind im konkreten Fall mangels Wissen und täuschender Erinnerungen also überwiegend von einer Tendenz zur Übertreibung geprägt.[376] Insbesondere auch die vermeintlich konkreten Sterblichkeitsraten für die einzelnen Waggons sind doch in Frage zu stellen. Vertraut man den einzelnen expliziten Aussagen hätten in fünf verschiedenen Waggons maximal 267 von 605 transportierten Frauen, die Fahrt nach Mauthausen überlebt.[377] Danach hätte es also allein auf Transport mindestens 338 Tote gegeben, sofern man für mindestens zwei weitere Waggons ausschließlich Überlebende ansetzt. Ein solches Szenario kann nach derzeitigem wissenschaftlichen Kenntnisstand ausgeschlossen werden, auch wenn die griechischen Jüdinnen z.B. recht geschlossen Mauthausen erreichten.

VII. Überführung nach Mauthausen:

Auch die Aussagen zur Überführung der Häftlinge von Gusen nach Mauthausen sind widersprüchlich und lassen sich nicht ohne weiteres zu einem einheitlichen Bild zusammensetzen. Wie groß die Gruppe der Frauen ist, die noch selbständig ins Lager marschieren kann, ist nach wie vor ungewiss. Sie ist aber wahrscheinlich deutlich größer als 100 bis 130 Frauen, wie von Regina W. angegeben. Im Video-Interview 19518 für die Shoah Visual History Foundation widerspricht sie sich zudem selbst und geht von 132-142 Personen aus. Der eigentlich für damalige Verhältnisse kurze Marsch zu dem auf einer Anhöhe erbauten KZ Mauthausen wird für die verbliebenen Häftlinge eine Strapaze auf Leben und Tod. Einige Häftlinge berichten davon, dass zu schwache Häftlinge unterwegs erschossen worden sein sollen. Etliche Überlebende haben davon aber nichts mitbekommen, Regina W. schließt dies sogar explizit aus. Es kann zwar trotzdem zu einzelnen Erschießungen während der Überführung gekommen sein, konkrete Hinweise auf Opfer liegen bislang

[376] Vgl. Pascal Cziborra. KZ-Autobiografien S.109ff.
[377] Überlebende: Sara V.: 20-25 von 80, Marta K. 28 von 120, Maria S.: max. 140 von 150, Yalana L. 20 von 150, Margit G.: 72 von 105

aber nicht vor. Es muss daher auch in Betracht gezogen werden, dass sich mehrere ehemalige Häftlinge täuschen, wie dies auch des öfteren im Bezug auf die Behandlung zurückgebliebener Kranker und Marschunfähiger im Verlauf der Evakuierung des Lagers Venusberg der Fall ist. Ein solches Beispiel liefert Julia D., die zu Protokoll gibt:

> „Als wir nach Mauthausen[378] kamen mussten wir circa 4 km ins Lager gehen. - Das Lager war am Berg oben. Ich habe nicht gesehen, dass Frauen die nicht gehen konnten erschossen wurden. Sie mussten aber irgendwie liquidiert worden sein vor dem Einmarsch ins Lager, da sie doch nicht mit uns hineinmarschierten und auf dem Appellplatz in Mauthausen habe ich sie nicht mehr gesehen. Nur die welche noch auf den Beinen waren, kamen ins Lager[379]. Aus Mauthausen [wohl Gusen] führte man uns an dem selben Tag nach Gusen [wohl Mauthausen] und dort wurden wir am 5.5.1945 befreit."[380]

Man muss daher zwischen Häftlingsspekulationen und wirklichen Zeugenberichten unterscheiden. Aber auch hier können die Erinnerungen täuschen. Mit einer deutlich vorsichtigeren Formulierung ist Helene G. diesbezüglich auf der sicheren Seite:

> „Es ist wirklich so, dass der Zug weit von Mauthausen stehen blieb und man musste einen Weg zu fuß auf einen Hügel m[arschieren]. Wir waren so schwach, dass uns der Weg sehr weit und schwer schien. Es waren viel, die zu schwach waren um hinauf zu gehen. Ich schließe nicht aus, dass diese ganz Schwachen liquidiert wurden, ich dachte aber nur daran um vorwärts zu gehen und kann darüber nichts sagen."[381]

Ähnliches berichtet Dora S.:

> „Über Erschießungen von Frauen, welche in Mauthausen nicht imstande waren ins KL zu gelangen, kann ich nichts sagen. Ich war selbst schon eine Muselmännin, ganz apathisch

---

378 Gusen

379 Diese Einschätzung ist falsch. s.u.

380 Barch, B 162 / 8377, S. 688 VP Julia D.

381 Barch, B 162 / 8376, S. 534 VP Helene G.

> bin ich mit größter Mühe gegangen, reagierte nicht auf das was damals vorkam."[382]

Ester V. ist ebenfalls sehr schwach und nicht in der Lage Beobachtungen zu machen. Sie gibt zu Protokoll:

> „Ich weiß nicht, ob auf Frauen geschossen wurde, die in Mauthausen schon nicht im Stande waren ins Lager zu gelangen. Ich kam nach Mauthausen völlig erschöpft und krank und war schon so schwach, dass ich auf nichts reagierte und nichts beobachten konnte."[383]

Auch Anne-Rose E. kann keine konkrete Erschießung bezeugen:

> „Der Zustand der Überlebenden war auch sehr, sehr schlecht. Ich taumelte ins Lager Mauthausen fast ganz abgeschwächt hinein. Ich weiß nicht, ob am Ende der Kolonne geschossen wurde. Es ist aber Tatsache, dass man bergauf zu Fuß gehen musste und es waren viel[e,] die zu schwach waren, um diesen Weg hinaufgehen zu können. Was aus ihnen wurde, weiß ich nicht und irgendwelche Personen aus diesen ganz Abgeschwächten kann ich nicht angeben."[384]

Margot B. ist ebenfalls nicht dazu in der Lage:

> „Ich erinnere mich nicht an eine Erschießung von kranken Häftlingsfrauen – die nicht im Stande waren ins Lager Mauthausen hinaufzugehen."[385]

Regina W. gibt sogar ausdrücklich zu Protokoll:

> „Alle Häftlinge[386], die den Güterwagen selbst verlassen konnten, kamen auch in Mauthausen an."[387]

---

[382] Barch, B 162 / 8376, S. 460 VP Dora S.
[383] Barch, B 162 / 8377, S. 814 VP Ester (Katalin) V.
[384] Barch, B 162 / 8376, S. 532 VP Anne-Rose E.
[385] Barch, B 162 / 8376, S. 614 VP Margot B.
[386] Regina W. geht von einer Zahl von 100-130 Häftlingen aus.
[387] Barch, B 162 / 8376, S. 631 VP Regina W.

Dies wird durch den Wachmann Michael Wapp bestätigt. Er gibt am 09.06.1970 zu Protokoll:

> „Ich weiß nichts davon, dass nach dem Ausladen in Gusen auf dem Marsch von dort nach Mauthausen die nicht mehr marschieren könnenden Frauen erschossen wurden. Ich bin auf diesem Marsch mit dem ersten Trupp Frauen losmarschiert und davon wurde keine Frau erschossen. Die Frauen, die in diesem Trupp waren, sind alle ins Lager Mauthausen gekommen. Es handelte sich hier um Frauen, die den Marsch noch gut machen konnten[388]. Ich bin dann im Lager geblieben und weiß nicht was sich später in Gusen bezw. auf dem Marsch nach Mauthausen zugetragen hat."[389]

Eine der wenigen Häftlinge, die über Hinrichtungen auf der letzten Evakuierungsetappe berichten, ist Piroska G.:

> „Als wir in Mauthausen ankamen, verblieben in den Waggons nur sehr wenige Leute im Leben, die anderen starben. Nach dem Aussteigen aus den Waggons traten wir an und marschierten zufuß, die den Marsch nicht mitmachen konnten, wurden von den deutschen Wächtern an Ort und Stelle erschossen. Die Leichen blieben unterwegs liegen. Ich kann die Namen derjenigen deutschen Wächter nicht sagen, die an diesen Hinrichtungen teilnahmen."[390]

Auch Namen vermeintlicher Opfer werden in ihrem Protokoll nicht genannt. Yalana L. spricht ebenfalls von Erschießungsopfern, sogar von Dutzenden:

> „Im Laufe des 4. Mai 1945[391] kam der Zug in der Nähe von Mauthausen an. Diejenigen Frauen, die nicht mehr bis zum Lager zu Fuß gehen konnten, wurden von den SS-Angehörigen mit Gewehren und Maschinenpistolen niedergeschossen. Es gab Dutzende von Getöteten, denn wir befanden

---

[388] Die Aussage steht sicher nicht in Relation zur körperlichen Verfassung.
[389] Barch, B 162 / 8376, S. 415a VP Michael Wapp
[390] Barch, B 162 / 8375, S. 290a VP Piroska (Ilona) G.
[391] Dieses Datum nennt auch Ester V., ist aber dokumentarisch nicht belegbar

> uns in einem Zustand totaler Erschöpfung. Wir hatten seit 9 Tagen nichts mehr gegessen."[392]

Auch Stella H. weiß von Todesfällen auf dem deutlich zu lang erinnerten Marsch von Gusen nach Mauthausen zu berichten. Diese erfolgten aber ohne aktive Einwirkung der Wachmannschaft. Sie gibt zu Protokoll:

> „In Mauthausen mussten wir von außerhalb Mauthausens, wo der Zug angehalten war, bis zum Lager zu Fuß gehen. Das waren etwa 17 km[393], und es war ein Elendsmarsch, bei dem wiederum viele Häftlinge starben[394]. Tötungshandlungen habe ich auf diesem Marsch ebenfalls nicht erlebt."[395]

Gegen eine Erschießung marschunfähiger Häftlinge spricht auch, dass schwächeren Häftlingen augenscheinlich Zeit für Pausen gewährt wurde. Ibi L. berichtet:

> „Als wir nach Mauthausen kamen saßen wir fast bis Abends auf den Stiegen welche ins Lager führten. Man musste mit den Stiegen auf einen Berg steigen, wo das Lager gelegen war. Ich habe gehört[396], dass man Frauen geschossen hat, welche schon nicht im stande waren hinaufzugehen. Ich persönlich weiß aber davon nichts – ich war kaum beim Bewusstsein, weiß gar nicht wie ich heraufgestiegen bin. Ich war schon Typhuskrank als ich ins Lager kam."[397]

Möglicherweise wurden solche Häftlinge, die der Marschkolonne nicht mehr folgen konnten, später mit Fuhrwerken aufgesammelt. Sonia Schreiber Weitz berichtet:

> „Ich erinnere mich, dass wir bei unserer Ankunft in Mauthausen vom Zug auf einen großen Hügel klettern mussten, um das Lager zu erreichen. Diesen Hügel hinaufzumarschieren

---

392 Barch, B 162 / 8376, S. 563 VP Yalana L.

393 Diese Entfernung ist deutlich zu hoch angesetzt.

394 Vgl. Aussage Regina W.

395 Barch, B 162 / 8376, S. 538f. VP Stella H

396 Hier sind wohl Gerüchte und keine Schüsse gemeint.

397 Barch, B 162 / 8377, S. 684 VP Ibi L.

überstieg unsere Kräfte. In unserer Fünfer-Gruppe waren Edzia und ich noch sehr geschwächt vom Typhus. Darum mussten die anderen drei uns beide diesen Hügel hochschleppen. Ich sage „mussten", weil diejenigen, die unfähig waren hinaufzuklettern, von den SS-Leuten in Wagen voller Körper geworfen wurden, manche tot, manche noch lebendig."[398]

Gegen gezielte Tötungen während der Überführung spricht auch die Tatsache, dass selbst die bei Ankunft in Gusen in den Waggons verbliebenen Kranken, definitiv nach Mauthausen transportiert wurden. Berta B. berichtet:

„In Mauthausen am Bahnhof wurden die Überlebenden auf Wagen geworfen und in das dortige Konzentrationslager gebracht."[399]

Wachmann Stefan Frauhammer bestätigt:

„In Gusen wurde der Zug entladen, die marschunfähigen Frauen auf ein Pferdefuhrwerk verladen und nach Mauthausen gefahren. Die übrigen Frauen wurden zu Fuß nach Mauthausen geführt. Das SS-Personal übergab in Mauthausen die Häftlinge und sollte dann zur Front kommen. Zu einem Fronteinsatz kam es jedoch nicht mehr, vielmehr gerieten wir am 5. Mai 1945 in amerikanische Gefangenschaft."[400]

Ein Teil der Kranken wurde wohl auch in LKWs nach Mauthausen transportiert. Die griechische Jüdin Zoja A. gibt zu Protokoll:

„Evakuiert wurden wir in Güter-Waggons. Ich fuhr im Waggon, wo Kranke waren, aber kaum hatten wir Platz zum Sitzen, obwohl wir alle schwer krank waren. [...] Wir, Kranke aus dem Krankenwaggon, wurden in Mauthausen[401] an der Station den ganzen Tag gehalten und am Abend in Lastautos

[398] Sonia Schreiber Weitz. S. 67 Übersetzung Cziborra.
[399] Barch, B 162 / 8376, S. 450 VP Berta B.
[400] Barch, B 162 / 8376, S. 456 VP Stefan Frauhammer
[401] Gusen

> verladen und nach Mauthausen gebracht. Als wir dort ankamen, erzählten uns die, welche aus dem Zug zu Fuß ins Lager geführt wurden, dass der Weg schrecklich war. Man schlug sie und trieb sie brutal zum Gehen an. Es war schwer auf die Höhe zu klettern, wo das Lager war und diejenigen, welche keine Kraft hatten auf den Berg zu steigen, wurden erschossen[402]. Die Evakuation [sic!] fand etwa im April 1945 statt und befreit wurde ich in Mauthausen am 5. Mai 1945."[403]

VIII. Befreiung nach Ankunft in Mauthausen:

Nach Ankunft im Lager Mauthausen durchliefen zumindest die in der Marschkolonne verbliebenen Venusberger Häftlinge die gewöhnliche Prozedur mit Appellstehen, Duschen und neuer Kleidungsausgabe. Da es sich ursprünglich um ein Männerlager handelte, fiel diese dementsprechend für die weiblichen Häftlinge recht ungewohnt aus. Als Mauthausener Häftlinge wurden sie aber nicht mehr registriert. Margit G. gibt zu Protokoll:

> „In Mauthausen angekommen bekamen wir den ganzen Tag wieder nichts zu essen. Am Abend wurden wir ausgezogen und gebadet, in einer Herrenunterhose und einem Hemd gingen wir in der Nacht im strömenden Regen eine halbe Stunde herum. Hier befanden wir uns eine Woche. Die Behandlung war sehr schlecht. Wir mussten nicht arbeiten."[404]

Fajga und Rifka M. bestätigen:

> „Hier zog man uns unsere Kleider aus und gab uns statt derer Männerwäsche, aber keine Kleider. Da hier kaum ein paar Frauen waren, genierte es uns den Block in dieser Tracht zu verlassen."[405]

Die anschließende Unterbringung der Frauen erfolgte möglicherweise in drei verschiedenen Bereichen des Lagers. Ein Teil

[402] Auch diese Angabe bezieht sich nur aufs Hörensagen
[403] Barch, B 162 / 8377, S. 782 VP Zoja A.
[404] Margit Grosszmann in: Meine Tage waren leer. S.24 siehe DEGOB 741
[405] DEGOB-Protokoll 2057

der Frauen wird definitiv in die Baracken 9 und 10, dem separat eingezäunten Sanitätsbereich des sogenannten „Russenlagers", das sich unterhalb des eigentlichen Stammlagers Mauthausen auf einem abgeflachten Terrain befand, einquartiert. Edith G. bestätigt:

> „Wir kamen in ein kleines Lager, das zu Mauthausen gehörte und wurden dort am 5. Mai 1945 befreit."[406]

Wahrscheinlich war auch Margit K. hier untergebracht. Sie sagt:

> „Wir kamen nach Mauthausen. In Holzbaracken wurden wir untergebracht. In dieser Zeit war ich sehr erkrankt."[407]

Andere Venusberger Häftlinge wurden wohl ins provisorische Frauenlager im Steinbruch *Wiener Graben*[408] gebracht. Dabei soll es sich um eine ehemalige Fabrikationshalle der Messerschmitt GmbH mitten im Steinbruchgelände gehandelt haben. So scheint für den Venusberger Häftling Fela K.[409] in der Suchmaske der Shoah Visual History Foundation neben Mauthausen explizit die Haftstätte *Wiener Graben* auf, die auch als Befreiungsort angegeben wird. Ähnliches gilt für Rozah R.[410], nur dass hier das Lager Mauthausen in der Suchmaske völlig unerwähnt bleibt. Es ist daher anzunehmen, dass auch weitere Häftlinge aus dem Lager Venusberg im Frauenlager *Wiener Graben* einquartiert wurden. Die unterschiedliche Unterbringung könnte zu den fehlerhaften Schätzungen der Häftlingssterblichkeit beigetragen haben. In den Videointerviews der Shoah Visual History Foundation taucht außerdem für Venusberger Häftlinge neben der Nennung Mauthausens auch das Lager *Gunskirchen* auf.[411] Ob hierbei eine Verwechslung mit Gusen vorliegt, oder ob die Häftlinge vor oder nach der Befreiung tatsächlich dorthin gelangten

---

[406] Barch, B 162 / 8376, S. 420 VP Edith G.
[407] Barch, B 162 / 8375, S. 276 VP Margit K.
[408] Jack Taylor spricht vom Women's Hospital Wiener Graben
[409] SVHF 16445
[410] SVHF 44236
[411] SVHF 3109, SVHF 51094

wäre noch zu klären. Als Befreiungsort wird jeweils Mauthausen angegeben.
Regina W. liefert einen weiteren Unterbringungsort und gibt an, im „Zigeunerlager“ untergebracht worden zu sein, was Cilli L. bereits im August 1945 ebenfalls zu Protokoll gab[412]. Dabei handelt es sich wahrscheinlich nicht um das ehemalige Quarantänelager des KZ Mauthausen in den Baracken 16 bis 18 des Hauptlagers, sondern lediglich um eine Alternativbenennung der umfunktionierten Messerschmitt-Baracke des Frauenlagers Wiener Graben.[413] Regina W. berichtet:

> „Wir wussten, dass wir nach dem Lager Mauthausen gebracht wurden, um liquidiert zu werden[414]. Mauthausen war ein Männerlager. Ich wurde in Mauthausen mit anderen Häftlingen in das Zigeunerlager gebracht. Das war eine Baracke, in der zahlreiche nichtjüdische Frauen, die auswärts arbeiteten, schliefen. Es hieß, dass man uns am 5. Mai ins Krematorium schicken wollte.[415] An diesem Tage, es war ein Freitag Abend, wurden wir zum Appell herausgerufen. Wir warteten etwa 6 Stunden. Man sagt uns, eine der Aufseherin[en], dass wir in unsere Baracke zurückgehen sollten. Durch das Schießen, das wir in der Nähe gehört hatten, wussten wir, dass die Stunde unserer Befreiung nahe war. Am folgenden Tage verließ uns das Aufsichtspersonal, das sich in die Wälder zurückzog. Wir wurden dann von amerikanischen Truppen befreit.“[416]

Yalana L. bestätigt:

> „Im Lauf der Nacht vom 4. auf den 5. Mai 1945 verschwanden die SS-Angehörigen aus dem Lager Mauthausen. Es ging das Gerücht, dass wir von den alliierten Truppen befreit werden würden. Schließlich erreichten uns englische[417] Truppen

[412] Vgl. DEGOB-Protokoll 2020
[413] Vgl. Aussagen der Freiberger Überlebenden Chava Livni & P. Hinenberg
[414] Ein konkreter Plan & Tötungsabsicht ist dokumentarisch nicht zu belegen.
[415] Dokumentarisch nicht belegbar.
[416] Barch, B 162 / 8376, S. 631f. VP Regina W.
[417] englischsprachige Truppen sind wohl gemeint

im Laufe des 5. Mai. Zahlreiche Häftlinge sind gestorben, als sie sahen, dass der schlimme Traum vorüber war."[418]

Tatsächlich wird das Lager an diesem Tag, dem 5. Mai, durch die vorrückenden Truppen der 11. US-Panzerdivision der 3. US-Armee befreit. Das Häftlingssterben setzt sich aber auch nach der Befreiung fort, was bei der vorherrschende Unterernährung und grassierenden Typhusepidemie nicht verwundert. Matilde P. erinnert:

> „Der Hunger wurde Tag für Tag schlimmer und die Kräfte weniger. Mein letztes Lager war Mauthausen, wo wir am 5.Mai 1945 von den Alliierten befreit wurden. Wir waren nur noch Haut und Knochen, man hätte uns nicht mehr wieder erkannt. Ich wog noch 34 kg und meine Schwester 29 kg."[419]

Etliche andere Venusberger Häftlinge bestätigen ein Körpergewicht um die 30 Kilogramm[420] bei der Befreiung. Da sich nach wie vor auch für die Amerikaner Nahrungsbeschaffung für große Zahlen von Häftlingen schwierig gestaltet, und die Kriegshandlungen noch mehrere Tage andauern, hält die Häftlingssterblichkeit ungedämpft an. Helene G. berichtet:

> „Nach Ankunft in Mauthausen begann erst das eigentliche Sterben. Wir waren in Mauthausen einige Tage und während dieser Zeit starben sehr viele aus. Auch nach der Befreiung starben viele, sie konnten schon nicht die Nahrung aufnehmen. Ich kann mit Sicherheit sagen, dass ein großer Prozent-[satz][421] unseres Transportes aus Venusberg den Tod fand."[422]

Ester V. bestätigt:

> „Wir kamen nach Mauthausen am 4. Mai 1945[423] und am 5. Mai kamen schon die Amerikaner und befreiten uns. Jetzt kam

---

[418] Barch, B 162 / 8376, S. 563 VP Yalana L.
[419] Matilde P. in: Meine Tage waren leer. S. 39
[420] Vgl. DEGOB-Protokoll 2807, DEGOB-Protokoll 2393
[421] Der Zeitraum vor der Befreiung wird wohl zu kurz erinnert. s.o.
[422] Barch, B 162 / 8376, S. 534 VP Helene G.
[423] Die Venusberger Häftlinge trafen wohl einige Tage früher ein.

> die Reaktion auf Alles was wir erlebt haben. Die, welche die Evakuierung überlebten, erkrankten jetzt. Viele starben nach der Befreiung. Meine Mutter[424] starb. Meine Tante[425] starb. Sie erkrankte an Typhus. Meine Schwester[426] und ich blieben am Leben, waren aber auch sehr krank. Mein Gewicht war 35 Kilogramm, ich war halbtot.“[427]

Auch Katherine S. berichtet:

> „Am 5. Mai erschien der erste amerikanische Soldat in Mauthausen. Wir wurden befreit. Wir lagen noch fünf Tage im Block, ohne versorgt oder behandelt zu werden. Einige amerikanische Soldaten gaben jenen Häftlingen etwas, die noch gehen konnten, die Hilflosen hungerten und starben weiterhin. Nach fünf Tagen wurden wir in die SS-Baracke gebracht, wo wir zu Essen und SS-Herrenkleider bekamen.“[428]

Nach der Befreiung und ersten Regeneration beginnt die Suche vieler Häftlinge nach ihren Angehörigen. Einigen Häftlingen aus Mauthausen müssen die Frauen aus Venusberg bereits schlechte Nachrichten überbringen. Anne-Rose E. gibt zu Protokoll:

> „In meiner Erinnerung blieb eine Gruppe Häftlinge aus Plaszow, die in Mauthausen war. Es waren einige Männer. Sie suchten uns auf und fragten nach Familienangehörigen. Einer[429] fragte nach seiner Frau[430] und Tochter[431], die in unserer Gruppe waren. Wir mussten ihm leider berichten, dass sie beide auf dem Wege gestorben sind.“[432]

Entgegen der Einschätzung der Ester V. hielten sich die Venusberger Häftlinge bereits einige Tage im Lager auf, als sie die Befreiung erreichte. Margit K. erinnert:

---

424 Ilona Kaufmann. FloNo.: 61990
425 Erzsebet Schlesinger. FloNo.: 62154
426 FloNo.: 61989
427 Barch, B 162 / 8375, S. 205 VP Ester (Katalin) V.
428 YV 03/1040
429 Wahrscheinlich Dawid Zimet * 29.05.1899 Jaslo, MautNo.: 86269
430 Wahrscheinlich Salomea Zimet * 22.12.1907, FloNo.: 63274
431 Wahrscheinlich Tola Zimet *17.07.1927, FloNo.: 63275
432 Barch, B 162 / 8376, S. 532 VP Anne-Rose E.

> „Nach einigen Tagen kam die Befreiung, die amerikanischen Truppen kamen an. Danach änderte sich unsere Lage völlig, wir bekamen Arzneien, Lebensmittel. Später kamen wir unter Aufsicht der russischen Truppen. Im August 1945 kam ich zurück nach Budapest mit mehreren Genossinnen."[433]

Cäcilie K. bestätigt:

> „Ende April 1945 kamen wir in Mauthausen an. Dort war auch ich sehr erkrankt. Am 5. Mai wurde das Lager von amerikanischen Soldaten befreit. Im August 1945 kehrte ich nach Ungarn zurück."[434]

Zu dieser Gruppe könnte auch Judit M. gehört haben die bei ihrer Vernehmung sogar ein konkretes Datum angeben kann:

> „Am 11. August 1945 kam ich mit meiner Schwester und einigen Genossinnen nach Budapest zurück."[435]

Möglicherweise erfolgte diese Repatriierung per Schiff über die Donau. Auch slowakische Häftlinge kehrten so nach Bratislava zurück. Konkrete Aussagen von Venusberger Überlebenden liegen hierzu allerdings nicht vor. Die Rückkehr der befreiten ungarischen Häftlinge erfolgt aber generell gruppenweise und zu verschiedenen Zeitpunkten. Aus den DEGOB-Protokollen geht hervor, dass spätestens im Juni die ersten Venusberger Rückkehrer in Budapest eintreffen. Außerdem nennt Erzsebet Z.[436] bei ihrer Vernehmung im Rahmen der Ludwigsburger Ermittlungen am 23.11.1971 explizit den 4. Juni 1945. Die Regenerationsphase vieler Häftlinge ist allerdings deutlich länger. Die höchste einem Venusberger Häftling zuzuordnende DEGOB-Protokollnummer stammt vom 21. November 1945. Der eigentliche Repatriierungszeitpunkt geht aber weder aus dem Protokoll noch aus den Ludwigsburger Akten hervor und könnte daher

433 Barch, B 162 / 8375, S. 276 VP Margit K.

434 Barch, B 162 / 8375, S. 287 VP Cäcilie K.

435 Barch, B 162 / 8375, S. 282a VP Judit M. Vgl. Magda H. 07.08.1945

436 23.11.1971 FloNo.: 62256 Staatsanwaltschaft Nürnberg-Fürth 2004-01-523

auch früher gewesen sein. Allerdings gibt auch Magdolna F.[437] bei ihrer Vernehmung am 17.11.1971 explizit an, erst am 7. November 1945 nach Budapest zurückgekehrt zu sein.

Nicht alle Häftlinge halten sich bis zu ihrer Repatriierung im befreiten Lager Mauthausen auf. Kranke Häftlinge werden schon kurz nach der Befreiung auf Hospitäler und provisorische Lazarette verlegt, z.B. ins 131st Evacuation Hospital Gusen. Laut DEGOB-Protokoll 1764, welches von drei ehemaligen Venusberger Häftlingen unterzeichnet ist, wurden später auch 150 Frauen nach Katsdorf gebracht. Auch Katalin K. gehört zu diesen Frauen[438]. Katsdorf war erst am 31.07.1945 den Russen übergeben worden, die am 3. August ca. 300 schwerkranke Überlebende aus dem KZ Mauthausen und Gusen in die Gemeinde brachten. Das Genesungsheim [später Landwirtschaftsschule] und alle drei Gaststätten Wegschaider, Fischill und Gusenbauer wurden mit diesen KZ-Häftlingen belegt. Für viele dieser befreiten Häftlinge kam die Hilfe aber zu spät. Noch im August sterben Woche für Woche weitere Befreite. Unter den 44 auf dem Katsdorfer Friedhof bestatteten KZ-Häftlingen ist auch die griechische Jüdin, Sandra Salonicchio aus dem Lager Venusberg, die hier noch am 11. August den Entbehrungen der KZ-Haft erlag und am 13.08.1945 in Katsdorf beerdigt wurde. Nach mehrfachen Umbettungen existiert ihr Grab, wie die Gräber dreier Jüdinnen aus dem Außenlager Freiberg, noch heute auf dem Friedhof der Gemeinde.[439] Die ungarischen Jüdinnen aus dem Lager Venusberg können dort scheinbar alle gesund gepflegt werden und noch im Spätsommer 1945 nach Ungarn zurückkehren.

Deutlich vor dem größeren Transport nach Katsdorf wurden vor allem tschechische Häftlinge bereits am 18./19. Mai mit Bussen nach Budweis repatriiert, darunter größtenteils Häftlinge des Flossenbürger Außenlagers Freiberg. Spätestens im Juni 1945 versucht man auch holländische und französische Häftlinge aus Mauthausen und Umgebung zu repatriieren und transportiert sie dazu zunächst in die Bodenseeregion, wo sich ebenfalls Hospi-

---

[437] 17.11.1971 FloNo.: 61869 Staatsanwaltschaft Nürnberg-Fürth 2004-01-523
[438] Vgl. DEGOB-Protokoll 2393
[439] Vgl. Katsdorfer Heimatblätter. Die KZ-Grabanlage. Heimatkdl. Schr. F. 5

täler für befreite KZ-Häftlinge befanden. Auf der Bodenseeinsel Reichenau erlag Schoontje Becht am 20. Juni 1945 den Folgen der KZ-Haft, im schweizerischen Herisau am 12. Juli 1945 Sientje Van der Veen. Sie wird in St. Gallen beerdigt. Weitere Orte wo ehemalige weibliche Flossenbürger Häftlinge verstarben, die zuvor in Mauthausen befreit worden waren, sind Mainau und Ravensburg. Ob sich dort zeitweilig auch Überlebende des Lagers Venusberg befanden, konnte bislang nicht bestätigt werden. Auch hat es wohl eine Repatriierung über Basel gegeben, die die holländische Jüdin Alida Kesner nicht überlebt haben soll.

Andere Häftlinge, vor allem polnische Jüdinnen, kehrten gar nicht erst in ihre Heimat zurück, sondern hielten sich bis zu ihrer Emigration nach Israel oder in die USA in Displaced Persons Camps auf. So beispielsweise in den DP-Lagern *Hart* oder *Bindermichl* in Linz. Da viele junge Holocaustüberlebende aufgrund der Verfolgung ihre Schulausbildung abbrechen mussten und viele Mädchen keine abgeschlossene Berufsausbildung hatten, wurden spezielle Kurse für die jungen Frauen angeboten. Auch Venusberger Überlebende nahmen im Lager Bindermichl an Ausbildungslehrgängen zur Kosmetikerin teil. So beispielsweise Sonia Schreiber Weitz. Möglicherweise können auf den Fotos ehemalige Venusberger Häftlinge identifiziert werden.

F9.: Linz-Bindermichl. USHMM 96473 Rena Finder

F10.: Linz-Bindermichl. USHMM 57886 Rena Finder

F11.:‚Russenlager' USHMM 04848 Donald Schaufelberger
Das „Russenlager" kurz nach der Befreiung. Vorne rechts die Baracken 9 und 10 des separat eingezäunten Sanitätslagers, wo ein Teil der Venusberger Frauen einquartiert und befreit wurde.

**F12.: Rückansicht der Baracke 10 im Sanitätslager
USHMM Col. P. Robert Seibel**

**F13.: Innenansicht einer Baracke des Sanitätslagers
USHMM 38063 Ray Buch**

F14.: Essensausgabe im Sanitätslager 12.05.1945
USHMM 45035 National Archives

F15.: Befreite Frauen. USHMM 74461 Col. P. Robert Seibel

F16: Befreite Frauen. **USHMM Eugene S. Cohen**

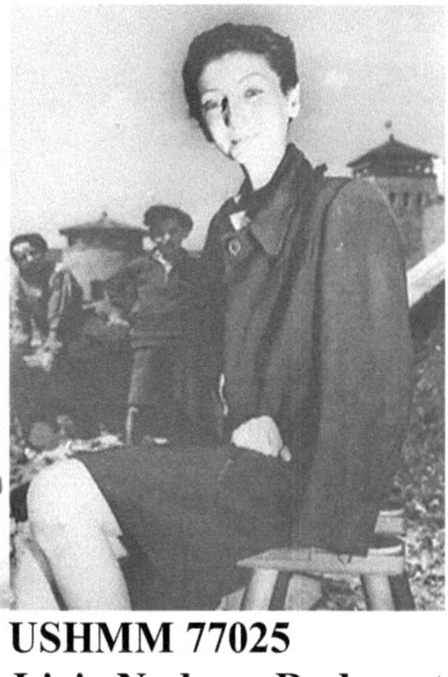

USHMM 38067 **USHMM 74795** **USHMM 77025**

Livia Nador – Budapest
Theaterschauspielerin

F17: Befreite Frauen **Ignatius Gallo 12.05.45**

F18: Frauen im Sanitätslager reden mit einem US-Soldaten
USHMM 74456 Col. P. Robert Seibel 05.05.-07.05.1945

F19:Frauen nach der Befreiung im Stammlager Mauthausen
USHMM 37482 Donald R.Ornitz 08.05.1945

F20: Bestattungen im Massengrab Sportplatz **USHMM 15546**

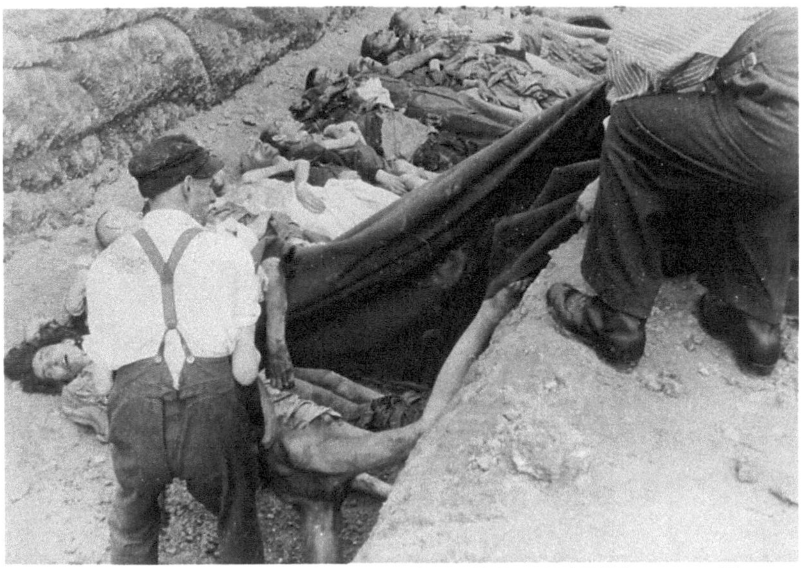

F21: 10.05.1945-15.05.1945 USHMM 15547 Thomas Green

Es gibt zahlreiche Fotos mit Leichen im Lager Mauthausen und von ihren Bestattungen nach der Befreiung in Massengräbern. Auf diesen Fotografien lassen sich kaum Frauenleichen identifizieren, wenngleich bekleidete, ausgezehrte Frauen mit geschorenen Haaren kaum von Männern zu unterscheiden sind. Obige Fotos zeigen aber die Ablage zweier Frauenleichen durch Zivilisten in ein Massengrab. Eine der Frauen könnte noch identifiziert werden. Sie ist zufällig einmal im Profil und einmal frontal abgelichtet.

F22: Das 'Russenlager' unter Quarantäne USHMM 28190

F23: Befreite Häftlinge nähen aus Bettzeug in einer Baracke des Hauptlagers Kleidung. USHMM Eugene S. Cohen
[Wahrscheinlich Häftlinge aus dem Außenlager Freiberg]

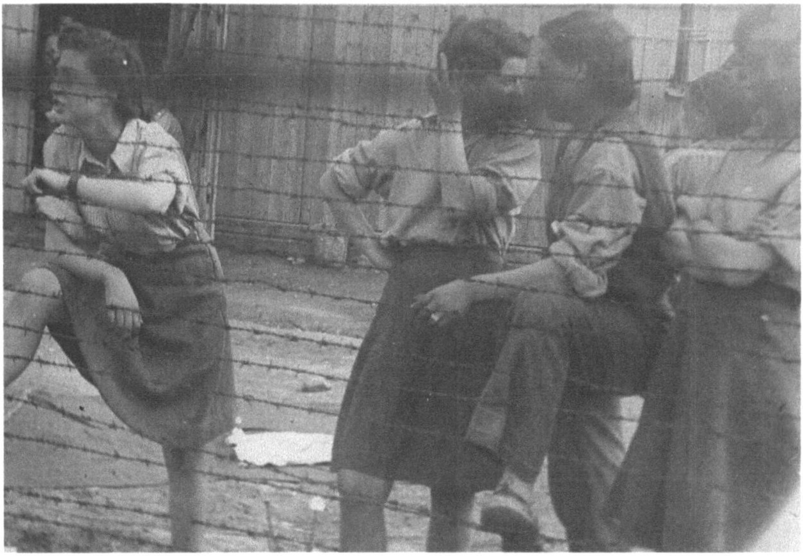

F24:Funktionshäftling mit Armbanduhr? USHMM 07431

F25: Frauen vor der Repatriierung [18./19. Mai?] USHMM

j) Venusberger Exhumierung und Nachkriegsermittlungen

Nachdem sich die politische Situation nach der Kapitulation ein wenig stabilisiert hatte, begannen die ersten strafrechtlichen Ermittlungen in Venusberg. Im Schreiben des Gendarmerieposten am 30. August 1945 an den Herrn Kreisführer der Gendarmerie Marienberg, Landratsamt, werden bereits erste zusammenfassende Ergebnisse über das Lagergeschehen mitgeteilt:

> „Bei dem nach Venusberg von Kassel und Magdeburg verlagerten Junkersbetrieb, den Venuswerken, wurde in der 2. Hälfte des Jahres 1944 ein KZ Lager errichtet. Häftlinge waren 500 Jüdinnen aus den Balkanländern, welche durch SS-Männer und SS-Helferinnen bewacht wurden. Der Lagerführer war der SS-Oberscharführer Dücker aus Bayern[440]. Die Jüdinnen wurden täglich durch ein starkes SS-Kommando zu und von der Arbeit gebracht. In den Venuswerken arbeiteten die Jüdinnen vollständig getrennt von anderen Werksangehörigen. Durch miserable Ernährung, Unterbringung in überfüllten Baracken und schlechte Behandlung durch die Wachmannschaften starben besonders im Frühjahr 1945 sehr viele von den Lagerinsassinnen. Die Leichen wurden, nachdem die Pfarrämter Drebach und Herold sich geweigert hatten, dieselben a[m Rand des] Lagers verscharrt. Vollkommen nackend, ohne einen Sarg, wurden die Leichen in Löcher, die zirka 30-40 cm tief durch Lagerinsassinnen ausgehoben waren, geworfen und dann wieder zugescharrt. Dabei ist es vorgekommen, dass Hände und Füße der Leichen aus dem Erdreich ragten. Durch Beschwerde des Herrn Dir. Wunderlich und Anzeigen des Herrn Dir. Schüller und des Frl. Müller von der Spinnerei Venusberg war am 23.3.45 der damalige Gendarmeriemeister Dost von Drebach und der Bürgermeister Meyer von Venusberg bei der KZ-Lagerführung vorstellig und hat das tieferlegen der verstorbenen Jüdinnen gefordert. Darauf ist dann ein ausgeworfener Splitterschutzgraben als Begräbnisstelle verwendet worden. Anfang und Ende der Begräbnisstelle ist durch eine Holzstange markiert und es liegen dort 1 Belgier, 1 Franzose[441], 2 Russen[442] und ca. 65 Jüdinnen. Die

---

[440] Bislang nicht bestätigt. Möglicherweise auch ein Verweis auf Flossenbürg

[441] Anatole [???]six. *22.08.1921 zu Lille. Letzter Wohnort Erquinghem

letzten Leichen sind ungefähr Ende April dieses Jahres dort verscharrt worden. Auf Anordnung des Herrn Dir. Düwell[443] der Venuswerke sind die Baracken des KZ-Lagers mit sämtlichem Inventar durch das Gefolgschaftsmitglied der Venuswerke Herrn Rattge abgebrannt worden."[444]

In groben Zügen, ist damit das Lagergeschehen richtig beschrieben. Der zweite Transport aus Bergen Belsen wird allerdings nicht berücksichtigt. Über die Ergebnisse der Ortsbesichtigung der genannten Brandstelle liegt folgendes Schriftstück aus dem Mai 1945 vor:

> „Die Besichtigung der Brandstellen bei den Schüllerwerken (KZ-Lager für angeblich jüdische Frauen) lässt deutlich an den Knochenresten erkennen, dass die Wachmannschaften diese Krankenbaracke anbrannten, obwohl sich noch lebende Menschen darin befanden.[445] Nun können wir auch ohne Besorgnis die mitten im Wald und auf Feldern eingegrabenen Leichen dieses Lagers und der Fremdarbeiter und Kriegsgefangenen suchen. Ich werde veranlassen, dass dort ein Waldfriedhof angelegt wird. Alle Gemeinden müssen die Kosten für die Särge etc. mit tragen. Der Förster Kurt Hahnel und der Waldwärter, Genosse Adolf Decker, haben einige

---

Zitiert nach der ‚Chronik der dem „VEB Feinspinnerei Erzgebirge" angeschlossenen Betriebe'. Sammlung Herbert Jankowski

[442] Zwei sowjetische Kriegsgefangene: Wasily Gusef aus dem Lg. K.D.O. Schober, der am 25.04.1945 um 10 Uhr an Lungentuberkulose und Herzschwäche verstarb und am 27.04.1945 um 19 Uhr im Staatsforst beerdigt wurde. & Iwan Schieskow[??] *15.12.1915, [???] Schober, verstarb am 12.05.1945 um 1Uhr im Lager Glückauf an Darmtuberkulose/Herzschwäche und wurde am 14.05.1945 um 10 Uhr im Staatsforst beerdigt.
Zitiert nach der ‚Chronik der dem „VEB Feinspinnerei Erzgebirge" angeschlossenen Betriebe'. Sammlung Herbert Jankowski.
Dort heißt es auch: „Anschließend an diese weiblichen Leichen liegen noch ca. 10 bis 12 männliche Leichen, die ebenso von den „Freien Arbeitern" dort eingegraben wurden. [?] Die Opferzahl auf dem späteren Gedenkstein von über 100 Frauen resultiert aus 63 Frauen und 1 Kind + 40 weitere Frauen im Splittergraben. Siehe Schreiben an die SED Kreisleitung vom 15.06.1959

[443] oder Düwel. Beide Varianten tauchen in den Dokumenten auf.

[444] Sammlung Herbert Jankowski. Anlage 8

[445] Das Krankenrevier wurde bei der Evakuierung aber geräumt.

Anhaltspunkte gefunden. Nun gilt es vor allem, einige solcher SS-Maiden aufzufinden, die über das Treiben in jenem Lager Bescheid wissen. Die Rowdy sind jedoch geflüchtet."[446]

Die Knochenreste, die bei der Orstbegehung der Brandstelle anscheinend gefunden wurden, geben doch einige Rätsel auf. Woran hier festgestellt werden konnte, dass es sich um Knochen noch lebender Menschen handelte, ist nicht überliefert.[447] Auch nicht Zustand und Zahl der Knochen. Die Aussage, vermutlich eines Gendameriepostens, muss daher ersteinmal so hingenommen werden. Da das Krankenrevier in Venusberg nach übereinstimmenden Aussagen betroffener Häftlinge und Aufseherinnen bei der Evakuierung mit einem Auto geräumt wurde, liegt demnach nahe, dass sich noch jemand in den Baracken versteckte oder aber Leichen zurückgelassen wurden, deren verbrannte Überreste die Betrachter fälschlicherweise zu dem Schluss kommen lassen, dass mindestens ein verbliebener Häftling lebendig verbrannte. Größere und absichtliche Menschenverluste auf diese Weise hat es im Lager Venusberg sicher nicht gegeben. Ein Teil der Baracken sei außerdem umgesetzt und nicht abgebrannt worden. Wie das angeführte Schriftstück mitteilt, widmete man sich nach der Brandstelle den Leichen, die in der Nähe des Lagers verscharrt worden waren, um sie in einen neu anzulegenden Waldfriedhof würdevoll zu bestatten. Für die *Vorbereitung und Durchführung der Umbettung im Venusberger Flur* ist folgendes Dokument aus der Planungsphase überliefert:

„Vorbereitung technischer Art:

Baracken für Quarantäne sichern (Besitzer feststellen)

Särge in Neudorf bestellen – Umlage auf nähere Gemeinden

KPD u. Polizei haben einige besonders aktive NAZIS zur Umbettung heranzuholen

Handwerkszeug mitbringen – und Verpflegung auf 3 Tage.

[446] zitiert nach der ‚Chronik der dem „VEB Feinspinnerei Erzgebirge" angeschlossenen Betriebe'. Sammlung Herbert Jankowski Verfasser sowie Entstehungszusammenhang des Schriftstückes ist unklar.
[447] Möglicherweise die Lage der Knochen.

Wegen Seuchengefahr – vorher Arzt benachrichtigen – untersuchen lassen, von Thum oder Marienberg

Särge inzwischen beim Betrieb Schüller einstellen, dabei versch. Größen beachten, da oft nur Schädel und Beinknochen vorhanden. Größen von 1.20 bis 1.90 m. 120 Stück

Aufsichtsleiter Genosse Rabenstein von der KPD Thum

Plan über die Umbettung:

Ausschachtung des Waldfriedhofes, wie Plan mit Förster Hahnel abgesprochen, als erste Arbeit

Massengrab je für Frauen und Männer

Erst die Splittergräben öffnen (letzten Leichen), einzelne Leichen in den bezeichn. Waldstücken dort schon in die Särge legen ... möglichst Umzäunung vorher fertig machen

Kontrolle während der Umbettung durch Genossen der KPD Thum (Marschner)

Nach Beendigung drei Tage Quarantäne, Arzt hat Zeit zu bestimmen, Angehörige frische Wäsche, Kleider usw. bringen. Tabak versorgen

Zur feierlichen Übergabe an den Betrieb und Einweihung Pfarrer beider Religionen hinzuziehen.

Abschlußbericht an Gen. Bilibenkow und Vernehmungen ansetzen. Angehörige der Toten benachrichtigen.
Bericht an die Abt. K. Polizeikr.-Amt abgeben.“[448]

Laut Berichten der ‚Chronik der dem „VEB Feinspinnerei Erzgebirge“ angeschlossenen Betriebe’ hielt man sich weitestgehend an diesen Plan. Es heißt:

---

[448] zitiert nach der ‚Chronik der dem „VEB Feinspinnerei Erzgebirge“ angeschlossenen Betriebe’. Sammlung Herbert Jankowski

> „Aus den umliegenden Orten wurden die berüchtigsten SA-Schläger und die eifrigsten ‚Stürmer'-Propagandisten zusammengeholt. Sie schaufelten die Massengräber aus. Über 100 Särge spendeten die dazu aufgeforderten Gemeinden. Trotz der großen Mühe, alle Stellen auszufinden, wo die Leichen lagen, wurden in drei Massengräber alle Leichen der Frauen und gegen 20 männliche Leichen beigesetzt. Da einige schon monatelang lagen und nur wenige Knochenteile vorhanden waren, wurden dazu kleinere Särge genommen, die später zu der falschen Vermutung verleiteten, auch Kinder wären beigesetzt worden. Die Namen der Opfer konnten leider nicht alle festgestellt werden. Die Umbettung wurde laut Plan ordnungsgemäß durchgeführt und den Abschluß bildete die feierliche Übergabe mit Gedenkreden von Pfarrern beider Religionen."[449]

Die benötigten Särge werden von der Firma Pollmer u. Lorenz in Sehma geliefert und kosten 435,00 Mark. Die Rechnung des Autovermieters für Fahrten zur Beschaffung der Särge und heranfahren der verantwortlichen Ärzte beläuft sich auf 69,20 Mark, und die Rechnung vom Krankenhaus Thum für 2 Tage Unterbringung eines erkrankten Arbeiters 12,40 Mark. Die 516,60 Mark werden auf sieben Gemeinden umgelegt.[450]
Im Bericht der Umbettung in Venusberg vom 19.11.45 heißt es außerdem:

> „Wie in der letzten Sitzung der Umbettungskommission festgelegt wurde, sind auf Vorschlag der Ärzte Dr. Kaiser[451] und Dr. Stoll[452], die für die Umbettung in Frage kommenden Männer dreimal schutzgeimpft worden. Die Schüllerwerke hatten den Auftrag, für die Unterbringung der Männer Sorge zu tragen. Am 3. Nov. 1945 überzeugten sich Gen. Marschner und Rabenstein, ob auch dies richtig ausgeführt worden ist

---

[449] Chronik der dem „VEB Feinspinnerei Erzgebirge" angeschlossenen Betriebe'. Sammlung Herbert Jankowski

[450] Schreiben an den Bürgermeister Thum mit Kostenaufstellung. 21.12.45 Chronik der dem „VEB Feinspinnerei Erzgebirge" angeschlossenen Betriebe'. Sammlung Herbert Jankowski

[451] aus Thum

[452] aus Gelenau

und konnten dabei feststellen, dass für die kurze Zeit alles in Ordnung war. Das Lager war in den Schüllerwerken eingerichtet, die Schlafräume befanden sich im ersten Stock des Gebäudes. Ein Kessel zur Beschaffung von warmen Wasser war bereit. Für Brennstoff hatte der Hausmeister [sic] Decker gesorgt. Am 4. Nov. in der Zeit von 9-10 Uhr rückten die Umbettungsarbeiter im Lager ein, nachdem festgestellt war, dass alle dazu bestimmten Leute erschienen sind, richtete Gen. Rabenstein einige kurze Worte an die Männer und erklärte dabei, dass wir verpflichtet sind, das wieder gut zu machen, was der Faschismus verbrochen hat. Dann ging es sofort an die Arbeit. Von Thum waren 6 Mann, Venusberg 4 Gelenau 9, Herold 4, Jahnsbach 3, E'dorf[453] 4 und Drebach 6 Mann erschienen. Nachdem die Vorarbeiten beendet waren, begann am 7.11. die Umbettung, zu der Dr. Kaiser und später der Amtsarzt von Marienberg erschienen waren. Da an den Leichen keinerlei Feststellungen mehr möglich waren, war die Anwesenheit der Ärzte nicht mehr notwendig."[454]

Auch konnten die Toten nicht mehr identifiziert werden. In der Mitteilung des kommissarischen Bürgermeisters von Venusberg an das Kreispolizeiamt Marienberg am 19.02.1946 heißt es:

> „Erkennungszeichen konnten nicht angebracht werden, da die Verstorbenen unbekannt waren. Feststellungen konnten nicht getroffen werden, die verantwortlichen Leute der Venuswerke sind teils noch vor, teils kurz nach dem Zusammenbruch nach Unbekannt verzogen."[455]

Eine exakte Opferzahl wurde wohl nicht erhoben. Die Nennung des Gedenksteins von über 100 Frauen scheint nicht abgesichert. Klarheit über Geschlecht und Zahl der begrabenen Ausländer könnte wohl nur eine erneute Exhumierung und der Versuch einer DNA-Analyse, bei gleichzeitigem Abgleich mit lebenden Verwandten zwecks Identifizierung, erzielen. Rechtliche Grundlagen, Erfolgsprognosen und Finanzierungsmöglichkeiten eines solchen Projektes sind unklar.

---

[453] Mit der Abkürzung ist Ehrenfriedersdorf gemeint.
[454] zitiert nach Hardy Melzer. Sammlung Herbert Jankowski
[455] zitiert nach Hardy Melzer. Sammlung Herbert Jankowski

k) Strafrechtliche Verfolgung der Täter

Parallel zu den Umbettungsplänen der Toten des KZ- und Zwangsarbeiterlagers, setzten bereits kurz nach dem Krieg strafrechtliche Ermittlungen zum Verhalten der SS-Wachmannschaft und möglichen begangenen Verbrechen ein. Aus dieser Phase liegen zahlreiche Lebensläufe und Einschätzungen der Polizei vor, die im Teil 2 dieses Buches wiedergegeben werden.
Das grundsätzliche Problem dieser Ermittlungen ist, dass eigentlich nur jene Frauen vernommen werden konnten, die nicht mit auf Evakuierung gingen oder aber von der Evakuierung zügig in ihre Heimat zurückkehrten. Diese Frauen waren mehrheitlich als SS-Aufseherin dienstverpflichtet worden und verhielten sich abgesehen von einigen negativen Ausnahmen weitesgehend gut bis neutral gegenüber den Häftlingen. Sie stammten aus der Region, waren in der Arbeiterschaft bekannt und ließen sich daher auch kaum etwas zu Schulden kommen. Damit bekommen ihre Aussagen zwar großen Wert bei der Ermittlung der wahren Täter und einzelner Häftlingsschicksale, bleiben aber strafrechtlich meist folgenlos, da die entsprechenden Beschuldigten nicht an den Ort des Geschehens zurückkehrten und anderweitig aufgrund der lückenhaft überlieferten Personalien nur schwer zu identifizieren waren. Es ist also davon auszugehen, dass während ein Teil der Wachmannschaft bei Passau in Gefangenschaft geriet, und einige Zeit in verschiedenen Untersuchungshaftstätten verbrachte, ein anderer Teil der Wachleute und Aufseherinnen mit großer Wahrscheinlichkeit recht unbehelligt in ihre Heimat zurückkehren oder andernorts ein neues Leben beginnen konnte, ohne für ihre Taten im Lager Venusberg zunächst zur Rechenschaft gezogen zu werden. Um auch diesen Tätern auf die Spur zu kommen, werden Jahrzehnte später erneute Ermittlungswellen ausgelöst.
Die deutschen Folgestaaten gehen dabei unterschiedlich vor. In der DDR scheint es bezüglich des Lagers Venusberg Anfang der 1960er Jahre nochmals Ermittlungen gegeben zu haben, zu denen im Rahmen der Entstehung dieses Buches aber noch nicht recherchiert werden konnte. So lag im Stadtarchiv Zschopau in der Akte zum ‚Judenstraflager' in Venusberg bezüglich der Auf-

seherin Panitz eine Nachfrage von 1961 vor. Konkrete Ermittlungsverfahren oder Prozesse aus dieser Zeit sind dem Verfasser aber bislang nicht bekannt.
In der BRD wird Venusberg 1965 nun auch offiziell per Gesetz zum KZ erklärt. Am 18.09.1965 tritt nach Zustimmung des Bundestags und Bundesrats die 6. Verordnung zur Durchführung des Bundesentschädigungsgesetzes (BEGDV 6) in Kraft. Nach dieser Verordnung ist Venusberg wie etwa 1600 andere Kommandos und Lager auf europäischem Boden *„als Konzentrationslager im Sinne des § 31 Abs. 2 BEG"* anzusehen. Gleichzeitig wird aber das Zeitfenster einen Entschädigungsantrag zu stellen klein gehalten.

> „Nach dem 31. Dezember 1969 können Ansprüche nach dem Bundesentschädigungsgesetz und nach diesem Gesetz nicht mehr angemeldet werden."[456]

Auch strafrechtlich beginnt in dieser Dekade eine erneute Aufarbeitungswelle. Im Rahmen der zentralen Stelle der Landesjustizverwaltung in Ludwigsburg zur Aufklärung nationalsozialistischer Verbrechen beginnen ab 1966 Vorermittlungen zu möglichen noch zu verfolgenden Straftaten in den jetzt auch für Entschädigungsansprüche anerkannten Konzentrationslagern. Zwischen 1967 und 1971 entsteht eine fast 900-seitige Vorermittlungsakte. Das Verfahren wird am 10. August 1971 an die Staatsanwaltschaft Nürnberg-Fürth unter der Bezeichnung 15 Js 13/71 abgegeben[457]. Da potentielle Täter wegen fehlender Dokumente nicht eindeutig identifiziert werden konnten und die Personalien konkreter Gewaltopfer nicht in Erfahrung zu bringen waren, ist es zu keiner Anklage des Lagerkommandanten oder anderer involvierter Personen mehr gekommen. Da die meisten Straftatbestände zum Ermittlungszeitpunkt bereits verjährt waren, ging es bei den Nachforschungen der Justiz ohnehin im wesentlichen um mögliche Tötungsdelikte. Den Ermittlern lagen aber weder die Flossenbürger Nummernbücher, die Register der ehemaligen Häftlinge, zur Bestimmung potentieller

[456] BEGSchlG Art. VIII
[457] Hierin sind Protokolle enthalten, die in der Ludwigsburger Kopie fehlen.

Opfer, noch die Ermittlungsergebnisse der sächsischen Polizeidienststellen aus dem Jahr 1945 und später vor, da BRD und DDR in der strafrechtlichen Verfolgung nationalsozialistischer Verbrechen nicht miteinander kooperierten. Rein theoretisch[458] könnte es daher aufgrund neuer Erkenntnisse zu einer Wiederaufnahme des Verfahrens und möglicherweise noch zu Mordanklagen kommen. Das Ermittlungsverfahren gegen den Beschuldigten Dücker[459] und andere unbekannte Beschuldigte wurde gem. § 170 Abs. 2 StPO am 21. April 1972 eingestellt und am 24. Juli zu den Akten gelegt. Die enthaltenen vagen Personenbeschreibungen und Beschuldigungen finden Sie in Teil 2 in den Kapiteln über die Wachmannschaft.
Grundsätzlich ist es aber möglich, dass einzelne Personen der Venusberger Wachmannschaft für Taten in anderen Lagern[460] zur Rechenschaft gezogen und verurteilt worden sind. Konkrete Anhaltspunkte liegen derzeit aber nicht vor.

Die Venusberger Lager-Überlebende Livia Nador posiert am 12.05.45 nach ihrer Befreiung im KZ Mauthausen. Dieses Foto der Budapester Theaterschauspielern hat es zu einer großen Verbreitung gebracht, wenngleich wenig über ihr Schicksal bekannt ist. Sie wurde 1921 in Jaszarokszallas geboren und kehrte nach Budapest zurück. [Vgl. FloNo.: 62073]

USHMM: 77025
12.05.1945 – courtesy of
Arnold Bauer Barach
Public Domain **F26**

[458] Wenn die Täter noch nicht verstorben sein sollten und in konkreten Einzelfällen doch noch eine Chance besteht eine Mordabsicht nachzuweisen.
[459] In den sächsischen Polizeiermittlungen von 1945 oft,'Dicker' oder ‚Dicke'
[460] Auschwitz. Bergen Belsen. Andere Flossenbürger Außenlager etc.

F27: Gedenkstein & Ruhestätte vieler KZ-Häftlinge des Lagers Venusberg. Cziborra 2003

F28: Gedenkstein & Ruhestätte vieler befreiter Häftlinge in Mauthausen auf dem Plateau des ‚Russenlagers'. 05.05.2006

l) Aus dem Leben danach: Berühmte ehemalige Häftlinge

Eva Földes [06.07.1914 Szombathely - 09.07.1981 Balatonalmádi]

Eva Földes kam mit dem Transport aus Ravensbrück nach Venusberg und wurde mit der Flossenbürger Häftlingsnummer 61868 registriert und später in Mauthausen befreit. 1948 gewinnt sie in London beim olympischen Kunstwettbewerb[461] in der Kategorie *„Epische Werke"* mit ihrem Text *„The Will of Youth"*[462] die Bronze-Medaille. Seit den olympischen Spielen in Stockholm von 1912 wurden neben den sportlichen Wettkämpfen auch künstlerische Arbeiten in Bereichen der Architektur, Bildhauerei, Musik und Literatur prämiert. Diese Disziplinen nach antikem Vorbild wurden 1948 das letzte Mal ausgetragen und danach abgeschafft.
Eva Földes erwarb 1961 den akademischen Grad einer Doktorin und publizierte weiterhin als Sporthistorikerin.

„Mrs. Ferwalter"

Ein weiterer ehemaliger Venusberger Häftling war Vorbild für die literarische Figur „Mrs. Ferwalter" in Uwe Johnsons mittlerweile verfilmten Roman *Jahrestage*. Uwe Johnson gehörte als Autor der Gruppe 47 an und hielt sich Ende der sechziger Jahre in New York auf. Dort lernte er am 6. August 1966 jenen ehemaligen Venusberger Häftling kennen, der später Vorbild für seine Romanfigur wird. Die Töchter der beiden hatten sich miteinander angefreundet. Johnson schrieb am 19.08.1966 an Fritz J. Raddatz:

> „Der sechste Tag im August war ein Sonnabend. Nach dem Frühstück ging ich auf den Spielplatz unserm Haus gegenüber, um endlich die Kinder kennen zu lernen, mit denen unser Kind eine permanente Verabredung hat, und deren Mütter. Die Mütter sind aus Belgien, aus Komotau und aus

[461] Olympic Art Competition
[462] Der Jugendquell

> Karlsbad davongekommen, eine mit der KZnummer am Arm. Eines der Kinder spricht hebräisch, das andere amerikanisch mit unserm, beide verstehen ihr Deutsch. Für die Mütter sehe ich irgend wem zu ähnlich."[463]

Diese Begegnung überträgt Johnson ohne große Verfremdungen und Verschlüsselungen in seinen Roman. Ein ähnliches späteres Treffen verlegt er auf den 11. August 1968. Die Tochter seiner Protagonistin Gesine Cresspahl trägt den Namen Marie. Das Romantreffen findet anlässlich der Vorbereitung ihres Kindergeburtstages an einem Sonntag im Park statt:

> „Vorher wünscht Marie sich eine Kinder-Gesellschaft; [...] weswegen wir mit Rebeccas Mutter verabredet sind auf einer Bank im Park, das Koschere am Speisezettel auszuhandeln. Voll Widerwillens sieht sie uns entgegen, die bloßen, zu feisten Arme neben sich gestemmt; sie versucht Freude zu zeigen. [...] Ich werde bringen Passovergebäck, das ist buntfarbenes mit dickem Überzug, die Kinder mögen es auf einer Gesellschaft, es schmeckt nach Marzipan. Wir haben es zum letzten Mal zu Hause gebacken im vierundvierziger Jahr. Damals gehörte unser Ort zu Ungarn. Transporte kamen schon seit 1941 durch, und im Land wurden Leute abgeholt. Im Mai 1944 wurden alle genommen. [...]Wir kamen nach Auschwitz. Ich war da acht Monate. Die meisten kamen gleich ins *Krematorium.* Viele von den Aufsehern laufen noch umher, und man staunt wo. So wie wir hier sprechen habe ich mit dem Mengele geredet. Ich wurde *selektiert* ins *Magazin* als *Einweiserin.* In der Küche trugen zwei Mädchen Körbe hinter mir her. Ich teilte die Margarine ein und tat sie in die Kessel. Die Mädchen fischten die Margarine sogleich wieder heraus und warfen sie in Wassereimer, damit sie hart wurde. Dort war eine gute Frau meine Chefin, Frau Stiebitz[464]. Sie sah weg. Dürfen wir das beiseite tun? – Do ti aber paß auf.
> Mrs. Ferwalter erklärte nun was ein *Block* ist, mit abkantenden Handbewegungen: Das waren Häuser, die standen so. In einem Block waren Mädchen, dreizehnjährige Kinder. Denen trug sie nach dem Dienst Eimer mit Suppe hin. Einmal wurde

[463] Vgl. Uwe Johnson – Fritz J. Raddatz der Briefwechsel

[464] Wie auch der Name *Ferwalter* wohl ein selbstsprechender Fantasiename

sie unterwegs angehalten von einer jüdischen *Kapo*: Du stiehlst, du Schwein. – Du musst wohl bezahlen? Die jüdische *Kapo* drohte mit Rapport, und tatsächlich wurde sie am nächsten Morgen, nach stundenlangem Stehen, herausgerufen, des Widerstandes gegen die *Kapo,* auch eines Diebstahls beschuldigt. *Frau* Gräser, die Leiterin des Frauenlagers, sie sagte: Sie werden jetzt erschossen. Rief einen *Posten* herbei. *Frau* Gräser hatte ein Mädchen lieb gewonnen und benutzte sie als eine rechte Hand, eine Frances. Frances sagte: Das machen doch alle. Wenn sie mich wirklich mögen, tun Sie mir die Liebe und lassen sie am Leben. Ist doch tüchtig in der Küche. Das Urteil wurde umgewandelt in eine Stunde Kniens auf Schottersteinen, zwei Steine dabei in erhobenen Händen. Es dauerte viele Wochen, bis die Knie wieder ihre Form hatten. *Frau* Stiebitz schwieg dazu. [...]Bei der Ankunft in Auschwitz wurden wir *entlaust* (you know, some kind of disinfection) und geschoren. Das Haar wuchs doch nach, und *Frau* Stiebitz sagte gern: Wie schön. War es ja auch. Ja die *Selektion* war wie eine Schönheitskonkurrenz. Auch *Frau* Gräser sagte einmal: Sie könnte gehen als Schönheitskönigin. Bei der *Bestrafung* wurde mir eine Bahn durch das nachgewachsene Haar geschoren. Ich ging hin und ließ mir gleich alles abschneiden. Einundzwanzig Jahre war ich. Wir arbeiteten in zwei Schichten. Die am Tag ging. Schlimm war die in der Nacht. In unserer Ecke arbeiteten sieben[465] Krematorien. Am Ende der Nachtschicht war der Himmel rot wie Feuer. Ich hörte die Leute schreien: Help, help! [...] Von Auschwitz wurden wir in eine Munitionsfabrik im Westen gebracht, vielleicht in Deutschland. Ich habe ein Schild gesehen: Geh-len-au. Es war ein ganz kleines Lager für Franzosen[466]. Wir sahen die Engländer mit Fallschirmen abspringen. Wir wurden zum Bahnhof getrieben und in Waggons gesperrt. Die Einwohner des Ortes plünderten die Geschäfte. Es war nur noch eine halbe Stunde, dann wären die Engländer da gewesen, da fuhr der Zug ab. Wir kamen nach Mauthausen. In Mauthausen wurde ich *befreit*. 1945 versteckte *Frau* Stiebitz sich in Österreich. Die Häftlinge besorgten ihr Kleider und einen amerikanischen Schein (sie macht mit zwei Fingern das Zeichen eines sehr langen Rechtecks), so dass sie zurück

---

[465] Die Erinnerung Mrs. Ferwalters täuscht: vier Krematorien.
[466] Diese Bemerkung bezieht sich auf Gelenau und das Lager Venusberg

konnte nach Deutschland. In den ersten Tagen nach der Befreiung (9. Mai) lebten wir auf einem Bauernhof. Das gute Essen, die echte Milch, die roten Äpfel vom vorigen Jahr (in hausfraulichem Ton). Aber wir hatten Angst, auf dem Nachbarhof war SS versteckt. Sie konnten doch rauskommen und es wieder machen. In Mauthausen ein Aufseher hat sich nachts immer fünfzehnjährige Mädchen geholt.
Die jüdische *Kapo*, die sie mit der Kartoffel ertappt hatte, sah sie nach dem Krieg in einem Bürohaus in Tel Aviv, Israel. Die zeig ich an. Bis eine Freundin riet: Warum willst du dir das alles auf den Hals laden, die Lauferei zum Gericht, die Aussagen, die Unterschriften. Und ich ließ es. In Israel war damals alles rationiert, die Städter gingen hamstern auf dem Lande. Diese *Kapo* geht durch die Hintertür in eine Küche und ruft. Die Bäuerin, Häftling in Auschwitz, im vorderen Zimmer sitzend, sie erkennt die Stimme. Schreit. Alle laufen auf die Gasse, halten die flüchtende *Kapo* fest. Sie bekam ein Jahr Gefängnis.
Vor Gericht in Israel stand auch ein Mädchen aus dem Heimatdorf, die behandelte alle übel, außer mich. Ist *Kapo* geworden in Auschwitz. Damals konnte man frei kommen, wenn eben so viele Zeugen für den Angeklagten aussagten wie gegen ihn. Ging ich hin und sprach für sie. Es ist eine alte Freundin, sie ist ein böser Mensch. Aber Gott hat sie gestraft. Sie hat einen Mann geheiratet, der war schäbig zu ihr, sie ist geschieden.
Das eigentlich Schlimme war: dass die Deutschen die Juden zwangen, einander umzubringen. Verwandte ins Feuer zu werfen bei lebendigem Leibe. [...]
Aus der C.S.R. sind wir legal gegangen, mit Pässen. Wir durften die ganze Hauswirtschaft mitnehmen. 1948. Es waren acht oder zehn Tage bis Tel Aviv. Weil mein Bruder Zucker auf dem Schwarzmarkt besorgt hatte auf dem Schwarzen Markt; der war rationiert. Bekam ein halbes Jahr Gefängnis: Die Strafe beginnt am nächsten Montag. Hatte er keine Lust, darauf zu warten, ging nach Pressburg[467], über die Grenze nach Wien. Die Polizei trat an am Montagmorgen. So sind wir mit des Allmächtigen Hilfe in New York.“[468]

---

[467] Bratislava
[468] Uwe Johnson. Jahrestage. S. 1785ff.

In der perspektivisch gebrochenen Schilderung ist indirekt ein großer Teil der Biografie und Deportationsgeschichte der Mrs. Ferwalter herauszulesen. Die schlüssigen Details können, neben einigen Parallelen zur Aussage der Zeugin Magda Szabo im Frankfurter Auschwitz-Prozess[469] am 24. August 1964, nur aus dem direkten Gespräch mit einer bislang noch nicht identifizierten Venusberger Holocaust-Überlebenden stammen. Sie ist demnach im Mai 1944 wohl als „ungarische" bzw. als tschechische Jüdin nach Auschwitz deportiert worden, wo sie 8 Monate bis zur Evakuierung, vor der zur Vertuschung noch Bäumchen gepflanzt wurden, verbleibt. Von hier gelangt sie über Bergen Belsen nach Venusberg-Gelenau und wird in Mauthausen befreit. Nach dem Krieg kehrt sie in die Tschechoslowakei zurück, wandert 1948 zunächst nach Tel Aviv, Israel und später nach New York, USA aus. Ihre Biografie ist recht exemplarisch und in den Grundzügen keineswegs ein Einzelfall. Ebenso charakteristisch fängt der Eintrag des Romans zum 28. Februar 1968 typische Verhaltensweisen und Etappen einer Biografie einer Holocaustüberlebenden ein. Natürlich handelt es sich bei Mrs. Ferwalter nach wie vor um eine literarische Figur. Ihr reales Vorbild dürfte ihr aber sehr geähnelt haben:

> „Mrs. Ferwalter hat einen Teil ihres Lebens verloren in den Konzentrationslagern der Deutschen; sie weiß es, spricht davon achtlos, wie andere vom Abitur. Sie ist eine gedrungene Person, breit in den Schultern wie früher ein Dienstmädchen vom Lande, das vor Arbeit nicht zum Leben kommt und ins Bett fällt wie ein Stück Fracht; Mrs. Ferwalter sollte gut schlafen können. Das kann sie nicht. Seit die Amerikaner sie in Südosteuropa fanden und freisetzten, ist sie unruhig, im Schlafen, bei den Verrichtungen des Haushalts, beim Reden, kann aus der freundlichen Miene einen Ausdruck von Ekel nicht loswerden, hält ihre Augen verengert, die doch groß und sanft und zärtlich blicken können. Mitten auf dem Broadway, inmitten der eiligen Abendeinkäufer beträgt sie sich wie umgeben von verborgener Gefahr. [...] Mrs. Ferwalter hat unterwegs, auf der Flucht von den deutschen Lagern, ihre Sprache

[469] Vgl. Tamara Krappmann S.154ff.
in Bezug auf Alexandra Kleihues S.210f.

> verloren. Zu Hause wurde Jiddisch gesprochen, ‚das Deutsch'. In der Schule lernte sie Tschechisch, das sie nicht ganz so gebrochen spricht wie das Deutsche, das sie im Konzentrationslager lernte. In Israel lernte sie Hebräisch, und bis zur Ankunft in Amerika sprach die Familie unter einander diese Sprache. Dann fing der Sohn an, auf Hebräisch mit Englisch zu antworten, und sie mußte Englisch lernen. Nunmehr sprach sie mit ihrem Mann Jiddisch, mit dem Sohn und Rebecca Englisch, das die Kinder aber nicht immer verstanden. Dann, in der *new yorker* Schule, lernte Rebecca Hebräisch, und Mrs. Ferwalter verlangte von sich, es von neuem zu lernen. Sie hat für ihren Mann und jedes ihrer Kinder eine andere Sprache."

Die [literarische] Familie Ferwalter soll zu diesem Zeitpunkt bereits seit neun Jahren in einer dreieinhalb Zimmer Wohnung in einer Seitenstraße des Riverside Drive gewohnt haben. Sie dürften demnach spätestens Ende der 1950er Jahre in die USA eingewandert sein. Hinweise auf die wahre Identität der „Mrs. Ferwalter" werden erbeten. Mrs. Ferwalter gibt an, 1944 21 Jahre alt gewesen zu sein und könnte so mit dem Jahrgang 1922 noch heute leben. Ihr Vorname wird im Buch nicht genannt. Das dokumentarische Romankonzept Uwe Johnsons lässt vermuten, dass viele der genannten Fakten eins zu eins auf die unbekannte Überlebende zutreffen. In der Verfilmung von Margarethe von Trotta (2000) spielt Carola Regnier ihre Rolle.

Teil 2: Personen im Lagerumfeld

Wachpersonal, Belegschaft und Bevölkerung

2.1 Das Venusberger Wachpersonal

Die Venusberger Wachmannschaft bestand zunächst aus drei deutschen Kommandoführern, dem Oberscharführer Dücker und zwei weiteren SS-Unterscharführern, sowie 18 volksdeutschen SS-Männern, die am 8. Januar 1945 direkt nach Beendigung ihrer entsprechenden Ausbildung von Flossenbürg nach Venusberg überstellt worden waren[470]. Die Zahlen dieser Überstellung finden sich auch in den Flossenbürger Stärkemeldungen vom 31. Januar, 31. März und 13. April 1945 wieder, die außerdem konstant eine Zahl von 17 SS-Aufseherinnen nennen. Bei diesen Zahlen handelt es sich aber offensichtlich nur um die buchmäßige Abwicklung des Lagers[471]. Veränderungen bei der Stärke des Wachpersonals wurden nicht sorgfältig notiert. Weder ist aus den Angaben ersichtlich, dass mit dem Transport aus Bergen Belsen zusätzliches Wachpersonal eintraf, noch decken sich die Zahlen mit der hohen belegbaren Fluktuation der SS-Aufseherinnen, die teilweise erst während des Bestehens des Lagers aus der Belegschaft der Venuswerke zwangsrekrutiert und als Aufseherinnen dienstverpflichtet worden waren. Nach einem dreiwöchigen Lehrgang, entweder komplett im Stammlager Flossenbürg, oder aber nach einem geteilten Aufenthalt von zwei Wochen in Flossenbürg und einer Woche im Außenlager Holleischen, traten die betroffenen jungen Frauen ihren Dienst in Venusberg zu unterschiedlichsten Zeitpunkten an. Welche und wieviele SS-Aufseherinnen die Häftlinge bei der Lagereröffnung tatsächlich in Empfang nahmen, ist bislang ungeklärt. Wahrscheinlich handelte es sich bei dieser Gruppe aber um etwa 8 Aufseherinnen aus dem Flossenbürger Außenlager Zwodau im Sudetenland[472], die über die Außenlager Holleischen

---

[470] Vgl. Aussagen Wapp, Zwickl und Frauhammer s.u.

[471] Die genannten Häftlingszahlen zu den genannten Zeitpunkten von 500, 969 und 955 Frauen, decken sich mit den Flossenbürger Nummernbüchern

[472] Vgl. Pascal Cziborra. KZ Mehltheuer S.83ff & Fotini Tzani S.108ff.

und Mehltheuer bei Plauen Anfang Januar nach Venusberg kommandiert wurden, und dort ab dem 17. Januar 1945 durch einzelne weitere Aufseherinnen aus dem Außenlager in Hainichen unterstützt werden sollten. Nachdem aber die frisch ausgebildeten Aufseherinnen aus der Belegschaft der Venuswerke von ihren Lehrgängen am 2. bzw. 14. Februar zurückgekehrt waren, wurde ein Teil der bereits Dienst leistenden Aufseherinnen anscheinend in die Flossenbürger Außenlager Plauen, Mittweida und Dresden Reick wegen Personalmangels abgezogen. Die Überstellung ins Dresdner Lager[473] wird allerdings nicht wie gewünscht bestätigt, weshalb auch in Betracht gezogen werden muss, dass die Aufseherinnen Margarethe Hass und Mariechen Kastl u.a. in Venusberg verblieben. Da gerade diese beiden Aufseherinnen recht häufig von den Venusberger Häftlingen erinnert werden, ist dies sogar recht wahrscheinlich. Über die allgemeinen Aufgaben der Wachmannschaft berichtet Rosa L.:

> „Die Uniform der SS-Aufseherinnen war von blau-grauer Farbe, und sie trugen längere Umhangjacken/Pelerinen/ von dunklerer Farbe. In den Wachtürmen des Lagers waren SS-Soldaten untergebracht. Sowohl die SS-Milizfrauen – wir nannten sie Aufseherinnen - , als auch die SS-Soldaten wohnten innerhalb[474] des Lagers. Jeden Morgen wurden wir begleitet von den SS-Aufseherinnen und bewacht von den SS-Soldaten nach Venusberg gebracht, wo wir in einer Fabrik für Flugzeugbestandteile beschäftigt wurden. Wir arbeiteten in zwei Schichten jeweils von Morgen 6 bis Abend 6 Uhr oder ab 6 Uhr abends bis morgens 6 Uhr. In der Fabrik waren Arbeitsleiter in Zivilkleidern und die Aufseherinnen gaben Acht auf uns.“[475]

Bisher ließen sich Aussagen und dokumentarische Belege zu etwa 20-SS-Leuten und 30 Aufseherinnen finden, die im Lager Venusberg zum Einsatz kamen. Ergänzende Hinweise erwünscht!

[473] Vgl. Pascal Cziborra. KZ Dresden Reick. S.65ff.
[474] in unmittelbarer Nähe
[475] Barch, B 162 / 8377, S. 772 VP Rosa L.

Die SS-Wachmannschaft				
Rang & Name	Geburt	Geburtsort	Ausbildung	Dienstzeit
Kommandant Oberscharführer Dücker, ??? [Johann?]		[Schlesien?] [Bayern?]		Venusberg ??.??.45 bis Mauthausen
Unterscharführer Schäfer, ???	03.12.99 ???			Venusberg 08.01.45 bis ??.??.45
Unterscharführer Bissicz[Misnitz], ???				Venusberg 08.01.45 bis ??.??.45
Sturmmann Sagert[Bagat], Willy				Venusberg 08.01.45 bis ??.??.45
Sturmmann Bierl [Sierl], Georg				Venusberg 08.01.45 bis ??.??.45
Schütze Schönfeld, A.				Venusberg 08.01.45 bis ??.??.45
Schütze Scheibli, J.				Venusberg 08.01.45 bis ??.??.45
Schütze Felober [Felcher], ???				Venusberg 08.01.45 bis ??.??.45
Schütze Frauhammer, Stefan	15.09.04	Mariakalnok Ungarn	Gorat 11.09. Flossenbürg 01.11.44	Venusberg 08.01.45 bis Mauthausen
Schütze Wapp, Michael	31.03.04	Kaltenstein Ungarn	Gorat 11.09. Flossenbürg 01.11.44	Venusberg 08.01.45 bis Mauthausen
Schütze Zwickl, Josef	12.03.04	Mariakalnok Ungarn	Gorat 11.09. Flossenbürg 01.11.44	Venusberg 08.01.45 bis Mauthausen
Schütze Bös [Büch], J.				Venusberg 08.01.45 bis ??.??.45
Schütze Martin, A. ???				Venusberg 08.01.45 bis ??.??.45
Schütze Schober, W.				Venusberg 08.01.45 bis ??.??.45

Rang & Name	Geburt	Geburtsort	Ausbildung	Dienstzeit
Schütze Giebenheim, ???				Venusberg 08.01.45 bis ??.??.45
Schütze Göttmann, ???				Venusberg 08.01.45 bis ??.??.45
Schütze Kylander, ???				Venusberg 08.01.45 bis ??.??.45
Schütze Reininger [Beringer?], Josef				Venusberg 08.01.45 bis ??.??.45
Schütze Robeck [Boback], Anton				Venusberg 08.01.45 bis ??.??.45
Schütze Spetta, Johann	07.11.87	*Brünn/CSR		Venusberg 08.01.45 bis ??.??.45
??? Sabo, Laszlo				Venusberg ??.??.45 bis ??.??.45

Aufseherin	**Geburt**	**Geburtsort**	**Lehrgang**	**Dienstzeit**
Oberaufseherin Herzog, Anni [Anna]	08.02.22	*Haimburg	[Zwodau Holleischen Mehltheuer]	Venusberg ??.01.45 bis ??.??.45
Erstaufseherin Cichon, [Flora] Florentina	03.05.21	[Wien]	Ravensbrück Auschwitz [Plawy]	Venusberg 17.03.45 bis ??.??.45
Arscholl, Betti	19.05.21	*Rostock [Rostock]		Venusberg ??.??.45 bis ??.??.45
Böhm, Olga		[Gelenau]	Flossenbürg Holleischen 23.01.45 bis 14.02.45	Venusberg 09.04.45 bis Mauthausen
Brödner, Frieda Wally *Müller	17.03.13	*Gelenau [Herold]	Flossenbürg 10.01.45 bis 01.02.45	Venusberg 03.02.45 bis 03/45
Burkl, Hedwig	11.08.19	*Fischern	[Zwodau Holleischen Mehltheuer]	Venusberg ??.01.45 bis ??.??.45

Corda, Thea		[Gelenau]	Flossenbürg 10.01.45 bis 01.02.45	Venusberg 03.02.45 bis ??.??.45
Dietz, Elsa Hertha	07.08.15	*Herold [Herold]	Flossenbürg Holleischen 23.01.45 bis 14.02.45	Venusberg 15.02.45 bis 03/45
Dittrich, Gerda				Venusberg 12.03.45 bis ??.??.45
Giskes [Gisken], Sybille *Becker	22.08.21	*Wervelinghoven	Mark Kleeb. Buchenwald [Hainichen 08.09.44]	Venusberg 17.01.45 bis 13.03.45 [Mittweida]
Gläser, Ilse				Venusberg ??.??.45 bis ??.??.45
Günter, Helene			B 162 / 25696 S.430	Venusberg 12.03.45 bis ??.??.45
Harzer, Elfriede		[Gelenau]	Flossenbürg 10.01.45 bis 01.02.45	Venusberg 03.02.45 bis ??.??.45
Hass, Margarethe [Gretel] „Roter Krieg“ “Die Rote”	12.10.19	*Wittenberg	[Zwodau 05.10.44] [Holleischen Mehltheuer]	Venusberg 18.01.45 bis 15.02.45 Dresden Reick???
Hedwig, Wally	14.06.22	*Stetterburg [Breslau]	[Zwodau 05.10.44] [Holleischen Mehltheuer]	Venusberg ??.01.45 bis 23.02.45 nach Plauen
Hempel, Christa	13.11.23	[Drebach]	Flossenbürg 10.01.45 bis 01.02.45	Venusberg 03.02.45 bis ??.??.45
Herr, Ellen [‚Venier’]		[Cunersdorf]	Flossenbürg Holleischen 23.01.45 bis 14.02.45	Venusberg 15.02.45 bis Buchholz
Hoffmann, Frieda				Venusberg 12.03.45 bis ??.??.45
Kastl, Marie[chen]	06.07.22	*Falkenau [Sudetenland]	[Zwodau Holleischen Mehltheuer]	Venusberg ??.01.45 bis 15.02.45 Dresden Reick???

Kusin [Cousin] [Lussin], Johanna Anna [Hanna]	10.09.23	[Altenburg]		Venusberg ??.??.45 bis ??.??.45
Ludwig [Ludewig], Dora Hanna	21.06.19 [1916]	*Erfurt [Erfurt]	[Chemnitz 11.11.44]	Venusberg ??.??.45 bis 23.02.45 nach Plauen
Ott, Anna *Aufdermauer	20.10.20	*Essen [Essen] [blondes Haar blaugraue A. 165cm, 60kg]	[Graslitz 14.08.44] [Zwodau 05.10.44] Holleischen	Mehltheuer- Venusberg ??.01.45 bis 23.02.45 nach Plauen
Panitz, Elsa Susanne	06.04.23	*Mischwitz [Jahnsbach]	Flossenbürg Holleischen 23.01.45 bis 14.02.45	Venusberg 15.02.45 bis Buchholz
Pfeifer, [Pfeiffer] Elfriede		[Breslau]		Venusberg 12.03.45 bis ??.??.45
Schauer, Elly	08.06.23	*Thum [Thum]	Flossenbürg Holleischen 23.01.45 bis 14.02.45	Venusberg 15.02.45 bis 03/45
Schönfelder, Hildegard * Grabow	18.10.14	* Oranienburg	1942 in Ravensbrück Beworben [Zwodau 05.10.44]	Venusberg ??.01.45 bis 05.02.45 Oranienburg Sachsenhaus.
Simon, Paula [Schwanger 6. Monat im Dez.]	30.01.21	Homburg	[Zwodau 05.10.44] [Holleischen Mehltheuer]	Venusberg ??.01.45 bis ??.??.45
Starke, Leni	19.11.21	*Jahnsbach [Herold]	Flossenbürg Holleischen 23.01.45 bis 14.02.45	Venusberg 15.02.45 bis Mauthausen
Wegner, Hildegard * Röger	21.01.23	*Hainichen	Hainichen [08.09.44?] [Mittweida]	Venusberg 17.01.45 bis 13.03.45
Wiesner, Irmgard		[Breslau]		Venusberg 12.03.45 bis ??.??.45
Wilhelm, Else	07.06.23	*Gelenau [Gelenau]	Flossenbürg 10.01.45 bis 01.02.45	Venusberg 03.02.45 bis 04/45
Wüstner, ???				Venusberg ??.??.45 bis ??.??.45

Meier, Ilse	01.12.22	*Scharfenstein [Scharfenstein]		Graslitz Venusberg ?
Kreisig, Herta	04.02.21		Flossenbürg 23.01.45 bis 25.01.45	untauglich
Adametz, Marianne	22.10.26		Flossenbürg 23.01.45 bis 25.01.45	minderjährig keine 21 J.

2.1.1 Das männliche Wachpersonal

2.1.1.1 Häftlingsmisshandlungen und Täterbeschreibungen

Die Ludwigsburger Vernehmungsprotokolle sind voll von Personenbeschreibungen und mehr oder minder konkreten Anschuldigungen gegenüber der ehemaligen Wachmannschaft. Da Zeugenaussagen ohnehin einer großen Varianz und damit einer geringeren Verlässlichkeit unterliegen, umsomehr wenn es sich um Erinnerungen an Ereignisse handelt, die etwa 25 Jahre zurückliegen, kommt es nicht unerwartet zu Widersprüchen und Verwechslungen. Die Aussagen sollen daher weitestgehend unkommentiert nebeneinander gestellt werden.

2.1.1.1.1 Der Lagerkommandant Oberscharführer Dücker

„Dicker [sic!], SS-Oberscharführer, Wohnort unbekannt, ging bei dem Abtransport mit zurück. Sein jetziger Wohnort ist nicht festzustellen. Es ist dringend notwendig Recherchen anzustellen wo sich Dicker zur Zeit aufhält, da er über die ganzen Vorfälle genau unterrichtet ist, selbst für alles die Verantwortung trägt und gewissermaßen der Hauptangeklagte ist.“[476]

I. Personenbeschreibungen in Häflingsaussagen:

„Der Lagerführer trug eine SS-Uniform, an seinen Namen erinnere ich mich nicht, ich glaube er war Oberscharführer. Der Lagerführer war ein beiläufig 1,65-1,70 Mtr. hoher, schlanker, grauhaariger Mann, nach meiner Schätzung 55 Jahre alt. Zu seiner Hilfe standen 10-12 SS-

[476] Gendarmerienotiz. Akte Venusberg. Stadtarchiv Zschopau.

Soldaten[477] zur Verfügung, die uns zur Arbeit führten. In der Fabrik standen wir unter Aufsicht der Arbeitsführer, die zivil gekleidet waren."[478]

„Zur Arbeit begleiteten uns SS-Leute und wie ich mich erinnere der Lagerkommandant war ein hoher lichtbrauner, 40-45 Jahre alter Mann, der aber uns nicht zur Arbeit begleitete."[479]

„Im Lager übernahm uns der Lagerkommandant, ein SS-Oberscharführer. An seinen Namen erinnere ich mich nicht. Er war ein hoher, gutgebauter, beiläufig 50 Jahre alter Mann und ich glaube er hatte braunlich-graue Haarfarbe. Er erschien immer in SS-Uniform. Für unsere Bewachung standen unter seinem Kommando SS-Soldaten."[480]

„An der Spitze des Lagers stand ein SS-Oberscharführer, dessen Namen ich nicht kenne. Ich weiß aber, dass er aus Wien stammte[481]. [...] Gross gewachsen, ein gut aussehender Mann von ungefähr 40-42 Jahren. An seinen Stellvertreter erinnere ich mich nicht."[482]

„Der Lagerführer ein SS-Oberscharführer kann ich folgendermaßen beschreiben: ein mittlerer, untersetzter, nicht zu strammer Mensch, mit ‚O'-Beinen, beiläufig 40 Jahre als. An den Namen des Lagerführers erinnere ich mich nicht. Er erschien beim Appell zusammen mit SS-Soldaten, die das Kommando über die anderen SS-Soldatenfrauen – die wir mit dem Namen ‚Aufseherin' nennen mussten – hatte."[483]

„An der Spitze des Lagers stand ein Lagerkommandant. Ein SS-Angehöriger. Man wandte sich an ihn: ‚Herr Oberscharführer'. Er war groß, stark gebaut, aber nicht dick, machte den Eindruck eines blonden. Ich erinnere mich nicht genau an die Haarfarbe, aber er war hellhaarig[484]. War etwa 35-40 Jahre alt. Außer ihm waren noch ziemlich viele SS-Leute."[485]

---

477 Marta S. unterschätzt die Anzahl der Wachmänner

478 Barch, B 162 / 8375, S. 70 VP Marta S.

479 Barch, B 162 / 8375, S. 72 VP Sara V.

480 Barch, B 162 / 8375, S. 136 VP Towa (Antonia) F.

481 Wichtiger Hinweis um Dücker doch noch zu identifizieren.

482 Barch, B 162 / 8377, S. 686 VP Julia D.

483 Barch, B 162 / 8375, S. 159 VP Ella L.

484 Dieser Eindruck entsteht wohl durch das braun-grau-melierte Haar.

485 Barch, B 162 / 8375, S. 163 VP Magda W

„An der Spitze des Lagers stand ein Lagerführer, ein SS-Funktionär dessen Rang mir unbekannt ist. Meiner Schätzung nach war er damals circa 50 Jahre alt. Ich muss aber bemerken, dass ich selbst damals sehr jung war und es ist möglich, dass er mir älter schien als er war. Er war mittelgroß, hatte so ein durchschnittliches Aussehen, dass ich jetzt nicht im [Zeile abgeschnitten] Fieber hatte. Ich konnte noch nicht auf den Beinen stehen. Im Vergleich mit den Aufseherinnen war er noch verhältnismäßig erträglich.“[486]

„An der Spitze des Lagers stand ein Lagerführer dessen Namen ich vergessen habe. Der Rang ist mir unbekannt. Er war SS-Funktionär. Ungefähr, nach meiner damaligen Schätzung, an die 50 Jahre, groß gewachsen, schon etwas grau. Er benahm sich verhältnismäßig nicht schlecht, stand aber unter Einfluss der Oberaufseherin, welche eine sehr grausame SS-Frau war.“[487]

„Der Lagerkommandant war ein SS-Mann, etwa 170-180 cm hoch, mit schwarzbraunem Haar, etwa 40-45 Jahre alt, mit nicht hohem Rang.“[488]

„Der Oberführer der SS war in mittleren Jahren, stämmig, mittlerer Größe.“[489]

„Der Lagerführer war ein SS-Mann vom hohen Wuchs. Ich glaube, dass er ein Oberscharführer war. Es scheint mir, dass man ihn ‚Herr Oberscharführer' nannte. Er war ungefähr 40-42 Jahre alt. Er war blond[490], stark gebaut, hatte ein gesundes Aussehen. Seinen Namen kenne ich nicht. Über seine Tätigkeit kann ich nichts Konkretes aussagen, ich war nicht Augenzeuge seiner Taten.“[491]

„Der Lagerführer von Venusberg war ein hoher Mann um 40 Jahre herum, der Oberscharführer genannt wurde. Seinen Namen kann ich nicht sagen, ich sah ihn mehrmal[s]. Der Lagerführer ging immer mit einem Schäferhund und hatte [eine] Waffe in der Hand. Ich sah keinen Fall, dass er die Gefangenen grob behandelt hätte.“[492]

---

[486] Barch, B 162 / 8376, S. 533f. VP Helene G.
[487] Barch, B 162 / 8376, S. 531 VP Anne-Rose E.
[488] Barch, B 162 / 8375, S. 281a VP Judit K.
[489] Barch, B 162 / 8376, S. 449 VP Berta B.
[490] Vgl. Aussagen der Mithäftlinge.
[491] Barch, B 162 / 8375, S. 138 Malka (Margit) L.
[492] Barch, B 162 / 8375, S. 296a VP Ilona (Lili) D.

„Der Lagerkommandant, nämlich der Lagersturmführer war ein hoher Mann zwischen 40-50 Jahren mit schwarzen grauenden Haaren, der Pfeife rauchte[493]. Seinen Rang oder Namen kenne ich nicht. Ich sah nur einmal, dass er eine unmenschliche Verhaltensweise zeigte. Dies geschah dann, als wir im Lagerhof antraten und der Lagerkommandant in seiner Hand irgendein Lebensmittel hielt und es in der Nähe der Gefangenen zeigte und diese anlockte. Die Gefangenen konnten das Lebensmittel ihm nicht abnehmen, weil er sich dann immer von ihnen absetzte. Dies hielt ich für ein unmenschliches Vorgehen, weil wir in allgemeiner bekannter Weise sehr hungerten und was wir bekamen, auch das schlecht war."[494]

„Ich erinnere mich, dass in Venusberg ein Lagerkommandant war. Wie ich mich erinnere war er SS-Unterscharführer[495]. Seinen Namen habe ich nicht gekannt. Er war groß, nicht jung – so gegen 40 Jahre war er alt oder etwas weniger. Er war braunhaarig - wie mir scheint. Er war jeden Tag am Appellplatz. Ich sah manchmal, dass er Häftlingsfrauen schlug. Es geschah am Appellplatz wenn jemand nicht so gerade stand wie er es verlangte. Es geschah auch, als wir zur Arbeit gingen und ihm während des Marsches begegneten. Wer nicht stramm ging oder ihm nicht gefiel, wurde geschlagen. Ich persönlich wurde nicht geschlagen."[496]

„Ich erinnere mich an die Lagerbesatzung: Lagerkommandant war ein Oberscharführer, welcher früher in Auschwitz[497] war. Seinen Namen habe ich nicht gekannt. Personenbeschreibung: hochgewachsen, grauhaarig (nur an den Schläfen) konnte etwa 43 Jahre alt sein, hatte ein angenehmes Gesicht. Anfangs benahm er sich uns gegenüber nicht schlecht. Im Verhältnis zu Ravensbrück schien es uns Anfangs ein Paradies. Alles hat sich geändert als der zweite Transport kam. Von dem Tage an kam er auf den Appellplatz mit der Peitsche in der Hand und begann die Häftlingsfrauen zu misshandeln."[498]

---

[493] Wichtiger Hinweis um Dücker eventuell doch noch zu identifizieren
[494] Barch, B 162 / 8375, S. 286a VP Cäcilie K.
[495] Der Dienstgrad wird wohl falsch erinnert. Siehe Personenbeschreibung
[496] Barch, B 162 / 8375, S. 204 VP Ester (Katalin) V.
[497] Möglicherweise ein wichtiger Hinweis um Dücker zu identifizieren
[498] Barch, B 162 / 8375, S. 201 VP Edith B.

„Ich erinnere mich, dass dort ein Lagerführer war, ein großgewachsener, schöner Mann im Alter von 40 Jahren. Sein Rang war SS-Oberscharführer. [...] Es wurde auch gefährlich wegen der Fliegerangriffe. Es begannen auch Schläge und Grausamkeiten. Der Lagerführer wurde besonders nervös, als die Fliegerangriffe anfingen.“[499]

III. Misshandlungen mit Todesfolge:

1. Vorfall

„Die Lagerbesatzung bestand aus SS-Frauen und SS-Leuten. An der Spitze des Lagers stand ein Lagerführer, dessen Name ich nicht kenne. Er war SS-Oberscharführer und es war auch ein SS-Unterscharführer und noch drei SS-Leute[500]. Der Lagerführer war mittelgroß, breitschultrig, etwa 40-45 Jahre alt, schatin. Er war schlecht und grausam, hat die Häftlingsfrauen grausam geschlagen. Eine Häftlingsfrau[501] aus Budapest, welche etwa 45 Jahre alt war und im Lager zwei Töchter hatte, misshandelte er schwer, weil sie etwas zu Essen aus dem gemeinsamen Kessel für ihre Kinder genommen hat. In folge dieser Misshandlung ist sie später gestorben. Sie starb zwar am Wege von Venusberg nach Mauthausen, aber - wie man sprach – konnte sie sich nach den Misshandlungen nicht mehr erholen und starb infolge dessen. Der SS-Unterscharführer war großgewachsen, [unleserlich] Mensch. Er ist in meinem Gedächtnis auch als ein schlechter Mensch geblieben.“[502]

2. Vorfall

„Es kam vor, dass als wir im Lagergebiet antreten mussten, [weil] bei der Bestandsprüfung festgestellt wurde, dass ein Mädchen fehlte. Dann ging eine Zahl Wächter in die Räume, um das fehlende Mädchen zu suchen. Wir hörten nur Wehklagen und Schreie, woraus wir folgerten, dass das Mädchen geschlagen wurde. Dieses Mädchen kam nicht mehr zu uns. Seinen Namen kann ich nicht benennen und auch nicht, wer jene Wächter waren, die das Mädchen misshandelten.“[503]

---

[499] Barch, B 162 / 8377, S. 683 VP Ibi L.
[500] Die Zahl der Wachleute wird unterschätzt.
[501] Person nicht identifiziert. Vgl. Aussage Margit K. S.50/Rachel R. S.158 ?!
[502] Barch, B 162 / 8375, S. 101f. VP Rachel (Rosi) R.
[503] Barch, B 162 / 8375, S. 282 VP Judit K.

„Ich hörte davon, dass gelegentlich eines Antretens eine Frau gesucht wurde, die in der Baracke verblieb, weil sie noch schlief. Die Wächter gingen in die Baracke hinein, ich weiß nicht, was sie dann mit jener Frau taten."[504]

„Ich erinnere mich aber an den Lagerkommandanten. Er war großgewachsen, ein stattlicher, schwarzhaariger Mann im Alter von zirka 40 Jahren. Er war SS-Funktionär, aber seinen Rang habe ich nicht gekannt. [...] Ich erinnere mich an einen Fall, wo eine Häftlingsfrau sich im Zimmer versteckte und nicht zum Appell kam. Sie wurde durch den Lagerkommandanten so geschlagen, dass sie verstarb."[505]

2.1.1.1.2 Misshandlungen durch einen SS-Unterscharführer

[eventuell aber auch durch den Lagerkommandanten, sofern Blanka und das Mädchen, das beim Appell fehlt, identisch sind]

„Ich war nicht Augenzeugin von Mordtaten. Es war aber ein Fall, wo mir erzählt wurde, dass eine Häftlingsfrau gehängt wurde. Ich war damals bei der Arbeit und habe es nicht gesehen. Das Opfer war mir unbekannt. Ich habe auch nicht gehört wer der Täter dieser Mordtat war.[506] Eine Häftlingsfrau wurde zu Tode geschlagen. Diese Häftlingsfrau war mir bekannt, sie stammte aus Neu-Budapest. Es war eine junge Frau, sie war aber krank und entkräftet. Sie konnte nicht zur Arbeit gehen[507] infolge der Desintherie. Der obengenannte SS-Unterscharführer hat sie so grausam und so lange geschlagen bis sie an Ort und Stelle verstorben ist. Ich war nicht Augenzeuge dessen. Es wurde mir aber an demselben Tage berichtet, als ich von der Arbeit ins Lager kam. Es scheint mir, dass das Opfer Blanka[508] geheißen hat. Der SS-Unterscharführer hat sein Opfer zu sich ins Büro hineingeführt und dort misshandelte er sie bis sie starb. Ich habe den Namen der Häftlingsfrau, welche mir davon erzählte vergessen, aber der Fall war bekannt."[509]

---

[504] Barch, B 162 / 8375, S. 287 VP Cäcilie K.
[505] Barch, B 162 / 8376, S. 613 VP Margot B.
[506] Vgl. Aussage Margit K. siehe Seite 50
[507] Möglicherweise ist die junge Frau namens Blanka auch jenes Mädchen, das nicht bei dem Appell erschien. Als Täter käme dann neben dem nicht näher beschriebenen SS-Unterscharführer der Lagerkommandant Dücker in Betracht.
[508] Blanka Fürst [FloNo.: 61883] wurde in Mauthausen befreit.
[509] Barch, B 162 / 8375, S. 102 VP Rachel (Rosi) R.

„Ich erinnere mich an einen Vorfall, bei dem eine Frau einmal in das Büro gerufen wurde und von einem SS-Mann misshandelt worden sein soll, so dass sie an den Folgen dieser Misshandlung starb."[510]

2.1.1.1.3 Die SS-Wachmänner

I. Allgemeines und Personenbeschreibungen:

„Ich erinnere mich an die Lagerbesatzung. Die Namen waren mir unbekannt, aber die Gesichter der SS-Besatzung habe ich vor den Augen. Ich denke, dass ich sie alle erkennen möchte, wenn man mir ihre Photographien aus seiner Zeit vorlegen möchte [...] Es scheint mir, dass es bis 20 SS-Leute waren. Diese SS-Leute – das war die Wache des Lagers. Wir hatten mit ihnen wenig Kontakt, sie begleiteten uns nur in die Fabrik und zurück. Es waren zwischen ihnen wahrscheinlich Deutsche aus Ungarn. Einer sprach mit uns ungarisch. Es war ein älterer Mensch – bis 40 oder 45 Jahre alt, niedrig, ziemlich dick. Wie ich schon bemerkte, ich erinnere mich ungefähr an die Gesichter der Wachleute, aber zu beschreiben einen jeden einzelnen von ihnen ist mir schwer, wenn er ein Durchschnittsgesicht hatte. Die Wachleute drohten uns mit Gewehren, wenn wir einen Schritt aus der Reihe heraustraten nicht einmal bekamen wir Ohrfeigen im Wege zur Fabrik. In diesem Moment erinnere ich mich an einen jungen SS-Mann, welchen ich jeden Tag in der Fabrik gesehen habe. Er war immer mit unserer Schicht. Im Lager habe ich ihn nie gesehen und niemals hat er uns zur Arbeit begleitet. Er war nur in der Fabrik. Dort kontrollierte er unsere Arbeit, er war wahrscheinlich verantwortlich für unsere Arbeit. Immer war er in SS-Uniform. Seinen Rang habe ich nicht gekannt. Er war etwa 24-25 Jahre alt, groß gewachsen, schlank, blond, sehr schön. Er war besonders grausam. Wenn ihm unsere Arbeit nicht gefallen hat, schlug er so, dass Fälle waren, wo seine Opfer[511] in folge der Misshandlungen nach einigen Tagen verstarben. Die Namen der Opfer habe ich vergessen. Dort war eine schreckliche Sterblichkeit. Jeden Tag starben Häftlingsfrauen – die schwere Arbeit, Hunger, Schläge – das alles führte zur Sterblichkeit."[512]

---

510 Barch, B 162 / 8376, S. 642 VP Edith S.

511 Konkrete Gewaltopfer mit Todesfolge konnten nicht identifiziert werden.

512 Barch, B 162 / 8375, S. 163f. VP Magda W

„In Venusberg waren wir in einem Konzentrationslager. Das Lager wurde mit Waffen bewacht. Unter den Wächtern befanden sich SS-Soldaten Männer und Frauen und es waren auch ungarische Soldaten[513] dort. [...] Ich bemerke, dass die zur Wachmannschaft gehörenden ungarischen Soldaten eine Volksbund-Uniform trugen. [...] Im Betrieb bekamen wir täglich einmal zu essen. Die Wächter waren auch dort bei uns und begleiteten uns zurück ins Lager. Bei den Wächtern waren Waffen."[514]

„Wir wurden durch uniformierte ‚Schwaben' (Deutsche aus Ungarn) bewacht. Ob sie der SS angehörten – weiß ich nicht. Sie führten uns zur Arbeit und von der Arbeit ins Lager. [...] In der Besatzung des Lagers waren auch einige SS-Leute, Ihren Rang kenne ich nicht."[515]

„Das Lager wurde von SS-Soldaten bewacht, die uns auch zur Arbeit begleiteten."[516]

„Ich erinnere mich, dass unter den Wächtern auch ein Mann ungarischer Abstammung in SS-Kleidung – ein älterer Mann – war."[517]

„SS-Leute bewachten das Lager und führten uns auch zur Arbeit und zurück. Wieviel SS-Leute waren – weiß ich nicht. Ich kann mich an sie nicht erinnern. Ich erinnere mich nur an einen, älteren Mann, mit großem Schnurbart, welcher ungarisch sprach."[518]

„Ich erinnere mich auch an einige SS-Leute – aber ihr Aussehen kann ich nicht beschreiben. Einer von ihnen hatte den Vornamen – wie mir scheint – Josef [519]. Ich erinnere mich an ihn weil er ungarisch gesprochen hat."[520]

„Ich erinnere mich, dass dort ein SS-Mann aus Ungarn war. Eine Häftlingsfrau kannte ihn noch vor dem Kriege, als er noch in Ungarn wohnte. Er war nicht alt, auch er war kräftig gebaut und stattlich. Es

---

[513] Agehörige der Waffen-SS
[514] Barch, B 162 / 8375, S. 286f. VP Cäcilie K.
[515] Barch, B 162 / 8375, S. 138 Malka (Margit) L.
[516] Barch, B 162 / 8375, S. 159 VP Ella L.
[517] Barch, B 162 / 8375, S. 293 Marta K.
[518] Barch, B 162 / 8375, S. 161 VP Kati J.
[519] Möglicherweise Josef Zwickl. Die Vornamen der SS-Männer sind nicht vollständig bekannt
[520] Barch, B 162 / 8377, S. 683 VP Ibi L.

waren übrigens noch andere ungarische SS-Leute, aber ich kann über sie nichts sagen."[521]

„Was die SA-Leute anbetrifft, so erinnere ich mich an einen mit Namen SABO[522] – hat richtig ungarisch gesprochen – sagte uns, dass er ein Schwabe ist."[523]

Aussage von Zeitzeugen aus dem Lagerumfeld:

„Die Leitung dieses Lagers hatten drei SS-Offiziere[524]. Bewacht und zur Arbeit nach Spinnerei II geführt wurden die Frauen von älteren Soldaten, die aus dem Norden Deutschlands[525] dazu verpflichtet wurden."[526]

II. Entlastende Häftlingsaussagen über einzelne Wachmänner:

„SS-Männer waren auch im Lager, aber nicht viele. Ich erinnere mich nur an einen älteren SS-Mann, er war circa 50 Jahre alt – welcher immer in der Küche beim Teilen der Suppe war. Er war ein nicht schlechter Mensch und passte immer auf, dass die Suppe gerecht ausgeteilt werde. Er war ein mittelgrosser, mittelstarker Mann, immer in einen langen Uniformmantel gekleidet."[527]

„Was die anderen 3 SS-Leute betrifft erinnere ich mich nur an einen, einen kleingewachsenen, alten Mann, über 50 Jahre alt, welcher uns gut behandelte. Er führte uns oft zur Arbeit und bewachte uns in der Fabrik. Er hat nie geschlagen, tat niemanden schlechtes und wir freuten uns wenn er mit uns ging. [...] Die obenerwähnten drei SS-Leute waren, glaube ich Sachsen."[528]

„Unter den SS-Wächtern war auch ein älterer Mann ungarischer Abstammung, der uns einige Mal Brot gab. Seinen Namen kann ich nicht benennen."[529]

---

[521] Barch, B 162 / 8376, S. 613 VP Margot B.
[522] Laszlo Sabo wird auch von Marta S. und Michael Wapp erinnert.
[523] Barch, B 162 / 8377, S. 687 VP Julia D.
[524] Vermutlich sind der Oberscharführer und die zwei Unterscharführer g..
[525] Möglicherweise ein Hinweis auf die Wachmannschaft aus Bergen Belsen.
[526] Zeitzeuge aus Schönbrunn. Sammlung Herbert Jankowski
[527] Barch, B 162 / 8377, S. 782 VP Zoja A.
[528] Barch, B 162 / 8375, S. 102 VP Rachel (Rosi) R.
[529] Barch, B 162 / 8375, S. 296a VP Ilona (Lili) D.

„Nur zwei Menschen aus der Besatzung konnte man wirklich Menschen nennen – das war die Aufseherin ILSE oder ELSE (sie war hässlich aber sehr gutmütig) und der SA-Mann SABO.“[530]

III. Angebliche Erschießungen auf dem Weg zur Arbeit:

„Es kam vor, dass auf dem Weg zu der Fabrik Frauen, die nicht mehr laufen konnten, erschossen wurden. Ich habe oft Schüsse gehört und habe einige der erschossenen Frauen mit eigenen Augen gesehen.[531] Ich bin sicher, dass die SS-Männer, die uns mit schussbereiten Gewehren begleiteten, die Schüsse abgaben. Die Aufseherinnen waren nicht bewaffnet, sie hatten lediglich Gummiknüppel. Ich kann mich aber nicht erinnern, wer von den SS-Männern geschossen hat. Die Namen der Erschossenen kannte ich nicht.“[532]

„Ich habe nicht gesehen, ob auf dem Wege zur Fabrik geschossen wurde. Ich muss aber bemerken, dass im Lager Typhusepidemie herrschte und Frauen, die sogar schon gehen konnten, so schwach waren, besonders die Griechinnen, dass Erschießungen am Wege möglich waren. Abgeschwächte Häftlinge waren nicht im Stande zur Arbeit zu gelangen.“[533]

„Meines Wissens nach waren in Venusberg keine Erschießungen und keine anderen Exekutionen im Lager.“[534]

„In Venusberg sah ich keine Hinrichtung von Gefangenen.“[535]

„Im Lager sah ich keine öffentliche Hinrichtung. Ich hörte nur davon, dass jene, die eine Flucht versuchten, hingerichtet wurden.“[536]

„Ich erinner mich auch nicht an Flucht- [...] und Erschießungen im Lager Venusberg.“[537]

---

[530] Barch, B 162 / 8377, S. 687 VP Julia D.
[531] Erschießungen in Venusberg erscheinen eher unwahrscheinlich, können bislang aber auch nicht ausgeschlossen werden. Vgl. Kapitel Verpflegung
[532] Barch, B 162 / 8376, S. 450 VP Berta B.
[533] Barch, B 162 / 8376, S. 530 VP Anne-Rose E.
[534] Barch, B 162 / 8376, S. 531 VP Anne-Rose E.
[535] Barch, B 162 / 8375, S. 287 VP Cäcilie K.
[536] Barch, B 162 / 8375, S. 290a Piroska (Ilona) G.
[537] Barch, B 162 / 8377, S. 683f. VP Ibi L.

Wachmann Josef Zwickl:

„Ich weiß nur noch, dass einmal eine Häftlingsfrau[538], die geflohen war und wieder aufgegriffen wurde, längere Zeit im Lager stehen mußte zur Strafe. Ob sie misshandelt wurde, weiß ich nicht.“[539]

2.1.1.2 Vernehmungsprotokolle einzelner Wachmänner

1. Michael Wapp *31.03.1904 Kaltenstein, Ungarn **09.06.1970**

„Ich bin in Ungarn geboren und habe auch dort gelebt, bis ich von den Deutschen eingezogen wurde. Am 11.9.44 wurde ich eingezogen und kam zur Waffen-SS. Ich möchte betonen, dass ich mich nicht zur SS gemeldet habe, sondern dazu bestimmt wurde. Ich wurde in Gorat eingezogen und bin dort bis zum 1.11.44 gewesen. Uns wurde gesagt, dass man mit den Alten nichts mehr anfangen könne und wir nach Deutschland zum Arbeiten verschickt werden. Alle über 40 Jahre wurden mit der Bahn nach Deutschland gefahren. Wir kamen in das Lager Flossenbürg. Hier erfolgte die Ausbildung als Bewachung des KZ-Lagers. Ich selbst bin magenkrank und habe deshalb keine Ausbildung mitgemacht. Ich wurde auch nicht zur Bewachung eingesetzt. Es war Mitte Januar 1945 als wir mit insgesamt 18 Mann von Flossenbürg nach Venusberg abgeordnet wurden.[540] Venusberg liegt in der Nähe von Chemnitz im Erzgebirge. Als ich nach Venusberg kam, haben wir dort erst begonnen, die Baracken für das Lager und für unsere Unterkunft aufzubauen. Das Lager selbst wurde mit Maschendraht eingezäunt. Die Baracken der Bewachungsmannschaften waren neben dem Lager aufgestellt. Im Lager befand sich meines Wissens nur ein Wachturm. Über meine Tätigkeit und mein Wissen über das KL Venusberg wurde ich nach meiner Gefangennahme in Tittling, Lkrs. Passau, erstmals vernommen. Von Tittling kam ich nach Moosburg und wurde hier wieder gehört. Anschließend wurde ich in das Lager Dachau verlegt und war insgesamt vom 5.5.45 bis 19.11.1947 in Internierungshaft, zuletzt in Nürnberg-Langwasser. In dieser Zeit wurde ich wiederholt von Amerikanern und Deutschen vernommen. Gerichtlich wurde ich bisher noch nicht vernommen. Ich kann auch nicht sagen, ob meine Aussagen in einem gerichtlichen Verfahren verwen-

[538] Person nicht identifiziert. Flucht im Nummernbuch nicht zu belegen.
[539] Barch, B 162 / 8376, S. 482 VP Josef Zwickl
[540] Überstellung dokumentarisch für den 8. Januar belegbar

det wurden. Im Nebenlager Venusberg war ich von etwa Mitte Januar 1945 bis im April 1945. Das genaue Datum kann ich nicht mehr angeben. Es war jedenfalls bis zu der Zeit, als das Lager aufgelöst und die internierten Frauen zum Transport nach Mauthausen kamen. Meiner Erinnerung nach befanden sich in dem Lager Venusberg 2 lange Baracken für die Häftlinge. Außerdem war dort noch eine Küchenbaracke. Die Baracke für die Wachmannschaften stand außerhalb des Lagers und hier war auch das Krankenrevier. Für das Lager war eine Ärztin zuständig. Den Namen dieser Ärztin kann ich nicht angeben. Das Lager war nur mit einfachem Maschendraht umzäunt. Es hatte keinen Stacheldraht und auch keinen elektrisch geladenen Zaun.[541] Ich kann keine Zeichnung des Lagers anfertigen, weil ich mich nicht mehr erinnern kann, wie die Baracken gestanden sind. Im Lager Venusberg befanden sich nur Frauen. Diese sind in zwei getrennten Schubs gekommen. Soviel ich weiß, waren es ungarische und polnische Frauen. Die Ungarn sind zuerst gekommen. Meines Wissens waren etwa 700 Frauen in dem Lager. Ob es sich dabei ausschließlich um jüdische Frauen gehandelt hat, kann ich nicht sagen. Es war uns strengstens verboten, mit den Frauen zu sprechen. Insgeheim haben wir uns mit den ungarischen Frauen unterhalten. Nähere Angaben darüber oder Namen von einzelnen Häftlingen kann ich heute nicht mehr angeben. Im Lager waren 18 Mann zur Bewachung und außerdem 24 SS-Frauen. Die männliche Bewachungs-mannschaft hatte nur die Aufgabe, das Lager von außen zu bewachen. Wir kamen nur zur Wachablösung in das Lager weil wir dazu hindurchgehen mussten. Die Ordnung im Lager unterstand den SS-Bewacherinnen. Der Lagerführer war ein SS-Oberscharführer. Ich kann aber seinen Namen nicht mehr angeben. Wenn mir jetzt der Name „D ü c k e r" gesagt wird, kann ich nur sagen, dass mir dieser Name irgendwie bekannt ist, ich aber nicht angeben kann, ob der damalige Lagerführer so geheißen hat. Ich kann mich heute nur noch an meine Landsleute, die mit mir aus meinem Heimatort Mariakalnok – Gahling in der Wachmannschaft waren erinnern. Es sind diese Stefan Frauhammer und der Josef Zwickl. Wo beide heute wohnen, ist mir nicht bekannt. Ich vermute, dass sie irgendwo in Württemberg sind. Von den SS-Aufseherinnen kann ich keine mit Namen angeben. Auch nach Nennen der Vornamen kann ich keine näheren Angaben dazu machen. Mir ist bekannt, dass die SS-Oberaufseherin eine Österreicherin und zwar Wienerin sein soll. Dies wurde immer gesagt. Als Lagerarzt war eine Ärztin eingesetzt. Ich kann aber auch ihren Namen nicht angeben. Mir ist auch nicht bekannt, ob es sich

[541] Vgl. Kapitel Sicherung des Lagers

dabei um eine Ärztin handelt, die nur für das Lager zuständig war, oder ob sie außerdem noch eine Praxis hatte. Ich selbst wurde einmal von dieser Ärztin untersucht, weil ich krank war. Mir ist auch nicht bekannt, wo diese Ärztin gewohnt hat. Ich kann keine Angaben darüber machen, ob im Lager Venusberg Häftlinge misshandelt wurden und zu Tode geprügelt wurden. Ich habe davon nichts gesehen und auch von anderen nichts gehört. Im Lager sind sehr viele Frauen verstorben, weil der Flecktyphus ausgebrochen war. Soviel ich mich erinner, ist auch eine von den Bewacherinnen an dieser Krankheit gestorben.[542] Die verstorbenen Häftlinge wurden zunächst auf dem Friedhof begraben in der Gemeinde zu der das Lager Venusberg gehörte. Ich glaube die Gemeinde heißt ‚Gelnau' oder so ähnlich. Später hat der Bürgermeister die Bestattungen abgelehnt und da wurden die verstorbenen Häftlignsfrauen an einem Waldrand begraben. Die Gräber wurden von den Frauen selbst ausgehoben. Ich war in einem solchen Fall nur einmal dabei und habe dabei einer Frau die Schaufel weggenommen und selbst weitergegraben. Unter den Wachmannschaften ist nichts davon gesprochen worden, dass Häftlinge erschlagen wurden. An den Wachmann Laslo S a b o kann ich mich auch noch erinnern, es handelt sich hier um einen echten Ungarn. Meiner Erinnerung nach war es im April 1945 als der Befehl kam, dass das Lager Venusberg aufgelöst und die Frauen nach Mauthausen transportiert werden sollen. Zunächst wurde der Weg von Venusberg nach Chemnitz[543] zu Fuß zurückgelegt. Soviel ich mich erinnere, wurden die kranken Häftlinge im Lager Venusberg zurückgelassen. Die Häftlinge wurden auf dem Marsch von den SS-Aufseherinnen und uns Wachmannschaften begleitet. Ich kann mich nicht erinnern, dass auf dem Marsch nach dem Bahnhof in Chemnitz bereits Häftlinge ausgefallen sind. Während dieses Marsches war ich zeitweise auf der Seite aber meist am Ende des Zuges. Ich habe nichts davon gesehen, dass am Wegrand Frauen liegen blieben, die den Marsch nicht mehr mitmachen konnten. Der Marsch begann in der Früh und gegen 11.00 Uhr fuhr der Zug von Chemnitz ab. Der Zug bestand aus Güterwaggons. Ich kann nicht sagen, wieviele Frauen in einen Waggon gekommen sind. Ich hatte damit nichts zu tun. Der Transport wurde von der gesamten Wachmannschaft, also 18 Mann mit Gewehren und den 24 SS-Aufseherinnen begleitet. Der Bahntransport ging durch die CSR und endete in Gusen. Die Fahrt hat etwa 14 Tage gedauert. Mit der Verpflegung war es schlecht. Vom Lager wurde nichts mitgenommen. Wenn der Zug

[542] Das konnte bislang nicht belegt werden.

[543] Bestenfalls Richtung Chemnitz. Die Häftlinge führte man nach Gelenau.

irgendwo Aufenthalt hatte, wurde etwas zum Essen organisiert. Ich habe mich nicht um den Transport gekümmert und hatte mich in einem Bremserhaus verkrochen. Ich habe dann bei den Aufenthalten auch nur immer etwas für mich zum Essen organisiert. Soviel mir bekannt ist, hat es für die Häftlignsfrauen auf der Fahrt wenig zu essen gegeben. Ich hatte damit nichts zu tun. Ich glaube schon, dass auf dem Transport mehrere Frauen verstorben sind. Ich kann aber keine Zahlen dazu nennen. Die auf dem Transport gestorbenen und die krank gewordenen Häftlingsfrauen blieben in den Waggons, bis der Zug in Gusen ankam.[544] Beim Ausladen bin ich dann mit dem ersten Trupp vom Bahnhof nach dem Lager Mauthausen marschiert. Ich kann deshalb nicht sagen, wie das Ausladen weiterging und was mit den bereits auf dem Transport gestorbenen Frauen geschehen ist. Ich weiß, dass die kranken Häftlingsfrauen mit Fahrzeugen von der Bahn abgeholt wurden. Ich habe auch noch gesehen, dass die kranken Frauen von der SS aus den Waggons getragen wurden. Ich erinnere mich, dass auf einem Bahnhof in der CSR die Häftlinge verpflegt wurden. Das Essen wurde in Kesseln gebracht und die Frauen durften dazu aus dem Zug aussteigen. Ich kann nicht sagen, ob diese Verpflegung öfters erfolgt ist, weil ich mich um den Transport nicht kümmerte und immer nur darauf bedacht war, für mich etwas zu organisieren. Ich hatte die Absicht vom Transport zu flüchten, was mir allerdings nicht gelungen ist. Im Lager Mauthausen sind wir nur einen Tag gewesen. Am nächsten Tag mussten wir nach Gusen und wurden in Richtung Front in Marsch gesetzt. Wir sind 3 Tage in Richtung Burgenland marschiert und mussten dann vor den anrückenden Russen flüchten. In der Nähe von Mauthausen bin ich in amerik. Gefangenschaft gekommen. Meine Gefangenschaft erfolgte am 5. Mai 1945 wir mussten zunächst auf der Straße zurückmarschieren und wurden dann von amerik. Fahrzeugen aufgeladen und über Galneukirchen nach Tittling gefahren. Auf dem Marsch in Richtung Front und bei der Gefangennahme wurden wir zerstreut. Ich erinnere mich, dass ich mit den bereits genannten Landsleuten Frauhammer und Zwickl in Gefangenschaft gekommen bin. Von den Amerikanern habe ich aus der Internierung meine Entlassungspapiere bekommen. Mein Spruchkammerverfahren wurde bei der Spruchkammer in Passau durchgeführt. Ich wurde als Nichtbetroffen eingestuft. Ich weiß nicht, ob und wo ich meinen Spruchkammerbescheid habe. Im Lager Venusberg arbeiteten die Häftlingsfrauen in einer Fabrik die etwa ½ St. Fußmarsch[545] vom Lager entfernt war. Wir

[544] Wahrscheinlich eine Selbstschutzbehauptung. Es gab Leichenräumungen.
[545] Diztanz des Fußweges 500-1000 Meter

von der Wachmannschaft mussten die Frauen dorthin begleiten. Wir lieferten sie am Fabriktor ab und nahmen dort die abgelöste Schicht in Empfang. Ich kann nicht sagen, mit was die Frauen beschäftigt wurden. Ich weiß auch nicht ob es sich um eine Flugzeugfabrik gehandelt hat. Ob in der Nähe des Lagers Venusberg auch ein Männerlager war, weiß ich nicht. Ich habe nicht gesehen, dass die Oberaufseherin auf dem Appellplatz Häftlinge mit der Peitsche geschlagen hat. Ich weiß auch nicht, dass daran Häftlingsfrauen verstorben sind. Ich habe über solche Misshandlungen nichts gehört. Ich weiß nichts davon, dass im Lager Venusberg ein SS-Unterscharführer eine ungarische Häftlingsfrau geschlagen haben soll, so dass die Frau an diesen Verletzungen gestorben ist. Ich weiß überhaupt nicht, dass im Lager ein SS-Unterscharführer gewesen ist. Ich habe mich um die Dienstgrade nicht gekümmert und habe sie auch nicht gekannt. Ich wollte mit der ganzen Sache der SS nichts zu tun haben und habe mich immer zurück gehalten und bin im Hintergrund geblieben. An eine ungarische Häftlingsfrau die Blanka heißt und aus Neu-Budapest stammt, kann ich mich nicht erinnern. Ich weiß nichts davon, dass nach dem Ausladen in Gusen auf dem Marsch von dort nach Mauthausen die nicht mehr marschieren könnenden Frauen erschossen wurden. Ich bin auf diesem Marsch mit dem ersten Trupp Frauen losmarschiert und davon wurde keine Frau erschossen. Die Frauen, die in diesem Trupp waren, sind alle ins Lager Mauthausen gekommen. Es handelte sich hier um Frauen, die den Marsch noch gut machen konnten. Ich bin dann im Lager geblieben und weiß nicht was sich später in Gusen bezw. auf dem Marsch nach Mauthausen zugetragen hat. Ich habe nachher auch nichts darüber gehört, dass auf diesem Marsch Häftlingsfrauen erschossen wurden.

Vermerk:
Bei der Vernehmung bestand der Eindruck, dass sich W a p p bemüht, das damalige Geschehen in Erinnerung zu rufen, was ihm offensichtlich nicht gelang. Wapp machte den Eindruck, dass das, was er angegeben hat, die Wahrheit ist, so-weit sie ihm heute noch bekannt ist."[546]

[546] Barch, B 162 / 8376, S. 413ff. VP Michael Wapp

2. Josef Zwickl *12.03.1904 Mariakolnok, Ungarn **01.10.1970**

„Ich lebte bis zum September 1944 als Landwirt in Mariakalnok / Ungarn. Am 11. September 1944 wurde ich zur WSS einberufen und kam zusammen mit weiteren 120 18-40 jährigen Bürgern meiner Gemeinde nach Gorat zur Ausbildung. Von dort kam ich zusammen mit Frauhammer und Wapp, [....] nach Flossenbürg. [...] Von den vorgenannten Männern kamen nur Frauhammer und Wapp mit mir nach Venusberg. Ich weiß nicht mehr, in welche anderen Lager die übrigen kamen. Nur soviel ist mir bekannt, dass sie auch von Flossenbürg weggekommen sind. In Flossenbürg wurden wir zunächst als Wachmänner ausgebildet und auch als Turmwache verwendet. Das war aber höchstens zwei- bis dreimal, dann kam ich weg. Ende Januar oder Anfang Februar 1945 kam ich mit Wapp und Frauhammer nach Venusberg. Mit uns zusammen fuhren noch andere mir namentlich nicht bekannte Volksdeutsche aus Rumänien oder CSSR nach Venusberg, wo sie ebenfalls als Wachmänner Verwendung fanden. Als wir nach Venusberg kamen, waren noch keine Häftlingsfrauen dort. Es standen lediglich die Baracken schon da, diese mussten aber noch eingezäunt werden. Nachdem wir die Umzäunung, die aus Stacheldraht bestand, aufgebaut bzw. soweit sie schon vorhanden war, ausgebessert hatten, kamen die ersten Häftlingsfrauen. Später kam noch einmal ein Frauentransport. Meiner Erinnerung nach gab es in Venusberg 700 bis 800 Frauen, die vorwiegend aus Polen, Ungarn und Griechenland kamen. Unter ihnen waren viele Jüdinnen. Es gab alte und junge Frauen. Die Frauen waren in einem sehr schlechten körperlichen Zustand. Das Lager hatte eine rechteckige Form. An den Ecken befand sich jeweils ein Wachturm. Im Lager selbst stand eine große Baracke, die als Häftlingsunterkunft diente, außerdem gab es eine Küchenbaracke. Die Krankenstube für die Frauen befand sich meiner Erinnerung nach außerhalb des Lagers. Das Lager hatte ein Haupttor, an der gegenüberliegenden Seite befand sich ein weiteres Tor, das von den Frauen benutzt wurde, wenn sie zum Baden geführt wurden. Es befand sich nämlich in unmittelbarer Nähe des Lagers ein Steinhaus mit Badeeinrichtungen. Die Unterkunftsbaracken für die SS-Männer und die SS-Aufseherinnen lagen außerhalb des Lagers in der Nähe des Haupttors. In der Mitte des Lagers lag der Appellplatz.

Lagerführer war ein Schlesier. Sein Name ist mir entfallen. Als Stellvertreter fungierte ein SS-Unterscharführer, 1945 mindestens 50 Jahre alt. Wenn mir in diesem Zusammenhang der Name ‚Dücker' vorgehalten wird, so kann ich mit Bestimmtheit sagen, dass der Unterscharführer nicht so hieß. Es ist möglich, dass der Oberscharführer diesen

Namen führte, doch weiß ich's nicht mehr. An männlichen SS-Bewachern gab es außerdem noch ca. 15 Volksdeutsche aus Ungarn, Rumänien und der CSR. [...] Ca. 15 SS-Aufseherinnen gab es in Venusberg, die Oberaufseherin, eine Frau mit roten Haaren[547], ist mir ebenso wenig noch dem Namen nach bekannt, wie die andern Weibsbilder von der SS. Auf Vorhalt fällt mir allerdings der Name Anni noch ein, das war ein Mädel aus einer Metzgerei, wie sie sagte. Wir Wachmänner waren mit einem französischen Gewehr ausgerüstet und hatten das Lager zu bewachen, außerdem die Häftlingskommandos zu der ca. 200 bis 300 Meter[548] entfernten Fabrik zu geleiten. In der Fabrik hatten wir keine Aufsichtsfunktion. Ich weiß deshalb auch nicht, was in der Fabrik produziert wurde. Die SS-Aufseherinnen trugen keine Waffen, es kann aber sein, dass die eine oder andere einen Stock mit sich führte. Im Lager brach im Frühjahr 1945 Typhus aus. Diese Krankheit hat mehreren Frauen das Leben gekostet. Mindestens 10 bis 15 Frauen verstarben[549] und wurden in der Nähe des Lagers an einem Waldrand begraben. Mitte April 1945 wurde das Lager aufgelöst. Die Häftlingsfrauen marschierten zusammen mit sämtlichen SS-Männern nach Chemnitz[550]. Auch einige der SS-Aufseherinnen gingen mit. In Chemnitz wurden die Häftlinge in Güterwagen verladen und nach Gusen/Österreich transportiert. Wir waren mindestens 8 Tage unterwegs[551], weil wiederholt die Bahngleise beschädigt waren und wir deshalb immer wieder anhalten mussten. Unterwegs gab es kaum etwas zu essen für die Häftlinge. Hin und wieder haben CSR-Bewohner den Häftlingen Nahrungsmittel zugeworfen. Auch wir Wachmänner hatten kaum etwas zu essen. Es sind während der Fahrt deshalb auch viele Frauen verstorben. In Gusen wurden die Waggons entladen und die Häftlinge zu Fuß nach Mauthausen geführt. Ich weiß nicht, ob von Gusen aus die kranken Häftlinge mit einem Fuhrwerk nach Mauthausen gefahren wurden, ebenso wenig weiß ich, was mit den kranken Häftlinge in Venusberg geschah. [...] Auch in Venusberg und auf dem Evakuierungsmarsch bin ich weder Tatzeuge noch Zeuge vom Hörensagen irgendwelcher Straftaten geworden. Ich weiß nur noch, dass einmal eine Häftlingsfrau, die geflohen war und wieder aufgegriffen wurde, längere Zeit im Lager stehen mußte zur Strafe. Ob sie misshandelt wurde, weiß ich nicht. [...] Auch auf dem Weg von Gusen

---

547 Wohl Margarethe Hass, die einige Zeugen für eine Oberaufseherin halten.

548 Tatsächliche Entfernung etwa 500 Meter.

549 Im Flossenbürger Nummernbuch können 46 Todesopfer belegt werden.

550 Bestenfalls Richtung Chemnitz. Die Häftlinge führt man nach Gelenau.

551 Transportdauer wird deutlich zu niedrig eingeschätzt.

nach Mauthausen, den die Häftlinge meines Erachtens nach geschlossen zurücklegten, habe ich keine Schüsse vernommen. Ich erinner mich, dass bei der Entladung der Häftlinge SS-Angehörige von Mauthausen dabei waren. Natürlich kann ich nicht ausschließen, dass nach unserem Abmarsch in Gusen einige marschunfähige Häftlinge zurückgeblieben und dann erschossen wurden.“[552]

3. Stefan Frauhammer *15.09.1904 Mariakalnok **01.10.1970**

„Bis September 1944 lebte ich als Landwirt in Mariakalnok / Ungarn. Im September 1944 wurde ich zur WSS einberufen, und am 1. November 1944 in das KL Flossenbürg. Vorher war ich vom 11.9.1944 bis zu meiner Versetzung nach Flossenbürg in Gorat einquartiert und wurde ausgebildet. [...] An die Verhältnisse am KL Flossenbürg kann ich mich kaum noch erinnern. Ich war dort als Turmwächter eingeteilt und wurde als SS-Bewacher ausgebildet. Ich war damals einfacher SS-Wachmann. Namen von anderen SS-Angehörigen außer den bereits erwähnten, sind mir aus meiner Flossenbürger Zeit nicht mehr in Erinnerung. Im Januar – es könnte auch im Februar gewesen sein – 1945 kam ich mit den oben aufgeführten Männern in das Nebenlager Venusberg. Als wir ankamen, war noch kein Lager vorhanden. Wir haben mitgeholfen, den Drahtzaun um das Lager zu errichten. Die Baracken standen bereits. Meiner Erinnerung nach hatte das Lager eine rechteckige Form an den vier Ecken standen hölzerne Wachtürme. Umzäunt war es mit einem teilweise aus Stacheldraht bestehenden Drahtzaun, der nicht elektrisch geladen war.[553] Im Lager selbst gab es drei Baracken, davon diente eine als Küchen-, Magazin- und Revierbaracke, die anderen beiden als Wohnbaracken für die Häftlingsfrauen. In der Mitte des Lagers befand sich der Appellplatz. Die Unterkunftsbaracken für die SS-Aufseherinnen und die SS-Männer befanden sich außerhalb des Lagers in unmittelbarer Nähe des Haupttores. Das Haupttor befand sich an einer der schmalen Seiten des rechteckigen Lagers, gegenüber befand sich ein weiteres Tor. Es gab ca. 18 SS-Männer. Die meisten von ihnen waren

---

[552] Barch, B 162 / 8376, S. 479ff. VP Josef Zwickl
[553] Vgl. Kapitel Sicherung des Lagers

Volksdeutsche aus Ungarn. Geleitet wurde das Lager von einem Deutschen, das war ein Oberscharführer, dessen Name mir nicht mehr bekannt ist. Der mir vorgehaltene Name ‚Dücker' sagt mir nichts. Stellvertretender Lagerführer war ein Unterscharführer, ebenfalls ein Deutscher. Sein Name ist mir entfallen. Beide habe ich nach Kriegsende nicht mehr gesehen, sie waren auch nicht mit uns zusammen in Gefangenschaft gekommen. Neben den SS-Männern gab es etwa 20 SS-Aufseherinnen. Eine davon hieß mit Vornamen ‚Marie'. Die Namen der anderen sind mir nicht geläufig. Wir SS-Männer führten italienische Seitengewehre, die SS-Aufseherinnen waren wahrscheinlich nicht bewaffnet, ich erinnere mich jedenfalls nicht mehr daran. An die Oberaufseherin erinnere ich mich nicht mehr. Nachdem wir die Lagerumzäunung errichtet hatten, kamen die ersten Häftlings-Frauen, ca. 500 an der Zahl. Einige Wochen später kam noch einmal ein Transport von dieser Größe. Insgesamt dürften also ungefähr 900 bis 1000 Frauen in Venusberg gewesen sein. Viele von ihnen kamen aus Ungarn. Es gab aber auch viele polnische Häftlingsfrauen. Bis zur Evakuierung des Lagers im April 1945 sind viele Frauen infolge Unterernährung und Krankheit verstorben. Ich schätze, dass es mindestens 300 Frauen waren[554]. Es gab im Lager ein ständiges Leichenkommando, das damit beschäftig war, die Leichen in die Totenkammer und von dort auf den Friedhof zu bringen. Zunächst wurden die toten Frauen auf dem Friedhof begraben, später dann an einem Waldesrand. Ich selbst war auch einmal auf dem Friedhof mit dabei, wie Frauen beerdigt wurden. Die Toten wurden in der ersten Zeit in Papier eingewickelt und ohne Särge in Massengräbern beerdigt. Ich habe nicht gesehen, dass die Leichen Merkmale von Gewaltanwendungen trugen. Sie waren einfach, das sah man deutlich, an Erschöpfung gestorben. Später bin ich dann nicht mehr mit Leichen in Berührung gekommen, weil ich den Oberscharführer erklärt habe, ich wolle nicht mehr zu einer Beerdigung mitgehen. Am 16.4.1945 wurde das Lager aufgelöst und die Häftlinge zu Fuß nach Chemnitz geführt[555]. Dort wurden sie gegen

[554] Eine so große Zahl ist dokumentarisch ausschließbar.
[555] Richtung Chemnitz nach Gelenau.

Mittag in einen Güterzug verladen und nach Gusen/Österreich transportiert. In Gusen kamen wir am 28.4.1945 an[556]. Wir waren also 12 Tage unterwegs. Daß wir solange unterwegs waren, lag einfach daran, dass uns niemand haben wollte und wir ziellos umherfuhren. Meines Erachtens sind alle Häftlinge in Venusberg auf Transport gegangen. Ich weiß allerdings nicht mehr genau, was mit den Kranken geschah. Die SS-Männer und die SS-Aufseherinnen machten alle den Evakuierungsmarsch mit und waren auch bis zu unserer Ankunft in Mauthausen dabei. Unterwegs sind viele Frauen gestorben. Die Ernährungssituation war katastrophal. Die Frauen bekamen kaum irgendetwas zu essen. Aber auch wir Männer und die Aufseherinnen wurden schlecht verpflegt. In Gusen wurde der Zug entladen, die marschunfähigen Frauen auf ein Pferdefuhrwerk verladen und nach Mauthausen gefahren. Die übrigen Frauen wurden zu Fuß nach Mauthausen geführt. Das SS-Personal übergab in Mauthausen die Häftlinge und sollte dann zur Front kommen. Zu einem Fronteinsatz kam es jedoch nicht mehr, vielmehr gerieten wir am 5. Mai 1945 in amerikanische Gefangenschaft. Ich weiß nichts davon, dass in Flossenbürg Häftlinge erschossen wurden. Man hat zwar darüber geredet, nähere Einzelheiten sind mir jedoch nicht zu Ohren gekommen. In Venusberg und auf dem Evakuierungsmarsch von dort nach Mauthausen wurden, das kann ich mit Sicherheit sagen, keine Frauen getötet. Wenn mir vorgehalten wird, dass im Lager Venusberg die Oberaufseherin eine Frau totgeprügelt haben soll, dass der SS-Unterscharführer ebenfalls eine Frau misshandelt haben soll und diese Frau an den Verletzungen verstarb, so muß ich sagen, dass ich darüber nichts weiß. Mir ist auch nicht bekannt, dass auf dem Fußmarsch von Gusen nach Mauthausen marschunfähige Frauen erschossen wurden. Ich befand mich ungefähr in der Mitte des Zuges, Wapp lief vor mir. Ich habe während des ganzen Marsches von Gusen nach Mauthausen keine Schüsse gehört. Meiner Erinnerung nach liefen auch alle Häftlinge zusammen und nicht gruppenweise.“[557]

---

[556] Dokumentarisch bislang nicht zu bestätigen.

[557] Barch, B 162 / 8376, S. 483ff. VP Stefan Frauhammer

2.1.2 Die SS-Aufseherinnen

2.1.2.1 Häftlingsmisshandlungen und Täterbeschreibungen

Die Ludwigsburger Vernehmungsprotokolle sind voll von Personenbeschreibungen und mehr oder minder konkreten Anschuldigungen gegenüber einzelnen Aufseherinnen. Da Zeugenaussagen ohnehin einer großen Varianz und damit einer geringeren Verlässlichkeit unterliegen, umsomehr wenn es sich um Erinnerungen an Ereignisse handelt, die etwa 20 bis 25 Jahre zurückliegen, kommt es nicht unerwartet zu Widersprüchen und Verwechslungen. Die Aussagen werden daher berichtigend kommentiert.

2.1.2.1.1 Die SS-Oberaufseherinnen in Venusberg

I. Personenbeschreibungen:

Für das Lager Venusberg sind mindestens zwei Ober- bzw. Erstaufseherinnen dokumentarisch belegbar. Zunächst begleitete eine Anni Herzog, später Florentina Cichon dieses Amt, eine dritte Aufseherin, wohl Mariechen Kastl, die angeblich mit dem Lagerführer liiert war[558], wird außerdem von manchem Häftling dafür gehalten. Auch die Aufseherin Margarethe Hass, u.a. „Der rote Krieg“ genannt, wird zum Teil fälschlicherweise zur SS-Oberaufseherin erhoben. Daher können in den Häftlingsaussagen mindestens vier verschiedene Personen beschrieben werden. Die Oberaufseherin Anny oder Anna Herzog, wird mit dunklem Haar beschrieben. Berta B. gibt zu Protokoll:

> „Die Oberaufseherin hieß Anna. Sie war groß und hatte dunkles Haar.“[559]

Vermutlich bezieht sich auch die Aussage der Ella L. auf Oberaufseherin Herzog:

[558] Vgl. Gendamerienotiz und Aussage Ibi L. & Julia D.
[559] Barch, B 162 / 8376, S. 449 VP Berta B.

> „Die obgenannte Führerin der Aufseherinnen war eine beiläufig 30 Jahre alte Frau, höher wie der Oberscharführer, hatte glatte schwarz-braune Haare, schlank, und erschien – ebenso wie die anderen Aufseherinnen – immer in Uniform. Sie trugen eine längliche Mütze, schwarze Pelerin, schwarze Stiefeln und ich glaube der Rock war grau-blau.“[560]

Mariechen Kastl hingegen, die keine Oberaufseherin war, dürfte blond gewesen sein. Ibi L. gibt zu Protokoll:

> „Es war auch eine SS-Oberaufseherin[561]. Eine schöne Frau von circa 30 Jahren, auch großgewachsen, es scheint mir blond. Immer hat man sie zusammen mit dem Lagerführer gesehen. Sie bildeten ein schönes Paar.“[562]

Edith S. hat vermutlich ebenfalls Mariechen Kastl im Sinn:

> „Die Oberaufseherin war eine blonde Frau, ziemlich groß, sie trug eine Peitsche bei sich. Ich weiß nicht, ob sie mit der Peitsche, mit der sie häufig um sich schlug, auch soweit ging, dass Häftlinge dabei ums Leben kamen. Ich glaube sie war es auch, die uns beaufsichtigte, wenn wir Tote begruben. [...] Ich wurde selbst nur einmal ausgesucht, beim Begraben der Verstorbenen zu helfen. An diesem Tage wurden drei Häftlinge begraben. Woran sie gestorben sind, weiß ich nicht.“[563]

Vermutlich beziehen sich auch die Beschreibungen der Zeugin At. auf Kastl. Im Ludwigsburger Zwischenbericht heißt es:

> „Die Kommandantin der SS-Aufseherinnen wird durch die Zeugin At. Als eine etwa 30-35jährige, große, magere, blonde Frau beschrieben, die ebenfalls stets eine Peitsche bei sich hatte. Ihr Name und Dienstrang sind der Zeugin nicht bekannt. Die Zeugin N. dagegen beschreibt die Kommandantin als eine korpulente, mittelgroße, rotblonde Frau. Diese Beschreibung stimmt mit den Angaben der Zeugin Al. überein, die aber

[560] Barch, B 162 / 8375, S. 159 VP Ella L.
[561] Dieser Eindruck täuscht.
[562] Barch, B 162 / 8377, S. 683 VP Ibi L.
[563] Barch, B 162 / 8377, S. 641f. VP Edith S.

> damit eine SS-Aufseherin und nicht die Lagerkommandantin meinte."[564]

Mit der kräftigen rotblonden Aufseherin ist wohl Margarethe [Gretel] Hass gemeint, die von den Häftlingen insgeheim auch „Die Rote" oder „Der rote Krieg" genannt wurde. [siehe unten] Keiner Person konkret zuzuordnen sind die Angaben der Kati J.:

> „Ich erinnere mich an die SS-Oberaufseherin. Sie war eine großgewachsene, schlanke Frau, mit ziemlich hübschen Gesicht. Sie könnte bis 30 Jahre alt gewesen sein."[565]

Einen wichtigen Hinweis zur möglichen Identifizierung einer Oberaufseherin des Lagers Venusberg liefert auch Wachmann Michael Wapp. Er gibt zu Protokoll:

> „Mir ist bekannt, dass die SS Oberaufseherin eine Österreicherin und zwar Wienerin sein soll. Dies wurde immer gesagt."[566]

Dabei dürfte er die Erstaufseherin Florentina Cichon im Sinn haben, die möglicherweise wegen einer Krankheit Anna Herzogs diese als Oberaufseherin am 17. März ablöste. Sie war bereits erfahrene Lagerführerin und war in den Auschwitzer Nebenlagern Rajsko und Plawy zum Einsatz gekommen, bis der SS-Wirtschaftshof und die dort arbeitenden Häftling am 18. Januar 1945 wegen Frontnäherung evakuiert werden musste. Sonstige Äußerungen zu Cichon liegen nicht vor. Auch wird ihr Vorname von keinem ehemaligen Venusberger Häftling genannt. Da es im Lager damit zu verschiedenen Zeitpunkten verschiedene Oberaufseherinnen gab, und zudem mehrere Aufseherinnen, die man durch ihr Auftreten dafür hielt, können die Misshandlungsvorwürfe ehemaliger Häftlinge meist nicht konkret einer Person zugeordnet werden.

---

[564] Barch, B 162 / 8375, S. 93 Befragungszusammenfassung
[565] Barch, B 162 / 8375, S. 161 VP Kati J.
[566] Barch, B 162 / 8376, S. 414 VP Michael Wapp

II. Misshandlungen durch „Oberaufseherinnen“:

Die Aussage der Edith B. bezieht sich wohl auf Anny Herzog:

> „Noch grausamer als er [Oberscharführer] war die Oberaufseherin. Ihren Namen habe ich nicht gekannt. Sie war eine sehr schöne Frau, hochgewachsen, schwarzhaarig, braune Augen hatte sie, war vielleicht 29 Jahre alt oder noch jünger. Sie war immer in SS-Uniform. Sie hat die Häftlingsfrauen ohne jeden Grund geprügelt und misshandelt. Besonders beim Appellplatz. Ich persönlich wurde durch sie vielmals geprügelt.“[567]

Anne-Rose E. berichtet:

> „Nicht nur die Oberaufseherin, auch andere SS-Aufseherinnen haben uns schlecht behandelt, es war aber auch der Einfluss der Oberaufseherin. Als sie selbst an Typhus erkrankte, war im Lager eine ruhigere Zeit. An Namen der Aufseherinnen kann ich mich nicht erinnern.“[568]

Anne-Rose E. liefert damit eine mögliche Erklärung, warum Herzog, mindestens zeitweilig, durch Cichon abgelöst wurde. Wie es zu der Infektion gekommen sein könnte, weiß Sonia Schreiber Weitz in ihrer Autobiografie zu berichten:

> „Eines Tages verpetzte uns ein Mithäftling in der Hoffnung etwas zu Essen extra zu bekommen oder von der Arbeit befreit zu werden. Sie erzählte dem Kapo, der unserer Baracke vorstand von dem Brot, das wir gehortet hatten. Die SS-Frauen kamen an diesem Tag, kletterten auf unsere Pritschen, und nahmen uns unsere Schätze weg. Aber etwas später, gab es auch etwas Freude für uns bzw. eine morbide Genugtuung für ihr Handeln. Als sie in unsere Kojen geklettert waren, hatten sie sich mit Typhus infiziert. Auch sie waren nicht immun vor der Totenblässe, die das Lager füllte.“[569]

---

[567] Barch, B 162 / 8375, S. 201f. VP Edith B.
[568] Barch, B 162 / 8376, S. 531 VP Anne-Rose E.
[569] Sonia Schreiber Weitz. S. 61 Übersetzung Pascal Cziborra

Laut der Arbeiterin Johanna Müller, soll eine schwarzhaarige Aufseherin, möglicherweise Anna Herzog wegen Mittelohrvereiterung im Annaberger Krankenhaus behandelt worden sein.
Die Peitsche in folgender Aussage könnte auf Mariechen Kastl verweisen, die wegen ihrer vermeintlichen Beziehung zum Lagerführer von etlichen Häftlingen für die Oberaufseherin gehalten wurde. Aber auch andere Aufseherinnen, beispielsweise Leni Starke, sollen sich im Lager Venusberg stets mit Reitpeitsche bewegt haben. Verwechslungen sind daher nicht auszuschließen. Regina W.:

> „Mir ist bekannt, dass die Oberaufseherin Häftlinge auf dem Appellplatz oder an anderen Stellen häufig mit der Peitsche misshandelte. Mir ist jedoch nichts darüber bekannt, dass Häftlinge an den Folgen solcher Schläge starben.“[570]

Da keine konkrete Personenbeschreibung mitgeliefert wurde, sind aber auch die eigentlichen Oberaufseherinnen Herzog und Cichon als beschriebene Täter nicht auszuschließen. Neben Ohrfeigen, Tritten, Prügel und Peitschenhieben, soll es auch zu Misshandlungen mit einem Kabel gekommen sein. Edith G.:

> „Die Oberaufseherin schlug die Häftlinge mit einem Kabel. Wenn andere Aufseherinnen schlugen, konnte man sich bei der Oberaufseherin beschweren. Diese stellte die anderen Aufseherinnen dann zur Rechenschaft.“[571]

Diese Aussage unterstreicht, dass es den einfachen Aufseherinnen eigentlich verboten war, Häftlinge zu misshandeln. Bestimmung von Strafmaß und Durchführung lag zumindest theoretisch in der Hand des Kommandanten und der Oberaufseherin. Die Aussage der Edith G. bezieht sich daher höchstwahrscheinlich auf Herzog, oder aber die andere ‚echte' Oberaufseherin Florentina Cichon. Anne-Rose E. hält sogar Häftlingsmisshandlungen mit Todesfolge für möglich:

---

[570] Barch, B 162 / 8376, S. 632 VP Regina W.
[571] Barch, B 162 / 8376, S. 420 VP Edith G.

„Ihren Namen habe ich gekannt, kann mich aber an ihn nicht erinnern. Sie [Oberaufseherin] war eine hübsche und noch junge Frau. Sie war mittelgroß, hatte wie mir scheint, hellbraunes Haar. Sie schlug grausam, meistens am Appellplatz. Sie machte auch Durchsuchungen in den Baracken und auch bei dieser Gelegenheit misshandelte sie schwer die Häftlingsfrauen. Ich habe nicht gesehn, dass sie jemand zu Tode geprügelt hat. Ich gehörte aber zur Gruppe der stärkeren Häftlingsfrauen (meistens aus Polen). Wie gesagt waren im Lager Griechinnen, in einer separaten Baracke. Die Griechinnen waren so schwach, dass sie zweifellos das ewige Prügeln nicht aushalten konnten, und ich zweifle nicht, dass zwischen ihnen Sterbefälle infolge der Misshandlungen waren. Ich persönlich kann darüber nichts Konkretes berichten.“[572]

Möglicherweise handelt des sich bei der Oberaufseherin mit „hellbraunen“ Haaren um Florentina Cichon, vielleicht täuschen aber auch die Erinnerungen und die Aussage bezieht sich auf Anna Herzog, die sich bei einer der Barackendurchsuchungen mit Typhus infiziert haben soll.

III. Misshandlungen mit Todesfolge:

Möglicherweise kehrt Anna Herzog nach ihrer Genesung als Oberaufseherin zurück ins Lager. Dabei soll es zu heftigen Misshandlungen der Häftlinge gekommen sein. Rosa L. erinnert:

„Eines Tages – ans Datum kann ich mich nicht erinnern – standen wir morgens um 6 Uhr am Appelplatz in Reihen, um auf die Arbeitsstelle geführt zu werden. Eine Aufseherin, meines Wissens die Leiterin der SS-Aufseherinnen, erschien dort mit der Peitsche in der Hand, nach einigen Tagen Fernbleibens, weil sie angeblich krank war, - und begann mehrere Gefangenenkolleginnen, die am Anfang der Reihe, von mir etwa 10-15 Meter entfernt standen zu schlagen. Eine Gepeitschte brach dort nieder, sie fortsetzte [sic!] jedoch das Peitschen. Wir gingen auf unsre Arbeitsstelle, das Opfer konnte

[572] Barch, B 162 / 8376, S. 531 VP Anne-Rose E.

jedoch nicht mehr kommen, es blieb dort unbewegt liegen, wo es von der Aufseherin geschlagen wurde. An den Namen des Opfers kann ich mich nicht erinnern, ich weiß nicht, ob sie aus Ungarn war oder von anderswoher, weil nach unsrer Gruppe noch weitere Gruppen von Gefangenen Frauen verschiedener Nationalität dorthin kamen.- Nachmittags um 6 Uhr, als wir von der Arbeit zurückkamen, lag unsre am Morgen totgepeitschte Mitgefangene auf einer größeren Fläche, die zwischen unserer Baracke und den von den Aufseherinnen bewohnten Häusern lag, auf dieser Stelle wurden nämlich jene Mitgefangenen, die vom Hunger oder Ermattung zugrunde gingen oder starben, zusammengetragen. Bei dieser Gelegenheit lagen neben unsrer totgepeitschten Kollegin noch 2-3 bis auf die Knochen abgemagerte Leichen. Diese Leichen wurden von hiezu beauftragten gefangenen Kolleginnen – die im Lager mit Aufräumen, Leichentransport beauftragt waren – unter Aufsicht von SS-Soldaten in die Berge um das Lager herum gebracht, wo sie unter die Erde gebracht wurden. Am folgenden Tage, als wir wieder zur Arbeit gingen, sah ich nicht mehr die totgepeitschte Mitgefangene auf jenem Platze liegen.- Die von mir benannte Aufseherin, die unsre Mitgefangene totgepeitscht hat, kam nur recht selten zwischen uns, sie begleitete uns nicht zur Arbeit, wir wussten so, dass sie die Oberin der andren Aufseherinnen war und hatte angeblich den Rang einer Oberscharführerin. An ihren Namen kann ich mich nicht entsinnen, sie war etwa 160cm hoch, hatte braune Haare, weder fett noch mager, eine hübsche Frau. Sie war von deutscher Abstammung und sprach zu uns nur deutsch. An Namen, nämlich an Namen der Aufseherinnen und der SS-Soldaten, kann ich mich nach 22 Jahren heute nicht mehr erinnern. An andre Tötungshandlungen erinnere ich mich nicht."[573]

Für Häftlingsmisshandlungen mit Todesfolge kommt auch Mariechen Kastl als vermeintliche Oberaufseherin in Frage. Julia D. berichtet:

„Meiner Meinung nach war seine Stellvertreterin die Oberaufseherin. Sie dirigierte im Lager, nicht der Kommandant. Wenn man was brauchte, mußte man sich an sie wenden.

[573] Barch, B 162 / 8377, S. 773f. VP Rosa L.

Ihren Namen und Rang kenne ich nicht. Sie war immer in SS-Uniform. [...] Ungefähr 160cm hoch, eine hübsche Frau mit voller Figur – hatte einen länglichen Kopf, einen energischen Gesichtsausdruck. Vielleicht etwas mehr wie 30 Jahre alt. Sie war sehr gepflegt und elegant, was man auch über den Lagerführer sagen muss. Sie war seine Freundin und sie bildeten ein schönes Paar. [...] Die Oberaufseherin war jetzt [nach Ankunft des zweiten Häftlingstransports] immer mit einer Peitsche in der Hand zu sehen. [...] An Exekutionen – Hängungen und Erschießungen im Lager Venusberg erinnere ich mich nicht. Ich glaube kaum, dass solche im Lager waren. Ich habe etwas von einem Fluchtversuch und Erschießung gehört, aber es war – wie ich mich erinnere im Männerlager. Bei uns im Lager waren Tötungen in anderer Weise. Bei uns waren viele Fälle, wo Häftlingsfrauen totgeschlagen wurden – an Ort und Stelle totgeschlagen oder ins Revier blutübergossen genommen und sind nicht mehr zurückgekommen. Ich erinnere mich an einen Fall, dessen Augenzeugin ich war. Am Appellplatz standen wir und sahen wie die Oberaufseherin mit ihrer Peitsche eine Häftlingsfrau[574] so lange schlug bis sie an Ort und Stelle verstarb. Sie war tot und die Oberaufseherin schlug sie noch. Den Namen des Opfers habe ich vergessen. Wofür diese Frau totgeschlagen wurde weiß ich schon nicht. In einem zweiten Fall hat eine Häftlingsfrau[575] einige Kartoffeln aus der Küche – wo sie gearbeitet hat – herausgetragen. Es war die SS-Küche. Sie wurde gepackt und auf dem Appellplatz wurde sie durch die Oberaufseherin so lange blutig geschlagen bis sie ohne Bewusstsein, blutübergossen ins Revier getragen wurde und dort verstarb. Es waren noch viele andere Fälle, wo die Oberaufseherin auf dem Appellplatz grausam die Häftlingsfrauen misshandelt hat. Diese aber erwähnten Fälle haben sich besonders in mein Gedächtnis geprägt."[576]

Auch Magda W. erinnert sich an die vermeintliche Oberaufseherin Kastl, die mit dem Lagerführer liiert gewesen sein soll:

[574] Gewaltopfer bislang nicht identifiziert.
[575] Gewaltopfer bislang nicht identifiziert.
[576] Barch, B 162 / 8377, S. 686ff. VP Julia D.

> „Ich erinnere mich gut an die Kommandantin der SS-Frauen – die Oberaufseherin. Sie war großgewachsen, mager, schatin, mit nach hinten gekämmten Haaren. Ihre Zähne waren etwas nach vorne geschoben. Sie war ungefähr 30 Jahre alt. Sie war immer in SS-Uniform. Sie wohnte zusammen mit dem Lagerführer. Man sprach, dass sie seine Frau war, aber – das wusste genau niemand. Man sah sie immer zusammen mit dem Lagerkommandanten. Sie war schrecklich grausam, schlug ohne Erbarmen, besonders während der Appelle. Ich habe Fälle gesehen wo eine durch sie geschlagene Frau auf dem Appellplatz umfiel und auf der Erde ohne Bewegung und ohne Laut liegen blieb. Wir gingen nach dem Appell in die Baracken zurück aber die misshandelten Frauen sahen wir nie mehr. Man sagte uns, dass sie gestorben sind. Die Namen der Opfer waren mir unbekannt.“[577]

Auf diese oder ähnliche Vorfälle bezieht sich wahrscheinlich auch die Aussage der Marta S.:

> „Ich war keine Augenzeugin [von] Häftlingsermordungen, ich erinnere mich bloß und das weiß ich nur aus [sic!] Hörensagen, dass eines Tages – an das Datum kann ich mich nicht erinnern – im Lager erzählt wurde, dass eine Aufseherin zwei Häftlinge mit Peitschenschlägen tötete.“[578]

Auch die Aussage der Edith S. beruft sich nur aufs Hörensagen. Die Misshandlungen sind keinem konkreten Täter zuzuordnen. Sie gibt zu Protokoll:

> „Auf der Arbeitsstelle wurden Häftlinge geschlagen. Ich habe selbst jedoch nicht gesehen, dass Häftlinge infolge solcher Misshandlungen auf der Arbeit verstarben. Ich habe jedoch davon gehört, dass Häftlinge auf der Arbeitsstelle gestorben sind. Diese Häftlinge sollen infolge von Schlägen, die sie erhalten haben, gestorben sein. Einzelheiten kann ich nicht angeben.“[579]

---

[577] Barch, B 162 / 8375, S. 164 VP Magda W.
[578] Barch, B 162 / 8375, S. 70 VP Marta S.
[579] Barch, B 162 / 8376, S. 642 VP Edith S.

Ester V. gibt jedoch zu Protokoll:

> „In Venusberg wurden die Häftlingsfrauen geschlagen, aber Mordtaten habe ich nicht gesehen und auch nicht gehört davon. Sterbefälle in Folge der Misshandlungen sind mir nicht bekannt.“[580]

Insgesamt ist davon auszugehen, dass es im Lager Venusberg einzelne extreme Häftlingsmisshandlungen durch SS-Aufseherinnen gab, deren vermeintliche Todesfolgen bislang aber nicht mit Sicherheit zu bekräftigen sind, da konkrete Gewaltopfer zur Überprüfung nicht benannt werden können. Mindestens in dem von Rose L. beschriebenen Fall scheinen die gemachten Angaben aber sehr plausibel.
Im Flossenbürger Außenlager Wilischthal hat es allerdings einen ähnlich gelagerten Fall gegeben, bei dem von vielen Häftlingen die Todesfolge einer Misshandlung bestätigt wurde, sich später aber das Überleben dieses Häftlings herausstellte[581]. Für das Lager Venusberg dürften aber gerade schwerwiegenden Verletzungen die Chancen das Lager und seine Evakuierung zu überleben, stark reduziert haben. Die Todesursache Misshandlung lässt sich außerdem nicht immer eindeutig diagnostizieren, da bei vielen Häftlingen sicher ein ganzes Paket an Ursachen zum Tod führte[582]. Der Tod dieser Häftlinge wurde billigend in Kauf genommen. Weitere Hinweise auf konkrete Todesopfer wären erforderlich um einzelne Fälle zu bestätigen.

2.1.2.1.2 Weitere Aussagen über die SS-Aufseherinnen

I. Allgemeines:

Sara V.:

> „Selbst im Lager waren SS-Frauen und ich glaube, dass auch die SS-Frauen uns manchmal zur Arbeit führten. Die SS-

[580] Barch, B 162 / 8377, S. 814 VP Ester (Katalin) V.
[581] Vgl. Cziborra. KZ Wilischthal. Unter Hitlerauges Aufsicht. S.60ff.
[582] Unterernährung. Kälte. Krankheit. Misshandlungen

Soldaten und SS-Frauen trugen grau-grüne Uniform. In der Munitionsfabrik hatten wir zivil gekleidete Arbeitsführer."[583]

Towa F.:

„Zur Arbeit führten uns immer SS-Soldatenfrauen[584], die uns auch bei der Arbeit überwachten. Sie trugen eine grau-grüne Uniform und wir müssten sie ‚Aufseherinnen' nennen."[585]

Ella L.:

„Bei der Arbeit selbst standen wir unter der Aufsicht der SS-Aufseherinnen. [...] Die Aufseherinnen wohnten außerhalb des Lagers "[586]

Kati J.:

„Drinnen im Lager wurden wir durch SS-Aufseherinnen bewacht und auch in der Fabrik, während der Arbeit waren immer einige SS-Aufseherinnen."[587]

Ester V.:

„Außer Aufseherinnen waren dort auch Männer SS-Leute. Ich sah sie immer als ich auf [dem] Appellplatz in der Frühe stand. In den Baracken aber waren nur SS-Aufseherinnen."[588]

Marta K.:

„Die Aufsichtsfrauen waren Deutsche, sie hatten Peitschen. Sie begleiteten uns zur Arbeit und zurück."[589]

---

[583] Barch, B 162 / 8375, S. 72 VP Sara V.
[584] SS-Aufseherinnen
[585] Barch, B 162 / 8375, S. 136 VP Towa (Antonia) F.
[586] Barch, B 162 / 8375, S. 159 VP Ella L.
[587] Barch, B 162 / 8375, S. 161 VP Kati J.
[588] Barch, B 162 / 8375, S. 204 VP Ester (Katalin) V.
[589] Barch, B 162 / 8375, S. 293 VP Marta K.

Ilona D.:

„Hin in die Arbeit und zurück wurden wir von Aufsichtsfrauen begleitet, die Peitschen/Geißel/ hatten. Im Lager Venusberg sah ich keine öffentliche Hinrichtung oder eine vorsätzliche schwere Schlägerei. Ich wurde tätlich nicht misshandelt. [...] Unter den Aufsichtsfrauen war eine mit roten Haaren[590], ihren Namen kenne ich nicht.“[591]

Stella H.:

„An die Stärke des Bewachungspersonals erinnere ich mich nicht mehr genau. Es waren mehr SS-Frauen als –Männer. Es mögen etwa 15 SS-Frauen[592] gewesen sein.“[593]

Yalana L.:

„Das Lagerpersonal wohnte in einem Haus neben dem Lager. Dieses Bewachungspersonal wurde aus SS-Soldaten und SS-Aufseherinnen gebildet. Diese letzteren waren am übelsten.“[594]

II. Misshandlungen durch die SS-Aufseherinnen:

Edith B.:

„Auch zwischen den Aufseherinnen waren ‚Schlägerinnen'. Zu denen gehörte eine Aufseherin, welche man die ‚Dicke' nannte, weil sie sehr dick war. Sie war sehr jung, mittelgroß, sehr dick, blond, hatte ein schönes Gesicht. Sie hatte die Gewohnheit gehabt: ‚ach ihr Menschenskinder' zu schreien und dabei teilte sie Ohrfeigen aus[595].“[596]

---

[590] Vermutlich Margarethe Hass.
[591] Barch, B 162 / 8375, S. 296a VP Ilona (Lili) D.
[592] Die Stärke der Wachmannschaft wird unterschätzt.
[593] Barch, B 162 / 8376, S. 538 VP Stella H.
[594] Barch, B 162 / 8376, S. 562 VP Yalana L.
[595] Diese Person konnte bislang nicht identifiziert werden.
[596] Barch, B 162 / 8375, S. 202 VP Edith B.

Helene G.:

> „Ich erinnere mich nicht an die Namen der Aufseherinnen, ich kann nicht mehr ihr Aussehen beschreiben. Zu viele Jahre sind vergangen um ihr Aussehen noch im Gedächtnis zu haben. Sie hatten auch alle ein durchschnittliches Aussehen. In meiner Erinnerung sind nur die schrecklichen Schläge geblieben, die man von ihnen bekommen hat. Es waren grausame Frauen. Es ist kaum zu glauben, dass Frauen so grausam sein konnten. Sie schlugen unmenschlich. Wir aus der polnischen Gruppe waren physisch stärker – wir hielten es irgendwie aus. Ärger war es mit den Ungarinnen. Sie waren viel schwächer. Wir hatten mit den ungarischen Frauen wenig Kontakt, es ist aber möglich, dass zwischen denen Sterbefälle in Folge der Misshandlungen sein konnten. Mir persönlich sind solche Fälle unbekannt."[597]

Dora S. bestätigt:

> „Im Lager Venusberg wurde geschlagen. Die Aufseherinnen behandelten uns schlecht. Mordtaten habe ich in diesem Lager nicht gesehen und nichts gehört darüber. Es war eine große Sterblichkeit infolge des Typhus und des Hungers, Sterbefälle infolge der Misshandlungen sind mir unbekannt."[598]

Judit K.:

> „Ich erinnere mich, dass unter den Aufsichtsfrauen eine Frau namens Mariechen war, niedrig, mit schwarzen Haaren. Sie war diejenige, die zu ohrfeigen pflegte[599]. Auch erinnere [ich] mich an eine Aufsichtsfrau namens Elsi[600]. Eine andere Aufsichtsfrau war von tschechischer Nationalität[601], in SS-Kleidung. Die Aufsichtsfrauen hatten Peitschen, die Männer Waffen."[602]

---

[597] Barch, B 162 / 8376, S. 534 VP Helene G.
[598] Barch, B 162 / 8376, S. 460 VP Dora S.
[599] Möglicherweise vermischte Erinnerung Anna Herzog & Mariechen Kastl?
[600] Möglicherweise Else Wilhelm.
[601] Möglicherweise Kastl, die aus dem Sudetenland stammte.
[602] Barch, B 162 / 8375, S. 281a VP Judit K.

Magda W.:

> „Noch viel ärger als die SS-Leute waren die SS-Aufseherinnen. Sie waren immer mit uns und daher war ihre Grausamkeit noch viel schwerer zu ertragen. [...] Es war eine SS-Frau, die sehr schön war. Jung, schlank, mit langen, schwarzen Haaren (bis zur Schulter) mit blauen Augen – wie ein Engel hat sie ausgeschaut, aber schlecht war sie wie eine Hexe[603]. Ich habe von ihr einmal eine Ohrfeige bekommen, nach welcher ich lange geschwollen herumgegangen bin."[604]

Cäcilie K.:

> „Einmal als wir im Betriebe gekochte Kartoffeln erhielten, putzte ich die Rinde mit einem Taschenmesser. Eine SS-Frau sah dies, die deswegen mich einmal stark ins Gesicht schlug. Diese SS-Frau war mit rotem Haar[605], männlichen Aussehens. Ich erhielt die Ohrfeige, weil beim Essen durfte man kein Messer gebrauchen. Ein anderesmal, als wir in die Arbeit gingen, habe ich geplaudert und deswegen ohrfeigte mich eine SS-Frau. Den Namen dieser SS-Frau kann ich nicht sagen, sie ist nicht dieselbe, die mich im Betriebe misshandelt hat. Mehrmal wurde ich nicht misshandelt. Ich sah, dass eines Morgens bei Verteilung vom schwarzen Kaffee eine Frau und einige Genossinnen kein Kaffee erhielten, weil wir zum Arbeitsgang aufgerufen wurden. Diese Frauen wollten jedoch nicht eher gehen, bevor sie ein[en] Kaffee erhielten. Die SS-Frauen gingen dann hin und traten sie."[606]

Margit K.:

> „Im Betriebe bekamen wir nicht täglich ein Essen[607], denn es wurde nicht dorthin gebracht. In einem Falle wurde das Essen im Betrieb verteilt und ich bat die verteilende Person, mir auch Fleisch zu geben. Dies hörte dann die Aufsichtsperson

---

[603] Aussage bezieht sich eventuell auf Oberaufseherin Herzog - Augenfarbe?
[604] Barch, B 162 / 8375, S. 164 VP Magda W.
[605] Möglicherweise Margarethe/Gretel Hass.
[606] Barch, B 162 / 8375, S. 286af. VP Cäcilie K.
[607] Vgl. aber Judit K. Barch, B 162 / 8375, S. 281a & Vgl. Elfriede Mehner

namens Hansi[608], die die verteilende Person dann fragte, was ich von ihr verlangt hätte. Hansi rief mich dann in den Waschraum des Lagers und ohrfeigte mich dann einmal, sehr. Die Ohrfeige traf die rechte Seite meines Gesichts und mein rechtes Ohr. Die Stelle des Schlages schmerzte mir Tage lang, ich getraute mich jedoch nicht zu klagen. Mehrmal wurde ich nicht misshandelt.“[609]

Judit K.:

„Ich erinnere mich, dass ein Mädchen namens Kati/Katharina ihre Arbeit nur sehr schwer machen konnte und deswegen sie von den Aufsichtsfrauen mehrmal[s] geschlagen wurde. Kati[610] wurde unter diesen Umständen zuletzt wahnsinnig und starb im Lager. Ich kann nicht sagen, wer jene Aufsichtsfrauen waren, die sie misshandelten.“[611]

Marta K.:

„Im Lager Venusberg fand keine öffentliche Hinrichtung statt. Auch einen solchen Fall sah ich nicht, dass man die Gefangenen totgeschlagen hätte. Ich wurde tätlich nicht misshandelt. Es kamen Fälle vor, dass die Aufsichtsfrauen die Gefangenen mit ihren Peitschen geschlagen haben, das war so natürlich. Meistens beim Gang zur Arbeit oder am Rückgang kam ein solcher Fall vor.“[612]

Edith S.:

„Ich war einmal Zeuge des folgenden Vorfalls: eine Häftlingsfrau konnte am Nachmittag, als die Nachtschicht begann, nicht zur Arbeit gehen. Sie wurde daraufhin von einer Aufseherin, einer deutschen Frau, mit einer Peitsche geschlagen, so dass sie zusammenbrach. Als ich von der Arbeit zurück-

---

[608] Die Aufseherin „Hansi“ wird zunächst als „rote Frau“ beschrieben, was auf Aufseherin Margarethe Hass verweisen könnte.
[609] Barch, B 162 / 8375, S. 275a. VP Margit K
[610] Bei dieser Person könnte es sich um Katalin Hecht handeln. FloNo 63009
[611] Barch, B 162 / 8375, S. 282 VP Judit K.
[612] Barch, B 162 / 8375, S. 293a VP Marta K.

kam, habe ich diese Frau nicht mehr gesehen. Was mit ihr geschehen ist, kann ich nicht angeben.“[613]

Berta B.:

„Eine andere Aufseherin, an deren Namen ich mich nicht mehr erinnere, hatte rotblondes Haar[614]. Sie war sehr grausam und schlug uns oft. Ich erhielt einmal Schläge, weil ich in der Fabrik den Kaffeekübel nicht tragen konnte. [...] Alle Aufseherinnen waren jung. Ich würde sie erkennen, wenn ich Fotos sehen würde.“[615]

Rachel R.:

„Ich erinnere mich an drei Aufseherinnen von Venusberg. Zwei waren jung. Eine war rothaarig, jung hatte viele Sommersprossen auf dem Gesicht. Sie war mittelgroß und mittelstark.[616] Schrecklich schlecht war sie. Immer ging sie mit der Gummipeitsche in der Hand, schimpfte und schlug ohne jeden Grund. Es scheint mir, dass ihr Vorname war Maria[617]. Sie war eine Deutsche, aber ich weiß nicht woher sie war. Ihr deutsch schien österreichisch[618] zu sein. [...] Eine der SS-Frauen, auch jung, war schwarzhaarig, schön, hat, wie ich glaube auch Maria geheißen. Sie war auch schlecht. Ich habe von ihr einmal eine schmerzhafte Ohrfeige gekriegt, weil sie bei mir einen Bleistift „entdeckt“ hat. Es war eine ältere SS-Frau, etwa 35-38 Jahre alt, blond, ziemlich groß, war voller Figur. Sie hat sich so benommen wie die anderen. Den ganzen Tag hörte man ihr Geschrei, geschlagen hat sie auch.“[619]

Julia D.:

„Von den SS-Aufseherinnen erinnere ich mich an eine mit Vornamen ELSI[620] oder ILSE[621] und an eine dicke Rothaarige,

[613] Barch, B 162 / 8376, S. 642 VP Edith S.
[614] Vermutlich Margarethe Hass.
[615] Barch, B 162 / 8376, S. 449 VP Berta B.
[616] Vermutlich Margarethe Hass.
[617] Wahrscheinlich Verwechslung mit Mariechen Kastl.
[618] Vgl. Aussage Michael Wapp. – Cichon ?
[619] Barch, B 162 / 8375, S. 102 VP Rachel (Rosi) R.
[620] Else Wilhelm?

die wir die „Rote“ genannt haben[622]. Was die Verhältnisse im Lager anbetrifft, so muss ich betonen, dass man uns, den ersten Transport gut aufgenommen hat. Nach Ravensbrück fühlten wir uns dort glücklich. Das Gute dauerte aber nur drei Wochen – bis der zweite Transport kam. Die ersten drei Wochen haben wir genug, verhältnismäßig Nahrung bekommen und haben sogar keine Peitsche gesehen. Mit dem Ankommen des zweiten Transportes hat sich alles geändert. Die Verhältnisse wurden schrecklich. Es begann Hunger, grausame Misshandlungen und Quälereien. Mit dem zweiten Transport kam eine Kapofrau aus Auschwitz – eine polnische Jüdin – die einen schlechten Einfluss auf den Lagerkommandanten ausübte[623]. Mit diesem Transport kam auch die „Rote“ Aufseherin[624]. Jetzt haben wir schon Peitsche gesehen und gefühlt. Auch die Aufseherinnen gingen jetzt mit Pistolen herum[625], wir wurden für das kleinste Vergehen und auch ohne jedwede Ursache grausam geprügelt und misshandelt. Die „Rote“ prügelte uns während des Weges zur Arbeitstelle ohne Erbarmen.“[626]

Malka L.:

„Ich kann mich auch an eine SS-Aufseherin erinnern. Es waren wahrscheinlich mehrere aber ich erinnere mich nur an eine SS-Frau mit dem Namen Anni[627]. Sie war blond, hochgewachsen, ungefähr 30 Jahre alt. Sie ging in SS-Uniform und Stiefeln. Sie war eine Deutsche. Sie hat die Häftlingsfrauen schlecht behandelt, für die kleinste[n] Vergehen wurden sie durch die SS-Frauen geschlagen und mit Füßen getreten.“[628]

Ibi L.:

„Es waren dort auch SS-Aufseherinnen – ihre Vornamen waren mir wahrscheinlich bekannt, haben sich aber in meinem

---

[621] Ilse Gläser?

[622] Vermutlich Margarethe Hass.

[623] Diese Person wurde bislang nicht identifiziert.

[624] Wohl Margarethe Hass. Die Ankunft kann nicht bestätigt werden.

[625] Eher unwahrscheinlich.

[626] Barch, B 162 / 8377, S. 687 VP Julia D.

[627] Anna Cousin/Lussin? Oder Vermischung von Herzog und Kastl.

[628] Barch, B 162 / 8375, S. 138 Malka (Margit) L.

Gedächtnis verwischt – außer einer welche Anna[629] hieß. [...] Zwischen den Aufseherinnen war eine rothaarige, junge, welche sehr grausam war[630]. Auch ich wurde durch sie geprügelt. Fälle von Tod der Häftlingsfrauen infolge von Misshandlungen im Lager Venusberg – sind in meiner Erinnerung nicht geblieben.“[631]

III. Misshandlungen bezeugt durch Belegschaft&Bevölkerung:

Adolf Harzer:

> „Die Jüdinnen wurden vom KZ-Zweiglager unter starker Bewachung von Wehrmachtshelferinnen nach hier gebracht. Die Frauen waren total entkräftet und mussten oft stehen bleiben. Wer nicht laufen konnte, wurde brutal geschlagen. Eine Frau mußte anscheinend ihre Notdurft verrichten und wollte naturgemäß niederkauern, aber sie wurde von einer Wehrmachtshelferin in den Hintern getreten, dass sie sich überschlug und liegen blieb. Es dauerte eine geraume Zeit, bis sie imstande war, wieder mit weiterzulaufen.“[632]

Bruno Kirsch:

> „Eine der Jüdinnen begab sich zur Toilette, um ihre Notdurft zu verrichten. Vor den Toiletten schäkerte ein SS-Mädchen der Bewachungsmannschaft mit einem SS-Mann. Die Jüdin glaubte, dass sie von den SS-Leuten nicht bemerkt wurde und wollte die Toilette betreten, ohne dass sie die beim Betreten und beim Verlassen vorgeschriebene Verbeugung vor dem SS-Mädchen gemacht hätte. Doch sie kam nicht dazu, die Toilette zu benutzen. Wie eine Furie kam das SS-Mädchen auf sie zugeschossen und ehe sich die Jüdin versah, wurde sie von der SS-Bestie geprügelt und geschlagen. Und das nur deshalb, weil sie die vorgeschriebene Verbeugung unterlassen hatte “[633].

[629] Sehr wahrscheinlich Anna Herzog, die Oberaufseherin.
[630] Vermutlich Margarethe Hass.
[631] Barch, B 162 / 8377, S. 683 VP Ibi L.
[632] Aussage Adolf Harzer. Sammlung Herbert Jankowski
[633] Augenzeuge Bruno Kirsch laut Hardy Melzer. Sammlung H. Jankowski

Elfriede Mehner:

> „Die Judenfrauen mussten die SS-Frauen erst um Erlaubnis bitten [um ihre Notdurft verrichten zu dürfen], die ihnen meistens nicht erlaubt wurde. Aus Verzweiflung verrichtete eine Jüdin ihre Notdurft (Kacken) in der Garderobe. Wie sie behandelt wurde, das weiß niemand."[634]

IV. Entlastungsaussagen für einzelne Aufseherinnen:

Edith B.:

> „Es war aber auch eine gute Aufseherin, welche man ‚Mausi' nannte. Sie war klein, blond, hatte blaue Augen, war jung. Sie war sanft und gut[635]. Als ich einmal durch eine Aufseherin schwer misshandelt wurde und auf der Erde liegen blieb, hob sie mich auf, tröstete mich und führte mich in die Baracke, da ich allein nicht gehen konnte."[636]

Berta B.:

> „Ich erinnere mich auch an eine sehr kleine Aufseherin, die ein guter Mensch war. Sie war die einzige, die uns nicht schlug."[637]

Edith G.:

> „Eine kleine, blonde SS-Aufseherin war gut zu uns, sprach uns Mut zu."[638]

Margot B.:

> „Es waren SS-Frauen im Lager. Die Anzahl der SS-Frauen kann ich nicht angeben und auch die Namen sind mir unbekannt. Ich erinnere mich an eine dicke junge, sehr gutmütige

634 Aussage Elfriede Mehner. Sammlung Herbert Jankowski.
635 Diese Person konnte bislang nicht identifiziert werden.
636 Barch, B 162 / 8375, S. 202 VP Edith B.
637 Barch, B 162 / 8376, S. 449 VP Berta B.
638 Barch, B 162 / 8376, S. 420 VP Edith G.

SS-Frau, welche durch die Häftlingsfrauen Doggi[639] genannt wurde. Alle Häftlingsfrauen haben sie lieb gehabt. Es war auch eine großgewachsene, schwarzhaarige und magere, welche auch nicht schlecht uns behandelt hat[640]. Ich kann auch über die übrigen nichts besonders schlechtes sagen."[641]

Magda W.:

„Nur eine [wohl Paula Simon] war ziemlich gut. Es war eine junge SS-Frau, welche schwanger war.[642] Sie war kleingewachsen, schwarz-haarig. – Wie ich schon bemerkte. In Venusberg waren keine Erschießungen, aber die Kugeln waren nicht nötig, die Häftlingsfrauen starben ohnedem."[643]

Julia D.:

„Nur zwei Menschen aus der Besatzung konnte man wirklich Menschen nennen – das war die Aufseherin ILSE oder ELSE (sie war hässlich aber sehr gutmütig) und der SA-Mann SABO."[644]

2.1.2.1.3 Aufseherin: Selbstdarstellung&Fremdeinschätzung

Für das Lager Venusberg liegen relativ viele Dokumente über die SS-Aufseherinnen vor, die größtenteils in den Nachkriegsermittlungen im Jahr 1945 enstanden. Ergänzt mit einigen Protokollauszügen aus den Ludwigsburger Akten sollen die polizeilich gesammelten Erkenntnisse hier zugänglich gemacht werden. In den meisten Fällen dürften die Kurzbemerkungen des Gendarmeriepostens tendenziell richtig sein. Falsche Beurteilungen der einzelnen Personen sind aber nicht ausgeschlossen. Vor allem die Namensschreibweisen der polizeilich nicht befragten Aufseherinnen sind nicht vollständig abgesichert und teilweise fehlerhaft. Die belegbaren Personen sind alphabetisch sortiert.

---

[639] Diese Person konnte bislang nicht identifiziert werden.
[640] Diese Person konnte bislang nicht identifiziert werden.
[641] Barch, B 162 / 8376, S. 613 VP Margot B.
[642] Paula Simon erwartete etwa im März 1945 ihr Kind.
[643] Barch, B 162 / 8375, S. 164 VP Magda W.
[644] Barch, B 162 / 8377, S. 687 VP Julia D.

Stets zunächst die Einschätzung der Gendarmerie, dann falls vorhanden die Aussagen oder der Lebenslauf der Frauen.

1. Böhm, Olga

„Die Olga Böhm, deren Aussagen im Original beiliegen ist eine anständige Frau und wir haben den Eindruck, dass sie, da sie aus einer Arbeiterfamilie stammt, sich jederzeit anständig gegenüber den ausländischen Arbeitern benommen hat. Gegen die Böhm liegt nichts belastendes vor.“[645]

„Wie ich zur SS gekommen bin! Am 22.1.45 wurde ich vom Betrieb der Junkerswerke als SS-Aufseherin herausgezogen und wurde durch das Arbeitsamt verpflichtet. Eine Weigerung war in diesem nationalsozialistischen System nicht möglich, da jedes Wort zwecklos war. Am 12.2.45 kam ich vom Lehrgang zurück und stellten uns beim Lagerkommandoführer. Wir Mädels durften noch mal nach Hause gehen und sollten uns am 16.2.45 um 12 Uhr melden. Mir war es vergönnt, dass ich nicht brauchte ins Lager zu gehen, da [ich] am 14.2.45 bei einem Bombenangriff verschüttet wurde. Ich hatte innerliche Verletzung und war vom 14.2.45 bis 8.4.45 in ärztlicher Behandlung. Am 9.4.45 trat ich meinen Dienst an. 3 und einen halben Tag war ich im Betrieb, um die Frauen zu bewachen. Den ersten Tag hatte ich noch frei, den andern halben Tag wurde ich zum Arzt geschickt wegen einer Bescheinigung, die ich vorlegen musste. In dieser kurzen Zeit habe ich wenig Einblick über die SS-Aufseherinnen bekommen. Nur 2 davon haben mir gleich keinen guten Eindruck gemacht, zum Beispiel die Hasse[646] und Wüstner[647], die beiden waren nach meinem Begriff in diesem Sinne hysterisch. Eine Beerdigung der Judenfrauen kann ich nicht aussagen, da ich bei keiner Beerdigung dabei war. Am 14.4.45 mussten wir unter Drohung mit erschießen den Transport wegbringen, wohin es ging wussten wir nicht. Wir waren 15 Tage unterwegs und kamen in das Lager Mauthausen an mit ungefähr 80 Personen Verlust[648]. Die übrigen Frauen übergaben wir dem Lager und unsere Pflicht hatte sich erledigt. Ich hatte die Frauen zu jeder Zeit menschlich behandelt, wie es sich gehört als Mensch zu sein.“[649]

---

[645] Akte Venusberg. Zschopauer Stadtarchiv

[646] Hier ist wohl Margarethe Hass gemeint.

[647] Möglicherweise ist Aufseherin Wiesner gemeint. Sonst nicht belegbar.

[648] Diese Aussage steht im Kontrast zu vielen Häftlingsberichten, kann aber nicht widerlegt werden und scheint recht realistisch. Vgl. Ankunft in Gusen

[649] Lebenslauf, den 26.6.1945 - Akte Venusberg. Zschopauer Stadtarchiv

2. Brödner, Wally

„Die SS Maid Wally Brödner hat uns einen ausführlichen Bericht schriftlich und mündlich zugetan. Sie hat sich nach unseren Erkundigungen an Schlägereien nicht beteiligt. Auch ihr Leumund den wir eingeholt haben ist gut.“[650]

„Ich Frieda Wally Brödner geb. Müller wurde am 17.3.1913 als Tochter des Waldarbeiters Otto Richard Müller und dessen Ehefrau Marie Anna geb. Bertram zu Gelenau i Erzgeb. geboren. Besuch der Volksschule zu Gelenau von 1919 – 1927 anschließend 3 Jahre Berufsschule. Von 1928 bis 1943 war ich bei der Fa. Volkmar Hofmann als Aufstoßerin beschäftigt und wurde anfangs April 1943 Dienstverpflichtet in die Rüstungsindustrie nach Drebach im Erzgeb. wo ich bei der Fa. Schimmelpfennig bis Dez. 1943 beschäftigt war. Von dort aus bin ich aus Gesundheitsgründen ausgetauscht worden und [wurde] in den Venuswerken als Entgraterin eingesetzt. Von den Venuswerken wurde ich mit noch mehreren Kameradinnen gezwungen an einen Lehrgange in Flossenbürg(Oberpfalz) teilzunehmen, wo wir als SS Aufseherinnen über jüdische Frauen welche auch zahlreich in den Venuswerken beschäftigt waren, ausgebildet wurden. Die Ausbildung begann am 10.1.45 und war nach 3 wöchiger Dauer anfangs Februar beendet. Nach Beendigung des Kurses wurde ich als Aufseherin eingesetzt und es oblag mir die Aufgabe die jüdischen Frauen von der Unterkunft bis an den Arbeitsplatz und nach 12-stündiger Arbeitszeit von dort wieder zurück zu führen. Es war den jüdischen Frauen während der Arbeit strengstens untersagt sich mit jemand zu unterhalten, irgendwelche Teile zur Herstellung von Messern u.s.w. mitzunehmen, zu essen, worauf ich zu achten hatte und es bei Nichtbefolgung dem Oberscharführer D i c k e [sic!]melden sollte. Da ich mich nicht dazu eignete, jedwede Kleinigkeit zu petzen, bekam ich oft Scheltworte zu hören und wurde Ende März vom Hauptwirtschaftsamt Berlin als ungeeignet entlassen. Anschließend wurde ich schwer krank und habe einige Wochen im Krankenhaus gelegen, sodaß ich über die letzte Zeit der Auflösung des Lagers wenig weiß. Einer politischen Partei habe ich noch nicht angehört; bis 1933 war [ich] im Arbeiter – Turnverein Gelenau i.E. und Mitglied des Deutschen Textilarbeiterverbandes. Verheiratet seit 1939 mit dem Dachdecker Gerhard Paul Brödner aus Herold.“[651]

---

[650] Akte Venusberg. Zschopauer Stadtarchiv

[651] Lebenslauf Wally Brödner, geb. Müller 17.3.1913 Herold, den 25.6.1945

3. Corda, Thea

„Thea Corda ist unbekannt verzogen. Sie konnte nicht vernommen werden. Aus den Befragungen haben wir aber festgestellt, dass die Corda wirklich an Misshandlungen teilgenommen hat. (Polizeiamt Gelenau bitte feststellen, ob sich noch Eigentum der Corda in Gelenau befindet, das Eigentum ist sicherzustellen).“[652]

Während ihrer Dienstzeit steht Thea Corda unter spezieller Beobachtung. Der Grund ist unbekannt. In einem Schreiben der KZ Verwaltung Flossenbürg vom 01.03.1945 heißt es:

„In der Anlage übersende ich Ihnen einen Privatbrief der Aufseherin Thea Corda. Ich bitte, zu diesen Zeilen eingehend Stellung zu nehmen und diese mit dem Brief zurück zu senden. Die Angelegenheit ist streng vertraulich zu behandeln.“[653]

Der Inhalt des Briefes ist leider unbekannt.

4. Cousin, Anna[654]

„Ihr Aufenthalt ist unbekannt. Auch sie soll an den Beerdigungen mit teilgenommen haben und die Aufsichtsführende gewesen sein.“[655]

5. Dietz, Herta

„[...] hat ihren Bericht hier abgeliefert. Sie hat ihren Bericht sehr vorsichtig ausgeführt. Sie hat sich an Schlägereien nicht beteiligt.“

„Ich Elsa Herta D i e t z geb. am 7.8.15 in Herold. Am 23.1.45 wurde ich von Junkers und Arbeitsamt zur SS verpflichtet und musste sofort nach Flossenbürg zu einen 3 wöchigen Lehrgang davon kam ich 8 Tage nach Holleischen um das Praktische anzusehen. Von da aus kam

---

[652] Akte Venusberg. Zschopauer Stadtarchiv
[653] CEGESOMA / Gedenkstätte Flossenbürg
[654] Die Namensschreibweise ist unsicher, teilweise ‚Hanna Lussin' etc.
[655] Akte Venusberg. Zschopauer Stadtarchiv

ich wieder nach Venusberg um die Häftlinge zu bewachen. Es war sehr unsauber in den Baracken, was das Essen anbetraf für die Häftlinge war im geringen Zustand. Da ich nicht so energisch mit den Häftlingen umgegangen bin, wurde ich selbst von Kameradin Starke[656] und zwei aus Schlesien beim B Dienst beobachtet, weil ich die Häftlinge nie geschlagen weder angeschnauzt habe. Ich wurde auch beim Oberscharführer verklatscht, ich hätte überhaupt keine Dienstauffassung, weil ich gut mit den Häftlingen umgegangen bin. Verschiedene Kameradinnen wollten es soweit bringen, dass ich in ein anderes Lager versetzt werden sollte. Infolge meiner Krankheit weiß ich nicht, was in den letzten vierzehn Tagen vor sich gegangen ist. Während dieser Zeit habe ich auch keinen Lohn erhalten."[657]

6. Gläser, Ilse

„Die SS Maid Ilse Gläser der[en] Aufenthalt noch nicht feststeht, hat an den Misshandlungen teilgenommen. Es muß versucht werden, den Aufenthalt ausfindig zu machen."[658]

7. Haase [Hass], Margarethe[659]

"Die Haas wird als ein besonders übles Weib hingestellt. Sie stammt aus Württemberg[660]. Auch sie muß noch aufgefunden werden und ist zur Verantwortung heranzuziehen."[661]

8. Harzer, Elfriede

„Die Elfriede Harzer konnte noch nicht befragt werden, da diese in Gelenau noch nicht eingetroffen ist."[662]

---

[656] Aufseherin Leni Starke
[657] Herold, den 26.5.45
[658] Akte Venusberg. Zschopauer Stadtarchiv
[659] Verschiedene Varianten des Namens im Umlauf. Manchmal Haas / Haß...
[660] Möglicherweise klangliche Verwechslung mit Wittenberg
[661] Akte Venusberg. Zschopauer Stadtarchiv
[662] Akte Venusberg. Zschopauer Stadtarchiv

9. Hedwig, Wally

„Der H. ihr Aufenthaltsort ist unbekannt, sie gehört auch zur Garde der Schlägerinnen. Wo sich dieselbe jetzt aufhält ist unbekannt.“[663]

Wally Hedwig[664] war seit dem 5. Oktober 1944 Aufseherin im Flossenbürger Außenlager Zwodau und stellt in Venusberg ein Versetzungsgesuch, das möglicherweise mit den unzumutbaren Bedingungen im Lager in Zusammenhang steht. In einem Schreiben vom 30.3.1945 an den Venusberger Lagerkommandanten heißt es:

„In der Anlage übersendet die Kommandantur ein Versetzungsgesuch der Aufseherin Wally Hedwig. Sie haben dazu Stellung zu nehmen und umgehend nach hier zu senden.“[665]

Wahrscheinlich wurde das Gesuch abgelehnt. Korrespondenz diesbezüglich liegt nicht vor.

10. Hempel, Christa

„Wir führen ein politisches Führungszeugnis über die Hempel aus Drebach bei. Sie hat sich an Schlägereien nicht beteiligt und wir haben auch alle Ursache, da das politische Führungszeugnis des antifaschistischen Aktionsausschusses Drebach erschöpfend Auskunft erteilt.“

„Politisches Führungszeugnis. Christa H e m p e l in Drebach Nr.166 ist geb. am 13.11.23 und wohnt seit 1938 in Drebach bei ihrer Mutter, die mit dem Bauer Fritz Emmrich verheiratet ist. Nach Ihrer Schulentlassung 1938 war H. bis Mitte Mai 1944 in der Strumpffabrik Lötsch hier beschäftigt und wurde vom Arbeitsamt in die Junkerswerke Dienstverpflichtet. Trotz ihrer ablehnenden Einstellung wurde H. für 3 Wochen zur Ausbildung zur Beaufsichtigung von Häftlingen nach Bayern verschickt und nach Beendigung dieser Ausbildung als solche in die Junkerswerke eingestellt. Hempel war weder im BDM, noch in der Frauenschaft und hatte sogar wegen ihrer Nichtbeteiligung

---

663 Akte Venusberg. Zschopauer Stadtarchiv

664 Variante: Walli Hetwig

665 CEGESOMA / Gedenkstätte Flossenbürg

verschiedene Unliebsamkeiten zu erdulden. Auch die Mutter von H. war ganz und gar gegen die Nazibewegung eingestellt. Etwas politisches Nachteiliges ist gegen H. nicht bekannt."[666]

11. Herr, Ellen

„Wir fügen die Feststellung des Gendameriepostens in Sehma bei und stellen fest, dass die SS Maid H. nach Frankreich abgereist ist. Die Erkundigungen die wir eingezogen haben lauten dahingehend, dass die H. sich im allgemeinen sehr anständig aufgeführt hat. Ihre Einstellung zur Frage der ausländischen Arbeiter dokumentiert sich schon daraus, dass sie noch in der faschistischen Zeit, mit einem französischen Arbeitskamerad sich verbunden hat. Wir schlagen vor, [dass] weitere Eröterungen gegen die SS Maid Herr – jetzt Venier, eingestellt werden."[667]

12. Herzog, Anny

„Die Oberaufseherin Herzog ist als weibliche SS Maid die Leiterin der Aufsicht zu bezeichnen. Ihr Aufenthaltsort ist noch [nicht] festgestellt. Sie trägt für die Schlägereien und Misshandlungen die Hauptverantwortung. Sie muss unter allen Umständen aufgefunden werden, damit die Schuldigen zur Bestrafung herangezogen werden können. Sie ist Schuld an den Schlägerein und sie kennt auch die noch nicht aufgefundenen Gräber."[668]

13. Kastel [Kastl], Mariechen[669]

„Die Kastel, die in einer sehr intimen Freundschaft mit Dicker [sic!] gelebt hat, hat sich besonders brutal benommen. Es [muss] versucht werden sie aufzufinden. Da sie in das Sudetenland nicht zurückkehren kann, liegt der Verdacht nahe, dass sie sich im Reichsgebiet (von der roten Armee besetzten Gebiet) aufhält.[670]

---

[666] Drebach den 27.6.45 - Akte Venusberg. Zschopauer Stadtarchiv
[667] Akte Venusberg. Zschopauer Stadtarchiv
[668] Akte Venusberg. Zschopauer Stadtarchiv
[669] Alternative Schreibweise: Kastl Marie/Maria
[670] Akte Venusberg. Zschopauer Stadtarchiv

14. Ludwig, Dora Hanna

„Der Aufenthaltsort dieser SS Maid ist noch unbekannt. Auch sie war beim Haarschneiden usw. aktiv betätigt.“[671]

15. Ott, Anny

„Die Ott, die ihren Wohnsitz in Essen hat, hat auch an den Misshandlungen teilgenommen. Sie muß also von Essen aus zur Verantwortung gezogen werden. Besonders kann sie Auskunft erteilen über die „Beerdigungen“, in den Waldfluren und auf dem Feld.“[672]

*Ott, Anna *20.10.1920 Essen* *19.05.1970*

„Es trifft zu, dass ich Anfang des Jahres 1945 für einige Wochen als Aufseherin in dem damaligen Frauenlager Venusberg, das zu einem mir nicht bekannten Konzentrationslager gehörte, eingesetzt war. In anderen Frauenlagern war ich nicht als Aufseherin eingesetzt. An die damalige Zeit habe ich heute kaum noch genaue Erinnerungen und ich weiß auch nicht, wo das Lager Venusberg genau lag; es muss aber in der Nähe von Chemnitz in Sachsen gewesen sein. Ich war auch dabei als das Frauenlager Venusberg aufgelöst wurde, und die weiblichen Häftlinge im Eisenbahntransport in ein anderes Lager gebracht worden sind. Wie das Lager hieß und ob sich dieses in Österreich befand, weiß ich heute nicht mehr. Wir haben die Frauen damals abgeliefert und ich habe mich sofort in Richtung Heimat abgesetzt. In Passau wurde ich von amerikanischen Soldaten festgenommen und später nach Dachau gebracht. Ich bin damals von den Amerikanern sehr oft vernommen worden. Allerdings bin ich nicht vor ein Gericht gestellt und auch nicht verurteilt worden. Es war noch 1946, die Zeit weiß ich nicht mehr, konnte ich nach Essen zurückkehren. Zu meinem Einsatz als Aufseherin in einem KZ-Frauenlager kam es folgendermaßen: Ich bin in Essen geboren und auch aufgewachsen, das heißt als Schulkind, wann das war, weiß ich nicht mehr – erfolgte meine Unterbringung als ‚schwerererziehbares Kind' in einem Heim in der Nähe von Düsseldorf bzw. Kaiserwerth. Dort bin ich nach meiner Schulentlassung verblieben. Wie alt ich war, als ich das Heim verließ, weiß ich nicht mehr.

[671] Akte Venusberg. Zschopauer Stadtarchiv
[672] Akte Venusberg. Zschopauer Stadtarchiv

Während der Zeit meiner Heimunterbringung bin ich sterilisiert worden und zwar im Krankenhaus in Kaiserwerth. Durch diesen Eingriff damals ist mir das ‚Mutterglück' genommen worden. Nach der Entlassung aus dem Heim war ich dann in verschiedenen Haushalten tätig. Wann ich das erste Mal geheiratet habe, weiß ich nicht mehr; es war aber schon Krieg. Mein erster Mann hieß Erich Ott und war von Beruf Arbeiter. Die Ehe dauerte aber nur kurze Zeit (nicht mal ein Jahr). Nach der Scheidung wurde ich zur Firma Krupp in Essen dienstverpflichtet. Dort wurde ich zur Kranführerin ausgebildet und auch als solche eingesetzt. Wie ich bei Krupp war, erhielt ich den Bescheid, dass ich mich in Berlin zu melden hätte. In Berlin ging aber alles drunter und drüber. Ich war damals noch mit einigen anderen Frauen von Krupp zusammen, die auch nach Berlin mussten. Wie die hießen, weiß ich nicht mehr. Ich weiß auch nicht mehr die Stelle in Berlin, wo wir uns melden mussten. In Erinnerung habe ich noch, dass das wohl ungefähr im Sommer oder Herbst 1944 war. In Berlin haben wir mehrere Wochen verbracht und nichts gemacht; wir sind spazierengegangen und haben auch Kahngefahren. Dann kriegte ich nach einer ärztlichen Untersuchung den Bescheid, dass ich mich bei den damaligen ‚Hermann-Göring-Werken' in Plauen[673] zu melden hatte. Dort habe ich dann mit noch einigen anderen Frauen auch nichts gemacht. Wir wohnten in dem Werkslazarett. In Berlin hatte ich erfahren, dass wir zur Aufseherin von weiblichen KZ-Häftlingen eingesetzt werden sollten. Wir erhielten wohl ab und zu etwas Unterricht, das war aber auch alles. Von Plauen aus kam ich dann zu dem Lager Venusberg, in dem weibliche KZ-Häftlinge untergebracht waren. Wann das war, weiß ich nicht. Ich bin aber nicht lange in diesem Lager, wo ich als einfache Aufseherin eingesetzt war, gewesen. Die weiblichen Häftlinge mussten in einem Flugzeugwerk arbeiten und ich wurde, wie auch noch einige andere Frauen, zur Bewachung und Aufsicht der weiblichen Häftlinge bei der Arbeit eingesetzt. Dann wurde das Lager aufgelöst und die Lagerinsassinnen wurden im Eisenbahntransport in ein anderes Lager gebracht. Wie das Lager hieß, in welchem wir die Frauen abgeliefert haben, und ob dieses in Österreich war, weiß ich nicht mehr. Ich kann mich aber noch entsinnen, dass das betreffende Lager nicht mehr von der SS, sondern nur noch von der Polizei bewacht wurde. Dann kam es kurz darauf zu meiner Festnahme in Passau, was ich bereits angegeben habe. Nach dem Kriege habe ich in der Hauptsache mein Geld als Putzfrau verdient. Am 13.4.1957 habe ich in Essen wieder geheiratet. Mein Mann August

[673] Vor dem Lager Venusberg war Ott im Außenlager Mehltheuer tätig.

Emde ist als einfacher Arbeiter bei Krupp beschäftigt. Ich muß aber sagen, dass mein Mann geistig nicht ganz auf der Höhe ist; er ist aber nicht gefährlich. Aber auch meine Schulbildung ist nicht so wie sie sein sollte, da ich während der Zeit meiner Unterbringung in einem Heim nur eine Hilfsschule besucht habe. Ich habe während der Zeit meines Einsatzes als Aufseherin in dem Lager Venusberg und auch während des späteren Häftlingstransportes nicht erlebt, dass Lagerinsassinnen getötet worden sind. In meiner Gegenwart sind keine Frauen erschossen worden. Auch habe ich nicht bemerkt, dass auf dem Transport Frauen verstorben sind. An den Transport habe ich auch kaum noch genaue Erinnerungen und ich weiß nur noch, dass wir oft von Tieffliegern beschossen worden sind."[674]

In der weiteren Vernehmung gibt Ott auf Nachfrage der Staatsanwaltschaft an, nichts von Misshandlungen der Oberaufseherin und deren Besitz einer Peitsche zu wissen, sich nicht daran zu erinnern, ob die Häftlingsfrauen in Viehwaggons abtransportiert wurden und bekräftigt, von Todesfällen während der Evakuierung weder etwas gesehen noch gehört zu haben. Das Vernehmungsprotokoll gibt dann deutlichen Aufschluss über die Gefühlsregungen der ehemaligen Aufseherin während ihrer Vernehmung 25 Jahre nach den Geschehnissen in der sie sich mit an Sicherheit grenzender Wahrscheinlichkeit zur Falschaussage hinreißen ließ. Im Protokoll heißt es:

„Wenn mir nunmehr vorgehalten wird, dass es unwahrscheinlich ist, dass ich keine bessere Erinnerungen an die Verhältnisse des Frauenlagers Venusberg habe, wo ich als Aufseherin eingesetzt war und ich eindringlich zur Wahrheit ermahnt werde, muß ich dabei bleiben, dass ich keine besseren Erinnerungen habe. Auf die Frage, warum ich während der Vernehmung in Weinkrämpfe verfiel, muß ich sagen, dass mir [sic!] alles stark aufregt ich kann nichts dafür, daß ich so schnell weine. Ich bin mir zwar keiner Schuld bewusst und trotzdem regt mich alles so auf. Ich habe nicht erlebt, dass in dem Frauenlager Venusberg Frauen zu Tode gekommen sind, was auch für den späteren Evakuierungstransport zutrifft und ich kann keine weiteren Angaben über die Zeit meines Einsatzes als Aufseherin in einem KZ-

---

[674] Barch, B 162 / 8375, S. 355 VP Anna Ott

Frauenlager machen. Ich bin nie Mitglied der Partei oder einer ihrer Organisationen (BdM usw.) gewesen. Ich weiß auch nicht, von welcher Stelle ich zu dem Dienst als Aufseherin in einem Frauen-KZ verpflichtet worden bin. Freiwillig habe ich mich für einen solchen Dienst nicht gemeldet. Ich hatte damals einen kleinen Ausweis, weiß aber nicht von welcher Stelle dieser Ausweis ausgestellt worden war. Den Ausweis hat mir der Amerikaner abgenommen. Ich weiß auch nicht, welche Stelle damals für die Betreuung der Aufseherinnen, wie in meinem Falle, zuständig war. Einen Lohn habe ich damals nicht bekommen, gelebt habe ich von meinen Ersparnissen. Das mag zwar ebenfalls unglaubwürdig erscheinen, es war aber so und ich wüsste nicht, dass ich damals von irgendeiner Stelle einen Lohn (Geld) bekommen hätte. Als Aufseherin trug [ich] eine grünliche Uniform, die der SS-Uniform ähnlich sah. Sie bestand aber nur aus einer Jacke und aus einem Hosenrock."[675]

16. Panitz, Susanne

„Wir haben den Bericht der Suse Panitz im Original beigefügt. Im Allgemeinen ist der Bericht richtig. Wir möchten dabei gleich feststellen: Die SS Maiden aus dem Erzgebirge wurden zwangsweise über das Arbeitsamt zu dieser SS Tätigkeit gezwungen. Diese Mädels haben sich schon aus der Inneren Einstellung heraus bis auf eine einzige davon (Leni Starke, Herold) ablehnend gegen diese Tätigkeit gehalten. Da sie aus Arbeiterkreisen stammen, lag ihnen das Schlagen und Schikanieren dieser ausländischen Kameradinnen gar nicht, sie wurden lediglich dieser Tätigkeit gepreßt und da sie alle aus der näheren Umgebung sind und alle bekannt waren, haben sie sich auch an den Schlägereien und Misshandlungen nicht beteiligt. Es handelte sich lediglich darum, festzustellen, welche weitere SS Maiden daran beteiligt waren. Eine Wiedergutmachung in irgend einer Form gegen die S. Panitz wäre nicht angebracht."

„Mein Lebenslauf. Ich, Elsa Susanne Panitz, bin geboren am 6.4.1923 in Nischwitz. Meine Eltern verzogen dann nach Jahnsbach, was die Heimat meiner Mutter ist. Da besuchte ich die Volksschule zu Jahnsbach. Nach meiner Entlassung ging ich in die Strumpffabrik Karl

[675] Barch, B 162 / 8375, S. 357f. VP Anna Ott

Schubert als Standartarbeiterin. 1943 wurde ich Dienstverpflichtet nach die Venuswerke als Rüstungsarbeiterin.
Bericht über meine SS-Zeit. Am 18.1.1945 bestellte man mich ins Büro mit einigen anderen Mädels. Dort befand sich ein gewisser Pfeifer und vom Arbeitsamt einer mit Namen Öser, die uns sagten, dass wir als Aufseherin ausgebildet werden sollten. Ich wollte es nicht, aber man hat mich zum Unterschreiben gezwungen. Drei Tage später am 23.1.1945 mussten wir schon wegfahren, nach Flossenbürg, wo wir vom Untersturmführer Ring [sic Otto Rink] und Oberaufseherin Drechsler[676] ausgebildet wurden. 14 Tage in Flossenbürg zur Schulung und 8 Tage in Holleischen im Praktischen. Nachdem kamen wir wieder zurück in die Venuswerke. Am 16.2.1945 musste ich da meinen Dienst antreten. Mein Vorgesetzter war Oberscharführer Dicker [sic!]. Am ersten Tag sagte er uns, dass wir ihm gehorchen müssten. Es wurde uns allen verboten die Häftlinge zu schlagen, was ich auch niemals getan habe. Ich war immer sehr gut und nett zu ihnen, denn ich hatte mit all den Frauen und Mädchen grossen Mitleid. Wie oft habe ich manchem Häftling von mir zu Essen gegeben, da sie so grossen Hunger hatten. Und manche konnte vor Hunger nicht arbeiten. Ich lege eine Adresse von einem Häftling[677] bei, die immer zu mir sagte: ‚Frau Aufseherin viel gut!', auch ihr gab ich von mir zu essen. Sie bat mich nach dem Kriege, sie einmal zu besuchen, daher gab sie mir diese Adresse. Da sie selbst bombengeschädigt war, sagte sie mir, ich schreibe Adresse meiner Schwester, woselbst ich mich nach dem Kriege aufhalten werde. Sollten Sie dieses Mädchen ausfindig machen, würde diese über mich aussagen können. An Aufseherinnen kenne ich an Namen: Else Wilhelm, Gelenau; Elfriede Harzer, Gelenau; Olga Böhm, Gelenau; Herta Dietz, Herold; und Ellen Herr, Kunersdorf von denen ich nie was schlechtes gesehen habe. Es wurde mir nur von einigen Häftlingen gesagt, dass die Aufseherin Christa Hempel, Drebach; Leni Starke, Herold; Thea Co[r]da, Gelenau; Elfriede Pfeifer, Breslau; Gretel Hass, Wüttenberg[678]; Mariechen Kastel, Sudetenland; Wally Hetwig [sic!] und Anni Ott, Essen nicht gut sind, da sie immer viel schlagen. Selbst habe ich es nur bei Anni Ott, Gretel

[676] Ruth Drechsler. Vgl. Tzani S. 109 & Cziborra. Dresden Reick S. 66

[677] Die Adresse lautet Dr. Agram Geza, Friedmann Levia – Budapest VIII Tisza Kolmain ter 6 I emelet 17. In Venusberg gab es tatsächlich eine Livia Friedmann *24.05.1922 Szaszregen [FloNo. 61877], die in Mauthausen befreit wurde. Hinweise zum weiteren Schicksal erwünscht!

[678] Vermutlich ist hier die Stadt Wittenberg u. nicht das Bundesland gemeint.

Hass[679], Berlin und Elfriede Pfeifer, Schlesien gesehen. Einmal habe ich gesehen, wie Oberscharführer Dicker [sic!] mit einem Gummiknüppel zwischen die Häftlinge schlug, da sie sich nicht schnell genug aufstellten. Eine Aufseherin mit Namen Herzog hat viel zugeschlagen, wo ich es mit eigenen Augen sehen konnte. Wie oft habe ich mit manchem Häftling geweint, da mir viele ihr Leid klagten und sie wussten, dass ich grosses Mitleid mit ihnen hatte, obwohl mir diese Unterhaltungen mit Häftlingen strengstens verboten waren, aber ich konnte mit all den Mädchen und Frauen nicht böse sein, daher habe ich auch manchesmal nicht nach Hause gedurft, wenn ich Oberscharführer Dicker [sic!] darum bat. Andere Aufseherinnen, die schlecht waren, hatten es sehr gut bei ihm. Bald kam ich mir selbst vor wie ein Häftling, so dass mich Oberscharführer Dicker [sic!] nicht gut leiden konnte. Aber eins steht fest, ich habe niemals einen Häftling geschlagen. Ich kannte eine Irmgart aus Breslau[680] nur mit Vornamen, diese war auch sehr schlecht und hat immer die Häftlinge geschlagen. Zum Essen austeilen im Lager stand sie mit einem Stock hinter den Häftingen, es durfte keine sprechen, da schlug sie auch schon zu. Es sind viel Häftlinge gestorben, aber zu einem Begräbnis bin ich nie dabei gewesen. Am 14.4.1945 bekamen wir den Befehl Venusberg zu verlassen mit all den Häftlingen, da sich die Amerikaner näherten. Es wurden auch alle kranken Häftlinge mitgenommen, wo ich dann noch einmal gesehen habe, wie Elfriede Pfeifer, Anni Ott, diese Irmgart aus Breslau und noch mehrere, die ich nicht mit Namen kenne, die Häftlinge geschlagen haben. Es war in Wilischthal, wir mussten alle umsteigen, auch die kranken Häftlinge. Diese konnten nicht schnell gehen und manche überhaupt nicht, dort haben diese Aufseherinnen, die ich mit Namen genannt habe und viele kenne ich nicht an Namen noch einmal die Kranken geschlagen. Ich konnte es nicht mehr mit ansehen, ich habe viel geholfen, dass sie ein bisschen schneller vorwärts kamen und die Schläge erspart bleiben sollte. Ich hatte mich entschlossen den Zug zu verlassen sobald es mir die Gelegenheit gab. In Buchholz hielt der Zug zum erstenmal und ich habe mit Ellen Herr den Zug verlassen. Ich bin dann nach Hause, wurde 14 Tage krank. Danach ging ich 6 Wochen nach Drebach zum Bauern. Am 19.6.45 habe ich mich auf dem Arbeitsamt zugemeldet."[681]

---

679 Margarehte Hass [oder Haas] s.o.

680 Wahrscheinlich Irmgard Wiesner.

681 Jahnsbach, den 21.6.1945. Akte Vensuberg. Stadtarchiv Zschopau

Annaberg am 8.12.1961

„Bestätigung! Aus den Unterlagen über die Vernehmung der SS Maiden des ehemaligen Arbeitslagers Venusberg geht hervor, dass die Susanne Panitz z. Zt. in Karl-Marx-Stadt wohnhaft, jetzt Frau B. sich nichts zu schulden kommen lassen, und deshalb auch nicht unter Anklage gestanden hat."

17. Schauer, Elly

„Die Angaben der Schauer stimmen im Allgemeinen. Sie versuchte im Anfang zu verschweigen, dass sie bei den Beerdigungen teilgenommen hat und erst nach dem ich sie überführt hatte gab sie zu, mit dabei gewesen zu sein. Sie hatte anscheinend Angst, sich strafbar gemacht zu haben. Ihre übrigen Aussagen sind sehr vorsichtig gehalten. Es empfiehlt sich, die Schauer noch einmal zu vernehmen."[682]

„Ich, Elly Schauer, bin geboren am 8.6.1923 in Thum, mein Vater Emil Schauer gehörte keiner Partei an, meine Mutter starb 1932. Ich wurde 1943 dienstverpflichtet in die Venuswerke, wo [ich im] Januar 1945 durch das Arbeitsamt dienstverplichtet wurde. Meine Ausbildung war in Flossenbürg und Holleischen, die 3 Wochen dauerte. Von Januar 1945 bis März 1945 habe ich meinen Dienst im Lager Venusberg gemacht, wo ich in diesem Lager die Aufsicht der Schneiderei übernahm, wurde nebenbei zum Lagerdienst kommandiert. War mit den Häftlingen in Gelenau zum Einkaufen, zweimal beim Fleischer und einmal bin ich mit ihnen zum Bahnhof gefahren. Bin dann dreimal zum Leichenkommando kommandiert worden, wo ich das erstemal 7 und das zweite und dritte [Mal] je 4 Leichen zu beerdigen hatte. Die Leichen wurden in den Splittergraben begraben. Wenn im Lager etwas vorgefallen war, mussten wir es unserm Lagerführer melden, wir Aufseherinnen selbst durften keine Strafen erteilen. Ende März 1945 wurde ich aus dienstlichen Gründen entlassen und dem Werk Venusberg wieder zur Verfügung gestellt. Konnte meine Arbeit nicht aufnehmen, weil ich von den Häftlingen angesteckt worden war und im Krankenhaus Thum eingeliefert wurde. War deshalb beim Auflösen dieses Lagers nicht dabei."[683]

---

[682] Akte Venusberg. Stadtarchiv Zschopau
[683] Akte Venusberg. Stadtarchiv Zschopau

18. Schönfelder, Hildegard geb. Grabow 18.10.1914

„Außerdem war ich noch im NL Venusberg. Es war auch nur ein kleines Nebenlager. Ich war dort in der Unterkunftsaufsicht tätig und kann nicht mehr sagen, was dort hergestellt wurde."[684]

19. Starke, Leni

„[...] hat sich nicht an Schlägereien, hat sich aber nicht besonders anständig aufgeführt. Ihre Angewohnheit war, immer mit einem Stöckchen (Reitpeitsche) an die Stiefel klopfend in dem Arbeitssaal hin und her zu laufen und kommandierend zu rufen ‚na los, los' Ihr Leumund ist kein guter. Sie war auch bei ihren SS Kameraden nicht besonders gut angeschrieben."[685]

„Ich Leni Starke geb. am 19.11.21 in Jahnsbach, habe seit 4.4.44 bei der Fa. Junkers, bis Januar 1945 gearbeitet (Dienstverpflichtet). Im Januar d.J. bin ich durch das Arbeitsamt Thum zur SS verpflichtet worden. Auf irgend welche Aussagen der Arbeitskameraden kann ich mich nicht besinnen, da ich zum Teil nur mit ausländischen Zivilarbeiter[n] zusammen gearbeitet habe. Bis 10.2. d. J. Bin ich im K.L. von Flossenbürg zu einer 3 wöchigen Ausbildung gewesen.
Anschließend wurde ich im Außenlager von Venusberg eingesetzt. Wo die Insassen des Lagers bei der obengenannten Fa. arbeiten mussten. Das Lager umfasste zirka 1000 Insassen, welche aber nicht alle zum Arbeitseinsatz gekommen sind. Die Frauen, die während dieser Zeit gestorben sind, sind im Gelände hinter des Lagers begraben worden. Die Zahl der gestorbenen Frauen ist mir unbekannt, denn ich bin zum Teil nur im Werk mit einer Gruppe von Frauen zur Arbeit gewesen. Ich kann mich besinnen, dass ich Ende des Winters mit einigen Frauen ein Grab schaufelte. An einem Sonnabend im April mussten wir mit sämtlichen Insassen des Lagers das Kdo. Venusberg verlassen. Der Transport ging nach Mauthausen (Oberdonau) Ich selbst bin im Lager von Mauthausen 5 Tage gewesen."[686]

---

684 Barch, B 162 / 8376, S.418 VP Hildegard Schönfelder Vgl. 8377/ 880ff.
685 Akte Venusberg. Stadtarchiv Zschopau
686 Herold, den 8.7.45 - Akte Venusberg. Stadtarchiv Zschopau

20. Wilhelm, Else

„Die E. Wilhelm hat sich bestimmt anständig aufgeführt und ihre Aussagen sind im Allgemeinen richtig. Sie hat mir die ihr bekannten Stellen gezeigt, wo die Judenfrauen begraben liegen. Ihre Aussage fügen wir im Original bei.“[687]

„Mein Lebenslauf! Als zweite Tochter meiner Eltern, des Maurerpolier Adolf Wilhelm, dessen Ehefrau Louise geb. Herrmann, wurde ich am 7.6.1923 in Gelenau geboren. Von 1929 bis 37 besuchte ich die Volksschule und anschließend 3 Jahre die Berufsschule zu Gelenau. Nach meiner Volksschule ging ich als Strumpfaufstosserin bei der Firma Alfred Förster in Gelenau. Am 27.9.43 wurde ich zu der Firma Venuswerke A.G. verpflichtet. Am 10.1.45 wurde ich mit mehreren Mädels und Frauen vom Betrieb rausgezogen, es hiess 3 Wochen zu einem Lehrgang nach Flossenbürg. Von dort erfuhren wir dann erst, dass wir von nun an der SS angehörten, was uns vorher verschwiegen worden ist. Ausgebildet wurden wir von Untersturmführer Rink und Oberaufseherin Drechsler. Am 1.2.45 kamen wir wieder zurück und wurden hier als SS-Aufseherin eingesetzt. Unser Beruf war, früh ½ 6 Uhr im Lager zum Appell zu erscheinen und dann mit den Häftling[en] auf Arbeit zu gehen, am Tage zu beaufsichtigen und Abend ½ ? Uhr wurde wieder einmarschiert. Lagerführer war Oberscharführer Dicker [sic!]. Unsere Erstaufseherin Herzog. Von beiden habe ich gesehen, dass sie die Häftlinge geschlagen haben, wenn sie nicht auf Arbeit gehen konnten. Dienst habe ich die meiste Zeit mit Kastl[688], Hass[689] und Korda[690] gehabt. Von Hass habe ich auch gesehen, wie schlecht sie die Häftlinge behandelte und schlug. In der letzten Woche musste ich Lagerdienst machen mit Urscholl[691], wo ich auch etliche Häftlinge mit begraben musste. Urscholl schlug die Häftlinge auch. Ich habe mich zu jeder Zeit anständig zu den Häftlingen benommen und bin mir keiner Schuld bewusst, dass ich auch welche geschlagen habe. Im Gegenteil die Häftlinge waren mir deswegen sehr zuvorkommend und wollten mir deswegen jeden Wunsch erfüllen, was sie auch getan haben, obwohl es nicht gestattet war. Ein Häftling mit dem ich mich die meiste Zeit unterhielt, was ja auch

---

[687] Akte Venusberg. Stadtarchiv Zschopau

[688] Mariechen Kastl

[689] Margarethe Hass

[690] Thea Corda

[691] Betti Arscholl

verboten war, sagte mir, wenn der Krieg aus ist und sie wieder in die Heimat wären, sollte ich sie mal in Budapest besuchen. Was in der letzten Zeit alles noch vorgekommen ist, weiss ich nicht, denn ich habe etliche Tage im Lager krank gelegen. Habe denn auch nicht mit teilgenommen an dem Abmarschtransport, weil ich hier bleiben konnte. Ich versichere hiermit, dass ich alles wahrheitsgemäß berichtet habe."[692]

Der Einsatz folgender Aufseherin in Venusberg ist unsicher:

21. Meyer, Ilse

„Die Vernehmung der SS Maid Ilse Meyer, die von dem Gendamierposten [sic!] in Scharfenstein im Original beiligt ist [nicht?] sehr ausführlich gehalten. Ihre Aussagen sind nicht richtig. Schlägereien sind vorgekommen und die Verpflegung war sehr schlecht, Wenn sie aussagt, die Verpflegung war sehr gut, dann ist sie bestimmt der Auffassung, dass die Verpflegung der SS gemeint ist. Wir können ein Urteil über die Ilse Meyer nicht geben. Es empfiehlt sich aber die Meyer noch einmal zu vernehmen."[693]

„Ich war in Kraplitz[694] (Sudetengau) als SS Maid zur Bewachung von Häftlingen in einem kleinen KZ Lager eingesetzt. Schlägereien und grobe Behandlungen sind nicht vorgekommen und mir nicht bekannt. Die Verpflegung war sehr gut. Im Lager waren noch 2 Helferinnen aus Rochlitz mit, von denen mir aber die Familiennamen nicht bekannt sind."[695]

---

692 Lebenslauf. Gelenau den 26.6.1945 - Akte Venusberg. Stadtarchiv Zschopau
693 Akte Venusberg. Stadtarchiv Zschopau
694 Graslitz. Graslitz und Rochlitz waren ebenfalls Außenlager Flossenbürgs
695 Akte Venusberg. Stadtarchiv Zschopau

Arbeiterin Johanna Müller Thum 11.11.1945

Mitte Januar 1945 trafen in Venusberg bei der Fa. Junkers aus Ravensbrück kommend, zirka 500 jüdische Häftlinge, meist Ungarinnen, ein. Die ersten Häftlinge kamen in der Zahnradabteilung in der auch ich tätig war, zum Einsatz. – Von den Aufseherinnen sind mir, Margarete Haß, Mariechen Kastl, Anni Ott und [Anna] Kusin[696] gut bekannt. Ich habe gesehen wie die Haß Häftlinge, die sich vor Ermüdung bei der Arbeit ein wenig setzten, mit der Hand schlug. Die Haß war bei den Häftlingen unter dem Namen ‚der rote Krieg' (*wegen* der Haarfarbe) besonders gefürchtet. Wenn die Aufs. Ott einen Häftling strafte, begab sie sich mit dem Betreffenden in den Abort. Die Aufs. Kusin äußerte einmal, wenn es zu einem Umsturz käme müssten noch so 10 andere vor ihr sterben, außerdem hätte sie sich schon passende Häftlingskleider ausgesucht in die sie dann schlüpfen wolle. Von den Häftlingen war mir eine 25 Jahre alte Halbjüdin aus Budapest, mit dem Vornamen Eva[697], gut bekannt. Sie war die Tochter eines Budapester Zuckerbäckers, hatte einen Bruder der bei der ungarischen Armee diente und an der Ostfront gefallen war. Ihr Mann, ein Jude, war 17 Jahre älter und wurde am gleichen Tag wie Eva in Haft genommen. (wahrscheinlich Nov. 44) Ferner hatte sie noch zwei Kinder, ein Mädchen 5, einen Jungen 7 Jahre alt. Eva sprach gut Deutsch; denn sie hatte in München einige Wochen eine Schule besucht. (vermutlich Malen oder Zeichnen) Anfang bis Mitte März erkrankte sie an Typhus. Am 7. April bestellte sie noch Grüße an mich, am 14. April wurden dann alle Häftlinge wegen Feindalarm in Marsch gesetzt. Unter den Häftlingen war noch eine Jüdin, namens Charlotte Amai[698] (?) aus Budapest. Und eine weitere mit dem Vornamen Werra[699], 20 Jahre alt, hatte einen Jungen der im Feb. d. J. ein Jahr alt war. Ihren Mann verhaftete die Polizei 18 Monate früher als sie. Die z.Z. noch nicht namentlich festgestellte Aufs. im schwarzen Haar[700], wurde im Febr./März im Annaberger Krankenhaus wegen Mittelohrvereiterung behandelt."[701]

[696] Andere Namensvarianten: Cousin, Lussin / Anna oder Hanna

[697] Diese Person ist bislang nicht identifiziert. Hinweise erbeten!

[698] Diese Person konnte noch nicht identifiziert werden. Hinweise erbeten!

[699] Diese Person konnte noch nicht identifiziert werden. Wohl Vera Friedmann *11.07.1926 FloNo.: 61879 oder Viera Schwartz *09.10.1925 FloNo.: 63214 [Vgl. auch FloNo.: 62077, 62187, 62255]

[700] Wahrscheinlich die Oberaufseherin Anna Herzog.

[701] Handschriftlicher Brief.

2.2 Bevölkerung, Belegschaft und Zwangsarbeiter

Die Zivilbevölkerung kam mit den Häftlingen des Lagers kaum in Kontakt. Louise und Werner Hofmann äußern:

> „Zu den jüdischen Frauen im KZ-Barackenlager gab es keine Beziehungen. Die SS-Bewachung unterband jeden Kontakt und jede Hilfe. Das Lager war eingezäunt. Deutsche Zivilpersonen durften am Lager nicht stehen bleiben und auch niemanden ansprechen."[702]

Einige Häftlinge wurden aber auch zu Besorgungen mit nach Gelenau[703] genommen oder trafen bei Häftlingsbeerdigungen auf Zivilpersonen. Beziehungen, die humanitären Widerstand ermöglichten, konnten sich dabei aber kaum entwickeln. Die meisten Kontakte gab es allerdings wohl zur deutschen Belegschaft der Venuswerke, weshalb die SS versuchte ein Feindbild bei den Arbeitern aufzubauen. Die ehemalige Fräserin Elfriede Mehner berichtet:

> „Sie [SS-Frauen] warnten uns vor diesen gefährlichen Judenfrauen, wir sollten uns vor ihnen in acht nehmen und auf unsere Garderobe aufpassen, dass sie nicht geklaut wird zum Ausreisen.[...] Um den Judenfrauen Minuten Ruhe zu gönnen, wurde an der Maschine gebaut, was gar nicht notwendig war, oder ein neuer Fräser eingesetzt. Dabei galt es das Aufsichtspersonal gut zu beobachten. Der Vorarbeiter mahnte mich öfter, ich sollte nicht für die Jüdinnen arbeiten. Nicht ich, die Judenfrauen sollten arbeiten."[704]

Auch die Handwerksmeister, die die Arbeit der Jüdinnen beaufsichtigten sollen sich im allgemeinen anständig gegenüber den zugeteilten Häftlingen benommen haben. Ester V. erinnert:

> „Wir arbeiteten in einer Fabrik in welcher man Flugzeugteile bereitete. Zur Arbeit gingen mit uns SS-Aufseherinnen und waren auch mit uns in der Fabrik. [...] An die SS-Frauen kann ich mich nicht erinnern. Es sind so viele Jahre vergangen. Es

---

[702] Gesprächsmitschrift Louise und Werner Hofmann. Sammlung Jankowski
[703] Vgl. Aussage der Aufseherin Elly Schauer
[704] Elfriede Mehner. Sammlung Herbert Jankowski

ist nicht zu verwundern, dass sich schon die SS-Frauen und ihre Gesichter in meinem Gedächtnis verwischten.- Ich erinnere mich aber and den deutschen Meister mit dem ich gearbeitet habe. Wie ich mich erinnere, nannte man ihn Max. Ich arbeitete in der Tagesschicht und er war der Meister von der Tagesschicht. Er war kein SS-Mann und kein Wehrmachtsangehöriger, war ein ziviler Arbeiter. Er war nicht jung, war ein Krüppel, mit seinen Füßen war etwas nicht in Ordnung, er hinkte. Er benahm sich uns gegenüber nicht schlecht. In der Fabrik arbeiteten irgendwelche ausländische Arbeiter, aber ich erinnere mich schon nicht an sie."[705]

Kati J. bestätigt:

„In der Fabrik (Munitionsfabrik) waren deutsche Meister, sie waren in Arbeitskleidern, ich habe sie immer in Zivil gesehen. Sie benahmen sich nicht schlecht. Es arbeiteten auch französische und belgische Häftlinge, welche uns viel geholfen haben."[706]

Diese Fremd- und Zwangsarbeiter solidarisierten sich mit den jüdischen Häftlingen und versuchten den Frauen, wann immer möglich, zu helfen. So berichtet Elfriede Mehner:

„Nicht selten wurde den Judenfrauen von Fremdarbeitern etwas zu essen zugesteckt, was auch verboten war. Die Fremdarbeiter hatten ein solidarisches Herz, litten sie doch gleichfalls mit unter der faschistischen Herrschaft."[707]

Der ehemalige Häftling Magda W. kann dies bestätigen:

„Ich muss bemerken, dass wir viel Gutes und eine große Hilfe von Männern bekamen, die bei uns in der Fabrik arbeiteten. Es waren Häftlinge eines nicht jüdischen Männerlagers, welches unweit von unserem Lager war. Dort waren Häftlinge aus Belgien, Holland und auch Deutsche. Die SS-Frauen, welche während der Arbeit uns bewachten, hatten manchmal keinen Mut uns in ihrer Gegenwart zu schlagen."[708]

---

[705] Barch, B 162 / 8375, S. 204f.VP Ester (Katalin) V.
[706] Barch, B 162 / 8375, S. 162 VP Kati J.
[707] Aussage Elfriede Mehner. Sammlung Herbert Jankowski.
[708] Barch, B 162 / 8375, S. 164f. VP Magda W.

Teil 3: Stationen der Deportation

Transporte und Häftlingsüberstellungen

3.1 Der Transport vom 15.01.1945

3.1.1 Die ungarischen Jüdinnen

Die 500 Frauen und Mädchen des Venusberger Gründungstransportes bilden eine recht homogene Häftlingsgruppe. Sie stammen mehrheitlich aus Budapest und wurden von dort ab dem 23. Oktober, viele jedoch auch erst Anfang Dezember 1944 in das Konzentrationslager Ravensbrück eingewiesen. Der 23. Oktober wird von vielen Häftlingen konkret erinnert. An diesem Tag sichert man von ungarischer Seite aus dem Deutschen Reich 25.000 ‚Arbeitsjuden' zu. Bei Randolph L. Braham heißt es für dieses Datum:

> „Veesenmayer teilt dem Auswärtigen Amt mit, es sei ihm gelungen, Ministerpräsident Szálasi zu der Zusage zu bewegen, den Transfer von 25.000 arbeitsfähigen Juden ‚zur Arbeit im Reich für ein halbes Jahr' zu gestatten - angeblich für die Verwendung im Jägerprogramm (Flugzeugbau). Die Deutschen hatten zunächst 50.000 ‚Arbeitsjuden' gefordert, doch wandte Szalasi dagegen ein, Ungarn benötige die meisten dieser Arbeitskräfte selbst."[709]

Ein großer Teil dieser ‚Arbeitsjuden' wurde ab dem 23.10.1944 in großen Marschkolonnen nach Hegyshalom in Bewegung gesetzt, wo sie unter Bewachung der ungarischen Pfeilkreuzler nach Österreich überführt wurden. Von Zürndorf aus wurden die Frauen mit einem Bahntransport, wohl über Buchenwald[710] nach Ravensbrück deportiert. Dort trafen sie laut Grit Philipps Kalendarium des KZ Ravensbrück am 22. November 1944 ein und erhalten die Ravensbrücker Häftlingsnummern 85569 bis 86321. Im Transport befanden sich demnach 753 Jüdinnen. Der Transport ist als Sondertransport Nr. 123 aus Budapest verzeichnet.

---

[709] Braham. Destruction II S.232f.

[710] Hier wurden wohl die männlichen ungarischen Juden eingeliefert.

Etliche Überlebende des Lagers Venusberg bestätigen diesen Deportationstransport in unterschiedlich detaillierten Berichten. Kati J. gibt zu Protokoll:

> „Ich stamme aus Ungarn. Am 23. Oktober 1944 wurde ich aus Budapest nach Ravensbrück deportiert.“[711]

Ibi L. gibt an:

> „Am 23. Oktober 1944 wurde ich aus Budapest deportiert. Zu Fuss ging ich bis zur österreichischen Grenze und von dort mit Zug nach Ravensbrück. Dort war ich ungefähr 2-3 Monate[712] und wurde dann ins Lager Venusberg abtransportiert.“[713]

Edith B. erinnert:

> „Im Herbst 1944 wurde ich aus Budapest deportiert zusammen mit meiner älteren Schwester [...]. Ich ging im Totenmarsch zu Fuß bis Österreich und von Österreich in Waggonen nach Ravensbrück. Es war eine kolossale Marschkolonne – Männer und Frauen zusammen. In Buchenwald wurde ein Frauentransport gebildet und nach Ravensbrück geschickt.“[714]

Piroska G. gibt zu Protokoll:

> „Im November 1944 wurde ich als Jüdin samt meiner Schwester Ibolya aus Budapest von den Pfeilkreizlern verschleppt. Zufuss wurden wir bis Hegyeshalom begleitet, an der österreichischen Grenze haben dann die deutsche Soldaten unsre Bewachung übernommen. Von dort wurden wir durch Eisenbahn nach Ravensbrück gebracht, wo man unsre Wertsachen weggenommen hat.“[715]

---

[711] Barch, B 162 / 8375, S. 161 VP Kati J.
[712] Diese Zeitangabe ist wohl zu hoch angesetzt.
[713] Barch, B 162 / 8377, S. 683 VP Ibi L.
[714] Barch, B 162 / 8375, S. 201 VP Edith B.
[715] Barch, B 162 / 8375, S. 290 VP Piroska (Ilona) G.

Cäcilia K. bestätigt:

> „Im November 1944[716] wurde ich als Jüdin aus Ungarn verschleppt. Wir wurden zufuß begleitet und verließen das Landesgebiet bei Hegyshalom/Strassomerein. In Österreich wurden wir am Bahnhof Zü[r]ndorf in einen Zug gebracht. Wir wurden nach Ravensbrück transportiert. Dort erhielten wir in Holzbaracken Unterkunft. Ich war in der Baracke Nr. 21. Ende November 1944 kamen wir in Ravensbrück an. Dort wurden unsere Wertsachen und Kleidungen uns weggenommen und wir erhielten sie auch nicht zurück. Solange wir in Ravensbrück waren, haben wir Schiffsladungen gelöscht. Im Januar 1945 wurden wir in Waggons nach Venusberg transportiert. Die Reise dauerte nur einige Tage, jedoch in großer Kälte und unter unangenehmen Umständen.“[717]

Neben den Frauen mit den Ravensbrücker Häftlingsnummern zwischen 85569 und 86321 gelangten außerdem Budapester Jüdinnen in den Arbeitstransport nach Venusberg, die zwischen dem 2. und 13. Dezember 1944 in Ravensbrück eintrafen. Bei Grit Phillips Kalendarium der Ereignisse im Frauen-Konzentrationslager Ravensbrück befindet sich genau in diesem Bereich eine Dokumentationslücke. Die Ravensbrücker Häftlingsnummern 90361 bis 94106 werden keinen konkreten Transporten zugeordnet. Für den 11. Dezember notiert Phillip allerdings:

> „Mit einem Transport wurden etwa 2500 Budapester Jüdinnen als neue Häftlinge in Ravensbrück registriert. Die Frauen wurden in dem inzwischen wieder leeren Zelt auf dem Gelände des KZ Ravensbrück untergebracht.“[718]

Mit Hilfe ehemaliger Venusberger Häftlinge kann diese Dokumentationslücke ein wenig geschlossen werden. In entsprechenden DEGOB-Protokollen werden Ravensbrücker Häftlingsnummern im Bereich zwischen 92324 und 93473 genannt. Bei diesen Frauen handelt es sich um Budapester Jüdinnen, die vom

---

[716] Im DEGOB-Protokoll 2477 von Cäcilie K. wird der 23. Oktober genannt.
[717] Barch, B 162 / 8375, S. 286 VP Cäcilie K.
[718] Kalendarium Grit Phillip. S. 179, laut Baumgartner, Frauen, S.60

Bahnhof Josefstadt per Zug nach Ravensbrück eingewiesen wurden. Sie wurden wohl auch größtenteils in dem beschriebenen Zelt untergebracht. Der Tansport soll nach weitestgehend übereinstimmenden[719] Häftlingsangaben am 1. Dezember 1944 in Józsefvárosi abgegangen sein. Die Ankunftsangaben in Ravensbrück variieren zwischen dem 05.12. und 10.12.1944. Überlebende dieser Deportation berichten folgendes:

Margit K.:

> „Im November 1944 wurde ich als Jüdin in Budapest in die Ziegeleiwerke von Obuda gebracht, woher ich nach einigen Tagen mit vielen Genossinnen zum Bahnhof der Josefsstadt begleitet wurde. Dort wurden wir in Waggons verbracht, unterwegs wurden [wir] von Pfeilkreuzlern mit Armbinden begleitet. Da wir in geschlossenen Waggons waren, kann ich nicht sagen, auf welcher Linie wir Ungarn verließen. Wir reisten ziemlich lange, wir kamen etwa im Dezember 1944 in Ravensbrück an. Wir wurden in Zelten untergebracht, in denen wir zusammengedrängt waren. Wir hatten keine Liegeplätze, wir konnten nur sitzen. Hier waren wir 3-4 Wochen lang."[720]

Judit K. bestätigt:

> „Ende November 1944 wurde ich mit meiner Schwester Susanne zusammen von unserer Wohnung in Budapest in die Zigeleiwerke von Obuda geholt. Einige Tage wurden wir dort von den Pfeilkreuzlern bewacht, dann wurden wir am Bahnhof Josefstadt in Waggons verbracht. In einem Waggon waren wir etwa zu 120 zusammengedrängt. Der Zug wurde von Pfeilkreuzlern und ungarischen Polizisten bis Hegyeshalom / Strassomerein begleitet. Auf österreichischem Gebiet haben unsre Bewachung SS-Soldaten übernommen. Wir wurden umwaggoniert und weiter transportiert nach Ravensbrück, wo wir um den 10. Dezember 1944 herum ankamen. Dort wurden wir in einem großen Zelt untergebracht, wo wir stehen konnten, so

---

[719] Vgl. DEGOB 175, 3595 & ZStL Jolan H. FloNo. 61955
DEGOB 2468: 2. Dezember; DEGOB 1557: 30. November

[720] Barch, B 162 / 8375, S. 275 VP Margit K.

waren wir zusammengepfercht. Wir wurden gebadet und man hat uns zuvor unsre Gepäcke und Wertsachen weggenommen. Man sagte uns, nach unsrer Heimkehr würde man unsre Wertsachen uns zurückgeben. Natürlich kam hierauf nicht die Reihe [sic!]. Bis zum 13. Januar hielten wir uns in Ravensbrück auf. An diesem Tage wurden wir einwaggoniert. Zum Glück kamen wir nur etwa 60 Personen in einen Waggon. Nach einer Reise von 2-3 Tagen kamen wir nach Venusberg."[721]

Marta K. berichtet:

> „Am 1. Dezember 1944 wurde ich als Jüdin am Bahnhof Josefstadt in Budapest in einen Zug verbracht und nach Deutschland, Ravensbrück transportiert. An diesem Orte wurden alle meine Wertsachen mir abgenommen und sie wurden mir nicht mehr zurückgegeben. Auch meine Kleider wurden mir weggenommen."[722]

Auch Ester V. bestätigt 1967 in ihrer Vernehmung den bereits 1945 im DEGOB-Protokoll 2393 genannten 1. Dezember:

> „Im März 1944 kamen die Deutschen nach Budapest. Ich blieb in Budapest bis zum 1. Dezember 1944. Damals wurde ich nach Deutschland ins Lager Ravensbrück zusammen mit meiner Mutter, Schwester und Tante deportiert. In Ravensbrück war ich bis Mitte Januar 1945 und wurde dann zusammen mit oben erwähnten Familienangehörigen nach Venusberg geschickt."[723]

Auch Magda W. könnte diesem Transport angehört haben. Sie gibt zu Protokoll:

> „Im März 1944 besetzten die Deutschen Ungarn. In Budapest wurde ein Ghetto errichtet. Ich befand mich im Ghetto bis zum 5. Dezember 1944. An diesem Tag wurde ich nach Ravensbrück deportiert."[724]

---

[721] Barch, B 162 / 8375, S. 280f. VP Judit K.
[722] Barch, B 162 / 8375, S. 293 VP Marta K.
[723] Barch, B 162 / 8375, S. 204 VP Ester V.
[724] Barch, B 162 / 8375, S. 163 VP Magda W.

Entweder wird hier der 5. Dezember falsch erinnert, oder es gab mehrere zeitlich kurz aufeinanderfolgende Deportationen aus Budapest nach Ravensbrück. Möglicherweise könnten auch verschiedene Budapester Transporte in Zürndorf zusammengelegt worden sein. Dies wäre noch zu klären.
Schwierigkeiten bei der Zuordnung zu einem konkreten Deportationstransport macht auch die Aussage der Ilona D.:

> „Am 23. Oktober 1944 wurde ich als Jüdin verschleppt und im Dezember wurde ich in einem Waggon aus dem Lande nach Ravensbrück verbracht. Dort wurden meine Kleider und Wertsachen weggenommen, die ich später nicht mehr zurückerhielt.“[725]

Ihr Vernehmungsprotokoll enthält damit sowohl Elemente der ersten Deportation, die am 22. November 1944 Ravensbrück erreicht, als auch der Bahndeportation aus Josefstadt. Möglicherweise wurde Ilona D. als eine der als ‚Arbeitsjuden' vorgesehenen Frauen am 23. Oktober 1944 in ein Ghetto eingewiesen oder sie wurde längere Zeit in Hegyeshalom festgehalten und einem späteren Transport angeschlossen.
Möglicherweise wirft sie in ihrer Aussage auch etwas durcheinander. Einen ähnlichen Eindruck erweckt die Aussage der Berta B.. Sie gibt gänzlich abweichend zu Protokoll:

> „Im März 1944 wurde ich in Budapest von den Deutschen verhaftet und in das Konzentrationslager Kiscarcsa bei Budapest deportiert. Nach drei Monaten wurde ich in das KZ Ravensbrück verbracht.“[726]

Eine solch zeitige Deportation Budapester Jüdinnen nach Ravensbrück kann bislang nicht belegt werden. Auch hier dürfte der Zeitraum des Lageraufenthaltes falsch erinnert werden. Es ergibt sich daher folgende vorläufige Übersicht:

---

[725] Barch, B 162 / 8375, S. 296 VP Ilona (Lili) D.
[726] Barch, B 162 / 8376, S. 448 VP Berta B.

<table>
<tr><th>Ankunft</th><th>Ravensbrücker Nummernbereich</th><th>Anzahl</th><th>Total</th></tr>
<tr><td>22.11.1944</td><td>85569 bis 86321</td><td>???</td><td rowspan="3">500</td></tr>
<tr><td>??.12.1944</td><td>90361 bis 94106</td><td>???</td></tr>
<tr><td>15.12.1944 und später</td><td>[94835 bis 97079]</td><td>[???]</td></tr>
</table>

3.2 Der Transport vom 13.02.1945 [28.02.1945]

3.2.1 Die ungarischen Jüdinnen

Für die 181 als „ungarische Jüdinnen“ registrierten Venusberger Häftlinge gab es wohl abgesehen von verschiedenen Deportationszeitpunkten grundsätzlich vier verschiedene Kombinationen von Deportationsstationen. Die Häftlinge, die zunächst nach Auschwitz überstellt wurden, gelangten entweder von dort auf direktem Weg oder aber über Dachau nach Bergen Belsen. Dann gab es noch Deportationen von Budapest über Dachau nach Bergen Belsen und Transporte von Budapest, die direkt nach Bergen Belsen gingen. Die zahlenmäßigen Verhältnisse der einzelnen Transporte konnten bislang noch nicht rekonstruiert werden. Zur letztgenannten Deportationsvariante äußert sich Margit L.:

> „Als ungarische Jüdin wurde ich zusammen mit meinen beiden Schwestern von Budapest nach Deutschland deportiert. Zunächst waren wir etwa ab Ende November 1944 in dem damaligen KL Bergen-Belsen untergebracht. Dann erfolgte die Verlegung in das Lager Venusberg in Sachsen. (Dieses Lager befand sich vermutlich in der Nähe von Chemnitz). Hier mussten wir in der Flugzeugfabrik „Junkers-Werke“ arbeiten.“[727]

Konkrete Transportdaten liegen bisher nicht vor, da nahezu sämtliche Bergen Belsener Lagerdokumente vernichtet wurden und ein Lagerregister bislang nicht rekonstruiert werden konnte.

---

[727] Barch, B 162 / 8376, S. 371 VP Margit L.

Die zweite und dritte Deportationsvariante ergibt sich aus der Dachauer Häftlingsregistratur. Am 1. August 1944 erreichten 800 ungarische Jüdinnen aus Auschwitz das Lager Dachau, von denen ein Teil am 17.12.1944 weiter nach Bergen Belsen überstellt wurde. Diesem Transport gehören auch einige Frauen an, die erst am 24.11.1944 von Budapest nach Dachau eingeliefert wurden. Insgesamt werden mindestens 13[728] ungarische Jüdinnen aus dem Lagerkomplex Dachau über Bergen Belsen nach Venusberg überstellt.
Die Mehrheit der ungarischen Jüdinnen dürfte doch mit verschiedensten Transporten nach Auschwitz deportiert, und später nach Bergen Belsen geschickt bzw. evakuiert worden sein. Aus dieser Gruppe liegen einige Auschwitzer Häftlingsnummern vor, die einer Tätowierungsaktion vom 28. Juni 1944 zuzuschreiben sind. Danuta Czech zu diesem Tag:

> "Die Nummern A-7270 bis A-8269 erhalten 1000 ungarische Jüdinnen, die aus dem Durchgangslager in Birkenau für das Frauenlager ausgesucht worden sind."[729]

Diesem, möglicherweise aber auch anderen Nummernbereichen dürften viele spätere Venusberger Häftlinge zuzuordnen sein. Auch Yalana L. könnte zu ihnen gehört haben:

> „Im April 1944 bin ich von den Deutschen in der Tschechoslowakei[730] festgenommen und in Mukczevo[731] interniert worden, in einem Gefängnis, in dem die Juden jenes Gebietes zusammengefasst wurden vor ihrem Abtransport in die Lager. Im selben Monat noch wurde ich nach Birkenau überstellt. Im Dezember 1944 wurde ich nach Bergen-Belsen verlegt, von wo ich dann in das Lager Venusberg kam."[732]

---

[728] Dachau 86433, 86637, 86638, 86639, 86793, 131659, 131661, 131788?, 132139, 132151, 132271??, 132405, 132410, 132411, 132443

[729] Danuta Czech S. 808

[730] Vgl. Mrs. Ferwalter. Mukacevo/Uzhorod: "Der verlorene Zipfel der Slowakei"

[731] Mukacevo. Liegt heute in der Ukraine. Ungarisch: Munkács.

[732] Barch, B 162 / 8376, S. 561 VP Yalana L.

Einige dieser tschechischen Jüdinnen, die in den Flossenbürger Nummernbüchern nahezu ausnahmslos als „ungarische Jüdinnen“ aufscheinen, finden sich auch auf der Repatriierungsliste der Tschechinnen und Slowakinnen in Mauthausen wieder. Als Geburts- bzw. Herkunftsstädte sind Poleno, Pavlovo, Barkasovo Cinadevo[Cynadjeve], Berehovo[Beregove], Svaljava[Szolyva], Uzhorod [Uzgorod, Ungvár], Vysne Verecky, Solocin, Slatina, Lucenec [Losonc], Vojnatina und Vlchovce genannt. Die meisten dieser Orte liegen im Einzugsgebiet des Ghettos Mukacevo in der heutigen Ukraine, was für die Ortschaften Cinadevo, Pavlovo und Polana [Poleno] auch durch Videointerviews der Shoah Visual History Foundation explizit bestätigt werden kann. Auch der Ort Svalava [Szolyva] wird dort noch einmal bestätigt. Die DEGOB-Protokolle 2020 und 2057, die die vorliegenden Auschwitzer Häftlingsnummern belegen, nennen ebenfalls das Ghetto Munkács [Mukacevo] als Ausgangspunkt der Deportation. Es könnte demnach eine größere Gruppe späterer Venusberger Häftlinge aus dem Ghetto Mukacevo nach Auschwitz verschleppt worden sein. Für die Häftlinge, die auch Auschwitz durchliefen, ergibt sich bisher folgende Übersicht. Aber auch Deportationen aus anderen Ghettos sind möglich:

<table>
<tr><th>Herkunft</th><th>Auschwitzer Nummernbereich</th><th>Anzahl</th><th>Total</th></tr>
<tr><td>[28.06.1944]
Mukacevo</td><td>A-7270 bis A-8269
A-7561, A-7970, A-7991, A-7992</td><td>4+???</td><td rowspan="3">181</td></tr>
<tr><td>Uzhorod</td><td>A-25998</td><td>1+???</td></tr>
<tr><td>??.??.??</td><td></td><td>???</td></tr>
</table>

3.2.2 Die polnischen Jüdinnen

Die 143 als „polnische Jüdinnen“ registrierten Venusberger Häftlinge aus dem Lager Bergen Belsen dürften nahezu alle das KZ Plaszow durchlaufen haben, von dem sie zu mindestens zwei verschiedenen Zeitpunkten nach Auschwitz und im Zuge der Evakuierung ins Lager Bergen Belsen gelangten.

Anne-Rose E. berichtet:

> „Im Jahre 1938 wurden meine Eltern aus Deutschland (Berlin) nach Polen ausgewiesen. Wir wohnten dann in Krakau, waren im Ghetto Krakau und aus dem Krakauer Ghetto kam ich ins Lager Plaszow, wo ich bis Oktober 1944 war. Ich wurde dann nach Auschwitz abtransportiert, wo ich bis zur Liquidierung, am 18.1.1945 war. Ich überlebte den Evakuierungsmarsch und kam nach Bergen-Belsen. Im Februar 1945 – es konnte gegen Ende Februar sein – wurde ich mit einer Gruppe von ca. 500 Frauen ins Lager Venusberg abtransportiert.“[733]

Die Gruppe um Anne-Rose E. erreichte am 22. Oktober 1944 Auschwitz und erhielt Häftlingsnummern im Bereich zwischen A-26098 und A-27752. Der exakte Nummernbereich ist nicht komplett bekannt. Für das Lager Venusberg konnten bisher 13 Nummern nachgewiesen werden. Eine zweite Gruppe um Sonia Schreiber Weitz, erreichte Auschwitz wohl erst im Januar 1945. Dieser Gruppe gehörte auch Helene G. an. Sie gibt zu Protokoll:

> „Ich stamme aus Krakau nach Liquidierung des Krakauer Ghetto im März 1943 war ich im Lager Plaszow bis zur Liquidierung des Lagers inhaftiert. Mitte Januar 1945 verließ ich das Lager Plaszow, war einige Tage in Auschwitz, dann in Bergen Belsen und von Bergen Belsen kam ich in einem Transport von circa 500 Frauen nach Venusberg.“[734]

Zu einer dritten Gruppe Krakauer Häftlinge gehörte Regina Wiener. Ihr konnte die Häftlingsnummer A-19165 zugeordnet werden. Sie erreichte Auschwitz am 6. August 1944.
Neben den Frauen aus dem Krakauer Ghetto, können als Aufenthaltsorte vor dem KZ Plaszow für Venusberger Häftlinge auch die Ghettos Tarnow, Warschau, Radom, Miechów und Szczekociny belegt werden. Frauen aus dem Ghetto Tarnow bilden dabei derzeit die zweitstärkste Gruppe. Eine kleine Häftlingsgruppe scheint auch aus Rzeszow zu stammen. Es ergibt sich folgende Übersicht über die Deportation nach Auschwitz.

---

[733] Barch, B 162 / 8376, S. 530 VP Anne-Rose E.
[734] Barch, B 162 / 8377, S. 533 VP Helene G.

Ankunft	Herkunft	Auschwitzer Nummernbereich	Anzahl	Total
06.08.44	**Plaszów**	**A-19165** [A-18555 bis A-20000]	1+?	
22.10.44	**Plaszów**	Nummernbereich nicht genau bekannt. Fixpunkte bei Danuta Czech **A-26098 ~ A-27752**	13+?	**143**
??.01.45	**Plaszów**	Bekamen komplett keine Nummern, da Registrierung im Nov. eingestellt	2+?	
			???	

3.2.3 Die griechischen Jüdinnen

Eine dritte große Gruppe des Bergen Belsener Transports stellen die 103 als „griechische Jüdinnen" registrierten Frauen und Mädchen dar. Es ist davon auszugehen, dass sie alle auch Häftlinge des KZ Auschwitz waren. Die meisten unter ihnen gelangten direkt von dort nach Bergen Belsen, eine kleinere Gruppe, mindestens fünf[735] Häftlinge, wurden jedoch mit Zwischenaufenthalt im KZ Dachau nach Bergen Belsen überstellt. Für die griechischen Jüdinnen in Venusberg-Gelenau sind zwei große Deportationstransporte nachgewiesen worden, sowie ein dritter kleiner. Mindestens 40 der Häftlinge, die später nach Venusberg überstellt wurden, gehörten wohl dem Sammeltransport aus Athen an, der Auschwitz am 11. April 1944 erreichte. Danuta Czech bezüglich der Ankunft:

> „Mit einem Transport des RSHA aus Griechenland sind etwa 2500 in Athen verhaftete jüdische Männer, Frauen und Kinder eingetroffen. Nach der Selektion werden 320 Männer, die mit den Nummern 182440 bis 182759 gekennzeichnet werden, und 328 Frauen, die wahrscheinlich die Nummern 76856 bis 77183 erhalten, als Häftlinge ins Lager eingewiesen. Die übrigen Menschen, unter ihnen 1067 Männer, werden in den Gaskammern getötet."[736]

In Wirklichkeit handelt es sich bei diesen Juden wenn überhaupt nur um wenige Personen, die in Athen verhaftet wurden, sondern größtenteils um Mitglieder der griechischen Gemeinden

[735] Dachauer Häftlingsnummern: 119887, 119888, 119889, 119890, 119892
[736] Danuta Czech. S.754

aus Ioannina [Janina], Larissa, Trikala, Volos, Kastoria, Arta, Patras, Preveza und Chalkis. Sie wurden mehrheitlich am 24. oder 25. März 1944 vor Ort in Arrest genommen und per LKW zu Teilen nach Larissa[737], zu Teilen nach Salonika [Thessaloniki][738] gefahren, wo sie in den Zug aus Athen verladen und per Bahntransport nach Auschwitz eingeliefert worden sind. Unter den Deportierten der Gemeinde Kastoria befanden sich außerdem etliche Flüchtlinge aus der jugoslawischen Grenzstadt Bitola [Bitolj] in Mazedonien. Auch sie werden später im KZ Flossenbürg, Außenlager Venusberg, als „griechische Jüdinnen" registriert. Aus den Gemeinden Patras, Preveza und Chalkis konnten bislang noch keine Jüdinnen im Lager Venusberg nachgewiesen werden. Die anderen Herkunftsorte sind alle mehrmals vertreten. Auch die im Rahmen der Ludwigsburger Ermittlungen vernommene, in Salonika geborene Stella H.[739] gehörte dem genannten Deportationstransport an. Sie berichtet:

> „Bevor ich nach Bergen-Belsen kam, war ich im Lager Birkenau, in das ich am 24. März 1944[740] eingeliefert wurde. Etwa zwei Wochen vorher war ich in der griechischen Stadt Larissa verhaftet worden."[741]

Die zweite vernommene, griechische Jüdin Zoja A. gibt zu Protokoll:

> „Aus meiner Heimatstadt Janina wurde ich im März 1944 nach Birkenau deportiert. In Birkenau war ich ungefähr 7 Monate und wurde nach Bergen-Belsen geschickt. Nach einigen Monaten, ich weiß nicht mehr wie lange ich dort war, wurde ich in einem ziemlich großen Transport von Frauen aus verschiedenen Ländern in ein Lager geschickt, dessen Name mir nicht mehr genau in Erinnerung blieb. Es war wahrscheinlich Venusberg. Dort arbeitete ich in einer Flugzeugfabrik, es wurden dort Teile zu Flugzeugen erstellt."[742]

---

[737] Marcia Haddad Ikonomopoulos. Kehila Kedosha Janina Synagogue&Museum
[738] Kastoria/Bitola vgl. USHMM
[739] Von ihr existiert auch das Videointerview der SVHF 22752
[740] Beginn der Deportation in Larissa
[741] Barch, B 162 / 8376, S. 538 VP Stella H.
[742] Barch, B 162 / 8377, S. 781 VP Zoja A.

Mindestens 30 griechische Jüdinnen in Venusberg, stammen von Korfu [Kérkira] und / oder gehörten einem zweiten Deportationstransport nach Auschwitz an, der dort am 30. Juni 1944 ankam. Diese Frauen waren am 9. Juni 1944 in Arrest geraten und wurden zunächst in einer 7-tägigen Reise nach Athen transportiert[743], wo ihr Bahntransport nach Auschwitz Birkenau zusammengestellt wurde. Danuta Czech:

> „Mit einem Transport des RSHA aus Athen und von der Insel Korfu kommen 2044 Juden an. Nach der Selektion werden 446 Männer, die die Nummern A-15229 bis A-15674 erhalten, und 175 Frauen, die die Nummern A-8282 bis A-8456 erhalten, als Häftlinge ins Lager eingewiesen. Die 1423 übrigen Menschen werden in den Gaskammern getötet."[744]

Etliche der Frauen, die später nach Venusberg überstellt wurden, waren in Auschwitz in Block 22 B im Lagerabschnitt BIb nahe des Krematoriums II einquartiert worden, für den das Belegungsbuch, geführt vom 29.09.1944 bis 17.01.1945, überliefert ist.[745] Am 24. November 1944 wurden die meisten der 1637 im Blockbuch verzeichneten Frauen in den Lagerabschnitt BIIb, das ehemalige Theresienstädter Familienlager, umquartiert. Von hier wurden einige wohl später nach Bergen-Belsen evakuiert.
Weitere einzelne Häftlinge könnten auch schon im Jahr 1943 aus dem Ghetto Salonika nach Auschwitz und später nach Venusberg gelangt sein. Bislang gibt es hierfür aber nur einen Hinweis, das Interview 11921 für die Shoah Visual History Foundation von Victoria M.[746]. Ihr ist die Auschwitzer Häftlingsnummer 53763 zuzuordnen. Aber auch Viktoria Zadik will am 15.04.1943 in Saloniki verhaftet und nach Auschwitz deportiert worden sein. Zu dieser Zeit erreichen viele Transporte aus Salonika das Lager. Bei Danuta Czech lässt sich aber die angegebene Häftlingsnummer nicht eindeutig einem solchen Transport zuordnen.

---

[743] Vgl. Yad Vashem

[744] Danuta Czech. S.809

[745] vgl. http://www.auschwitz.org vgl. Pascal Cziborra. KZ Zschopau S.14

[746] FloNo.: 63019

Ankunft	Herkunft	AuschwitzerNummernbereich	Zahl	Z
1943	Salonika	53763 [?]	**1**+???	
11.04.1944	**“Athen”**	76856 bis 77183	**40**+???	**103**
30.06.1944	**Korfu** **Kérkira**	A-8282 bis A-8456,	**30**+???	

Die Sterblichkeit der „griechischen Jüdinnen“ im Lager Venusberg ist mit zwei registrierten Todesfällen[747] relativ gering. Beide Personen und ihre Deportationsherkunft sind aber noch nicht mit Sicherheit identifiziert bzw. geklärt. Insbesondere der registrierte Nachname *Beladium* macht Schwierigkeiten.

Einige Griechinnen wurden auch versehentlich unter anderen Nationalitäten registriert, so beispielsweise Dora Dostis[748] als polnische Jüdin und bei der vermeintlichen Ungarin Belina Suchami[749] handelt es sich um eine Griechin aus Ioannina. Zusätzlich haben sich in die Flossenbürger Register erhebliche Fehler eingeschlichen. So findet sich beispielsweise der Dachauer Häftling Berky Benghiat Dento 15.07.17 im Flossenbürger Nummernbuch als Denti Beki 05.07.17 wieder[750]. Eine weitere Vertauschung von Vor- und Nachnamen, liegt wohl für Batsheva (Pansewa?) Atun vor, die in den Nummernbüchern als Atuni Pansewa[751] registriert wurde. Auf einer Mauthausener Entlassungsliste wird die 20jährige aus Trikalla als Pansewa Atou geführt. Auch der Dachauer Häftling Stamastina Cofinas, *05.05.1909 in Moscopulo findet sich im Flossenbürger Nummernbuch plötzlich als Stamatina Moscopoulou *05.05.1908 wieder[752] und wird auf der Entlassungsliste des KZ Mauthausen als 36jährige Stamatia Moskopoulou aus Profiti geführt. Diese Varianzen sind wohl den mündlichen Registriervorgängen geschuldet. Die Beispiele verdeutlichen die Schwierigkeiten bei der Häftlingsidentifizierung, die gerade bei den griechischen Juden noch durch fehlende Vergleichsdokumente für die Ge-

[747] FloNo.: 62883, 63309
[748] FloNo.: 63283 vgl. SVHF 44849
[749] FloNo.: 63193
[750] FloNo.: 62880 – Dachauer Häftling 119892
[751] FloNo.: 63148
[752] FloNo.: 63132 – Dachauer Häftling 119887

burtsdaten erschwert werden. Einigen griechischen Überlebenden sind die Lagerbezeichnungen Venusberg und Gelenau auch kein Begriff, so dass per Deportationstransport und Befreiung in Mauthausen identifiziert werden muss. Insgesamt wurden mindestens 95 Venusberger Griechinnen in Mauthausen befreit. Sie waren quasi die einzigen Griechinnen im Lager. Iakovos Kambanellis, griechischer Autor und Mauthausen Überlebender setzte ihnen mit seiner durch Mikis Theodorakis vertonten Mauthausen-Kantate, insbesodnere dem Lied „Ihr Mädchen von Mauthausen" ein künstlerisches Denkmal.
Einige Griechinnen sind jedoch noch nach der Befreiung verstorben. Es gibt einige unsichere Fälle. Rückmeldungen Angehöriger diesbezüglich wären wünschenswert.
Auch von der Insel Rhodos wurde nach Venusberg deportiert. Diese Frauen sind aber entsprechend der politischen Zugehörigkeit in der Regel als „italienische Jüdinnen" registriert.

3.2.4 Die „französischen Jüdinnen"

19 Frauen des Bergen Belsener Transports sind im Flossenbürger Nummernbuch als „französische Jüdinnen" registriert. Sie wurden sehr wahrscheinlich alle über Drancy nach Auschwitz deportiert und gelangten von dort nach Bergen Belsen. Für 18 dieser Frauen sind die Transporte aus Drancy bekannt. Bei „Louise Mojze"[753] dürfte es sich aber um eine griechische Jüdin handeln. Neben den als „französische Jüdinnen" registrierten Häftlingen wurden außerdem mindestens zwei weitere Frauen über Drancy deportiert: im Konvoi 57 die „holländische Jüdin" Schoontje Becht[754] und eine gebürtige Polin namens Tuchszerer[755] mit Konvoi 59. Beide erreichten Auschwitz bereits im Jahr 1943. Möglicherweise wurden weitere Venusberger Häftlinge[756] nicht-französischer Nationalität über Drancy deportiert. Die 18 „französischen Jüdinnen", für die acht verschiedene

---

[753] Flossenbürger Häftling 63307 Mojze Louise *22.08.1920 Vgl. AMM Y/49
[754] Flossenbürger Häftling 63352 Sie verstarb am 20.06.1945 auf Reichenau
[755] Flossenbürger Häftling 63237
[756] z.B. Flossenbürger Häftling 63927 mit Konvoi 62 ??? DP210105522 ???

Transporte belegbar sind, erreichten Auschwitz zwischen Januar und Juli 1944 und wurden daher auch mit ganz verschiedenen Häftlingsnummern tätowiert. Mindestens eine der „französischen" Häftlingsfrauen verstarb im März 1945 in Venusberg[757]. Fünf weitere Frauen dürften das Jahr 1945 ebenfalls nicht überlebt haben. Ihre genauen Todesumstände sind bis heute nicht bekannt. Celina Vainchstein, geborene Tintel[758], Lise Flore Lehmann[759] und Yetta Bella Pascariu[760] wurden für tot erklärt. Germaine Andree Fischer[761] und Kadina Mestrano[762], geborene Benadiret, gelten als vermisst. Alle fünf dürften entweder noch in Venusberg, während des Transportes oder infolge der miserablen Evakuierungsbedingungen verstorben sein. Für einige von ihnen wurde im französischen Amtsblatt *Journal Officiel* als Todesort Auschwitz angegeben, der widerlegt werden konnte. Hinweise zum wahren Schicksal dieser Frauen werden erbeten.

Die Recherchen ergaben zudem, dass zwölf der „französischen" Frauen die Befreiung erlebten. Laut dem zuständigen französischen Ministerium *Ministère de la Défense* wurden am 19. Mai 1945 bereits die ersten vier Frauen[763] repatriiert. Am 12. Juni[764] erreichen zwei weitere befreite Häftlinge Frankreich, denen am 1. und 31. Juli[765] jeweils eine weitere Frau folgte. Außerdem zählen noch vier Frauen zu den Überlebenden[766], deren Repatriierungsdaten bislang nicht vorliegen. Eliane P.[767] gab für die Shoah Visual History Foundation das Interview 11460, dem möglicherweise mehr Informationen zu den Lagererfahrungen der Französinnen zu entnehmen sind. In der Datenbankmaske scheint das Lager Venusberg in ihrer Deportationsgeschichte

---

[757] Flossenbürger Häftling 62952 Ester Fabianowicz *1895 [geb. Russin]
[758] Flossenbürger Häftling 63243 *13.05.1896 vgl. DP217508387
[759] Flossenbürger Häftling 63149 *01.07.1927 Paris
[760] Flossenbürger Häftling 63077 *25.08.1917 Paris
[761] Flossenbürger Häftling 62961 *07.02.1898 Paris vgl. EC78036
[762] Flossenbürger Häftling 63118 Cadet Mestrano *07.03.1904 Aidin
[763] Flossenbürger Häftlinge 62908, 62969, 63167, 63255
[764] Flossenbürger Häftlinge 63029, 63030
[765] Flossenbürger Häftling 62919 & 62918
[766] Flossenbürger Häftling 62910, 63085, 63086, 63301
[767] Flossenbürger Häftling 63085

allerdings nicht auf. Ein weiteres Interview[768] existiert von der über Drancy deportierten gebürtigen Polin Marie C.[769], die demnach auch zu den Überlebenden gehört und am 23. Mai 1945 repatriiert wurde. Auch Schoontje Becht wurde wohl in Mauthausen befreit, verstarb allerdings am 20. Juni 1945 auf der Insel Reichenau. Im Rahmen der Luwigsburger Ermittlungen wurde keine Überlebende aus dieser Gruppe der „französischen Jüdinnen" zu ihren Erfahrungen im KZ Venusberg befragt.

Konvoi	**Ankunft**	**Auschwitzer Nummernbereich**	**Z**	**S**	**D**
57	20.07.43	50204 bis 50394	[1]		1
59	04.09.43	58300 bis 58405	[1]	1	
66	22.01.44	74783-74797 & 74835-74874	2	2	
67	06.02.44	75125 bis 75173	2	2	
68	12.02.44	75340 bis 75400	1	1	
70	30.03.44	76162 bis 76309	1		1
71	16.04.44	78560 bis 78782	1	1	
74	23.05.44	A-5420 bis A-5666	8	4	4
75	02.06.44	A-7065 bis A-7198	2	1	1
76	04.07.44	A-8508 bis A-8730	1		1

3.2.5 Die holländischen Jüdinnen

17 der 18 im Nummernbuch als „holländische Jüdinnen" verzeichneten Venusberger Häftlinge wurden von den niederländischen Konzentrationslagern Westerbork und Herzogenbusch nach Auschwitz eingeliefert. Eine weitere holländische Jüdin erreichte Auschwitz mit dem 57. Konvoi aus dem französischen Lager Drancy. Mindestens 6 von ihnen wurden bereits 1943 nach Birkenau überstellt[770]. 11 der 18 Frauen sind in Amsterdam geboren, 2 in Rotterdam, jeweils eine in Utrecht, Kimpaling, Zierikzee und Berlin. Der Geburtsort von Alida Kesner-Reens liegt nicht vor. Im Zuge der Evakuierung des Lagers Auschwitz gelangten die Frauen und Mädchen nach Bergen Belsen und von dort nach Sachsen. Bereits im März 1945 starben in Venusberg

768 SVHF 27899

769 Flossenbürger Häftling 63237

770 Der Deportationszeitpunkt von Sientje Van der Veen liegt noch nicht vor.

zwei Frauen aus ihrer Gruppe[771]. Die Strapazen der Evakuierung nach Mauthausen fordern zahlreiche weitere Opfer. Es ist davon auszugehen, dass von den verbliebenen 16 holländischen Häftlingen nur 8 überlebten[772]. Diese Zahl schließt aber bereits die Todesfälle nach der Befreiung mit ein. Mindestens 4 der insgesamt 10 Todesopfer starben erst nach der Befreiung. Lea Kijl[773] starb laut OGS am 10. Mai 1945 noch in Mauthausen, Schoontje Becht[774] am 20. Juni auf der Bodenseeinsel Reichnau, Sientje van der Veen[775] am 12. Juli 1945 in Herisau/St.Gallen, wo sich Hospitäler für KZ-Überlebende befanden. Auch Alida Kesner[776] wurde zunächst in Mauthausen befreit. Am 23. Mai 1945 wird sie nach Basel transportiert, aber wegen ihrer körperlichen Schwäche nicht repatriiert. Dort verliert sich schließlich ihre Spur. Die Todesumstände sind bislang noch nicht geklärt. Für die anderen vier Opfer Elizabeth Agtsteribbe[777], Betsie Cohen, geborene Cauveren[778], Sara De Vries[779], geborene Kloeten und Ruth Weiss[780], geborene Neumann kommt auch der Tod auf der Evakuierung in Betracht, aber auch ein Versterben nach der Befreiung in Mauthausen ist nicht völlig auszuschließen. Sie wurden nach dem Krieg in den Niederlanden für tot erklärt. Die 8 holländischen Überlebenden traten in den Ludwigsburger Ermittlungen nicht in Erscheinung und wurden auch nicht für die Shoah Visual History Foundation interviewt. Hinweise auf die Todesumstände der Aufgeführten, sowie ergänzende Berichte über ihre Erfahrungen im KZ Venusberg sind erwünscht.

Die konkreten Auschwitzer Häftlingsnummern in der resultierenden Übersicht, müssten noch in Erfahrung gebracht bzw. rekonstruiert werden. Das „S“ steht für die Überlebenden das „D“ für die Todesopfer der einzelnen Transporte.

---

[771] Antje Margaretha De Groot (62995) und Margaretha Schoemaker (63208)
[772] FloNo.: 62917, 62948, 63041, 63046, 63076, 63091, 63189, 63250
[773] FloNo.: 63064
[774] FloNo.: 63352
[775] FloNo.: 63228
[776] FloNo.: 63037
[777] FloNo.: 62864 *12.04.1912 Amsterdam
[778] FloNo.: 62916 *22.08.1910 Amsterdam
[779] FloNo.: 63253 *08.01.1891 Zierikzee
[780] FloNo.: 63259 *15.05.1910 Berlin

Ankunft	Herkunft	Auschwitzer Nummernbereich	Z	S	D
18.07.43	Drancy	50204 bis 50394	1		1
26.08.43	Westerbork	55926 bis 55973	2	2	
16.09.43	Westerbork	62367 bis 62560	2	1	1
23.09.43	Westerbork	62984 bis 63271	1	1	
05.03.44	Westerbork	75816 bis 75891	1		1
25.03.44	Westerbork	76076 bis 76131	1		1
07.04.44	Westerbork	76534 bis 76600	1		1
06.06.44	Herzogen-Busch/ Vught	78251 bis 78533 und 81735 bis 81850	1	1	
05.09.44	Westerbork	A-25060 bis A-25271	7	3	4
??.??.??	Westerbork	Van der Veen, Sientje	1		1

3.2.6 Die „italienischen Jüdinnen“

14 Venusberger Häftlinge werden in den Nummernbüchern als „italienische Jüdinnen“ bezeichnet. Die Mehrheit von ihnen stammte von der Insel Rhodos, die seit 1912 zu Italien gehörte und erst 1948 dem Königreich Griechenland angegliedert wurde. Sie hatten damit einen etwas längeren Deportationsweg hinter sich als die eigentlichen Griechinnen vom Festland. Sie wurden am 23. Juli 1944 auf Rhodos in Arrest genommen und mit der jüdischen Gemeinde von Kos in das Sammellager Haidari in der Nähe Athens verschifft. Von den über 1700 deportierten Personen sollen an Bord bereits etliche Menschen in der Mittelmeerhitze verdurstet sein. Nach einem Zwischenstop von vier Tagen im Lager Haidari wurde die grauenhafte Odyssee am 3. August per Zug nach Auschwitz fortgesetzt. Am 16. August erreichte der Transport mit etwa 2500 Personen Auschwitz. Demnach wurden in Haidari möglicherweise weitere Gruppen angeschlossen:

> „Nach der Selektion werden 346 Männer, die die Nummern B-7159 bis B-7504 erhalten, und 254 Frauen, die mit den Nummern A-24215 bis A-24468 gekennzeichnet werden, als Häftlinge ins Lager eingeliefert. Die übrigen Menschen (etwa

> 1900 Personen[781]), darunter 1202 Männer, werden in den Gaskammern getötet.“[782]

Während bereits 32 der registrierten Frauen am 30. Oktober 1944 das benachbarte Flossenbürger Außenlager Wilischthal erreichen[783], kommen am 13. bzw. 28. Februar 1945 mit dem Transport aus Bergen Belsen weitere 12[784] Frauen aus diesem Deportationstransport in die Region zur Zwangsarbeit nach Venusberg. Mindestens 10[785] von ihnen gelangten zuvor über Dachau[786] von Auschwitz nach Bergen Belsen und wurden in Dachau in den 119.000-Nummern[787] registriert. Darunter auch Matilde P., die mit ihrer Schwester Regina Venusberg erreicht. Über ihre leidvolle Deportation berichtet sie:

> „Im Juli 1944 wurden alle jüdischen Familien von den Deutschen verhaftet. Ich war 28 Jahre alt, verheiratet und hatte eine wunderschöne, achtzehn Monate alte Tochter, Mariuccia. Auf dem Flugfeld wurden wir alle eingeschlossen: ich, mein Mann, Mariuccia, meine Mutter, meine Schwester, mein Bruder, seine Frau und ihre Tochter. Mein Mann war 36 Jahre alt, meine Mutter 60, mein Bruder 32, seine Frau 28 und ihre Tochter 6 Monate. Niemand von ihnen ist zurückgekommen von dieser Reise, die am 24. Juli im Hafen von Rhodos ihren Anfang nahm (...) Bevor wir aus dem Waggon stiegen, half ich meiner lieben Mutter ein sauberes Kleid anzuziehen. Das Gleiche tat ich für mich, mein Kind, für meine Schwester und meinen Mann, wir hatten uns hergerichtet und sind ausgestiegen, als ob wir zu einer Feier gingen. Ich half meiner Mutter auszusteigen, meine Schwester Regina hielt mein Kind. Dann nahm ich meine kleine Mariuccia wieder zu mir. Ich sah

---

[781] Ergänzung des Verfassers

[782] Danuta Czech, Kalendarium S. 851

[783] vgl. Pascal Cziborra. KZ Wilischthal. Unter Hitlerauges Aufsicht.

[784] Die Frauen aus Rhodos sind als „italienische Jüdinnen“ registriert. Es stammt aber auch Alchadeff Kadena FloNo.: 63292 von Rhodos

[785] Alegra Avzaradel FloNo.: 62869, und Maria Benun FloNo.: 62887, wurden möglicherweise direkt von Auschwitz nach Bergen-Belsen überstellt.

[786] Das Lager erreichen sie am 27.10.1944. Weiterüberstellt am 17.12.1944

[787] 119947, 119944, 119951, 119925, 119878, 119879, 119881, 119918, 119895, 119901

einen Häftling, der auf uns zukam; sobald er mich mit meinem Kind im Arm sah, sagte er mir auf griechisch und mit leiser Stimme: ‚Gibt es nicht eine alte Frau, die das Kind halten könnte?' Ich verstand seine Frage nicht, sagte aber ja. Er antwortete, ich sollte ihr das Kind geben. Ich übergab Mariuccia meiner Mutter, die immer neben mir stand. Ich sagte ihr: ‚Mutter, kümmere du dich um das Kind. Ich und Regina werden arbeiten gehen, abends werden wir zurückkommen und wir werden wieder alle vereint sein.' Kaum hatte ich meinen Satz beendet, sah ich zwei Deutsche auf uns zukommen, die mich von meiner Mutter und meinem Kind fortrissen. Ich habe sie nie wieder gesehen. Niemand kann sich meine Verzweiflung vorstellen."[788]

Ähnlich wie Matilde P. erging es vielen ehemaligen Venusberger Häftlingen, die als einzige oder eine der wenigen Überlebenden ihrer Familien in ihre Heimat zurückkehrten oder nach dem Krieg in die USA, Israel und andere Aufnahmeländer emigrierten. Die Erinnerung an ihre leidvollen Erfahrungen begleiteten sie ihr Leben lang, was folgende Zeilen eindrucksvoll bestätigen:

> „Wenn ich schon vor 20 Jahren geschrieben hätte, dann hätte ich alles, was ich erlebt hatte, Punkt für Punkt aufgeschrieben. Aber jetzt bin ich müde; um diesen Brief zu schreiben, habe ich Tränen vergossen. Wenn ich mich an die Vergangenheit erinnere, hören die Tränen nicht mehr auf zu fließen."[789]

Von den Frauen aus Rhodos verstarb vermutlich einzig Renata Reina Alhadeff[790] bereits in Venusberg. Ein zweites Todesopfer unter den italienischen Jüdinnen war Maria Luisa Sonnino[791], die am 20. März aus der Flossenbürger Lagerstärke gestrichen wurde. Sie war eine der vereinzelten „italienischen Jüdinnen", die nicht von Rhodos kamen und unterschiedliche Deportationsgeschichten vorzuweisen hatten. Maria Luisa Sonnino wurde

---

[788] Matilde P. in *Meine Tage waren leer*. S.19f.
[789] Matilde P. in: Meine Tage waren leer. S.43
[790] *20.01.1921 FloNo.: 62866 möglicherweise Dachau 119881 ???
[791] *05.10.1920 FloNo.: 63188

am 24. Oktober von Bozen [Bolzano] nach Auschwitz überstellt, das sie am 28.10.1944 erreichte. Danuta Czech zu diesem Transport:

> „Von dem gemischten Transport mit 196 Männern und einer unbekannten Zahl von Frauen, den die Sipo und der SD sowie das RSHA aus Bozen (Bolzano) eingewiesen haben, werden nach der Selektion 59 Männer als Häftlinge ins Lager eingeliefert und mit den Nummern 199858 bis 199883 sowie B-13710 bis B-13742 gekennzeichnet. Sie werden im Quarantänelager untergebracht. Die übrigen 137 Männer werden in den Gaskammern getötet.“[792]

Demselben Transport gehörte Enrichetta Blum[793] an, die ebenfalls aus dem Lager Venusberg nicht in ihre Heimat zurückkehrte. Ihr Bruder Albert Blum reichte am 17.12.1998 ein Gedenkblatt für sie bei der Gedenkstätte Yad Vashem ein, dem die falschen Todesdaten *Oktober 1944 Bergen Belsen* zu entnehmen sind. Dort verlor sich wohl seiner Kenntnis nach ihre Spur. Demnach lagen ihm sein ganzes Leben lang falsche Informationen vor, da Enrichetta Blum von Bergen Belsen im Februar 1945 nach Venusberg überstellt wurde. Ihre wahren Todesumstände sind bislang unbekannt.
Zur Gruppe der Venusberger „italienischen Jüdinnen“ sind gegebenenfalls auch noch die als „türkische Jüdin“ registrierte Matilda Beniacar und die als „reichsdeutsche“ Häftlinge registrierten Hilda Gremboni und Eva Klein zu zählen, deren Deportationsgeschichten den entsprechenden Kapiteln zu entnehmen sind.
Weitere Todesopfer forderte die entbehrungsreiche Evakuierung auch unter den Jüdinnen von Rhodos. Violetta Capelluto[794] und Rosetta Avzaradel[795] verstarben nach Ankunft in Mauthausen. Auch Dina Pihas[796] kehrte nach dem Krieg nicht nach Hause zurück. Der Todeszeitpunkt ist ungeklärt. Auch Maria Benun

---

[792] Danuta Czech. S.918
[793] *27.12.1911 FloNo.: 62897 Foto: www.nomidellashoah.it
[794] *01.04.1926 FloNo.: 62909
[795] *22.04.1922 FloNo.: 62871
[796] *15.03.1924 FloNo.: 63150 Fehler in KZ Flossenbürg. Gedenkbuch d. F.

und Alegra Avzaradel, die anscheinend nicht zu der Gruppe der über Dachau überstellten Frauen gehörten, sind zu den Todesopfern zu zählen. Von den 14 explizit als „italienische Jüdinnen“ registrierten Frauen und Mädchen überlebten nur 6 ihre Verschleppung durch zahlreiche Lager. Neben den fünf Frauen aus Rhodos gehörte Regina Salonichio dazu, die wohl aus Korfu stammte und in Triest gelebt hatte. Deportiert wurde sie mit ihrer Schwester oder Schwägerin Alexandra, die als Griechin registriert ist, aber von Griechenland nach Auschwitz.

Ankunftt	Herkunft	Auschwitzer Nummern	Total
22.02.44	Fossoli	75670	[1]
??.08.44?	Triest	unbekannt	[1+1]
16.08.44	Rhodos	A-24215 bis A-24468	11+[1]
28.10.44	Bolzano	A-26698 [Durchgangslager ?]	2
??.??.44	Griechenland [Triest]	[FloNo.: 63178]	1

3.2.7 Die tschechischen Jüdinnen

Die Herkunft der „tschechischen Jüdinnen“ im Lager Venusberg gibt bisher die größten Rätsel auf. Nur eine der sieben Frauen wurde definitiv von Theresienstadt [Terezin] nach Auschwitz überstellt, wo sie am 30. Oktober 1944 die Erstselektion überstehen konnte. Danuta Czech notiert:

> „Mit einem Transport des RSHA werden 2038 Juden aus dem Ghetto Theresienstadt eingeliefert. In dem Transport befinden sich 949 Männer und Jungen und 1089 Frauen und Mädchen. Nach der Selektion werden 217 Männer als Häftlinge ins Lager eingewiesen und mit den Nummern B-13754 bis B-13970 gekennzeichnet. 132 Frauen werden im Durchgangslager untergebracht. Die übrigen 1689 Menschen werden in den Gaskammern getötet.“[797]

Die Deportationsgeschichten der anderen Frauen sind überwiegend ungeklärt. Laut Flossenbürger Nummernbuch verstarben

[797] Danuta Czech. S. 920

Anna Pelikan[798] und Felicia Weiner[799] im März 1945 in Venusberg. Letztere dürfte schon 1903 als Felicja Hochberger in Krakau geboren, und von Plaszow nach Auschwitz deportiert worden sein. Auch die Deportationsgeschichte der Marketa Masatova[800] ist unsicher, wobei für sie am 12.06.2002 durch ihre Enkelin Vladimira H. wenigstens ein Gedenkblatt an die Gedenkstätte Yad Vashem übermittelt wurde. Ihre Todesumstände sind aber nach wie vor unsicher. Neben der von Vladimira H. explizit genannten Flossenbürger Häftlingsnummer taucht auch die Nummer 7518 im Zusammenhang mit Auschwitz [Osvetim] auf, die bislang aber nicht bestätigt werden konnte. Marketa Masatova wurde in Pilsen geboren und lebte während des Krieges in Prag. Außerdem soll sie sich auch in Terezin aufgehalten haben, dort ist sie aber dokumentarisch nicht belegbar. Die Auschwitzer Häftlingsnummer A-7518 würde auf eine Selektion im Durchgangslager Birkenau am 28. Juni 1944 verweisen, bei der laut Danuta Czech „ungarische Jüdinnen" für das Frauenlager ausgesucht worden sein sollen. Es besteht also noch weiterer Klärungsbedarf. Auch die definitiv über Terezin deportierte Ruzena Edita Fischhofova[801] soll laut Theresienstädter Datenbank nicht aus den Lagern zurückgekehrt sein. Es ist daher davon auszugehen, dass mindestens 4 der 7 „tschechischen Jüdinnen" starben. Möglicherweise wurden einige der 7 Frauen als „ungarische Jüdinnen" aus östlichen Gebieten der Vorkriegstschechoslowakei nach Auschwitz deportiert. Die Schicksale folgender drei Frauen sind trotz einiger Erkundigungen ungeklärt:

FloNo.:	Name	Geburtstag	Schicksal
62888	Bereman, Roza	10.12.1914	?
63121	Mi[s]chnik, Helene	01.11.1916	?
63160	Rosner, Helena	06.05.1922	?

Ankunft	Herkunft	Auschwitzer Nummernbereich	Anzahl
30.10.44	Terezin	Durchgangslager	1
??.??.??			6

798 *02.03.1900 FloNo.: 63356 Gefälschte Geburtsdaten nicht ausgeschlossen
799 *01.07.1910 FloNo.: 63256
800 *30.12.1899 FloNo.: 63354
801 *26.12.1928 FloNo.: 62965 Transport Ev von Theresienstadt

3.2.8 Die slowakischen Jüdinnen

Die 7 „slowakischen Jüdinnen“ im Lager Venusberg bildeten eine kleine nahezu homogene Gruppe, die am 31. August 1944 aus Cadca nach Auschwitz deportiert wurde. Für den 1. September 1944 notiert Danuta Czech:

> „Von einem Transport des RSHA aus Cadca in der Slowakei[802] eingelieferten Juden werden nach der Selektion sechs Männer, die die Nummern B-8204 bis B-8209 erhalten, und acht Frauen, die mit den Nummern A-24982 bis A-24989 gekennzeichnet werden, als Häftlinge ins Lager eingeliefert. Die übrigen Menschen, darunter 72 Männer, werden in den Gaskammern getötet.“[803]

Zu den glücklichen 8 Frauen, die die Selektion überstanden, gehörten wohl auch 6 spätere Venusberger Häftlinge, von denen 5 überlebten. ‚Lediglich’ Lola Fischer starb in Venusberg und wurde am 7. April 1945 aus der Flossenbürger Lagerstärke gestrichen. Die anderen fünf Frauen aus Cadca wurden in Mauthausen befreit. Sie werden alle auf der Repatriierungsliste tschechischer und slowakischer Frauen und Mädchen aus dem Lager Mauthausen erwähnt und dürften daher in ihre Heimat zurückgekehrt sein[804]. Dagmar D.[805], die wohl mit ihrer Mutter in Venusberg war wurde zudem für das Mauthausener Oral-History-Video-Dokumentationsprogramm interviewt[806]. Keine der Überlebenden trat während der Ludwigsburger Ermittlungen in Ercheinung oder wurde bekannterweise anderweitig zu ihren Erahrungen im KZ Venusberg befragt. Für die Deportation der Frauen kommt daher auch ein Transport vom 5. September 1944 in Frage, der bislang nicht ausgeschlossen werden konnte. Hinweise, auch auf die Todesumstände Lola Fischers, sind erwünscht.

---

[802] In der deutschen Ausgabe: „Cadcy in Slowenien“. = Übersetzungsfehler
[803] Danuta Czech. S.866
[804] AMM U8b/2 3664, 3665, 3779, 3809, 3839
[805] A-24983. vgl. Artikel vom 02.02.2005 http://www.e-kysuce.sk
FloNo.: 62936
[806] OH/ZP1/344

Die siebte Slowakin in Venusberg war Livia Kralovska[807] aus Trnava, die wohl eine der ersten weiblichen Auschwitzer Häftlinge überhaupt war und dort unter der Häftlingsnummer 2421 registriert ist. Sie wurde bereits am 28.03.1942 mit einem Transport von Bratislava und Patronka über Brünn [Brno] in das neugegründete Frauenlager eingewiesen und hatte dort mit großer Wahrscheinlichkeit eine Funktion inne, da sie ohne eine solche kaum bis März 1945 oder länger hätte überleben können. Im Lager war sie wahrscheinlich unter dem Rufnamen Lili oder Lilly bekannt und dürfte im Außenlager Venusberg zeitweilig die sogenannte Lagerälteste gewesen sein. Wahrscheinlich wurde sie auch in Mauthausen befreit. Auf einer Entlassungsliste des KZ Mauthausen für ungarische Jüdinnen wird eine 31jährige Lilly Gyemant mit dem Geburtsort „Vrobove" und dem frühen Deportationszeitpunkt 23.03.1942 genannt. Alle Angaben passen perfekt zu Livia Kralovska. Im Flossenbürger Nummernbuch sind die beiden Häftlinge vor ihr unter dem Nachnamen Gyemant verzeichnet. Auch der Geburtsort Vrbove liegt nicht in Ungarn sondern in der Slowakei in der Nähe Trnavas, von wo aus Kralovska 1942 nach Auschwitz deportiert worden war. Ihre Personendaten mit Adresse in Trnava und den Geburtsdaten 23.05.1914 Vrbove lassen sich auch anhand der slowakischen Census Daten des United States Holocaust Memorial Museum bestätigen. Ob Kralovska in der Mauthausener Liste aus Versehen der Nachname Gyemant zugeordnet wurde, sie mit den anderen beiden Venusberger Häftlingen befreundet oder gar verwandt war, oder es sich doch eher um eine bewusste Verschleierungstaktik aufgrund ihrer Vergangenheit als Funktionshäftling in Auschwitz und Venusberg handelte, ist unbekannt Weitere Hinweise zu ihrer Person und zu ihrem Nachkriegsschicksal sind erwünscht. Es ergibt sich folgende Übersicht:

Ankunft	**Herkunft**	**Auschwitzer Nummernbereich**	**Anzahl**
28.03.42	Bratislava Patronka	**2421**	1
01.09.44	Cadca	A-24982 bis A-24989, **A-24983**	6 ?
05.09.44	Cadca	A-25272 und A-25273	?

807 *25.05.1914 Adresse vor der Deportation Trnava, Paulinska 51

3.2.9 Die reichsdeutschen Jüdinnen

5 Venusberger Häftlinge sind als „reichsdeutsche Jüdinnen" registriert. Mindestens eine 6., Ernestine Fiedler, wurde jedoch fälschlicherweise als polnische Jüdin verzeichnet[808]. Es handelt sich bei den Häftlingen um eine heterogene Gruppe mit verschiedensten Deportationsstationen. So wurden die Schwestern Fiedler, geboren in der deutschsprachigen Enklave Czernowitz - Bukowina, wohnhaft in Berlin Charlottenburg Dahlmannstr. 10[809] am 06.09.1944 mit dem 57. Osttransport des RSHA aus Berlin in Auschwitz eingeliefert. Für ihre Ankunft am 7. September 1944 notiert Danuta Czech:

> „Aus dem 57.Osttransport des RSHA aus Berlin werden 15 Juden ausgesucht, die die Nummern B-9752 bis B-9766 erhalten, sowie 15 Jüdinnen, die mit den Nummern A-25341 bis A-25355 gekennzeichnet werden. Die übrigen Menschen, darunter 39 Männer, werden in den Gaskammern getötet."[810]

Unter den für das Lager selektierten 15 Jüdinnen befanden sich also auch Regina und Ernestine Edith Fiedler. Regina, die auf den Spitznamen Relly hörte und Pianistin war, starb im März 1945 in Venusberg. Laut ihrer Schwester am 20. März. Sie wird am 31. März im Nummernbuch aus der Lagerstärke abgemeldet. Ihrer Schwester gelingt es Auschwitz, Bergen Belsen und Venusberg zu überstehen und in Mauthausen die Befreiung zu erleben. Nach dem Krieg wandert sie in die USA aus und übermittelt am 02.10.1956 aus Chicago ein Gedenkblatt für ihre Schwester an die Gedenkstätte Yad Vashem. Im Gedenkbuch Berlins der jüdischen Opfer des Nationalsozialismus wird Edith Fiedler 1995 noch mit *Schicksal ungeklärt* geführt.

Zwei weitere „reichsdeutsche" Häftlinge waren Wienerinnen. Hilda Gremboni, geborene Wohrisek lebte allerdings zuletzt in Triest und geriet in Venedig in Arrest[811]. Über Triest gelangte sie nach Auschwitz. Sie starb ebenfalls im März 1945 in Venus-

[808] 62958 Fiedler Ernestine

[809] Vgl. Gedenkbuch Berlins der jüdischen Opfer des Nationalsozialismus.

[810] Danuta Czech. S.872

[811] 62994. In Auschwitz registriert als Kralowska/Kraus Lida

berg. Lilly Friedrich, geborene Stötter stammte gebürtig aus Osijek und lebte in Wien[812]. Dort wird sie von der Gestapo im Juni 1944 festgenommen. Ihr Mann überlebte den Krieg und ließ sie für tot erklären. Sie soll zuletzt in Mauthausen gesehen worden sein[813]. Die anderen beiden „reichsdeutschen" Jüdinnen konnten bislang noch nicht eindeutig identifiziert werden.
Möglicherweise handelt es sich bei der ebenfalls im März 1945 in Venusberg verstorbenen Eva Klein[814], um einen weiteren Häftling, der über Triest nach Auschwitz gelangte. Sie könnte identisch mit der Eva Klein aus Fiume[815] sein, für die ein Gedenkblatt an die Gedenkstätte Yad Vashem übergeben wurde. Sie wurde im Februar 1945 wohl zuletzt in Bergen Belsen gesehen und könnte daher nach Venusberg deportiert worden sein. Hinweise sind erbeten. Auch die Identität des Venusberger Häftlings Herta Stern ist nicht eindeutig geklärt. Möglicherweise ist sie aber identisch mit einer Holocaust Überlebenden, die in Berlin geboren wurde und nach dem Krieg in Wien lebte. Sie wird am 29. März 1946 im Aufbauverlag erwähnt. Allerdings stimmt das Geburtsjahr[816] nicht ganz überein.
Insgesamt gab es also aus der Gruppe der „reichsdeutschen" Häftlinge, die hier mit 6 Personen anzusetzen ist, maximal zwei Überlebende. Höchstens drei Frauen erreichten Mauthausen. Drei Häftlinge verstarben bereits in Venusberg. Einige weitere Häftlinge lebten vor Ausbruch des Krieges in Deutschland[817], waren aber gezwungen das Land zu verlassen und sind unter anderen Nationalitäten verzeichnet.

Ankunft	Herkunft	Auschwitzer Nummernbereich	Anzahl
??.06.44?	Wien	unbekannt	1
??.08.44?	Triest	unbekannt [86962 bis 86981] oder [88600 bis 88652]	1+1?
07.09.44	Berlin	A-25341 bis A-25355	1[+1]
??.??.??		unbekannt	1

[812] 63353
[813] Auskunft des DOEW
[814] 63042 *25.01.1925
[815] *21.01.1925
[816] Aufbauverlag 16.06.1905, Flossenbürger Nummernbuch 16.06.01
[817] Beispielsweise Anne-Rose E.

3.2.X Die „türkischen Jüdinnen“

Zwei der Venusberger Häftlinge werden im Nummernbuch als „türkische Jüdinnen“ bezeichnet. Da in der Türkei keine Deportationen stattfanden, gelangten diese Frauen auf anderen Wegen nach Auschwitz bzw. Bergen Belsen. So wurde Matilda Beniacar aus Italien deportiert. Geboren in Izmir (Smyrna) wohnte sie zuletzt in Livorno und geriet am 25. Januar 1944 in Arrest. Über Florenz (Firenze) gelangte sie in das Lager Fossoli di Carpi und wurde am 22. Februar 1944 nach Auschwitz überstellt. Dort erhielt sie nach Ankunft am 26. Februar die Häftlingsnummer 75670. Für diesen Tag heißt es bei Danuta Czech:

> „Mit einem Transport des RSHA aus Italien sind 650 jüdische Frauen, Männer und Kinder aus dem Lager Fossoli eingetroffen. Nach der Selektion werden 95 Männer, die mit den Nummern 174471 bis 174565 gekennzeichnet werden, und 29 Frauen, die die Nummern 75669 bis 75697 erhalten, als Häftlinge ins Lager eingewiesen. Die übrigen 526 Menschen werden in den Gaskammern getötet.“[818]

Unter den männlichen Häftlingen dieser Einweisung war der berühmte Holocaust-Überlebende und Autobiograf Primo Levi, der die Nummer 174517 erhielt.
Über Bergen Belsen erreichte Matilde Beniacar Venusberg und wurde im April nach Mauthausen evakuiert, wo sie am 5. Mai befreit wird.[819] Das Schicksal und die Deportationsgeschichte der zweiten „türkischen Jüdin“ Fanny Kohen[820] konnte bislang leider nicht in Erfahrung gebracht werden. Eine Deportation über Griechenland oder Italien scheint sehr wahrscheinlich, aber auch Frankreich kann nicht völlig ausgeschlossen werden.

Ankunft	Herkunft	Auschwitzer Nummernbereich	Z	S	D	?
26.02.44	Fossoli	75670	1	1		
??.??.??		unbekannt	1			1

818 Danuta Czech. S.730
819 Liliana Picciotto Fargion S. 144 vgl. CDEC Video-Interview 29.02.1996
820 *22.01.1928 FloNo.: 63049

3.2.Y Die jugoslawische Jüdin

Über das Schicksal und die Identität der jugoslawischen Jüdin Azra Bosnic[821] konnte bislang leider nichts in Erfahrung gebracht werden. Es ist daher auch nicht auszuschließen, dass sie über ein anderes Land nach Auschwitz, bzw. Bergen Belsen deportiert wurde und möglicherweise einer der anderen Häftlingsgruppen zuzuordnen ist. Hinweise wären hilfreich. Da es sich bei den Bergen Belsener Frauen weitestgehend um verbliebene ‚Häftlingsbestände' der Auschwitzer Evakuierung handelt, sind aber auch Personen mit singulären Deportationshintergründen nicht auszuschließen. Azra Bosnic könnte auch zu den mazedonischen Frauen aus der Region Bitola gehört haben, die nach Kastoria geflohen sind und als „griechische Jüdinnen" nach Auschwitz eingewiesen wurden.

3.2.Z Die belgische Jüdin

In den Flossenbürger Nummernbüchern ist für das Lager Venusberg zwar keine „belgische Jüdin" explizit registriert, es gab aber mindestens eine gebürtige polnische Jüdin, die seit 1923 in Belgien lebte und dort aufgewachsen war. Pola oder Paula Gobbe[822] wird von Charleroi über das Lager Mechelen, das sie am 25. Juli erreichte, mit dem 26. Deportationstransport am 2. August 1944 nach Auschwitz eingeliefert. Von dort wird sie über Dachau nach Bergen Belsen und schließlich nach Venusberg deportiert. Sie kehrte nicht mehr aus der Lagerhaft zurück. Ihre Todesumstände sind nicht bekannt. Ihr Mann Télesphore Gobbe, der am 06. Juli 1944 gemeinsam mit ihr in Charleroi in Arrest geriet und dann von ihr getrennt wurde, ließ sie nach dem Krieg für tot erklären. Bislang ist nicht auszuschließen, dass weitere Venusberger Häftlinge ebenfalls aus Belgien nach Auschwitz deportiert wurden.

---

[821] *28.04.1902 Flossenbürger Häftling 62903

[822] *20.10.1921 in Wielun; Mädchenname: Dylewski. FloNo.: 63295

Teil 4: Statistik, Daten, Diagramme

Forschungsstand und Datenbasis

4.1 Fehlerhafte Literatur und falsche Daten

Bis 2008 existierten zwei nennenswerte Publikationen, die auch das Lager Venusberg berücksichtigten. Die eine von Andreas Baumgartner (1997)[823], die andere von Ulrich Fritz (2007)[824]; beide leider hochgradig fehlerhaft. Insbesondere bei Baumgartner wird das wahre Lagergeschehen erheblich entstellt. So geht Baumgartner aufgrund fehlerhafter Häftlingserinnerungen von drei Transporten, 500 Frauen aus Ravensbrück, 1500 Frauen aus Bergen Belsen, und nochmals 500 Frauen aus diesem Lager, aus. Er kommt damit auf eine Lagerstärke von 2500 Frauen und gibt an, dass nur knapp 100 die Befreiung in Mauthausen erlebten. Tatsächlich konnte mit der vorliegenden Publikation nachgewiesen werden, dass von ursprünglich 1001 Frauen mindestens 570 überlebten. Sein bedingungsloses Vertrauen in die zwei[825] ihm vorliegenden Berichte führt somit zu erheblichen Fehlern, die durch genauere Recherchen hätten vermieden werden können.

Auch Ulrich Fritz, damaliger Mitarbeiter der Gedenkstätte Flossenbürg, ist ungenau in der Auswertung der ihm vorliegenden Dokumente. So führt der falsch datierte Brief Pfarrer Leistners zu einigen Unstimmigkeiten. Die Ankunft der Häftlinge datiert Fritz daher auf *„um den 10. Januar“* und spricht von zwei Todesfällen in diesem Monat, die so nicht nachzuweisen sind. Bei der Darstellung des Evakuierungsgeschehens verlässt er sich zu sehr auf die Ausführungen Dr. Hans Brenners, die sich als weniger stichhaltig erwiesen. Beim Ankunftsdatum in Mauthausen überzeugen ihn anscheinend die zweimal vernommene Ester V. und Yalana L., ohne dass er sie konkret zitiert. Dies hätte er aber besser tun sollen, da in den Ludwigsburger Ermittlungsakten

[823] in: Die vergessenen Frauen von Mauthausen S.190-193 – vgl. 2. Auflage!

[824] In: Der Ort des Terrors. Band 4. S.263-267 - vgl. Flossenbürg. C.H.Beck

[825] Katherine S. YV 03/1040 Hieraus stammt die Zahl 1500 & Vilma Z.

und anderen Dokumenten[826] von Häftlingsseite aus auch etliche andere konkrete Ankunftsdaten für diesen Transport genannt werden. Eine Datierungsabsicherung erfolgt nicht. Auch andere Angaben sind unschlüssig, beispielsweise der 20. Februar 1945 für die Häftlingsüberstellung aus Bergen Belsen. Dieses Datum taucht in den vorliegenden Dokumenten so überhaupt nicht auf. Trotz breiter Dokumentenbasis, gelingt es leider auch dem wissenschaftlichen Mitarbeiter der Gedenkstätte Flossenbürg nicht, ein genaues und wahrheitsgetreues Bild des Lagergeschehens nachzuzeichnen. Die Nennung der konkreten Daten suggeriert aber eine Tiefenrecherche, die nicht wirklich stattfand. Auch die von Dr. Hans Brenner angefertigte Evakuierungskarte bezüglich der Transporte aus Freiberg und Venusberg in der von Michael Düsing herausgegebenen Publikation „Wir waren zum Tode bestimmt“ [S. 31] ist zumindest bezüglich des ersten Drittels der Venusberger Evakuierung fehlerhaft. Diese Publikation beschäftigt sich aber in erster Linie mit dem Standort Freiberg und anderen Flossenbürger Außenlagern.

4.2 Fehlerhafte Ortsangaben

Eine besondere Erschwernis der Recherche für das Lager Venusberg sind fehlerhafte Ortsangaben verschiedenster Art. Bei der Identifizierung der Überlebenden des Lagers musste vor allem beachtet werden, dass viele ehemalige Häftlinge die genaue Bezeichnung ihres Lagers nicht kannten. Die Informationspolitik der SS zielte genau darauf ab:

> „Die wenigen Deutschen, die mit den Jüdinnen in Verbindung kamen, hatten strenge Anweisungen zu befolgen. So war es ihnen strengstens untersagt, den Häftlingen gegenüber irgend etwas über ihren Aufenthaltsort zu äußern.“[827]

Daher schnappten die Häftlinge unterschiedliche Ortsbezeichnungen auf. Bei Ihnen prägte sich das Lager entweder als

[826] DEGOB-Protokolle etc.

[827] Aussage Hardy Melzer. Sammlung Herbert Jankowski

Venusberg oder Gelenau, bei einigen Häftlingen jedoch auch, lediglich als Flossenbürg ein. So berichtet Stella H.:

> „Der Name Venusberg ist mir im übrigen nicht bekannt. Ich kann mich aber daran erinnern, dass sich das Lager in dem ich im Frühjahr 1945 etwa drei bis vier Monate[828] inhaftiert war und von dem aus ich in einer Flugzeugfabrik arbeitete, Flossenbürg nannte.“[829]

Schlechtestenfalls, besonders unter den griechischen Häftlingen allerdings nicht selten, ist den Häftlingen gar keine Lokalisierung ihrer kurzzeitigen Zwischenhaftstätte möglich. Einige Häftlinge sind sich nicht einmal sicher, ob das Lager Venusberg in Deutschland oder in Österreich lag[830]. Matilde Beniacar scheint das Außenlager des KZ Flossenbürg in einem Interview von 1996 außerdem dem Stammlager Buchenwald zuzuordnen.[831] Interessanterweise war die Verbindung Venusberg-Gelenau bis 2008 ebenfalls nahezu unbekannt, sowohl unter den Historikern und Institutionsvertretern als auch auf Häftlingsseite. Selbst in den Ludwigsburger Akten antwortet eine Überlebende aufgefordert zu ihren Erfahrungen im KZ Venusberg vernommen zu werden:

> „In Beantwortung Ihres Schreibens von 14.December 1970 ist mir nicht bekannt, dass ich in Lager Venusberg gewesen bin, doch es besteht die Möglichkeit[,] das[s] ich nur für kurze Zeit dort war und mir daher der Name des Lagers gar nicht bekannt ist, sodass ich nicht weiss ob meine eventuelle Zeugenaussage von Nutzen sein könnte. Nachstehend sind die Namen der Lager in denen ich gewesen bin KZ Plaszow, Auschwitz, Bergen-Belsen, Zal Gellenau und K.Z. Mauthausen. Somit hat [es] keinen Sinn einen Termin festzusetzen.“[832]

Da scheinbar auch den Ludwigsburger Ermittlern der Zusammenhang Venusberg-Gelenau nicht bewusst war, wird von einer

---

[828] Zeitraum deutlich zu groß angegeben.
[829] Barch, B 162 / 8376, S. 537 VP Stella H.
[830] Vgl. SVHF 32343
[831] CDEC Videointerview mit Marcello Pezzetti am 29.02.1996 in Cecina
[832] Barch, B 162 / 8375, S. 61 Brief der Chana L.

Vernehmung abgesehen. Das Schreiben der Chana L. macht aber auf ein weiteres Problem aufmerksam. So können die Schreibweisen, wie auch die Aussprache der erinnerten Lagernamen sehr variieren. Der Lagerort Gelenau, lässt sich auch als Gellenau, Gehlenau[833], Guillenau[834] und Kallenau[835] finden. Zudem besteht hier die Verwechslungsgefahr mit dem Lager Gellenau/Jeleniów in Niederschlesien, in das ehemalige Venusberger Häftlinge in der Suchmaske der Shoah Visual History Foundation reihenweise falsch eingeordnet wurden. Venusberger Häftlinge sind aber anhand der Deportationsgeschichte und des Befreiungsortes Mauthausen zu identifizieren.

Auch für den richtigen Ortsnamen Venusberg existieren zahlreiche Varianten in den Dokumenten, die Wenusberg[836], Wenesberg[837], Bensberg[838], Beinesburg[839] oder auch wohl aus einer klanglichen Rekonstruktion Würzburg[840] lauten.

Zusätzlich gibt es Angaben, die sich an größeren Städten in der „Nähe“ des Lagers orientieren. In der Suchmaske der Shoah Visual History Foundation taucht daher auch die Lagerbezeichnung Zwickau[841] und Chemnitz[842] für ehemalige Venusberger Häftlinge auf. In einem Fall gibt es wahrscheinlich sogar eine Fehlzuordnung zum Lager „Dortmund-Hörder Hüttenverein“[843]. Insgesamt dominiert allerdings bei den Frauen aus Ravensbrück die Erinnerung des Namens Venusberg, bei den Überlebenden des Bergen Belsener Transports die Bezeichnung Gelenau.

Bei der Identifizierung potenzieller Todesopfer besteht außerdem vor allem das Problem, dass Hinterbliebene nach dem Krieg nur selten erfuhren, wo ihre nahen Angehörigen tatsächlich ums Leben kamen. So tauchen in zahlreichen Vermissten-

---

833 Uwe Johnson – Jahrestage.
834 SVHF 32343, SVHF 47927
835 SVHF 42957, SVHF 21467
836 DEGOB 1764
837 DEGOB 128, DEGOB 175
838 SVHF 32713
839 SVHF 30799
840 SVHF 2100
841 SVHF 42104
842 SVHF 47182
843 SVHF 25374 Wäre anhand des Interviews noch zu klären.

meldungen[844] und Todeserklärungen aber auch bei den Pages of Testimony, den Gedenkblättern für Israels zentrale Gedenkstätte Yad Vashem, bis zu diesem Tag zahlreich die Tosdesorte Auschwitz, Bergen Belsen, Dachau und Ravensbrück auf, obwohl sich die genannten Personen eindeutig in den Flossenbürger Nummernbüchern nachweisen lassen. Da die letzten bekannten Lebenszeichen aus anderen Lagern stammten, werden meist auch zu frühe Todeszeitpunkte angegeben, die eine Überstellung nach Venusberg und einen möglichen Tod auf Evakuierung oder sogar nach der Befreiung nicht berücksichtigen. Es ist daher möglich, dass Hinterbliebene ihr Leben lang an den falschen Orten ihrer toten Angehörigen gedachten. Leider konnte zu einigen Urhebern jüngerer solcher Fehlmeldungen an Yad Vashem, kein Kontakt hergestellt werden. Vielleicht gerät ihnen aber doch noch auf irgend einem Weg dieses Buch in die Hände.

4.3 Fehlerhafte Erinnerungen der Sonia Schreiber Weitz

Auch in der Autobiografie der Krakauer Jüdin Sonia Schreiber Weitz, lassen sich etliche zweifelhafte Erinnerungen und Fehlinterpretationen des historischen Geschehens finden. So schreibt sie zu ihrer Transportankunft in Auschwitz im Januar 1945:

> „Nach der Entlausung wurden Blanca und ich in eine Reihe gestellt um unsere Köpfe zu rasieren und unsere linken Arme mit Nummern zu tätowieren – unseren „neuen Namen“. Aber an diesem gewissen Tag, dem Tag als wir ankamen, war die gewöhnliche Nazi-Effizienz zusammengebrochen. Es waren zu viele von uns und es gab zu wenig Kopfscherer und Tätowierer. Darum haben Blanca und ich kein tätowierte Nummer und unser Haar wurde nie rasiert.“[845]

Mitte Januar befand sich das Lager aber schon in der Evakuierungsphase und die Tätowierung von Häftlingsnummern erfolgte nur bis zum November 1944, war also bereits seit Wo-

[844] Holocaust Document Center and Museum Budapest – Yad Vashem online
[845] Sonia Schreiber Weitz. I Promised I Would Tell. S.48f. [Cziborra]

chen eingestellt. Sonia und ihre Schwester hatten es also ganz sicher keinem Zusammenbruch der Nazi-Effizienz wegen akuter Überlastung zu verdanken, dass sie vor der eniedrigenden Aufnahmeprozedur verschont blieben, sondern vielmehr der sehr späten Einweisung ins Lager, das bereits am 27. Januar 1945 durch die Sowjets befreit wurde. Auch bezüglich des Außenlagers Venusberg sind ihre Schilderungen nicht ganz glaubhaft:

> „Einmal war ihr [meiner Schwester] so übel, dass ich Krankheit vortäuschte um bei ihr zu bleiben. Ich war wirklich besorgt, dass sie an diesem Tag sterben könnte und wollte bei ihr sein. Diese Lüge kostete mich beinahe beides, meine Zähne und meinen Blinddarm. Venusberg war ein „zivilisiertes Lager". Das bedeutete, dass ein Doktor und ein Zaharzt es einmal im Monat besuchten. Ohne Frage, jedem, der auf der Krankenliste stand, wurde der Blinddarm entfernt und die Zähne gezogen. Deshalb musste ich irgendwie von der Liste kommen. Irgendwie täuschte ich vor ich wäre tot. Es war schließlich gar nicht so schwer das zu tun. Immerhin sah ich aus wie tot."[846]

Später heißt es:

> „Mich streckte der Typhus nieder und ich endete in der Krankenbaracke. Es muss März gewesen sein zu dieser Zeit. Der Doktor und Zahnarzt hatten aufgehört zu kommen."[847]

Diese Episode ist als „fiktiver KZ-Horror" zu bezeichnen. In Venusberg wurde weder Häftlingen auf der Krankenliste generell der Blinddarm entfernt, noch ist es besonders glaubhaft, dass Sonia Schreiber ihren Tod vortäuschen konnte, um von der vermeintlichen Liste gestrichen zu werden. Todesfälle waren ans Stammlager zu melden und wurden in den Nummernbüchern des KZ Flossenbürg verzeichnet. Es ist anzunehmen, dass Schreiber Weitz hier die Spannung und Dramaturgie ihrer Autobiografie erzählerisch „aufwerten" will.[848]

---

[846] Sonia Schreiber Weitz. I Promised I Would Tell. S.63 [Cziborra]
[847] Ebd.
[848] Vgl. Pascal Cziborra. KZ-Autobiografien. S.141f.

4.4 Häftlingssterblichkeit

Sterblichkeit T3	Venusberg Laut FloNB	Evakuierung	Mauthausen & nach Lib.	O	D	S	?
HUN [Ravensbrück]	12 2,4%	1+6 1,4%	16 3,2%	12	**47**	**265+**	**188-**
HUN [Bergen Belsen]	20 11,0%	2 1,1%	5 2,8%	8	**35**	**99+**	**47-**
POL	1 0,7%	1+2 2,1%	1 0,7%	3	**8**	**75+**	**60-**
GRE	2 1,9%	0	3 2,9%	0	**5**	**92+**	**6-**
FRA	1 5,3%	0	0	5	**6**	**12**	**[1]**
HOL	2 11,1%	0	5	3	**10**	**8**	**0**
ITA	2 14,3%	0	2 14,3%	4	**8**	**6**	**0**
CZE	2 28,6%	0	0	2	**4**	**0**	**3**
SLO	1 14,3 %	0	0	0	**1**	**6**	**0**
GER	3 60,0%	0	1 20,0%	0	**4**	**1**	**0**
TUR	0	0	0	0	**0**	**1**	**1**
JUG	0	0	0	0	**0**	**0**	**1**

Die Häftlingssterblichkeit der nationalen Minderheiten, [Frankreich bis Jugoslawien] insgesamt 73 Personen, dürfte sich etwa bei 50% einpegeln. Bislang sind 33 Tote und 34 Überlebende bekannt. 6 Personen sind nicht eindeutig identifiziert und ihr Opferstatus konnte bislang nicht erhoben werden. Auf diese Häftlingsgruppe entfallen aber bereits im Lager Venusberg 11 Todesfälle. Da sie 14,6% der Häftlingsbelegung mit Bergen Belsener Ursprung darstellen, hätten es aber bei statistischer Gleichverteilung der Todesfälle auf die Nationen dieses Transportes nur 5 Todesfälle sein müssen. Die Minderheiten waren also sehr wahrscheinlich in einer schwächeren Position und mussten wohl auch wegen des höheren Anteils älterer Frauen größere Verluste hinnehmen. Auch unter den Ungarinnen des Bergen Belsener Transportes wütet die Typhusepidemie verstärkt mit Todesfolge. Die 181 als „ungarische Jüdinnen“ registrierten Frauen machen 36,2% der Bergen Belsener Häftlinge aus und hätten bei statistischer Gleichverteilung innerhalb des zweiten Venusberger Transportes 12 bis 13 Todesfälle hinnehmen müssen. Tatsächlich sind es aber 20. Die erhöhte Gesamtsterblichkeit dieser Häftlingsgruppe lag aber höchstens bei 45%. Für die Griechinnen und Polinnen kann von deutlich niedrigeren Sterblichkeiten ausgegangen werden. Einigen Aussagen ist die physische Stärke der Polinnen zu entnehmen. Bislang sind nur 6 bzw. 8 Todesfälle aus dieser Gruppe bekannt. Demgegenüber stehen mindestens 75 Überlebende. Nach vorsichtigen in Zukunft weiter abzusichernden Schätzungen könnten daher mehr als 80% der Polinnen die Evakuierung nach Mauthausen, Befreiung und Repatriierung überlebt haben. Die Befreiungsrate der Griechinnen dürfte noch höher gelegen haben. Laut einer Entlassungsliste kamen mindestens 90 Griechinnen aus Venusberg lebend in Mauthausen an und wurden größtenteils dort befreit. Zudem sind weitere 5 Überlebende und in Mauthausen befreite Griechinnen, die nicht auf dieser Liste geführt werden, aus anderen Quellen bekannt.[849] In Venusberg waren zwei Frauen verstorben. Das Schicksal von 6 Frauen ist unbekannt. Es ist also davon auszugehen, dass mindestens 95% der in Venusberg auf Transport gegangenen griechischen Jüdinnen in Mauthausen angekommen sind und etwa 90% der Griechinnen überlebten. Mit den Todesopfern nach der Befreiung dürfte es maximal 12 Sterbefälle unter ihnen gegeben haben. Unterm Strich gäbe es dann mindestens 350 Überlebende aus dem 500 Frauen starken Transport, von denen bereits 300 konkret nachweisbar sind. Geht man davon aus, dass die Sterblichkeit des Ravensbrücker und des Bergen Belsener Transportes auch auf Evakuierung und nach der Befreiung sich ähnlich wie im Lager Venusberg selbst verhält, entfielen 26,1% der Todesopfer auf den Ravensbrücker Transport und 73,9% der Opfer auf den Transport aus Bergen Belsen. Das heißt die Sterblichkeit unter den Bergen Belsener Frauen ist 2,83 mal so groß wie bei den Häftlingen aus Ravensbrück. Schwächt man diesen Faktor etwas ab und versteht ihn als Tendenz, dürfte es unter den Ravensbrücker Frauen insgesamt etwa 70 Tote gegeben haben und folglich etwa 430 Überlebende. Abgesichert ist, dass es mindestens 260 Überlebende gab. Auf entsprechenden Entlassungs- und Repatriierungslisten lassen sich ca. 225 Frauen nachweisen, 40 weitere wurden zusätzlich durch andere Quellen ermittelt. Nach dieser Schätzung überlebten also etwa 780 Frauen, 220 kamen in Venusberg, auf Evakuierung und nach der Befreiung ums Leben. 800 bis 850 Frauen dürften in Mauthausen angekommen sein. Diese Schätzung beruht ganz offensichtlich auf vielen Variablen, die nur durch weitere intensive Einzelschicksalrecherchen abzusichern sind. Es ist diesbezüglich auf die Mitarbeit Überlebender und Angehöriger zu hoffen.

[849] FloNo.: 63294, 62947, 63166, 63179, 63284

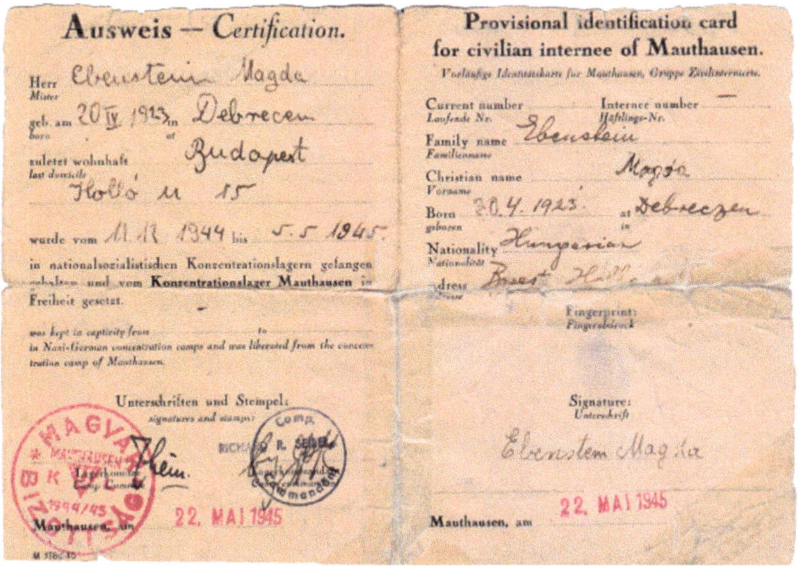

Ausweis — Certification.

Herr / Mister: Ebenstein Magda
geb. am / born: 20 IV. 1923 in / at: Debrecen
zuletzt wohnhaft / last domicile: Budapest
Hollo u 15
wurde vom 11.12 1944 bis 5.5 1945
in nationalsozialistischen Konzentrationslagern gefangen gehalten und vom Konzentrationslager Mauthausen in Freiheit gesetzt.
was kept in captivity from … to … in Nazi-German concentration camps and was liberated from the concentration camp of Mauthausen.

Unterschriften und Stempel: / signatures and stamps:
22. MAI 1945
Mauthausen, am

Provisional identification card for civilian internee of Mauthausen.
Vorläufige Identitätskarte für Mauthausen, Gruppe Zivilinternierte.

Current number / Laufende Nr.
Internee number / Häftlings-Nr. —
Family name / Familienname: Ebenstein
Christian name / Vorname: Magda
Born / geboren: 20.4.1923 at / in: Debreczen
Nationality / Nationalität: Hungarian
Adress / Adresse: Buda…
Fingerprint: / Fingerabdruck
Signature: / Unterschrift
Ebenstein Magda
Mauthausen, am 22. MAI 1945

D4: Provisorischer Nachkriegsausweis der Magda Ebenstein
[Das Geburtsdatum ist nicht korrekt: richtig wäre 20.05.1923]

4.5 Die Häftlingszwangsgemeinschaft

D1:Zusammensetzung der Häftlingszwangsgemeinschaft Nach registrierter Nationalität [im Uhrzeigersinn]

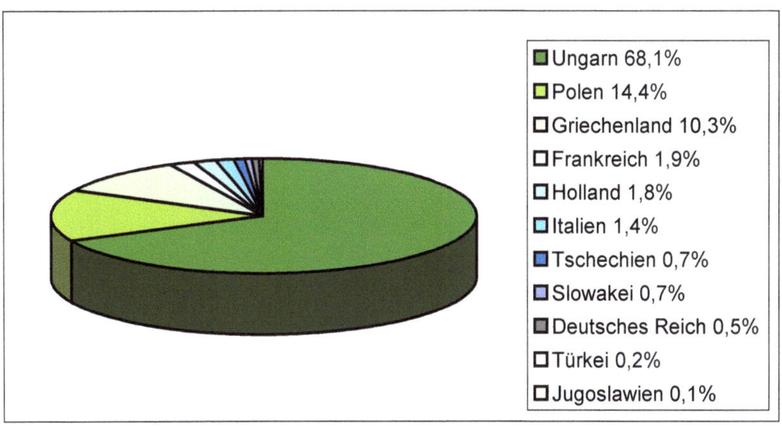

D2: Alterstruktur: Transport aus Ravensbrück nach Jahrgängen

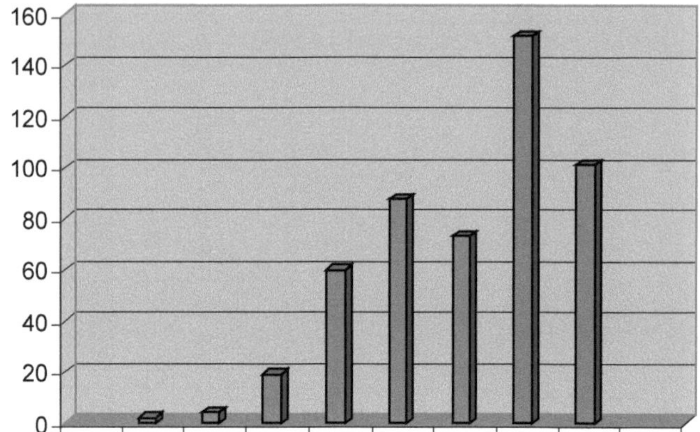

	vor 1890	1890 bis 1894	1895 bis 1899	1900 bis 1904	1905 bis 1909	1910 bis 1914	1915 bis 1919	1920 bis 1924	1925 bis 1929	nach 1929
Registriert		2	4	19	60	88	73	152	101	
Real										

D3: Altersstruktur: Transport aus Bergen Belsen nach Jahrgang

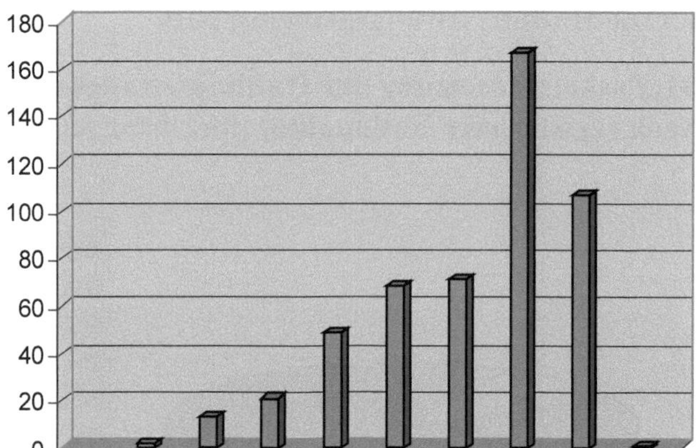

	vor 1890	1890 bis 1894	1895 bis 1899	1900 bis 1904	1905 bis 1909	1910 bis 1914	1915 bis 1919	1920 bis 1924	1925 bis 1929	nach 1929
Registriert		2	13	21	49	68	71	167	107	1
Real										

Für jeweils einen Häftling beider Transporte liegen keine Geburtsdaten vor. Da insgesamt bislang zu wenige Referenzwerte recherchiert werden konnten, waren noch keine Vergleichskurven der realen Geburtsdaten zu erheben

FloNo. Nation	**Name**, *Mädchenname **Vorname** [Varianten]	**Geburtsdaten Deportationsdaten**	**Opferstatus Quellennachweis**
61758 HUN	Abter, [Apter] Erzebet [Erzsebet] RavNo.:	23.09.1920 Abony 11.12.1944	Befreit in Mauthausen Hospital: 22.05.1945 [202. vgl 507]
61759 HUN	Abter, [Apter] Rozsi [>Roza Löff] RavNo.:	03.11.1908 Abony ‚03.05.1912'	Befreit in Mauthausen B 162 8377/772 B 162 8375/74 VP HUN: 21.09.67
61760 HUN	Adler, Zsuzsanna [Zsuzsi] B: Büroangestellte RavNo.:	15.11.1922 Magyarorszag Dep.: Budapest A: (Thököly ut. 5), Bezeredy ut. 4, Poszonyi ut. 39	**Verstarb 1945** **Ort unbekannt** [nicht Ravensbrück] PoT der Schwester Marta Hatvani [Foto] 04.09.1993 YV Item ID: 1745215
61761 HUN	Alapi, *Leichtmann Alice [Martonne] RavNo.:	19.04.1921 Budapest 01.12.1944	Befreit in Mauthausen Hospital: 22.05.1945 [198.] Adresse 1946: Dob 108, Budapest Nevek Project USHMM
61762 HUN	Altmann, Edit RavNo.:	29.06.1922 Budapest 23.10.1944	Befreit in Mauthausen Entlassung: 22.05.1945 [1.] Adresse 1946: Horthy Miklos 47, Budapest Nevek Project USHMM
61763 HUN	Altmann, Roza RavNo.:	25.01.1905 Miskolc	**Schicksal ungeklärt**
61764 HUN	Altmann, Eva RavNo.:	24.01.1927 Nyiregyhaza 11.12.1944	Befreit in Mauthausen Hospital: 22.05.1945 [199.] Adresse 1946: Horn Ede 3, Budapest Nevek Project USHMM
62765 HUN	Altstäter, Livia RavNo.:	03.05.1927 Budapest 01.12.1944	Befreit in Mauthausen Hospital: 22.05.1945 [200.]
61766 HUN	Altstäter, [Altstädter] *Solczar ? Frida [Sandorné] RavNo.:	02.01.1905 Budapest 01.12.1944	Befreit in Mauthausen Hospital: 22.05.1945 [440.]
61767 HUN	Amigo, *Barna Ilona [Jozsefne] RavNo.:	16.06.1905 Nagyatad 11.12.1944	Befreit in Mauthausen Hospital: 22.05.1945 [201.]

FloNo. Nation	**Name**, *Mädchenname **Vorname** [Varianten]	**Geburtsdaten Deportationsdaten**	**Opferstatus Quellennachweis**
61768 HUN	Antal, *Berman Ilona B: Näherin RavNo.:	18.06.1905 Budapest Dep.: Budapest A: Sziget ut 5-7	**Verstarb 1945** **Ort unbekannt** PoT YV Item ID: 5677121 Tochter Judith M. Knoll 18.08.2005 [Foto]
61769 HUN	Atlas, [Atlasz] Erzsebet RavNo.:	18.08.1909 Nagyvarad 11.12.1944	Befreit in Mauthausen Hospital: 22.05.1945 [203.]
61770 HUN	Atsch, [Acs] *Szabolcs Lilli [Lili] [Istvanne] RavNo.:	02.02.1915 ‚01.02.1921' Debrecen	**Verstarb 1945** **Ort unbekannt** [nicht 15.07.1944] M.34.1 – 7100/950 IX 15 YV Item 6598952
61771 HUN	Atsch, [Acs] Maria RavNo.:	01.08.1924 Debrecen 23.10.1944	Befreit in Mauthausen Entlassung: 22.05.1945 [2.]
61772 HUN	Bacher, Edith RavNo.:	24.07.1922 Budapest 11.11.1944	Befreit in Mauthausen Hospital: 22.05.1945 [205.]
61773 HUN	Bahn, [Ban] *Adler Edith [Edit] [Imrene] RavNo.:	01.02.1906 Budapest	**Verstarb 1945** **Ort unbekannt** HDCB [‚15.12.1944'] 73100/142/1948 YV Item ID: 6460257 [Verschollen 11/1944] YV Item ID: 5805460
61774 HUN	Balog, Ilona RavNo.:	14.07.1906 Ogylla Dep.: Budapest	Befreit in Mauthausen Hospital: 22.05.1945 [475.]
61775 HUN	Baron, Etel RavNo.:	10.08.1910 Budapest	**Schicksal ungeklärt**
61776 HUN	Bardos, Ilona RavNo.:	22.07.1907 Budapest	**Schicksal ungeklärt**
61777 HUN	Bardos, Eva RavNo.:	16.12.1919 Budapest	**Schicksal ungeklärt**
61778 HUN	Bartha, [Barta] *Singer Magda [Ernöne] RavNo.:	16.05.1917 Györ 11.12.1944	Befreit in Mauthausen Hospital: 22.05.1945 [208.]

FloNo. Nation	**Name**, *Mädchenname **Vorname** [Varianten]	**Geburtsdaten Deportationsdaten**	**Opferstatus Quellennachweis**
61779 HUN	Bartha, Klara RavNo.:	20.07.1913 Budapest	**Schicksal ungeklärt**
61780 HUN	Bauer, Klara [> Clara Ardelean] RavNo.:	01.05.1926 Komádi [‚Kamartin'] 01.12.1944	Befreit in Mauthausen Entlassung: 22.05.1945 [7.] SVHF 49965
61781 HUN	Baumgarten, *Goldstein Rozsi [Zsigmondne] RavNo.:	01.11.1904 Budapest 11.11.1944	Befreit in Mauthausen Hospital: 22.05.1945 [210.]
61782 HUN	Bein, *Barna Katalin [Jozsefne] RavNo.:	12.10.1916 Budapest 11.12.1944	Befreit in Mauthausen Hospital: 22.05.1945 [211.]
61783 HUN	Berend, Klara RavNo.:	03.09.1926 Budapest	**Schicksal ungeklärt**
61784 HUN	Beregi, Margit RavNo.:	30.01.1911 Budapest	**Schicksal ungeklärt**
61785 HUN	Berger, *Heisler Martha [Lea Marta] [> Marta Szanto] F.: Schwester v. 61946 RavNo.:	11.03.1915 Kiskunfölegyhaza	Befreit in Mauthausen B 162 8375/29, 70 VP: 12.09.1967
61786 HUN	Bernat, ‚Bermat' Etel RavNo.:	15.09.1921 Papa ‚Babo' 11.12.1944	Befreit in Mauthausen Hospital: 22.05.1945 [213.]
61787 HUN	Berkovits, Kornelia RavNo.:	22.05.1921 Füzesgyarmat 11.12.1944	Befreit in Mauthausen Hospital: 22.05.1945 [215.]
61788 HUN	Berkovits, Sari RavNo.:	23.04.1923 Talaborfalva Talaborfalu 11.12.1944	Befreit in Mauthausen Hospital: 22.05.1945 [216.] Adresse 1946: Visegradi Koz 3, Budapest Nevek Project USHMM
61789 HUN	Berkovits, Etel RavNo.:	09.11.1907 Szeged ‚Szekut' 23.10.1944	Befreit in Mauthausen Hospital: 22.05.1945 [212.]
61790 HUN	Berönyi, [Berenyi] Magda RavNo.:	23.10.1912 Budapest	**Schicksal ungeklärt**

FloNo. Nation	**Name**, *Mädchenname **Vorname** [Varianten]	**Geburtsdaten Deportationsdaten**	**Opferstatus Quellennachweis**
61791 HUN	Bielor, Iren RavNo.:	08.10.1922 Budapest	**Schicksal ungeklärt**
61792 HUN	Blau, Kato [Katalin] [>Katharina Schaffer] F: Schwester v. 61793 RavNo.:[85569-86321]	25.03.1925 Vel'ky Mager Nagymagyar 23.11.1944 Dep.: Budapest	Befreit in Mauthausen Entlassung: 22.05.1945 [13.] SVHF 47510
61793 HUN	Blau, Edith [Edit] [>Glaub] F: Schwester v. 61792 RavNo.:[85569-86321]	03.02.1922 Nagymagyar 23.11.1944 Dep.: Budapest	Befreit in Mauthausen Entlassung: 22.05.1945 [12.] B 162 / 8376/419f. StAnw. Nürnberg-Fürth
61794 HUN	Blaustein, Klara [>Klara Weinberger] F: Schwester v. 61795 F: Schwester v. 62227 RavNo.:	22.11.1921 Kisvarda ‚21.11.1921' ‚Giszvarda'	Befreit in Mauthausen B 162 8375/37 Auszug aus der Entschädigungsakte
61795 HUN	Blaustein, Ibolya F: Schwester v. 61794 F: Schwester v. 62227 RavNo.:	02.01.1925 Kisvarda ‚Giszvarda'	**Starb am 17.04.1945 auf Evakuierung** Vgl. B 162 8375/37
61796 HUN	Bleier, [Bleyer] *Böhm Marta [Deszöne] RavNo.:	15.03.1919 Budapest 06.11.1944	Befreit in Mauthausen Hospital: 22.05.1945 [219.] Adresse 1946: Ranolder 7, Budapest Nevek Project USHMM
61797 HUN	Blaier, Margit RavNo.:	13.11.1894 Szilagysomlyo	**Schicksal ungeklärt**
61798 HUN	Bleier, [Bleyer] Lilli RavNo.:	14.05.1924 Szabadka 23.10.1944	Befreit in Mauthausen Hospital: 22.05.1945 [220.]
61799 HUN	Bleier, [Bleyer] Agnes RavNo.:	30.08.1927 Szabadka 23.10.1944	Befreit in Mauthausen Hospital: 22.05.1945 [218.]
61800 HUN	Bleier, [Bleyer] Anna RavNo.:	30.08.1927 Szabadka 23.10.1944	Befreit in Mauthausen Hospital: 22.05.1945 [217.]
61801 HUN	Block, Marianna RavNo.:	20.07.1929 Budapest	**Schicksal ungeklärt**

FloNo. Nation	**Name**, *Mädchenname **Vorname** [Varianten]	**Geburtsdaten Deportationsdaten**	**Opferstatus Quellennachweis**
61802 HUN	Blum, Margit RavNo.:	16.06.1925 Kisújzállás	**Verstarb 1945 in Venusberg** Ab.: 29.03.1945
61803 HUN	Blumenfeld, Zsuzsanna RavNo.:	04.03.1921 Gablonz	**Verstarb 1945 in Venusberg** Ab.: 20.02.1945
61804 HUN	Bock, [Beck] Aranka RavNo.:	15.11.1910 Budapest 11.12.1944	Befreit in Mauthausen Hospital: 22.05.1945 [207.]
61805 HUN	Böhm, Rozsi RavNo.:	30.08.1922 Budapest	**Schicksal ungeklärt**
61806 HUN	Böhm, Regina RavNo.:	14.05.1914 Budapest	**Schicksal ungeklärt**
61807 HUN	Brandl, Lola RavNo.:	24.10.1905 Budapest	**Schicksal ungeklärt**
61808 HUN	Balint Sandorne *Braun, Stefanije [Stefi] RavNo.:	20.08.1908 1898 Vaujhely Dep.: Budapest	**Verstarb 1945 in Mauthausen** PoT YV Item ID: 1471894 Schwager Bertalan Deutsch 08.05.1957
61809 HUN	Braun, Agnes RavNo.:	13.05.1920 Budapest	**Schicksal ungeklärt**
61810 HUN	Braun, Klara F: Tochter v. 61811 RavNo.:	29.10.1925 Kóka [‚Kokan'] Dep.: Budapest	**Verstarb 1945 Ort unbekannt** PoT YV Item ID: 1938571 Bruder George Banyai 22.06.1988 [Foto] [nicht in Auschwitz]
61811 HUN	Braun, *Erlich Erzebet [Erzsebet] [Jenöne] F: Mutter v. 61810 RavNo.:	15.10.1905 Pestszenterszebet Pesterszebet Dep.: Budapest	**Verstarb 1945 Ort unbekannt** PoT YV Item ID: 1386706 Sohn George Banyai 22.06.1988 [Foto] [nicht in Auschwitz]
61812 HUN	Braun, Gerda RavNo.:	02.05.1926 Györ	**Schicksal ungeklärt**

FloNo. Nation	**Name**, *Mädchenname **Vorname** [Varianten]	**Geburtsdaten Deportationsdaten**	**Opferstatus Quellennachweis**
61813 HUN	Brecher, Magda [> Magda Weinberger] RavNo.:	09.06.1928 Debrecen ‚09.06.1927' Budapest 01.12.1944 [05.12.]	Befreit in Mauthausen Entlassung: 22.05.1945 [16.] B 162 8375/163f. VP: 19.11.1967
61814 HUN	Brecher, Berta RavNo.:	20.02.1923 Ujpest 01.12.1944	Befreit in Mauthausen Entlassung: 22.05.1945 [15.]
61815 HUN	Breiner, *Schupan Rozalia [Rozsa] [> Rachel Schupan] RavNo.:	17.05.1920 Budapest 09.11.1944	Befreit in Mauthausen Hospital: 22.05.1945 [441.] SVHF 27846
61816 HUN	Breitner, Alexandra RavNo.:	23.02.1913 Budapest	**Schicksal ungeklärt**
61817 HUN	Brummer, Erzsebet RavNo.:	13.03.1921 Berettyoujfalu 11.12.1944	Befreit in Mauthausen Hospital: 22.05.1945 [222.]
61818 HUN	Brück, Judit RavNo.:	11.11.1925 Pestszentlörinc 02.12.1944	Befreit in Mauthausen Hospital: 22.05.1945 [224.] Adresse 1946: Szilassy 6, Budapest Nevek Project USHMM
61819 HUN	Budai, Magda [Magdolna] RavNo.:	03.07.1920 07.03.1920 Budapest	**Verstarb 1945 Ort unbekannt** PoT YV Item ID: 1899349 Sohn Thomas Pillisch 29.01.1989
61820 HUN	Buchbinder, Berta [> Berta Miriam] RavNo.:	19.07.1920 Totkomlos ‚Saszgombas'	Befreit in Mauthausen B 162 8376/448ff. VP: 18.08.1970
61821 HUN	Buchbinder, Kato [> Kati Junger] RavNo.:	17.02.1927 ‚17.02.1925' Totkomlos 23.11.1944 [23.10.] Dep.: Budapest	Befreit in Mauthausen Entlassung: 22.05.1945 [17.] B 162 8375/161f. VP: 20.11.1967
61822 HUN	Burger, Lisa RavNo.:	05.05.1910 Sarbogard	**Schicksal ungeklärt**
61823 HUN	Daniel, Edit RavNo.:	09.05.1921 Budapest	**Schicksal ungeklärt**

FloNo. Nation	**Name**, *Mädchenname **Vorname** [Varianten]	**Geburtsdaten** **Deportationsdaten**	**Opferstatus** **Quellennachweis**
61824 **HUN**	Dachs, Edith RavNo.:	06.04.1927 Budapest 11.12.1944	Befreit in Mauthausen Hospital: 22.05.1945 [229.] Adresse 1946: Dobozi 11, Budapest Nevek Project USHMM
61825 **HUN**	Darwas, [Darvas] Magda [> Madelaine Marti] RavNo.:	02.02.1925 Budapest 23.10.1944	Befreit in Mauthausen Hospital: 22.05.1945 [230.] B 162 8375/131 Nicht vernommen
61826 **HUN**	Daszkal, ‚Daska' Frieda [Frida] RavNo.:	24.09.1912 Majazin [‚Mässin'] 23.10.1944	Befreit in Mauthausen Entlassung: 22.05.1945 [18.]
61827 **HUN**	Deutsch, Magda RavNo.:	17.12.1919 Budapest	**Schicksal ungeklärt**
61828 **HUN**	Deutsch, Margit [> Malka Lustig] RavNo.:	29.12 1928 Györ ‚29.12.1926' Budapest 01.12.1944	Befreit in Mauthausen Entlassung: 22.05.1945 [23.] B 162 8375/138f. VP: 24.10.1967
61829 **HUN**	Deutsch, Katalin [Kato] RavNo.:	28.07.1924 Budapest 01.12.1944	Befreit in Mauthausen Entlassung: 22.05.1945 [22.]
61830 **HUN**	Deutsch, Magda RavNo.:	08.06.1924 Budapest	**Schicksal ungeklärt** Befreit in Mauthausen [?] Nagymezo 32
61831 **HUN**	Diamant, Livia RavNo.:	28.09.1920 Budapest 11.12.1944	Befreit in Mauthausen Hospital: 22.05.1945 [233.]
61832 **HUN**	Diamant, Edith RavNo.:	23.05.1924 Ujpest	Befreit in Mauthausen Hospital: 22.05.1945 [447.]
61833 **HUN**	Diamant, Anna RavNo.:	12.02.1928 Budapest 23.10.1944	Befreit in Mauthausen Entlassung: 22.05.1945 [25.]
61834 **HUN**	Dihani, [Tihanyi] Margit RavNo.:	13.01.1924 Budapest 01.12.1944	Befreit in Mauthausen Hospital: 22.05.1945 [413.]
61835 **HUN**	Donath, Marianna [Maria] [Belane] RavNo.:	14.03.1905 Budapest 11.12.1944	Befreit in Mauthausen Hospital: 22.05.1945 [234.]
61836 **HUN**	Dreissinger, Aranka RavNo.:	31.08.1912 Luko	**Schicksal ungeklärt**

FloNo. Nation	**Name**, *Mädchenname **Vorname** [Varianten]	**Geburtsdaten Deportationsdaten**	**Opferstatus Quellennachweis**
61837 HUN	Dukers, Istvanné RavNo.:	10.05.1904 Budapest	**Schicksal ungeklärt**
61838 HUN	Ebenstein [‚Ehenstein'], Rosa F: Schwester v. 61839 RavNo.:	19.04.1921 Debrecen 11.12.1944	Befreit in Mauthausen Hospital: 22.05.1945 [236.] Adresse 1946: Klebelsberg 15, Budapest Nevek Project USHMM
61839 HUN	Ebenstein [‚Ehenstein'], Magda [>Couzon] F: Schwester v. 61838 RavNo.:	20.05.1923 Debrecen 11.12.1944	Befreit in Mauthausen Hospital: 22.05.1945 [235.] Adresse 1946: Klebelsberg 15, Budapest Nevek Project USHMM
61840 HUN	Eckel, Iren RavNo.:	01.08.1923 Kisvarda	**Schicksal ungeklärt**
61841 HUN	Eckel, Klara RavNo.:	07.02.1920 Zolanjhely	Befreit in Mauthausen **Starb am 08.06.1945 in Mauthausen** an Typhus [M.34.1 -] M.K.H. 1/1 YV Item ID 6560690
61842 HUN	Eisenberger, Olga RavNo.:	03.03.1914 Kisvarzeny	**Verstarb 1945 in Mauthausen** V22 v35 YV Item ID 7306906
61843 HUN	Elsass, Zsuzsi RavNo.: 93473	14.05.1924 Budapest Rav.: 10.12.1944	Befreit in Mauthausen DEGOB 1557 B 162 8377/713ff. Nicht vernommen
61844 HUN	Engel, Jolan RavNo.:	26.01.1911 Szeged	**Schicksal ungeklärt**
61845 HUN	Engel, Lila RavNo.:	01.09.1907 Szatmarnemeti Dep.: Budapest 11.12.1944	Befreit in Mauthausen Hospital: 22.05.1945 [238.]
61846 HUN	Erdös, *Fischer Elsa [Elza] [Ferencne] RavNo.:	26.05.1912 Debrecen 11.12.1944	Befreit in Mauthausen Hospital: 22.05.1945 [240.]

FloNo. Nation	**Name**, *Mädchenname **Vorname** [Varianten]	**Geburtsdaten** **Deportationsdaten**	**Opferstatus** **Quellennachweis**
61847 **HUN**	Ernst, [Erat] Katalin RavNo.:	15.10.1924 Rakoskeresztur Dep.: Budapest 11.11.1944	Befreit in Mauthausen Hospital: 22.05.1945 [241.]
61848 **HUN**	Ruttner, ‚Futhner' Rozsi [> Rachel Rosi Bussel] RavNo.:	31.10.1919 Kralowanatisa Kirelyhaza Dep.: Budapest 11.12.1944	Befreit in Mauthausen Hospital: 22.05.1945 [372.] B 162 8375/27f.,101ff. VP: 11.10.1967
61849 **HUN**	Fahn, *Weiss [Weisz] Hildegard [Hilda] [Mihalyne] RavNo.:	30.09.1907 Czernowitz Wien 11.11.1944 Dep.: Budapest	Befreit in Mauthausen Hospital: 22.05.1945 [242.] Adresse 1946: Paulay Ede 43, Budapest Nevek Project USHMM
61850 **HUN**	Farago, Eva RavNo.:	27.09.1919 [?] Budapest	**Schicksal ungeklärt** Vgl. YV Item ID: 6677975
61851 **HUN**	Farkas, Rozsa [Rozsi] RavNo.:	24.07.1922 Nyiregyhaza 11.12.1944	Befreit in Mauthausen Hospital: 22.05.1945 [243.]
61852 **HUN**	Farber, Magdolna RavNo.:	20.03.1920 Bako [?]	**Schicksal ungeklärt** Vgl. Adresse 1946: Tompa 9, Budapest
61853 **HUN**	Feher, Etel RavNo.:	03.09.1907 Budapest	**Schicksal ungeklärt**
61854 **HUN**	Fein, Rozsa RavNo.:	06.04.1914 Budapest 11.12.1944	Befreit in Mauthausen Hospital: 22.05.1945 [244.]
61855 **HUN**	Fekete, *Josefovits Lilli [Istvanne] RavNo.:	01.01.1917 Szeged [‚Cege'?] 21.12.1944	Befreit in Mauthausen Hospital: 22.05.1945 [246.]
61856 **HUN**	Felföldi, Katalin RavNo.:	11.02.1920 Tata	**Schicksal ungeklärt**
61857 **HUN**	Fengö, Rozsi RavNo.:	14.12.1925 Hodmezövasarhely	**Schicksal ungeklärt**
61858 **HUN**	Fingerhut, Anna [>Ann Brown] F: Schwester v. 61859 RavNo.:	08.01.1923 Beregszasz Dep.: Budapest	Befreit in Mauthausen Submitter of PoT 15.05.2000 YV Item ID: 3993918

FloNo. Nation	**Name**, *Mädchenname **Vorname** [Varianten]	**Geburtsdaten Deportationsdaten**	**Opferstatus Quellennachweis**
61859 HUN	Stein *Fingerhut, Marta F: Schwester v. 61858 RavNo.:	18.02.1922 Beregszasz Dep.: Budapest	**Starb am 10.05.1945 in Mauthausen** PoT von Ann Brown [Foto] Vgl. 25.08.1945 Ried im Innkreis YV Item ID 6586396
61860 HUN	Fischer, [Fischl] Zsuzsanna [Zsuzsa] RavNo.:	16.02.1925 Budapest 11.12.1944	Befreit in Mauthausen Hospital: 22.05.1945 [249.]
61861 HUN	Fischer, Margit RavNo.:	27.09.1921 Budapest	**Schicksal ungeklärt**
61862 HUN	Fischer, Eva RavNo.:	22.08.1925 Budapest 01.12.1944	Befreit in Mauthausen Hospital: 22.05.1945 [247.]
61863 HUN	Fischmann, Eva RavNo.:	30.01.1925 Kiskunfelegyhaza 11.11.1944	Befreit in Mauthausen Hospital: 22.05.1945 [250.]
61864 HUN	Fischof, Veronika [Vera] F: Schwester v. 61865 RavNo.:	23.03.1924 Budapest [Pestszenterzsebet]	**Verstarb 1945 Ort unbekannt** [nicht 01.07.1944 in Ravensbrück] HDCB YV Item ID: 5803725
61865 HUN	Fischof, Piroska F: Schwester v. 61864 RavNo.:	29.07.1921 Budapest [Pestszenterzsebet]	**Verstarb 1945 Ort unbekannt** [nicht 01.07.1944 in Ravensbrück] HDCB YV Item ID: 6593714
61866 HUN	Fodor, Maria RavNo.:	05.08.1907 Budapest	**Schicksal ungeklärt**
61867 HUN	Fodor, Agnes RavNo.:	06.01.1926 Budapest	**Schicksal ungeklärt**
61868 HUN	Dr. Földes, Eva RavNo.: Tod: 09.07.1981 Balatonalmadi	16.07.1914 Szombathely 01.12.1944	Befreit in Mauthausen Hospital: 22.05.1945 [251.] Olympia 1948 Vgl. Adresse 1946: Dohany 58, Budapest
61869 HUN	Fränkel, Magda RavNo:	27.12.1928 Budapest	Befreit in Mauthausen StAnw. Nürnberg-Fürth VP HUN 17.11.1971

FloNo. Nation	**Name**, *Mädchenname **Vorname** [Varianten]	**Geburtsdaten Deportationsdaten**	**Opferstatus Quellennachweis**
61870 HUN	Fred, Magda RavNo.:	01.01.1924 Budapest	**Schicksal ungeklärt**
61871 HUN	Freud, Kornelia RavNo.:	28.02.1911 Budapest	**Schicksal ungeklärt**
61872 HUN	Fried, Ilona RavNo.:	12.09.1926 Ujpest 11.12.1944	Befreit in Mauthausen Hospital: 22.05.1945 [252.]
61873 HUN	Friedländer, Sara [Szeren] [> Sara Weisbrod] F.: Schwester v. 61875 RavNo.:	13.09.1919 Marmarossziget Dep.: Budapest 11.11.1944	Befreit in Mauthausen Hospital: 22.05.1945 [254.] B 162 8375/31,72f. VP: 19.09.1967
61874 HUN	Friedler, *Glück Klara RavNo.:	12.02.1918 Budapest 11.12.1944	Befreit in Mauthausen Hospital: 22.05.1945 [255.]
61875 HUN	Friedländer, ‚Friedler', ‚Szeren' Rozsi ‚Bözsi' [> Rahel Alon] F.: Schwester v. 61873 RavNo.:	20.06.1921 Marmarossziget 11.11.1944 Dep.: Budapest	Befreit in Mauthausen Hospital: 22.05.1945 [253.] B 162 8375/95f. VP: HUN 26.09.1967 StAnw. Nürnberg-Fürth
61876 HUN	Friedmann, Terez RavNo.:	06.09.1923 Brod	**Schicksal ungeklärt**
61877 HUN	Friedmann, Livia RavNo.:	24.05.1922 Szaszregen 11.12.1944	Befreit in Mauthausen Hospital: 22.05.1945 [256.]
61878 HUN	Friedmann, Maria RavNo.:	11.04.1913 Ujfeherto 01.12.1944	Befreit in Mauthausen Entlassung: 22.05.1945 [33.]
61879 HUN	Friedmann, Vera RavNo.:	11.07.1926 Budapest 23.10.1944	Befreit in Mauthausen Hospital: 22.05.1945 [259.]
61880 HUN	Friedmann, Magda RavNo.:	17.05.1925 Szeged	**Schicksal ungeklärt**
61881 HUN	Fuchs, Jolan RavNo. :	20.07.1928 Nagymihaly 23.10.1944	Befreit in Mauthausen Entlassung: 22.05.1945 [44.]
61882 HUN	Fürady, [Füredi] Livia RavNo.:	20.05.1925 Budapest 11.11.1944	Befreit in Mauthausen Hospital: 22.05.1945 [261.]

FloNo. Nation	**Name**, *Mädchenname **Vorname** [Varianten]	**Geburtsdaten** **Deportationsdaten**	**Opferstatus** **Quellennachweis**
61883 **HUN**	Fürst, Blanka RavNo.:	10.02.1919 Bako Papa 11.11.1944	Befreit in Mauthausen Hospital: 22.05.1945 [262.]
61884 **HUN**	Gamabus, Agnes RavNo.:	17.05.1923 Budapest	**Verstarb 1945** **in Venusberg** Ab.: 26.02.1945
61885 **HUN**	Gams, Rozsi RavNo.:	19.12.1917 Mezökereszt	**Schicksal ungeklärt**
61886 **HUN**	Gara, Margit RavNo.:	08.10.1907 Budapest	**Schicksal ungeklärt**
61887 **HUN**	Garei, Edith RavNo.:	04.07.1924 Budapest	**Schicksal ungeklärt** Vgl. Adresse 1946: Wekerle Sandor 7
61888 **HUN**	Gärtner, [Gertner] Margit [Ferencne] RavNo.:[90361-94106]	30.11.1903 Hajduböszörmény 01.12.1944	Befreit in Mauthausen Hospital: 22.05.1945 [268.]
61889 **HUN**	Gedeilovits, Helen RavNo.:	19.01.1922 Julasz	**Schicksal ungeklärt** Vgl. Adresse 1946: Csengery 55, Budapest
61890 **HUN**	Geiger, Charlotte RavNo.:	30.06.1912 Budapest	**Schicksal ungeklärt**
61891 **HUN**	Gelb, Helene RavNo.:	28.04.1928 Ujpest	**Schicksal ungeklärt**
61892 **HUN**	Genes, Kamila RavNo.:	20.12.1922 Besk	**Schicksal ungeklärt**
61893 **HUN**	Genut, [Genuth] Szeren RavNo.:	08.12.1924 Felsöviso [Viso] 11.11.1944	Befreit in Mauthausen Hospital: 22.05.1945 [265.]
61894 **HUN**	Gergely, Katalin [> Garas] RavNo.:[85569-86321]	16.02.1920 Nyiregyhaza 23.10.1944 KISOK – Isaszeg >Ziegelfabrik Obuda 22.11.1944 Dep.: Budapest	Befreit in Mauthausen Laut Sohn Peter Garas [*????-19.09.2009] Vgl. Dr. Hopkins Auf- zeichnung 16.05.1945 [Heimmarsch nach Budapest zu Fuß]
61895 **HUN**	Gern, Edith RavNo.:	07.03.1923 Nyiregyhaza	**Schicksal ungeklärt**

FloNo. Nation	**Name**, *Mädchenname **Vorname** [Varianten]	**Geburtsdaten** **Deportationsdaten**	**Opferstatus** **Quellennachweis**
61896 **HUN**	Gerö, Eva RavNo.:	19.03.1917 Budapest 11.11.1944	Befreit in Mauthausen Hospital: 22.05.1945 [266.]
61897 **HUN**	Gersteinfeld, Eva RavNo.:	10.08.1919 Budapest	**Schicksal ungeklärt**
61898 **HUN**	Glück, Marietta RavNo.:	09.03.1923 Budapest	**Schicksal ungeklärt**
61899 **HUN**	Glück, Marta RavNo.:	22.12.1915 Budapest 11.11.1944	Befreit in Mauthausen Hospital: 22.05.1945 [270.]
61900 **HUN**	Glück, Iren RavNo.:	11.12.1921 Abanjaszno 11.11.1944	Befreit in Mauthausen Hospital: 22.05.1945 [269.]
61901 **HUN**	Goldberger , *Gero Klara [Laszlone] RavNo.:	08.04.1913 ‚05.04.1913' Budapest	**Starb am 17.05.1945** **in Mauthausen** YV: m-I/4, HDCB: 207617/1047/49 Für tot erklärt, M.34.1: Nicht 31.05.1944, YV Item ID: 5839328, 6632512, 6638688
61902 **HUN**	Goldstein, Kato RavNo.:	18.05.1907 Budapest	**Schicksal ungeklärt**
61903 **HUN**	Goldstein, Agnes RavNo.:	26.02.1925 Debrecen	**Schicksal ungeklärt** ‚RGB 235' [nicht 15.01.Venusberg]
61904 **HUN**	Goldstein, *Kohn Teresa [Terez Dina Rezl] [Sandorne] RavNo.:	11.01.1908 Jerusalem Dep.: Budapest	**Starb am 18.04.1945** **auf Evakuierung nach** [oder in] **Mauthausen** HDCB, PoT Schwester Chaja Stern *Helen Kohn: 14.05.1985 YV Item ID: 1768888 Vgl. Item ID: 5783916
61905 **HUN**	Goldstein , Olga [Oli] RavNo.:	17.03.1906 Berettyoszeplak [Suplacu de Barcau] 11.11.1944	Befreit in Mauthausen Hospital: 22.05.1945 [273.]

FloNo. Nation	**Name**, *Mädchenname **Vorname** [Varianten]	**Geburtsdaten** **Deportationsdaten**	**Opferstatus** **Quellennachweis**
61906 **HUN**	Gondri, ['Gandlova'] Roza [Ruzena] RavNo.:	19.09.1910 Lucenec = Losonc	Befreit in Mauthausen AMM U8b/2 3875 Repatriiert 19.05.1945
61907 **HUN**	Gottfried, Magda RavNo.:	18.03.1918 Budapest	**Schicksal ungeklärt**
61908 **HUN**	Gottfried, Margarete RavNo.:	08.02.1914 Budapest	**Schicksal ungeklärt**
61909 **HUN**	Gotz, Eva RavNo.:	08.07.1920 Budapest	**Schicksal ungeklärt**
61910 **HUN**	Gross, [Grosz] Erzsebet RavNo.:	27.07.1916 Nyirbator Dep.: Budapest	Befreit Ort unbekannt Adresse 1946: Somogyi Bela 9, Budapest Nevek Project USHMM
61911 **HUN**	Gross, Gizella RavNo.:	01.12.1911 Budapest	**Schicksal ungeklärt**
61912 **HUN**	Gross, Klara RavNo.:	10.12.1920 Budapest 01.12.1944	Befreit in Mauthausen Hospital: 22.05.1945 [276.]
61913 **HUN**	Gross, Eta RavNo.:	18.02.1919 Szilaghelmec	**Schicksal ungeklärt**
61914 **HUN**	Gross, Klara [>Zipora Jungreisz] RavNo.:	08.03.1920 Komadi 05.07.1944	Befreit in Mauthausen Hospital: 22.05.1945 [277.] SVHF 47726
61915 **HUN**	Gross, [Grosz] Margit RavNo.:	01.11.1923 Jaszfenyszaru Dep.: Budapest	Befreit in Mauthausen Hospital: 22.05.1945 [482.] **Starb n. d. Befreiung** **20.05.45 Mauthausen** [M-I/12, M.34.1-] PoT 12.05.1980 von der Schwester Zahava Teper, [Foto], AMM Y/39 YV Item ID: 1451009 Bruder Ephraim Golan YV Item ID: 1799160

FloNo. Nation	**Name**, *Mädchenname **Vorname** [Varianten]	**Geburtsdaten Deportationsdaten**	**Opferstatus Quellennachweis**
61916 HUN	Grossmann, Margit RavNo.: 92358	31.01.1923 Budapest 11.12.1944 [Rav.: 05.12.1944]	Befreit in Mauthausen Hospital: 22.05.1945 [279.] DEGOB 741 StAnw. Nürnberg-Fürth VP HUN 19.11.71 Vgl. Adresse 1946: Pongrac 9, Budapest Nevek Project USHMM
61917 HUN	Grün, Erzsebet RavNo.:	23.06.1923	**Schicksal ungeklärt**
61918 HUN	Grün, Charlotte RavNo.:	27.09.1906 Kökalt / Kolcalt ?	**Schicksal ungeklärt** Vgl. AMM Y/39 'Grvain'
61919 HUN	Grün, Ester RavNo.:	31.01.1919 Budapest	**Schicksal ungeklärt** ‚RGB 248' [nicht 15.01.Venusberg]
61920 HUN	Grünbaum, Ilona RavNo.:	24.02.1904 Csobranak [?] = Csabrendek ?	Befreit in Mauthausen **Verstarb in Gusen am 05.06.1945** AMM Y/39, B/12/90
61921 HUN	Grünbaum, Grünbaumova Edith [Edita][Rita] RavNo.:	21.01.1921 [21.01.1920] Kanangarn	Befreit in Mauthausen Entlassung: 23.05.1945 [CZE 116.] AMM U8b/2 3701
61922 HUN	Grünwald, *Mieselbacher Lidia [Lidia Eva] [Izsakne] RavNo.:	01.06.1918 ‚01.06.1919' Budapest	**Verstarb 1945** **Ort unbekannt** Aber nicht am 15.12.44 M.34.1- HDCB 1949 202760668, YV Item ID: 6719508, 5805036
61923 HUN	Grünstein, Heyni [Hajnalka] RavNo.:	30.10.1928 Budapest 23.10.1944	Befreit in Mauthausen Entlassung: 22.05.1945 [54.] Adresse 1946: Nagydiofna 30, Budapest Nevek Project USHMM
61924 HUN	Grüngold, Ilona RavNo.:	31.08.1916 Györ 23.10.1944 Dep.: Budapest	Befreit in Mauthausen Hospital: 22.05.1945 [280.]
61925 HUN	Gtuh, [?] Eva RavNo.:	02.03.1923 Budapest	**Schicksal ungeklärt**

FloNo. Nation	**Name**, *Mädchenname **Vorname** [Varianten]	**Geburtsdaten Deportationsdaten**	**Opferstatus Quellennachweis**
61926 HUN	Günz, Livia RavNo.:	18.02.1923 Budapest	**Schicksal ungeklärt**
61927 HUN	Guti, Alice RavNo.:	13.03.1914 Budapest	**Schicksal ungeklärt**
61928 HUN	Gutmann, [*Ekmann?] Olga [Lipotne?] RavNo.:	02.03.1910 Budapest	**Schicksal ungeklärt** Starb 1945? Vgl. HDCB YV Item ID: 5840786
61929 HUN	Gutmann, Ilona RavNo.:	18.09.1919 Budapest	**Schicksal ungeklärt**
61930 HUN	Gutner, Edith RavNo.:	07.11.1920 Rakos	**Schicksal ungeklärt**
61931 HUN	Haber, Eva [Istvanne] RavNo.:	07.06.1921 Nagykallo 23.10.1944 Dep.: Budapest	Befreit in Mauthausen Hospital: 22.05.1945 [287.]
61932 HUN	Hadel, Erzsebet RavNo.:	25.11.1917 Békéscsaba 11.11.1944 Dep.: Budapest	Befreit in Mauthausen Hospital: 22.05.1945 [288.]
61933 HUN	Hajdu, Marta [>Martha Feuerlicht] RavNo.:	20.09.1921 Novi Becej ‚Karansebes' Dep.: Budapest	Befreit in Mauthausen SVHF 27406
61934 HUN	Hammer-Müller, *Hochfeld Szeren [Rezsone] F: Mutter v. 61935	08.03.1907 Budapest 11.12.1944	Befreit in Mauthausen Hospital: 22.05.1945 [290.] Adresse 1946: Magdolna 18, Budapest Nevek Project USHMM
61935 HUN	Hammer-Müller, [Hammermüller] Györgyi F: Tochter v. 61934	09.08.1927 Budapest 01.12.1944	Befreit in Mauthausen Hospital: 22.05.1945 [289.] Adresse 1946: Magdolna 18, Budapest Nevek Project USHMM
61936 HUN	Halmos, Eva RavNo.:	11.06.1926 Budapest	**Schicksal ungeklärt**
61937 HUN	Halpert, Erzsebet RavNo.:	18.03.1926 Budapest	**Schicksal ungeklärt**

FloNo. Nation	**Name**, *Mädchenname **Vorname** [Varianten]	**Geburtsdaten Deportationsdaten**	**Opferstatus Quellennachweis**
61938 HUN	Halpert, Helen RavNo.:	09.06.1921 Tecsö [1926] 11.12.1944 Dep.: Budapest	Befreit in Mauthausen Hospital: 22.05.1945 [284.] Adresse 1946: Nagymezo 8, Budapest Nevek Project USHMM
61939 HUN	Hassmann, [Hausmann] *Müller Margit [Ferencne] RavNo.:	24.06.1910 Kaptalanfalva [Busenje] 11.12.1944 Dep.: Budapest	Befreit in Mauthausen Hospital: 22.05.1945 [286.]
61940 HUN	Hauer, Lilli RavNo.:	10.02.1926 Beregkeresztur 23.10.1944	Befreit in Mauthausen Hospital: 22.05.1945 [285.]
61941 HUN	Havas, *Stoeckelmacher Jolan [Lazar Laszlone] F: Mutter v. 61980 RavNo.:	16.06.1893 '16.06.1904' Budapest	**Verstarb 1945** **in Venusberg** Ab.: 18.03.1945 HDCB YV Item ID: 5806361 [‚Missing 02.12.1944'] Vgl. B 162 8375/282
61942 HUN	Heimer, *Rosenberg Klara [‚Edene'] [Ödönne] RavNo.: 85660	03.04.1917 Györ Budapest 11.11.1944 Rav.: 22.11.1944	Befreit in Mauthausen Entlassung: 22.05.1945 [70.] DEGOB 1206 Nevek Project USHMM
61943 HUN	Heiner, *Blum Ella [Jenöne] [Heimer] RavNo.:[85569-86321]	07.04.1912 [1911] Keszthely 11.11.1944 Budapest	Befreit in Mauthausen Entlassung: 22.05.1945 [69.] Nevek Project USHMM
61944 HUN	Heller, Anna RavNo.:	29.01.1911 Budapest	**Schicksal ungeklärt**
61945 HUN	Heisler, Valerie RavNo.:	20.02.1923 Tapolcza	Befreit Ort unbekannt Adresse 1946: Akacfa 57, Budapest Nevek Project USHMM
61946 HUN	Heisler, Juliana [>Towa Hackmann] F.: Schwester v. 61785 RavNo.:	07.08.1923 Kiskunfelegyhaza	Befreit in Mauthausen Vgl. B 162 8375/70f.
61947 HUN	Herbst, *Rosenberg Iren [Laszlone] RavNo.:	11.11.1915 Ujpest 01.12.1944	Befreit in Mauthausen Hospital: 22.05.1945 [291.]

FloNo. Nation	**Name**, *Mädchenname **Vorname** [Varianten]	**Geburtsdaten Deportationsdaten**	**Opferstatus Quellennachweis**
61948 HUN	Herz, Klara RavNo.:	13.06.1912 Budapest	**Schicksal ungeklärt**
61949 HUN	Herskowits, Franciska RavNo.:	21.01.1926 ???menfalva 11.12.1944 Dep.: Budapest	Befreit in Mauthausen Hospital: 22.05.1945 [292.]
61950 HUN	Herskowits, Edith RavNo.:	23.07.1927 Budapest	**Verstarb 1945 in Venusberg** Ab.: 26.02.1945
61951 HUN	Herstill, Josephine RavNo.:	30.11.1914 Budapest	**Schicksal ungeklärt**
61952 HUN	Herschkovits, Ester RavNo.:	17.12.1921 Ujbarat	**Schicksal ungeklärt**
61953 HUN	Herschkovits, Jolanta RavNo.:	09.05.1924 Gischesbron [?]	**Schicksal ungeklärt**
61954 HUN	Herz, [Hercz] Ilona [>Ilona Steiner] RavNo.:[90361-94106]	06.02.1913 [,06.02.1915'] Budapest 01.12.1944	Befreit in Mauthausen Entlassung: 22.05.1945 [72.] B 162 8375/29 Tod: spätestens 1971 Adresse 1946: Klauzal 26, Budapest Nevek Project USHMM
61955 HUN	Herczog, ,Herzog', *Bernfeld [?] [*Bärenfeld] *Dezsofi Jolan [Sandorne] RavNo.:[90361-94106]	18.08.1903 Budapest 01.12.1944	Befreit in Mauthausen Entlassung: 22.05.1945 [73.] Nürnberg-Fürth VP: HUN 23.11.1971 Damjanich 26,Budapest Nevek Project USHMM
61956 HUN	Hillinger, Lenke RavNo.:	02.01.1907 Budapest 11.11.1944	Befreit in Mauthausen Hospital: 22.05.1945 [293.]
61957 HUN	Himmler, Helene RavNo.:	05.05.1906 Kaposvar	**Schicksal ungeklärt**
61958 HUN	Hirsch, Martha [>Marta Nemet] F: Tochter von Iren Kohlmann [?] 61959 [?] RavNo.:	07.03.1928 Budapest	Befreit Ort unbekannt Adresse 1946: O 40 Nevek Project USHMM Entlassung: 22.05.1945 Vgl. [74.] und [461.]

FloNo. Nation	**Name**, *Mädchenname **Vorname** [Varianten]	**Geburtsdaten Deportationsdaten**	**Opferstatus Quellennachweis**
61959 HUN	Hirsch, *Kohlmann [?] Iren *Kohlberg [?] RavNo.:	16.07.1900 Dev / Des [?] Dep.: Budapest [29.06.1908 Tiszafüred ?] [Tiszafüred 1910] [Vilmosne ?]	Befreit in Mauthausen Hospital: 22.05.1945 [460.] AMM Y/39 Tod? 19.05.1945 Mauthausen YV Item ID: 6684469 M-I/12, HUN HDC YV Item ID: 5838536 Mauthausen 05.05.1945 PoT YV Item ID: 893400
61960 HUN	Hirsch, Regina RavNo.:	10.09.1924 [1926] Budapest 23.10.1944	Befreit in Mauthausen Entlassung: 22.05.1945 [74. Vgl.461]
61961 HUN	Hochberger, *Traubkatz Olga [Jenöne] RavNo.:	07.05.1913 Marmarossziget 11.11.1944 Dep.: Budapest	Befreit in Mauthausen Hospital: 22.05.1945 [296.] Adresse 1946: Kiraly 28, Budapest Nevek Project USHMM
61962 HUN	Hochberger, *Harstein [*Hartstein] Aranka [Andorne] RavNo.:	21.03.1916 Olaszliszka 11.12.1944 Dep.: Budapest	Befreit in Mauthausen Hospital: 22.05.1945 [295.] Adresse 1946: Kiraly 28, Budapest Nevek Project USHMM
61963 HUN	Hochfelder, Ibolya RavNo.:	28.07.1925 Ujpest 11.12.1944 Dep.: Budapest	Befreit in Mauthausen Hospital: 22.05.1945 [297.]
61964 HUN	Hollos, [Halasz] [*Forgacs] Marta [Jenone] RavNo.:	08.08.1919 Budapest	**Schicksal ungeklärt** Vgl. Adresse 1946: Rozsa 62, Budapest Nevek Project USHMM
61965 HUN	Holitsch, Erzsebet RavNo.:	03.03.1904 Siofok	**Schicksal ungeklärt**
61966 HUN	Holitsch, Beatrix RavNo.:	08.06.1928 Budapest	**Schicksal ungeklärt**
61067 HUN	Horowits, [Horovitz] Magda RavNo.: 85841	28.02.1923 Budapest 23.10.1944 Ravensbrück: 22.11.1944	Befreit in Mauthausen Hospital: 22.05.1945 [298.] DEGOB 2807 VP: HUN 15.11.1971 Adresse 1946: Zsigmond 78, Budapest Nevek Project USHMM

FloNo. Nation	**Name**, *Mädchenname **Vorname** [Varianten]	**Geburtsdaten** **Deportationsdaten**	**Opferstatus** **Quellennachweis**
61968 **HUN**	Huszar, Tekla RavNo.:	24.01.1914 Budapest	**Schicksal ungeklärt**
61969 **HUN**	Indig, ‚Ingid' Fanny [Fani] RavNo.:	18.02.1922 Barezanfalva Marmarossziget 11.12.1944 Dep.: Budapest	Befreit in Mauthausen Hospital: 22.05.1945 [300.]
61970 **HUN**	Izsak, Elza RavNo.:	05.04.1907 Heiligen-Eichen	**Schicksal ungeklärt**
61971 **HUN**	Izsak, Livia RavNo.:	27.08.1924 Satoraljaujhely	**Schicksal ungeklärt**
61972 **HUN**	Izsak, Ilonka [>Ilona Wix] F: Schwester v. 61973 RavNo.:	09.03.1923 Barkasovo Dep.:Budapest	Befreit in Mauthausen Hospital: 22.05.1945 [484.]Vgl. SVHF 31831 AMM U8b/2 3718
61973 **HUN**	Izsak, Margit [>Margarete Salamon] RavNo.:	15.12.1924 [‚15.02.1924'] Barkasovo Beregszasz Satoraljauhely 23.10.1944 Dep.: Budapest	Befreit in Mauthausen Entlassung: 22.05.1945 [77. vgl. 485] SVHF 31831 AMM U8b/2 3719 Verstorben: 15.07.2001 in Wien
61974 **HUN**	Jäger, Theodora RavNo.:	18.08.1918 Munkacs	**Schicksal ungeklärt** Vgl. AMM Y/39 'Teofar'
61975 **HUN**	Faramanti, Lenka RavNo.:	31.10.1915 Budapest	**Schicksal ungeklärt**
61976 **HUN**	Jellinek, ‚Jelenik' [Zsuzsa] RavNo.:	20.01.1921 Budapest 23.10.1944	Befreit in Mauthausen Hospital: 22.05.1945 [301.]
61977 **HUN**	Kabobovics, Eva RavNo.:	14.01.1912 Szerenta	**Schicksal ungeklärt**
61978 **HUN**	Kallos, Johanna RavNo.:	01.01.1913 Satoraljaujhely	**Schicksal ungeklärt**
61979 **HUN**	Kalman, Magda RavNo.:	23.10.1915 Nagyvarad	**Schicksal ungeklärt**

FloNo. Nation	**Name**, *Mädchenname **Vorname** [Varianten]	**Geburtsdaten Deportationsdaten**	**Opferstatus Quellennachweis**
61980 HUN	Kalman, *Havas Magda [Magdolna] [Gyorgyne] F.: Tochter v. 61941 RavNo.:	05.08.1920 Budapest	**Verstarb 1945 in Mauthausen** HDCB: [,Missing 02.12.1944'] YV Item ID: 5840980 Vgl. B 162 8375/282
61981 HUN	Kampler, Margit RavNo.:	16.08.1909 Miskolcz	**Schicksal ungeklärt**
61982 HUN	Kardos, Jolan RavNo.:	04.01.1926 Budapest	**Schicksal ungeklärt**
61983 HUN	Kardos, *Kohn Eva [>Eva Gábor] RavNo.:	14.06.1923 [01.01.1923] Budapest 11.12.1944	Befreit in Mauthausen Hospital: 22.05.1945 [303.] SVHF 50646
61984 HUN	Katz, Iren RavNo.:	09.08.1918 Levelek 01.12.1944	Befreit in Mauthausen Entlassung: 22.05.1945 [86.]
61985 HUN	Katz, Frida F: Schwester v. 61987 RavNo.:	27.06.1904 [1905] Felsöviso Dep.: Budapest	Befreit Ort unbekannt Adresse 1946: Nagydiofa 32, Budapest Nevek Project USHMM
61986 HUN	Katz, Hilda RavNo.:	12.05.1920 Ujpest 23.10.1944	Befreit in Mauthausen Hospital: 22.05.1945 [306.]
61987 HUN	Katz, Gizella F: Schwester v. 61985 RavNo.:	10.03.1907 Felsöviso Dep.: Budapest	Befreit Ort unbekannt Adresse 1946: Nagydiofa 32, Budapest Nevek Project USHMM
61988 HUN	Kauders, *Bauer Erzsebet [Palne] RavNo.:	19.05.1908 Pestszenterzsebet 11.12.1944 Dep.: Budapest	Befreit in Mauthausen Hospital: 22.05.1945 [302.] Adresse 1946: Szinyei Merse 32, Budapest Nevek Project USHMM
61989 HUN	Kaufmann, Zsuzsa [Zsuzsi] [>Zsuzsanna Gombas] F.: Tochter v. 61990 Schwester v. 61991 RavNo.:[90361-94106]	26.02.1928 Budapest 01.12.1944	Befreit in Mauthausen Entlassung: 22.05.1945 [88.] Submitter PoT Vgl. B 162 8375/204f Vgl. B 162 8377/813f.

FloNo. Nation	**Name**, *Mädchenname **Vorname** [Varianten]	**Geburtsdaten Deportationsdaten**	**Opferstatus Quellennachweis**
61990 HUN	Kaufmann, *Friedmann Ilona [Leone] F.: Mutter v. 61989 & 61991 Schwester v. 62154 RavNo.:[90361-94106]	01.06.1896 ‚01.06.1906' Lengyeltoti Dep.: Budapest 01.12.1944	**Starb am 22.05.1945 in Mauthausen** Hospital: 22.05.1945 [463.] PoT der Tochter 14.01.2000 Vgl. B 162 8375, 8377
61991 HUN	Kaufmann, Katalin [Katharina] [>Ester Wardi] [Vardi] F.: Tochter v. 61990 Schwester v. 61989 RavNo.: 92324	05.05.1922 ‚01.05.1922' Budapest 01.12.1944 [Rav.: 06.12.1944]	Befreit in Mauthausen Hospital: 22.05.1945 [308.] DEGOB 2393 B 162 8375/204f VP: 26.12.1967 B 162 8377/813f. VP: 25.07.1972
61992 HUN	Kerekes, Rozsa RavNo.:	17.04.1923 Budapest	**Schicksal ungeklärt**
61993 HUN	Kerenyi, Lili RavNo.:	25.12.1916 Verebes	**Verstarb 1945 in Venusberg** Ab.: 23.03.1945
61994 HUN	Kertis, Magdolna RavNo.:	09.01.1920 Dabolza	**Schicksal ungeklärt**
61995 HUN	Kisch, [Kiss] *Schlesinger Cecilie [Cecilia] [Elemerne] RavNo.: 86129	28.02.1906 Budapest 23.10.1944 Ravensbrück: 22.11.1944	Befreit in Mauthausen Hospital: 22.05.1945 [486.] DEGOB 2477 B 162 8375/286ff. VP: 27.11.1969
61996 HUN	Klein, Iren F: vgl. 61997 RavNo.:	22.08.1906 [?] Kiralyhelmec [=Kralovsky Chlumec]	**Schicksal ungeklärt** Vgl. PoT YV Item ID: 1419660 Fleck Typhus 25.02.45 ‚Nauen' auf dem Weg nach Mauthausen [?]
61997 HUN	Klein, Lilli F: vgl. 61996 RavNo.:	02.02.1924 Kiralyhelmec ‚Kiralyselmec'	**Schicksal ungeklärt** Vgl. AMM U8b/2 3874 Gedenkblatt Übermittler Vgl. YV Item ID: 1419660
61998 HUN	Klein, *Schwarz Erzsebet [Imrene] RavNo	21.12.1902 [1900] Körmend 15.11.1944 Dep.: Budapest	Befreit in Mauthausen Entlassung: 22.05.1945 [93.] Adresse 1946: Harsfa 40, Budapest Nevek Project USHMM

FloNo. Nation	**Name**, *Mädchenname **Vorname** [Varianten]	**Geburtsdaten Deportationsdaten**	**Opferstatus Quellennachweis**
61999 HUN	Kleser, Berta RavNo.:	06.08.1920 Marmarossziget	**Schicksal ungeklärt**
62000 HUN	Klein, Eva F: Tochter v. 62002 RavNo.:	14.08.1925 Miskolc ‚Miskolcz' 11.12.1944 Dep.: Budapest	Befreit in Mauthausen Hospital: 22.05.1945 [317.] Adresse 1946: Muranyi 36, Budapest Nevek Project USHMM
62001 HUN	Klein, Lila RavNo.:	24.02.1905 Budapest	**Schicksal ungeklärt** Vgl. [316.] Entlassung: 22.05.1945
62002 HUN	Klein, *Kelenfoldi [?] Iren F: Mutter v. 62000 RavNo.:	23.06.1897 Miskolc ‚Miskolcz' Dep.: Budapest	**Schicksal ungeklärt** Vgl. FloNo.: 62000 Nevek Project USHMM
62003 HUN	Klein, *Fried Rozsa [Jenöne] RavNo.:	11.03.1912 Abaujszanto Dep.: Budapest	Befreit Ort unbekannt Adresse 1946: Vas 15, Budapest Nevek Project USHMM
62004 HUN	Klein, Maria RavNo.:	28.10.1918 Törökszentmiklos	**Schicksal ungeklärt**
62005 HUN	Klein, Judit RavNo.:	11.06.1920 Nagyida	**Schicksal ungeklärt**
62006 HUN	Klein, Edith F: Tochter v. 62009? RavNo.:	20.11.1926 Budapest	**Schicksal ungeklärt** Kossuth Lajos 1 ? Nevek Project USHMM
62007 HUN	Klein, Zsuzsa RavNo.:	21.08.1925 Ujpest /Dep.Budap. 01.12.1944	Befreit in Mauthausen Entlassen: 22.05.1945 [97.]
62008 HUN	Klein, Roza RavNo.:	07.12.1908 Abaujszanto ‚Abanjszanto'	**Schicksal ungeklärt** Vgl. FloNo.: 62003
62009 HUN	Klein, *Szucs Klara F: Mutter v. 62006 RavNo.:	12.02.1907 Budapest [1905] ?	**Schicksal ungeklärt** Kossuth Lajos 1 ? Nevek Project USHMM
62010 HUN	Klein, Flora [>Flora Witz] RavNo.:	21.09.1925 Sand ‚Zant' ‚Jand' 10.10.1944	Befreit in Mauthausen Hospital: 22.05.1945 [318.] B 162 8375/31

FloNo. Nation	**Name**, *Mädchenname **Vorname** [Varianten]	**Geburtsdaten Deportationsdaten**	**Opferstatus Quellennachweis**
62011 HUN	Klein, *Izsak Emilia [?][Dezsöne] RavNo.:	12.05.1911 Arad 11.12.1944 Dep.: Budapest	Befreit in Mauthausen Hospital: 22.05.1945 [315.]
62012 HUN	Klein, Katalin RavNo.:	16.05.1922 Budapest	**Schicksal ungeklärt**
62013 HUN	Knepfler, Zuzsanna RavNo.:	07.11.1919 Budapest	**Schicksal ungeklärt**
62014 HUN	Koch, Maria RavNo.:	30.03.1923 Urdomb	**Schicksal ungeklärt**
62015 HUN	Koch, Zsuzsanna RavNo.:	25.06.1927 Budapest 23.10.1944	Befreit in Mauthausen Entlassung: 22.05.1945 [98.]
62016 HUN	Kohn, Jolan F: vgl. 62017 RavNo.:	13.04.1913 Anarcs / Inarcs 23.10.1944 Dep.: Budapest	Befreit in Mauthausen Entlassung: 22.05.1945 [102.]
62017 HUN	Kohn, Hermin F: vgl. 62016 RavNo.:	07.02.1915 Anarcs / Inares 23.10.1944 Dep.: Budapest	Befreit in Mauthausen Entlassung: 22.05.1945 [101.]
62018 HUN	Kohn, *Kerekes Livia [Imrene] RavNo.:	15.06.1921 [1925?] Budapest 01.12.1944	Befreit in Mauthausen Hospital: 22.05.1945 [321.] Adresse 1946: Gat 25, Budapest Nevek Project USHMM
62019 HUN	Kohn, Margit RavNo.:	11.08.1927 Budapest 01.12.1944	Befreit in Mauthausen Entlassung: 22.05.1945 [104.]
62020 HUN	Kohn, Rozsi RavNo.:	15.11.1920 Közsig =Köszeg[?]	**Schicksal ungeklärt**
62021 HUN	König, *Schwarz Erzsebet [Lajosne] RavNo.:	05.10.1905 Tiszafüred Marmarossziget 11.11.1944 Dep.: Budapest	Befreit in Mauthausen Hospital: 22.05.1945 [322.] Adresse 1946: Bajcsy-Zsilinszky 19, Budapest Nevek Project USHMM
62022 HUN	Königstein, Zsuzsanna RavNo.:	03.05.1920 Passburg	**Schicksal ungeklärt**

FloNo. Nation	**Name**, *Mädchenname **Vorname** [Varianten]	**Geburtsdaten Deportationsdaten**	**Opferstatus Quellennachweis**
62023 HUN	Kovacs, *Hecht Klara [Istvanné] RavNo.:	18.07.1910 [1916] Budapest 08.11.1944	Befreit in Mauthausen Entlassung: 22.05.1945 [105.] Adresse 1946: Csengery 9, Budapest Nevek Project USHMM
62024 HUN	Kovacs, Katalin RavNo.:	01.08.1923 Budapest	**Schicksal ungeklärt**
62025 HUN	Kovacs, Katalin RavNo.:	25.02.1911 Budapest	**Schicksal ungeklärt**
62026 HUN	Kovacs, Lilli RavNo.:	21.07.1911 Miskolc	**Schicksal ungeklärt**
62027 HUN	Kövari, *Schwarcz Margit [Janosne] RavNo.:	05.07.1907 Budapest [November 1944] Rav.: 15.12.1944	Befreit in Mauthausen DEGOB 2468 B 162 8375/275ff. VP: 27.11.1969 [Repatriiert: August 45] Adresse 1946: Hollo 15, Budapest Nevek Project USHMM
62028 HUN	Kövesi, ‚Köversche' Erzsebet RavNo.:	20.09.1918 Ungvar 23.10.1944 Dep.: Budapest	Befreit in Mauthausen Hospital: 22.05.1945 [323.] Adresse 1946: Garay 30, Budapest Nevek Project USHMM
62029 HUN	Kramer, [Krammer] *Fecher ? ‚Istabbne' Magda [Istvanne] RavNo.:	12.07.1912 Budapest 11.12.1944	Befreit in Mauthausen Hospital: 22.05.1945 [324.]
62030 HUN	Kraus, Rozsi RavNo.:	20.10.1914 Budapest	**Schicksal ungeklärt**
62031 HUN	Krausz, *Grosz Rozsi [Rozalia] [Imrene] RavNo.:	21.12.1908 Tivadarfalva 01.12.1944 Dep.: Budapest	Befreit in Mauthausen Hospital: 22.05.1945 [325.]
62032 HUN	Krug, Bella [Belane] RavNo.:	21.08.1923 Nagybanya 10.01.1944	Befreit in Mauthausen Hospital: 22.05.1945 [442.]

FloNo. Nation	**Name**, *Mädchenname **Vorname** [Varianten]	**Geburtsdaten Deportationsdaten**	**Opferstatus Quellennachweis**
62033 HUN	Kulcsar, Margit RavNo.:	13.09.1928 Csikszereda 01.12.1944	Befreit in Mauthausen Entlassung: 22.05.1945 [106.]
62034 HUN	Kurz, [Kurcz] Isabella [Izabella] RavNo.:	11.07.1923 Berettyoufalu Budapest 01.12.1944	Befreit in Mauthausen Hospital: 22.05.1945 [329.] Adresse 1946: Istvan 40, Budapest Nevek Project USHMM
62035 HUN	Landesmann, Helen RavNo.:	17.10.1926 Alsokalocsa Budapest 10.11.1944	Befreit in Mauthausen Entlassung: 22.05.1945 [107.] Vgl. AMM U8b/2 3733 Adresse 1946: Dob 19, Budapest Nevek Project USHMM
62036 HUN	Langermann, Rozsa RavNo.:	07.04.1912 Balassagyarmat ‚Balasagyrmat'	**Schicksal ungeklärt**
62037 HUN	Laszlo, Bombala RavNo.:	29.09.1910 Budapest	**Schicksal ungeklärt**
62038 HUN	Laszlo, Zsuzsa RavNo.:	19.05.1925 Budapest 01.12.1944	Befreit in Mauthausen Hospital: 22.05.1945 [334.]
62039 HUN	Laszlo, Dr. Eva RavNo.:	06.08.1917 Budapest 11.11.1944	Befreit in Mauthausen Hospital: 22.05.1945 [333.] Adresse 1946: Thokoly 135, Budapest Nevek Project USHMM
62040 HUN	Laster, [Laszter] Rozsi [Roza] RavNo.:	27.08.1925 Budapest 11.12.1944	Befreit in Mauthausen Hospital: 22.05.1945 [335.]
62041 HUN	Lebovics, [Lebovits] Sari RavNo.:	23.06.1923 Aknaszlatina 11.12.1944 Dep.: Budapest	Befreit in Mauthausen Hospital: 22.05.1945 [336.] .AMM U8b/2 3735
62042 HUN	Lichtmann, Ilona RavNo.:	05.12.1920 Pesterzsebet Dep.: Budapest	**Schicksal ungeklärt**
62043 HUN	Lissauer, Lilli RavNo.:	07.09.1918 Bekaschena	**Verstarb 1945 in Venusberg** Ab.: 07.04.1945

FloNo. Nation	**Name**, *Mädchenname **Vorname** [Varianten]	**Geburtsdaten Deportationsdaten**	**Opferstatus Quellennachweis**
62044 HUN	Löwe, Erzsebet RavNo.:	06.07.1911 Budapest	**Schicksal ungeklärt**
62045 HUN	Löwinger, Sari RavNo.:	16.07.1917 Dalosch	**Schicksal ungeklärt**
62046 HUN	Löwinger, Erzsebet RavNo.:	11.04.1905 Székesfehérvár	**Verstarb 1945 in Venusberg** Ab.: 23.03.1945
62047 HUN	Löwinger, Margit [Grete] F : vgl. 62048 RavNo. :	01.06.1920 Vagfarkasd 'Varfakes' 01.12.1944	Befreit in Mauthausen Hospital: 22.05.1945 [338.]
62048 HUN	Löwinger, Elvira [Vera] F : vgl. 62047 RavNo. :	12.03.1922 Vagfarkasd 'Varfekes' 01.12.1944	Befreit in Mauthausen Hospital: 22.05.1945 [339.]
62049 HUN	Löwy, Martha RavNo.:	21.05.1921 Budapest	**Schicksal ungeklärt**
62050 HUN	Makewitsch, Cecilie RavNo:	21.12.1924 Jed	**Schicksal ungeklärt**
62051 HUN	Marmorstein, Klara RavNo:	18.09.1925 Ujpest	**Verstarb 1945 in Venusberg** Ab.: 07.04.1945 Vgl. YV Item ID: 7293208 PoT YV Item: 843685
62052 HUN	Marisi, [Marosi] *Spitzer Marta [Imrene]	24.06.1918 Budapest 02.12.1944	Befreit in Mauthausen Hospital: 22.05.1945 [343.]
62053 HUN	Mark, Judit	13.05.1928 Kapazia = Karpathia Tapolca [?] [vgl.]	**Schicksal ungeklärt** Vgl. Adresse 1946: Sziv 56, Budapest
62054 HUN	Maszler, Zsuzsanna [Ödönné] [>Kopstein] F.: Schwester v. 62055 RavNo.:	13.11.1920 Budapest	Befreit in Mauthausen SVHF 50895 Vgl. B 162 8375/282f. Repatriiert: 11.08.1945 Adresse 1946: Zichy 9, Budapest Nevek Project USHMM

FloNo. Nation	**Name**, *Mädchenname **Vorname** [Varianten]	**Geburtsdaten Deportationsdaten**	**Opferstatus Quellennachweis**
62055 HUN	Maszler, Judei [>Judit Kutas] F.: Schwester v. 62054 RavNo.:	12.01.1923 ‚13.01.1923' Pilisvörösvár Budapest	Befreit in Mauthausen B 162 8375/281ff. VP: 27.11.1969 Repatriiert: 11.08.1945 Adresse 1946: Zichy 9, Budapest Nevek Project USHMM
62056 HUN	May, Reni [Renee] RavNo.:	13.01.1918 Budapest 11.12.1944	Befreit in Mauthausen Hospital: 22.05.1945 [344.]
62057 HUN	Mayer, Erzsebet RavNo.:	09.06.1913 Budapest	**Schicksal ungeklärt**
62058 HUN	Mayerovits, Regina RavNo.:	08.06.1924 Pilisz	**Schicksal ungeklärt**
62059 HUN	Mandel, Johanna RavNo.:	15.10.1926 Szaszregen	**Verstarb 1945 auf Evakuierung** Vgl. Anfrage Gedenk-stätte Flossenbürg
62060 HUN	Menzel, [Mancl] Zsuzsanna RavNo.:	12.12.1917 Szeged 23.10.1944	Befreit in Mauthausen Hospital: 22.05.1945 [340.]
62061 HUN	Messinger, *Weisz Helen Terez [Laszlone] RavNo.:	28.10.1910 Pesterzsebet 23.10.1944 [Pestszenterszebet] Dep.: Budapest	Befreit in Mauthausen Entlassung: 22.05.1945 [118.] Adresse 1946: Horn Ede 9, Budapest Nevek Project USHMM
62062 HUN	Mezei, Klara [>Klara Noy] RavNo.:	28.08.1920 Budapest 01.12.1944	Befreit in Mauthausen Hospital: 22.05.1945 [443.] Submitter PoT 15.05.1999 Adresse 1946: Fehervari 114, Budapest Nevek Project USHMM
62063 HUN	Miselbach, [Mieselbach] Eva RavNo.:	01.04.1925 Ujpest /Dep:Budap. 01.12.1944	Befreit in Mauthausen Entlassung: 22.05.1945 [120.]
62064 HUN	Moldovan 'Meldovan', *Grunwald Gabriela [Gabriella] [Jozsefne] RavNo.:	19.08.1912 Budapest	Befreit Ort unbekannt Adresse 1946: Klauzal 31, Budapest Nevek Project USHMM

FloNo. Nation	**Name**, *Mädchenname **Vorname** [Varianten]	**Geburtsdaten Deportationsdaten**	**Opferstatus Quellennachweis**
62065 HUN	Mess, Eta RavNo.:	17.04.1925 Hermesfalva	**Schicksal ungeklärt**
62066 HUN	Moskovits, Helene RavNo.:	06.06.1913 Ubarakenhalma	**Schicksal ungeklärt**
62067 HUN	Moskovits, Rozsi [Roza] RavNo.:	09.11.1924 Balatonmonaster 23.10.1944	**Schicksal ungeklärt** Befreit in Mauthausen Hospital: 22.05.1945 [?] [348.] Pálosremete [?]
62068 HUN	Mozes, Edit RavNo.:	12.11.1914 Czegled	**Schicksal ungeklärt**
62069 HUN	Munk, Magda RavNo.:	13.10.1925 Ujpest 01.12.1944	Befreit in Mauthausen Hospital: 22.05.1945 [349.]
62070 HUN	Muczari, [Moszari] Antonia [>Towa Fabian] RavNo.:	08.04.1918 Budapest 23.10.1944	Befreit in Mauthausen Entlassung: 22.05.1945 [121.] B 162 8375/28 B 162 8375/136f. VP: 22.10.1967
62071 HUN	Nador, Klara RavNo.:	22.01.1922 Budapest	**Schicksal ungeklärt**
62072 HUN	Nadler, Magdalena [Magda] F: Tochter von Iren Hoffmann RavNo.:	10.09.1914 Budapest 22.10.1944	Befreit in Mauthausen Hospital: 22.05.1945 [350.] Adresse 1946: Pannonia 30, Budapest USHMM – Nevek Project
62073 HUN	Nador, Lydia / Livia F: Tochter von Julianna Brunauer *1891 & Zsigmond Nador *1885 B: Bühnenschauspielerin RavNo.:	01.08.1921 Jaszarokszallas 23.10.1944 Budapest	Befreit in Mauthausen Hospital: 22.05.1945 [351.] Adresse 1946: Muranyi 38, Budapest USHMM – Nevek Project Foto: 77025 USHMM
62074 HUN	Nagy, Rozsa [>Rosza Szilagyi] F.: Schwester v. 62075 RavNo.:	23.06.1925 Budapest	Befreit in Mauthausen VP: HUN 24.11.1971 Vgl. Doreen Eschinger: Zwischen Mutterkreuz und Gaskammer S.161

FloNo. Nation	**Name**, *Mädchenname **Vorname** [Varianten]	**Geburtsdaten Deportationsdaten**	**Opferstatus Quellennachweis**
62075 HUN	Nagy, Marianne F.: Schwester v. 62074 RavNo.:	22.08.1924 Budapest 11/1944	**Starb am 05.05.1945 in Mauthausen** [?] vgl. FloNo.: 62074 HDCB YV Item ID: 5806658
62076 HUN	Neu, Zsuzsanna RavNo.:	29.07.1923 Szigetszentmiklos ‚Lipteszentmiklos' 26.11.1944	Befreit in Mauthausen Entlassung: 22.05.1945 [125.]
62077 HUN	Neufeld, Vera RavNo.:	23.05.1928 Budapest 23.10.1944	Befreit in Mauthausen Entlassung: 22.05.1945 [126.] Adresse 1946: Rakoczi 86, Budapest Nevek Project USHMM
62078 HUN	Neumann, Agnes RavNo.:	26.05.1925 Budapest 01.12.1944	Befreit in Mauthausen Entlassung: 22.05.1945 [127.]
62079 HUN	Neumann, Zsuzsanna [>Susanne Atlas] RavNo.:	13.12.1927 '13.12.1924' Pestujhely Dep.: Budapest	Befreit in Mauthausen B 162 8375/93+99 VP: HUN 28.09.1967
62080 HUN	Neumann, Gisella [Gizela] RavNo.:	29.06.1903 ‚29.07.1908' Berzek [‚Bersz']	Befreit in Mauthausen B 162 8375/93+97 VP: HUN 28.09.1967
62081 HUN	Neumann, Klara RavNo.:	23.10.1924 Budapest 01.12.1944	Befreit in Mauthausen Hospital: 22.05.1945 [352.]
62082 HUN	Neumann, Rozsi RavNo.:	29.05.1921 Cserna 11.11.1944	Befreit in Mauthausen Hospital: 22.05.1945 [353.]
62083 HUN	Nota, Irma RavNo.:	03.05.1916 Krapud	**Schicksal ungeklärt**
62084 HUN	Nusbaum, Edith RavNo.:	19.06.1915 Budapest	**Schicksal ungeklärt**
62085 HUN	Nusbaum, Alice RavNo.:	09.11.1922 Budapest	**Schicksal ungeklärt**
62086 HUN	Nyiri, *Weisz Ibolya [Jenöne] RavNo.:	10.02.1914 Budapest 11.12.1944	Befreit in Mauthausen Hospital: 22.05.1945 [354.] Adresse 1946: Izabella 49, Budapest Nevek Project USHMM

FloNo. Nation	**Name**, *Mädchenname **Vorname** [Varianten]	**Geburtsdaten Deportationsdaten**	**Opferstatus Quellennachweis**
62087 HUN	Odorjan, [Adorjan] Lenke RavNo.:	20.07.1911 Miskolc 11.11.1944	Befreit in Mauthausen Hospital: 22.05.1945 [196.]
62088 HUN	Österreicher, Kornelia RavNo.:	10.11.1918 Zalnok / S(z)olnok 23.10.1944	Befreit in Mauthausen Entlassung: 22.05.1945 [129.]
62089 HUN	Palcs, Magdalena RavNo.:	01.04.1906 Budapest	**Schicksal ungeklärt**
62090 HUN	Papp, Rozsi RavNo.:	22.03.1916 Munkacs	**Schicksal ungeklärt**
62091 HUN	Pasztor, Katalin RavNo.:	02.02.1928 Budapest	Befreit Ort unbekannt Adresse 1946: Aradi 29, Budapest Nevek Project USHMM
62092 HUN	Philipp, [Fülöp] Ilona RavNo.:	11.09.1922 Szilagyszomlyo ‚Szilagyosch' 11.11.1944 Dep.: Budapest	Befreit in Mauthausen Hospital: 22.05.1945 [260.]Vgl.Adresse 1946: Angol 21, Budapest Nevek Project USHMM
62093 HUN	Peter, Franciska RavNo.:	08.09.1914 Budapest	**Schicksal ungeklärt**
62094 HUN	Perl, Piroska RavNo.:	10.12.1922 Novota Dep.: Budapest	Befreit in Mauthausen Hospital: 22.05.1945 [488.]
62095 HUN	Perl, Helen RavNo.:	29.04.1929 Budapest	**Schicksal ungeklärt**
62096 HUN	Pfeifer, *Grün Iren [Imrene] [>Irene Kohen] RavNo.:	01.06.1916 Budapest 11.11.1944	Befreit in Mauthausen Hospital: 22.05.1945 [359.] Tod: spätestens 1971 Vgl. B 162 8375/93
62097 HUN	Polak, Anna RavNo.:	11.01.1921 Budapest	**Schicksal ungeklärt**
62098 HUN	Polak, Eva [>Ester Kenigsberg] RavNo.:	06.03.1928 Budapest	Befreit in Mauthausen Entlassung: 22.05.1945 [133.] SVHF 33890

FloNo. Nation	**Name**, *Mädchenname **Vorname** [Varianten]	**Geburtsdaten Deportationsdaten**	**Opferstatus Quellennachweis**
62099 HUN	Pollak, Lili F: vgl. 62100 RavNo.:	04.05.1914 Felsöviso [= Viseul de Sus] Dep.: Budapest	**Schicksal ungeklärt** Starb 10.04.1945 ? Schwester Elka Deskal 05.02.1957: PoT YV Item: 846828 Starb 25.04.1945 [Foto] Nichte Rivka Ben-Simon YV Item ID: 3935351
62100 HUN	Pollak, Aranka F: vgl. 62099 RavNo.:	01.12.1919 Felsöviso Dep.: Budapest	Befreit in Mauthausen Hospital: 22.05.1945 [470.]
62101 HUN	Politzer, Lilli RavNo.:	19.02.1905 Budapest	**Verstarb 1945 in Venusberg** Ab.: 31.03.1945 Vgl. PoT YV Item ID: 5338368 – 05.09.1999
62102 HUN	Polnar, Olga RavNo.:	16.08.1925 Lehus	**Schicksal ungeklärt**
62103 HUN	Reichel, [Reicher] Anna RavNo.:	19.06.1912 Szeged 11.11.1944	Befreit in Mauthausen Hospital: 22.05.1945 [364.]
62104 HUN	Reinhardt, Franciska RavNo.:	14.03.1913 Budapest	**Schicksal ungeklärt**
62105 HUN	Reiniger, Magda RavNo.:	15.03.1918 Szeged	**Schicksal ungeklärt**
62106 HUN	Revesz, Klara RavNo.:	16.04.1919 Budapest	**Schicksal ungeklärt**
62107 HUN	Riess, Erzsebet RavNo.:	01.08.1924 Czegled	**Schicksal ungeklärt**
62108 HUN	Roheim, Magda RavNo.:	08.08.1923 Budapest	**Schicksal ungeklärt**

FloNo. Nation	**Name**, *Mädchenname **Vorname** [Varianten]	**Geburtsdaten** **Deportationsdaten**	**Opferstatus** **Quellennachweis**
62109 **HUN**	Rona, Amalia B: Sekretärin RavNo:	05.09.1910 Szeged Dep.: Budapest	**Verstarb 1945** **Ort unbekannt** PoT 05.06.2000 Neffe Andras A. Farago YV Item ID: 3982332 Vgl.Item ID: 7636717
62110 **HUN**	Rona, *Bergsmann Irene [Imrene] RavNo.:	14.05.1911 Pesterzsebet 11.12.1944 Dep: Budapest	Befreit in Mauthausen Hospital: 22.05.1945 [365.]
62111 **HUN**	Rosenberg, Etel RavNo.:	24.12.1920 Budapest	**Schicksal ungeklärt**
62112 **HUN**	Rosenberg, Kato [Katalin] [Rosenberger] F: Schwester v. 62113 RavNo.:	06.02.1924 Nagybecse [Nagypecsely] 11.12.1944 Dep.: Budapest	Befreit in Mauthausen Hospital: 22.05.1945 [368.] Adresse 1946: Wesselenyi 28, Budapest Nevek Project USHMM
62113 **HUN**	Rosenberg, Magda [Rosenberger] F: Schwester v. 62112 RavNo.:	01.05.1926 Balatonfüred 11.12.1944 Dep.: Budapest	Befreit in Mauthausen Hospital: 22.05.1945 [369.] Adresse 1946: Wesselenyi 18, Budapest Nevek Project USHMM Vgl. AMM U8b/2 3879
62114 **HUN**	Rosner, Edith [>Edith Bako] F: Schwester v. 62115 RavNo.:	12.11.1924 Mezöszath Dep.: Budapest	Befreit in Mauthausen B 162 8375/201ff. VP: 28.01.1968 Adresse 1946: Kiraly 108, Budapest Nevek Project USHMM
62115 **HUN**	Rosner, Ibolya [>Ibi Lantosz] [>Shoshana Oren] F: Schwester v. 62114 RavNo.:	14.12.1922 Makó Dep.: Budapest	Befreit in Mauthausen SVHF 27576 B 162 8377/683 VP: 22.02.1971 Adresse 1946: Kiraly 108, Budapest Nevek Project USHMM
62116 **HUN**	Rosta-Klein, *Klein Magda [Lajosne] RavNo.:	11.03.1909 Budapest 01.12.1944	Befreit in Mauthausen Entlassung: 22.05.1945 [136.]

FloNo. Nation	**Name**, *Mädchenname **Vorname** [Varianten]	**Geburtsdaten Deportationsdaten**	**Opferstatus Quellennachweis**
62117 HUN	Roth, *Roth-Retsagi Magda [>Magdalena Berenyi] RavNo.:	28.08.1927 Budapest 17.11.1944 Obuda	Befreit in Mauthausen Entlassung: 22.05.1945 [139.] SVHF 16138
62118 HUN	Roth, Julia RavNo.:	18.02.1921 Budapest	**Schicksal ungeklärt**
62119 HUN	Roth, Erzsebet RavNo.:	08.01.1916 Budapest	**Schicksal ungeklärt**
62120 HUN	Roth, Ilona RavNo.:	11.11.1914 Budapest	**Schicksal ungeklärt** Befreit in Mauthausen Entlassung: 22.05.1945 [489.] vgl. [137.] Vgl. Adresse 1946: Dobozi 21, Budapest
62121 HUN	Roth, [‚Ret'] *Heimer Erzsebet [Karolyne] RavNo.: 85659	20.08.1911 Alsódomboru 23.10.1944 Dep.: Budapest Ravensbrück: 22.11.1944	Befreit in Mauthausen DEGOB 1206 Adresse 1946: Varosmarthy 44, Budapest Nevek Project USHMM
62122 HUN	Roth, Margit [>Margot Blau] RavNo.:	02.01.1906 Alsózsolca 23.10.1944 Dep.: Budapest [Rav.: 15.11.1944]	Befreit in Mauthausen Hospital: 22.05.1945 [370.] DEGOB 1764 B 162 8376/613f. VP: 04.01.1971
62123 HUN	Salgo, Zsuzsa RavNo.:	26.11.1922 Budapest	**Schicksal ungeklärt**
62124 HUN	Salzer, Eva RavNo.:	27.03.1927 Budapest	**Schicksal ungeklärt** Vgl. Adresse 1946: Kiraly 27, Budapest
62125 HUN	Samonovits, Ibolya RavNo.:	28.07.1920 Cerja	**Schicksal ungeklärt**
62126 HUN	Scekaly, [Szekely] Klara RavNo.:	11.07.1912 Budapest 23.10.1944	Befreit in Mauthausen Entlassung: 22.05.1945 [170.]
62127 HUN	Scer, [Scher] Ida RavNo.:	05.02.1922 Miskolc 11.12.1944 Dep.: Budapest	Befreit in Mauthausen Hospital: 22.05.1945 [374.]

FloNo. Nation	**Name**, *Mädchenname **Vorname** [Varianten]	**Geburtsdaten Deportationsdaten**	**Opferstatus Quellennachweis**
62128 HUN	Sebök, *Fried Aranka [Laszlone] F: Mutter von 62129 RavNo.:	15.08.1903 Budapest	Befreit Ort unbekannt Adresse 1946: Nagydiofa 30, Budapest Nevek Poject USHMM
62129 HUN	Sebök, Margit F: Tochter von 62128 RavNo.:	1929 Budapest	Befreit Ort unbekannt Adresse 1946: Nagydiofa 30, Budapest Nevek Poject USHMM Entlassung: 22.05.1945 Mauthausen? vgl. [150.]
62130 HUN	Seelenfreund, Ibolya F: Schwester v. 62131 RavNo.:	22.05.1925 Budapest 11.11.1944 [Rav.: 15.11.1944]	Befreit in Mauthausen Hospital: 22.05.1945 [389.] DEGOB 1764 Vgl. B 162 8375/290a
62131 HUN	Seelenfreund, Ilona [Piroska] [>Piroska Gábor] F.: Schwester v. 62130 RavNo.:	10.01.1927 Budapest 11.11.1944 [Rav.: 15.11.1944]	Befreit in Mauthausen Hospital: 22.05.1945 [386.] DEGOB 1764 B 162 8375/290f. VP: 04.12.1969
62132 HUN	Seiler, Marta [>Martha Klein] RavNo.:	06.08.1922 Nagyvarad=Oradea [,Wandmader'?] 11.11.1944 Dep.: Budapest	Befreit in Mauthausen Hospital: 22.05.1945 [387.] SVHF 27720 Adresse 1946: Thokoly 9, Budapest Nevek Project USHMM
62133 HUN	Seidenfeld, [Seinfeld/Steinfeld?] Frida RavNo.:	13.01.1907 Budapest 23.10.1944	Befreit in Mauthausen Hospital: 22.05.1945 [388.]Vgl.Adresse 1946: Podmaniczky 72, Budapest Nevek Project USHMM
62134 HUN	Seracki, [Seradzki] Olga RavNo.:	09.11.1906	Befreit in Mauthausen Hospital: 22.05.1945 [471.]
62135 HUN	Sidon, [Szidon] Maria [Mery] RavNo.:	02.01.1925 Budapest 11.12.1944	Befreit in Mauthausen Hospital: 22.05.1945 [405.]Vgl.Adresse 1946 Almassy 3, Budapest
62136 HUN	Silberstein, Klara RavNo.:	06.07.1912 Tamási ,Tolnatanasi' ,Tolnatamasou' 'Tamas', Dep.Budap 11.12.1944	Befreit in Mauthausen Hospital: 22.05.1945 [390.] Adresse 1946: Damjanich 18, Budapest Nevek Project USHMM

FloNo. Nation	**Name**, *Mädchenname **Vorname** [Varianten]	**Geburtsdaten Deportationsdaten**	**Opferstatus Quellennachweis**
62137 HUN	Silbermann, Blanka RavNo.:	08.06.1925 Felsömaros	**Schicksal ungeklärt**
62138 HUN	Simon, Magda RavNo.:	10.03.1914 Simonveralja Szinervoralja 11.12.1944 Dep.: Budapest	Befreit in Mauthausen Hospital: 22.05.1945 [391.]
62139 HUN	Singer, Erzsebet F: Schwester v. 62140 RavNo.:	24.06.1919 Mezöcsát Dep.: Budapest	Befreit Ort unbekannt Adresse 1946: Kiraly 51, Budapest Nevek Project USHMM
62140 HUN	Singer, Gabriele [Ella] F: Schwester v. 62139 RavNo.:	21.08.1909 Mezöcsát Dep.: Budapest	Befreit Ort unbekannt Adresse 1946: Kiraly 51, Budapest Nevek Project USHMM
62141 HUN	Singer, Agnes RavNo.:	09.01.1920 Budapest	**Schicksal ungeklärt**
62142 HUN	Sölösch, Eva RavNo.:	21.07.1915 Budapest	**Schicksal ungeklärt**
62143 HUN	Somlo, Eva RavNo.:	10.04.1924 Budapest	**Schicksal ungeklärt**
62144 HUN	Sonnenschein, [Sonnenstein] Katalin RavNo.:	06.02.1904 Kispest 11.12.1944	Befreit in Mauthausen Hospital: 22.05.1945 [392.]
62145 HUN	Spielmann, Julia RavNo.:	10.06.1920 Tomorkeny [‚Dómerkan'] Dep.: Budapest	Befreit Ort unbekannt Adresse 1946: Peterdy 18, Budapest Nevek Poject USHMM
62146 HUN	Spietzer, [Spitzer] *Abraham Ella [Jozefne] [>Ella Loebl] RavNo.:	11.05.1914 Baczka Polanka ‚Backapalonka' 11.12.1944	Befreit in Mauthausen Hospital: 22.05.1945 [394.] B 162 8375/28 B 162 8375/159f. VP: 23.11.1967
62147 HUN	Spietzer, Klara RavNo.:	28.07.1914 Budapest	**Schicksal ungeklärt**
62148 HUN	Sugar, *Landau Anna [Deszöne] RavNo.:	14.12.1913 Budapest 11.12.1944	Befreit in Mauthausen Hospital: 22.05.1945 [402.]

FloNo. Nation	**Name**, *Mädchenname **Vorname** [Varianten]	**Geburtsdaten Deportationsdaten**	**Opferstatus Quellennachweis**
62149 HUN	Sücs, *Kron [?] Zsuzsanna [Frigyesne Szucs ?] RavNo.	04.10.1914 [1917?] Budapest	**Schicksal ungeklärt** Vgl. Adresse 1946: Groß Klebelsberg 29, Budapest [?]
62150 HUN	Szabo, *Szanto, Ilona [Laszlone] RavNo.:	15.03.1918 Pesterzsebet 11.12.1944 Dep.: Budapest	Befreit in Mauthausen Hospital: 22.05.1945 [403.]
62151 HUN	Schaffer, Piroska RavNo.:	30.04.1924 Szabadka [Wohnort: Wien ?]	**Verstarb 1945 in Venusberg** Ab.: 23.03.1945 M.34.1 – [01/1945] Vgl. YV Item ID: 6883775
62152 HUN	Schimmel, Magdalene RavNo.:	03.04.1923 Budapest	**Schicksal ungeklärt**
62153 HUN	Schlager, Jolan RavNo.:	06.10.1919 Satoraljaujhely	**Schicksal ungeklärt**
62154 HUN	Schlesinger, *Friedmann Erzsebet [Bözsi] [Robertne] F.: Schwester v. 61990 RavNo.:	11.08.1894 Lengyeltoti Dep.: Budapest	**Verstarb im Mai 1945 in Mauthausen** PoT u.a. der Nichte Zsuzsanna Gombas 14.01.2000 YV Item ID: 3964245
62155 HUN	Schlesinger, Klara RavNo.:	24.09.1919 Budapest 11.11.1944 Dep.: Budapest	Befreit in Mauthausen Hospital: 22.05.1945 [376.]Vgl.Adresse 1946 Alsoerdosor 20, Budapest Nevek Project USHMM
62156 HUN	Schön, [Shayn][Shein] Anna [>Sarah Wertheim] RavNo.:	08.11.1923 Pacin Dep.: Budapest	Befreit in Mauthausen SVHF 25542
62157 HUN	Spitz, *Schnitzer [*Schnitzler] Piroska [Pirioska] [Dezsöne] RavNo.:	23.12.1901 [1898] Nagykallo Dep.: Budapest	Befreit in Mauthausen Hospital: 22.05.1945 [472. vgl. 492.] **Starb am 20.05.1945 in Mauthausen** AMM Y/39 PoT der Nichte Eva Blanken-stein *Schnitzler 9/10/99 YV Item ID: 3991346

FloNo. Nation	**Name**, *Mädchenname **Vorname** [Varianten]	**Geburtsdaten** **Deportationsdaten**	**Opferstatus** **Quellennachweis**
62158 **HUN**	Spirer, [Spira] Berner Juliana [Julianna] [Ernöne] RavNo.:	19.05.1912 Budapest 26.11.1944	Befreit in Mauthausen Entlassen: 22.05.1945 [154.]
62159 **HUN**	Schubert, *Rotschild Adal [Lajosne] RavNo.:	01.04.1905 Budapest 11.12.1944	Befreit in Mauthausen Hospital: 22.05.1945 [384.]
62160 **HUN**	Schulz, *Klein Jolan [Dr. Ernone] RavNo.	04.01.1906 Puho Dep.: Budapest 23.10.1944	**Starb am 15.03.1945 ?** **in Venusberg** M.34.1 - HDCB 1949 203898 / 14 YV Item ID: 6883443 YV Item ID: 5802678
62161 **HUN**	Schütz, Aranka RavNo.:	04.08.1909 Marcza	**Schicksal ungeklärt**
62162 **HUN**	Schwarz, Ibolya RavNo.:	01.04.1917 Budapest	**Schicksal ungeklärt**
62163 **HUN**	Schwarz, Edit RavNo.:	13.05.1925 Budapest	**Schicksal ungeklärt** Verstarb 1945 in Mauthausen [?] PoT 28.04.2010 Bruder Asher Schwarc YV Item ID: 1119879 YV Item ID: 491865
62164 **HUN**	Schwarz, Julianna [Morne Fried?] RavNo.:	12.08.1905 [1901?] Capak [=Csopak?]	**Schicksal ungeklärt** Vgl. Adresse 1946: Elemer 22, Budapest Nevek Project USHMM
62165 **HUN**	Schwarz, *Weisz Edit [Miklosne] RavNo.:	17.12.1918 Budapest 02.12.1944 Dep.: Budapest	Befreit in Mauthausen Entlassung: 22.05.1945 [148.] Adresse 1946: Lonyai 15, Budapest Nevek Project USHMM
62166 **HUN**	Schwarz, [Schwarcz] Rozsi RavNo.:	04.07.1922 Ujpest 01.12.1944	Befreit in Mauthausen Entlassung: 22.05.1945 [147.]
62167 **HUN**	Schwarz, [Schwarcz] Franciska RavNo.:	10.01.1926 [?] Ujpest 11.12.1944	Befreit in Mauthausen Hospital: 22.05.1945 [381.]

FloNo. Nation	**Name**, *Mädchenname **Vorname** [Varianten]	**Geburtsdaten Deportationsdaten**	**Opferstatus Quellennachweis**
62168 HUN	Schwarz, Eva RavNo.:	10.01.1926 [1928?] Ujpest	**Schicksal ungeklärt** Hospital: 22.05.1945 [?] Vgl. [380.] Vgl. Adresse 1946 Tisza Kalman Ter 17, Vgl. Szinyei Merse 26 Vgl. Bokreta 17 Vgl. Kohari 21, Budapest Nevek Project USHMM
62169 HUN	Schwarz, [Schwarcz] [*Nador] Marta [>Márta Kádár] RavNo.:	29.02.1925 Nogradveröce 11.12.1944 Dep.: Budapest	Befreit in Mauthausen Hospital: 22.05.1945 [383.] B 162 8375/293 VP: 08.12.1969 AMM OH/ZP1/405
62170 HUN	Schwarz, [Schwarcz] Ella RavNo.:	02.01.1918 Satoraljaujhely 01.12.1944 Dep.: Budapest	Befreit in Mauthausen Entlassung: 22.05.1945 [146.]
62171 HUN	Schwarz, [Schwarcz] Erzsebet RavNo.:	02.11.1909 Abaujszanto 11.12.1944 Dep.: Budapest	Befreit in Mauthausen Hospital: 22.05.1945 [379.]
62172 HUN	Schwarz, Margit RavNo.:	19.09.1923 Mezönyárád	**Schicksal ungeklärt**
62173 HUN	Schwarz, [Schwarcz] Katalin [>Katalin Gábor] RavNo.:	20.02.1926 Putnok Dep.: Budapest 11.12.1944	Befreit in Mauthausen Hospital: 22.05.1945 [382.] AMM OH/ZP1/589 Adresse 1946: Csengery 55, Budapest Nevek Project USHMM
62174 HUN	Schwarz, [Schwarcz] Anna RavNo.:	10.07.1926 Budapest 11.11.1944	Befreit in Mauthausen Hospital: 22.05.1945 [378.]
62175 HUN	*Schwarz, [Schwarcz] Anna [Gezane Galambos] RavNo.:	17.03.1914 Budapest 11.11.1944	Befreit in Mauthausen Hospital: 22.05.1945 [263.] Adresse 1946 Magdolna 34, Budapest Nevek Project USHMM
62176 HUN	Schwarz, Telka RavNo.:	19.02.1906 Satmarvena [?]	**Schicksal ungeklärt**

FloNo. Nation	**Name**, *Mädchenname **Vorname** [Varianten]	**Geburtsdaten** **Deportationsdaten**	**Opferstatus** **Quellennachweis**
62177 **HUN**	Schwarz, Erzsebet RavNo.:	21.08.1906 Szeged	**Schicksal ungeklärt**
62178 **HUN**	Schwarz, Klara RavNo.:	15.11.1911 Budapest	**Schicksal ungeklärt**
62179 **HUN**	Schwarz, Erzsebet RavNo.:	22.03.1921 Jevaretsalasch [?]	**Schicksal ungeklärt**
62180 **HUN**	Schwarz, [Schwarcz] *Vogel ‚Josefa' Irma [Jozsefne] RavNo.:	17.09.1906 Szombathely [‚Sowertei']	**Starb am 04.05.1945** **in Mauthausen** YV Item ID: 6945751 Original Record HDCB 200180/19 M.34.1 -
62181 **HUN**	Stark, *Müller Magda [Tivadarne] RavNo.:	12.10.1921 Galanta	Befreit Ort unbekannt Adresse 1946: Szobranc 2, Budapest Nevek Project USHMM
62182 **HUN**	Stark, Frieda [Frida] RavNo.:	21.05.1923 Galanta Perbenjik 01.12.1944 Dep.: Budapest	Befreit in Mauthausen Hospital: 22.05.1945 [156.] Vgl. AMM U8b/2 3778
62183 **HUN**	Stark, Olga [>Olga Klein] RavNo.:	28.02.1919 Bacska [Backa] 01.12.1944 Dep.: Budapest	Befreit in Mauthausen Entlassung: 22.05.1945 [158.] SVHF 43635 Vgl. AMM U8b/2 3777
62184 **HUN**	Stark, Livia RavNo.:	12.07.1925 Veröce Virovitica (Kroatien) ‚Miromitz' [dt. Wirowititz] 23.10.1944 Dep.: Budapest	Befreit in Mauthausen Entlassung: 22.05.1945 [157.] Adresse 1946: Szabolcs 11, Budapest Nevek Project USHMM
62185 **HUN**	Stein, Etel RavNo.:	09.07.1914 Szaszregen 06.11.1944	Befreit in Mauthausen Entlassung: 22.05.1945 [159.]
62186 **HUN**	Steiner, Judit [>Imrene Ritter] [>Judith Rudas] F: Tochter von 62188 RavNo.:	04.07.1929 Budapest 02.12.1944	Befreit in Mauthausen Hospital: 22.05.1945 [397.] SVHF 24791 Adresse 1946: Szuz 5, Budapest Nevek Project USHMM

FloNo. Nation	Name, *Mädchenname Vorname [Varianten]	Geburtsdaten Deportationsdaten	Opferstatus Quellennachweis
62187 HUN	Steiner, Vera RavNo.:	11.06.1922 Budapest	**Schicksal ungeklärt**
62188 HUN	Steiner, *Link Lilli [Livia] [Lilly] [Arpadne] F: Mutter von 62186 RavNo.:	07.03.1907 Budapest	**Verstarb 1945 in Mauthausen** vgl. SVHF 24791 YV Item ID: 9325360
62189 HUN	Steinitz, Kato RavNo.:	11.12.1922 Budapest 23.10.1944	Befreit in Mauthausen Entlassung: 22.05.1945 [162.] Adresse 1946: Marton 28, Budapest Nevek Project USHMM
62190 HUN	Stepper, Gizella RavNo.:	04.11.1916 Budapest	**Schicksal ungeklärt**
62191 HUN	Stern, Maria RavNo.: 92370	30.10.1910 Györ Raab Rakospalota Budapest [Rav.: 09.12.1944]	Befreit in Mauthausen DEGOB 175
62192 HUN	Stern, Ilona RavNo.:	25.01.1918 Hornylo / Horthy ? 02.12.1944	Befreit in Mauthausen Hospital: 22.05.1945 [399.]
62193 HUN	Stern, Rozsi RavNo.:	09.03.1915 Csepel	**Schicksal ungeklärt**
62194 HUN	Stern, Olga RavNo.:	11.02.1914 Nagyvarad [Mezönyarad] 23.10.1944	Befreit in Mauthausen Entlassung: 22.05.1945 [166.]
62195 HUN	Stern, *Friedmann Berta [Laszlone] RavNo.:	17.11.1918 Nyirbator 23.10.1944 Dep.: Budapest	Befreit in Mauthausen Hospital: 22.05.1945 [400.] Adresse 1946: Erzsebet Krt 19, Budapest Nevek Project USHMM
62196 HUN	Sternberg, Ilona RAvNo.:	23.11.1915 Budapest	**Schicksal ungeklärt**
62197 HUN	Stuhl, Seren [Szeren] RavNo.:	01.07.1923 Huszt 23.10.1944	Befreit in Mauthausen Entlassung: 22.05.1945 [169.]

FloNo. Nation	Name, *Mädchenname Vorname [Varianten]	Geburtsdaten Deportationsdaten	Opferstatus Quellennachweis
62198 HUN	Taglicht, [Tageleich] *Kohn Aranka [Tiborne] RavNo.:	13.06.1909 Budapest 23.12.1944	Befreit in Mauthausen Hospital: 22.05.1945 [408.]
62199 HUN	Tanczos, Anna RavNo.:	08.08.1919 Derenk [?]	**Schicksal ungeklärt**
62200 HUN	Tandlich, Eva RavNo.:	19.02.1928 Budapest 23.10.1944	Befreit in Mauthausen Entlassung: 22.05.1945 [171.]
62201 HUN	Tauber, Kamilla F: Mutter Iren Paar F: Schwester v. 62202 RavNo.:	06.05.1921 Budapest 01.12.1944	Befreit in Mauthausen Hospital: 22.05.1945 [409. vgl. 450] Adresse 1946: Matyas 13, Budapest Nevek Project USHMM
62202 HUN	Tauber, Melitta F: Mutter Iren Paar F: Schwester v. 62201 RavNo.:	28.03.1928 [1926] Budapest 02.12.1944	Befreit in Mauthausen Hospital: 22.05.1945 [410.] Adresse 1946: Matyas 13, Budapest Nevek Project USHMM
62203 HUN	Trebits, [Trebitsch] Valeria RavNo.:	16.09.1928 Budapest	Befreit Ort unbekannt Adresse 1946: Nurnberg 9, Budapest Nevek Project USHMM
62204 HUN	Trödel, Eva RavNo.:	21.11.1925 Raha	**Schicksal ungeklärt**
62205 HUN	Traub, Josefine RavNo.:	06.10.1914 Budapest	**Schicksal ungeklärt**
62206 HUN	Türk, *Blutreich Klara [Gezane] RavNo.:	14.12.1911 ‚14.12.1914' Budapest	**Verstarb 1945 Ort unbekannt** HDCB Todeserklärung YV Item ID: 5804557 M.34.1- [nicht 15.01.45] 207617/1762/49 YV Item ID: 6980613
62207 HUN	Unger, Erzsebet RavNo.:	21.06.1918 Felsögalla 11.11.1944 Dep.: Budapest	Befreit in Mauthausen Hospital: 22.05.1945 [415.] Adresse 1946: Aradi 11, Budapest Nevek Project USHMM

FloNo. Nation	**Name**, *Mädchenname **Vorname** [Varianten]	**Geburtsdaten Deportationsdaten**	**Opferstatus Quellennachweis**
62208 HUN	Unger, *Felkai Hermine B: Näherin RavNo.:	28.10.1911 Zilina [Ungarisch: Zsolna] Dep.: Budapest	**Verstarb 1945** **Ort unbekannt** PoT Tova Goldstein [Tante] 11.09.1955 YV Item ID: 1819315
62209 HUN	Vadas, [Vadasz] Ilona RavNo.:	04.08.1900 Ermasko	Befreit in Mauthausen Hospital: 22.05.1945 [503.]
62210 HUN	Vandor, Julia [>Mirjam Julia Deutsch] RavNo.: 92601	07.03.1924 Bécs Wien, Ujpest Ravensbrück: [01-08.12.1944]	Befreit in Mauthausen DEGOB 3595 B 162 8377/686ff. VP: 12.01.1971
62211 HUN	Vasarhelyi, Nelly RavNo.:	06.08.1899 Koloszvar	**Schicksal ungeklärt**
62212 HUN	Vass, Eva RavNo.:	30.05.1917 Budapest	**Schicksal ungeklärt** Starb 1945? Vgl. YV Item ID: 5021030
62213 HUN	Waide, Zita RavNo.:	22.12.1916 Sziget	**Schicksal ungeklärt**
62214 HUN	Weider, Klara RavNo.:	20.09.1909 Pestszentimre Dep.: Budapest	**Schicksal ungeklärt**
62215 HUN	Weil, Eva RavNo.:	01.09.1924 Budapest	**Schicksal ungeklärt**
62216 HUN	Weinberger, Maria RavNo.:	06.06.1899 Budapest	**Verstarb 1945** **in Venusberg** Ab.: 26.03.1945
62217 HUN	Weinberger, Ibolya [Ferencne] RavNo.:	28.11.1909 Budapest	Befreit in Mauthausen Hospital: 22.05.1945 [421.]
62218 HUN	Weinberger, *Schwarc [Weinberg] Piroska [Laszlone] RavNo.:	15.11.1914 [1912] Abaujszanto	Befreit in Mauthausen Hospital: 22.05.1945 [422.]
62219 HUN	Weingarten, Lilli [Lilly] [>Ilona Debreczenyi] RavNo.:	21.12.1926 Alsoverecke 23.10.1944 Budapest Rav.: Dezember 44	Befreit in Mauthausen Entlassung: 22.05.1945 [182.] B 162 8375/296 VP: 09.12.1969

FloNo. Nation	**Name**, *Mädchenname **Vorname** [Varianten]	**Geburtsdaten** **Deportationsdaten**	**Opferstatus** **Quellennachweis**
62220 **HUN**	Weinreb, Gizella RavNo.:	17.05.1906 Kisvarda	**Schicksal ungeklärt**
62221 **HUN**	Weinstein, Eva RavNo.:	08.03.1925 Budapest	**Schicksal ungeklärt**
62222 **HUN**	Weiss, [Weisz] Elisabeth [Erzsebet] RavNo.:	06.12.1926 Sajovamos 01.12.1944	Befreit in Mauthausen Entlassung: 22.05.1945 [185.] Vgl. FloNo.: 63258, 63293 Vgl. AMM Y/39
62223 **HUN**	Weiss, [Weisz] *Lowy Erzsebet [Jozsefne] F: Tochter von Regina Deutsch RavNo.:	09.10.1905 Budapest 10.11.1944 Dep: Budapest	Befreit in Mauthausen Entlassung: 22.05.1945 [188.] Adresse 1946: Felsoerdosor 11, Budapest Nevek Project USHMM
62224 **HUN**	Weiss, Ilona RavNo.:	06.05.1923 Budapest	**Schicksal ungeklärt**
62225 **HUN**	Weiss, Margit RavNo.:	06.05.1912 Budapest	**Schicksal ungeklärt**
62226 **HUN**	Weiss, [Weisz] *Paneth Malvine [Margit] [Jenöne] RavNo.:	23.01.1913 Onod 11.12.1944 Dep.: Budapest	Befreit in Mauthausen Hospital: 22.05.1945 [426.]
62227 **HUN**	Weiss, *Blaustein Martha F: Schwester v. 61794 F: Schwester v. 61795 RavNo.:	15.09.1919 Kisvarda ['Giszvarda'] 10/1944 Dep.: Budapest	**Starb am 17.04.1945 auf Evakuierung** Vgl. B 162 8375/37f.
62228 **HUN**	Weiss, Ilonka RavNo.:	10.06.1906 Miskolcz	**Schicksal ungeklärt**
62229 **HUN**	Weiss, [*Böhm?] Magdolna [Gyorgyne?] RavNo.:	07.03.1920 Budapest	**Schicksal ungeklärt** Vgl. Adresse 1946: Csengery 6, Budapest Nevek Project USHMM

FloNo. Nation	**Name**, *Mädchenname **Vorname** [Varianten]	**Geburtsdaten Deportationsdaten**	**Opferstatus Quellennachweis**
62230 HUN	Weiss, [Weisz] Ilona [Laszlone] [György Ilonka] RavNo.:	14.08.1919 Mezökereszt[es] / Mezökövesd 01.12.1944 Dep: Budapest	Befreit in Mauthausen Hospital: 22.05.1945 [428.]
62231 HUN	Weiss, Magdalena [Magdolna] RavNo.:	07.03.1921 Budapest 01.12.1944 Dep.: Budapest	Befreit in Mauthausen Entlassung: 22.05.1945 [190.]Vgl.Adresse 1946 Ulloi 89, Budapest Nevek Project USHMM
62232 HUN	Weiss, [Weisz] *Goldschmied Margit [Imrene] RavNo.:	21.07.1907 Budapest 23.10.1944	Befreit in Mauthausen Hospital: 22.05.1945 [424.]
62233 HUN	Weiss, Julianna RavNo.:	05.04.1904 Ujpest	**Schicksal ungeklärt**
62234 HUN	Weiss, [Weisz] *Sugar Iren [Jenöne] RavNo.:	17.07.1904 Ujpest 23.10.1944	Befreit in Mauthausen Entlassung: 22.05.1945 [187.vgl. 427.]
62235 HUN	Weissberger, Sofie RavNo.:	14.10.1927 Budapest	**Schicksal ungeklärt**
62236 HUN	Weissberger, Rozsi RavNo.:	24.02.1926 Budapest	**Schicksal ungeklärt**
62237 HUN	Weisser, [Weiser] Livia [,Libia'] RavNo.:	01.06.1925 Polgar [,Polga']	Befreit Ort unbekannt Adresse 1946: Danko 1, Budapest Nevek Project USHMM
62238 HUN	Weissmann, Veronika RavNo.:	27.07.1927 Budapest	**Schicksal ungeklärt**
62239 HUN	Welwart, Terez RavNo.:	29.06.1923 Budapest	**Schicksal ungeklärt**
62240 HUN	Werber, [Verber] Lenke RavNo.:	27.08.1913 Budapest	Befreit Ort unbekannt Adresse 1946: Lovolde Ter 2, Budapest Nevek Project USHMM

FloNo. Nation	**Name**, *Mädchenname **Vorname** [Varianten]	**Geburtsdaten Deportationsdaten**	**Opferstatus Quellennachweis**
62241 HUN	Wida, [Vida] *Fuchs Rozsi [Roza] [Andorne] RavNo.:	22.01.1921 Budapest 01.12.1944	Befreit in Mauthausen Entlassung: 22.05.1945 [177.] VP: HUN 22.11.1971
62242 HUN	Wieder, Rozsa RavNo.:	20.09.1913 Budapest	**Schicksal ungeklärt** Vgl. YV Item ID: 7736098, 6963959 23.04.1945 Mauthausen 28.04.1945 Mauthausen
62243 HUN	Wiesel, [Wiessel] Eva [> Kraus] F: Kusine v. Beila Rosenfeld F: Tochter von Ilona Tennenberger Vater: Alter WIESSEL *1889 Pojana RavNo.:	17.05.1920 Budapest	Befreit in Mauthausen Adresse 1946: Nagydiofa 32, Budapest Nevek Project USHMM Submitter of PoT YV Item ID: 880553 30.05.1957 Vgl. SVHF 30799
62244 HUN	Wildmann, Kato RavNo.:	08.03.1925 Budapest	**Schicksal ungeklärt**
62245 HUN	Wilhelm, Rozsi [Rozsa] RavNo.:	22.10.1925 Budapest 16.11.1944	Befreit in Mauthausen Entlassung: 22.05.1945 [193.]
62246 HUN	Willinger, Margit RavNo.:	16.03.1920 Mateszalka 11.11.1944	Befreit in Mauthausen Hospital: 22.05.1945 [437.]
62247 HUN	Willinger, Erzsebet RavNo.:	08.08.1924 Mateszalka 11.11.1944	Befreit in Mauthausen Hospital: 22.05.1945 [434.]
62248 HUN	Winkler, Rozsi [Rosa] [Roza] F: Schwester v. 62249 RavNo.:	01.02.1921Ujpest 11.12.1944 Dep.: Budapest	Befreit in Mauthausen Hospital: 22.05.1945 [435.] [Typhus] ITS **Starb am 06.06.1945 in Mauthausen** YV Item ID: 5021411
62249 HUN	Winkler, Maria F: Schwester v. 62248 RavNo.:	29.04.1924 Ujpest 11.12.1944 Dep.: Budapest	Befreit in Mauthausen Hospital: 22.05.1945 [436.] ITS Arolsen
62250 HUN	Wolf, Margit RavNo.:	17.07.1913 Eger 11.12.1944 Dep.: Budapest	Befreit in Mauthausen Hospital: 22.05.1945 [438.]

FloNo. Nation	**Name**, *Mädchenname **Vorname** [Varianten]	**Geburtsdaten Deportationsdaten**	**Opferstatus Quellennachweis**
62251 HUN	Wolf, Erzsebet RavNo.:	18.06.1919 Ozo	**Schicksal ungeklärt**
62252 HUN	Wollstein, Eva RavNo.:	31.05.1921 Budapest	**Schicksal ungeklärt**
62253 HUN	Zabor, Kato RavNo.:	21.11.1914 Pilis	**Schicksal ungeklärt**
62254 HUN	Zinner, Klari [Klara] RavNo.:	14.10.1926 Ujpest [,Pilis'] 01.12.1944 Dep.: Budapest	Befreit in Mauthausen Hospital: 22.05.1945 [444.]
62255 HUN	Zinner, Vera RavNo.:	01.10.1927 Ujpest 01.12.1944 Dep.: Budapest	Befreit in Mauthausen Hospital: 22.05.1945 [445.]
62256 HUN	Zwillinger, [Cwillinger] *Schwarcz Erzsebet [Zoltanne] RavNo.:	21.08.1912 Nagyteteny 11.12.1944 Dep.: Budapest	Befreit in Mauthausen Hospital: 22.05.1945 [226.] VP: HUN 23.11.1971
62257 HUN	Weiss, [Weisz] Veronika [,Weronika] [Vera] RavNo.:	21.04.1923 Budapest 11.12.1944 Dep.: Budapest	Befreit in Mauthausen Hospital: 22.05.1945 [429.]
	Transport aus Bergen-Belsen		
62858 GRE	Abram, Ester	20.12.1921	**Schicksal ungeklärt**
62859 POL	Abramczyk, Minna	15.03.1917	**Schicksal ungeklärt**
62860 HUN	Adlovics, [Adlovits] Magda AuNo.: [>Magda Deutsch]	08.09.1923 Levelek '28.05.1944'	Befreit in Mauthausen Hospital: 22.05.1945 [195.] B162 / 8377 XIII Keine Vernehmung
62861 POL	Abus, [Abusz] Franciska [Franciszka] B: Büroangestellte	05.08.1908 Krakau ,05.08.1918' Plaszow-Auschwitz	**Schicksal ungeklärt** Kennkarte 5463 17.02.1941 Krakau
62862 HUN	Ackermann, Klara	08.07.1928 Poleno	Befreit in Mauthausen Entlassen 23.05.1945 [CZE 3.] AMM U8b/2 3647

FloNo. Nation	**Name**, *Mädchenname **Vorname** [Varianten]	**Geburtsdaten Deportationsdaten**	**Opferstatus Quellennachweis**
62863 HUN	Adorjan, Olga [>Olga Schwarcz]	25.01.1929 Miskolc [25.01.1913/31?] 26.12.1944	Befreit in Mauthausen Hospital: 22.05.1945 [197.] B 162 / 8377 XII Keine Vernehmung
62864 HOL	Agsteribbe, ['Agsteribe'] ['Agtsteribbe'] Elisabeth [Elizabet] AuNo.: [75816-75891]	12.04.1912 Amsterdam Westerbork Auschwitz 03.03.-05.03.1944	**Verstarb 1945 in Mauthausen** OGS: 10.05.1945 www.ogs.nl
62865 GRE	Alchanati, [Alkanati] Zefira [Safira] AuNo.: **A-8283**	15.03.1926 Larissa-Auschwitz: 25.03.-30.06.1944	Befreit in Mauthausen Entlassen 22.05.1945 [74.] Vgl. SVHF 48563 Auschwitz Block 22b
62866 ITA	Alhadeff, Renate [Renata Reina] [Regina Alhadef] F: Schwester v. 63292 AuNo.: [A-24215 – A-24468] DaNo.: 119881 A: via Bernardo d' Airasca 5 – Rodi	20.01.1921 Rhodos 16.04.1921 Dachau:15.02.1921 Rhodos-Auschwitz 23.07.-16.08.1944 Auschwitz-Dachau: 27.10.1944 Bergen-Belsen: 17.12.1944	**Verstarb 1945 in Venusberg** Ab.: 07.04.1945 Foto www.nomidellashoah.it Vgl. PoT YV Item ID: 655263
62867 POL	Apollo, Stella [>Stella Beckmann-Apollo] AuNo.:	23.12.1921 Krakau Plaszow-Auschwitz	Befreit in Mauthausen SVHF 26334 Jewish Agency World Jewish Congress USHMM Distrikt
62868 POL	Aspis, Hella	08.02.1916	Befreit 1945 Ort unbekannt Vgl. SVHF 32906
62869 ITA	Avzaradel, Alegra [Allegra] AuNo.: [A-24215 – A-24468] [Tochter von Giuseppe Avzaradel & Regina Trevez]	21.04.1924 [14.04.1921][1922] Rhodos-Auschwitz 23.07.-16.08.1944	**Starb 1945** www.nomidellashoah.it PoT Bruder Albert Avzaradel 20.01.1984 YV Item ID: 1913615 Schwester Rachel Hugnu 11.07.2005 YV Item ID: 1826469 PoT Moshe Vital: YV Item ID: 1860594

FloNo. Nation	**Name**, *Mädchenname **Vorname** [Varianten]	**Geburtsdaten Deportationsdaten**	**Opferstatus Quellennachweis**
62870 ITA	Avzaradel, Lora [Laura] AuNo.: [A-24215 – A-24468] DaNo.: 119947 F: Schwester v. 62871 A: Piazza Principe di Piemonte 33 - Rodi	10.04.1920 Rhodos ['20.04.1920'] [08.04.1920] Rhodos-Auschwitz 23.07.-16.08.1944 Auschwitz-Dachau 27.10.1944 Dachau- Bergen-B. 17.12.1944	Befreit in Mauthausen Picciotto Fargion S.700 www.nomidellashoah.it
62871 ITA	Avzaradel, Rosetta [Rosa] AuNo.: [A-24215 – A-24468] DaNo.: 119944 F: Schwester v. 62870 A: Piazza Principe di Piemonte 33 - Rodi	22.04.1922 Rhodos [04.03.1922] Rhodos-Auschwitz 23.07.-16.08.1944 Auschwitz-Dachau 27.10.1944 Dachau- Bergen-B. 17.12.1944	**Verstarb 1945** **Ort unbekannt** Picciotto Fargion S.655 PoT Moshe Vital: YV Item ID.: 1846352
62872 HUN	Bajan, Ilona DaNo.: 132411 A: Tatra 33 – Budapest F: vgl. 62873	21.06.1911 Pozsony Budapest-Dachau 24.11.1944 Bergen-Belsen 17.12.1944	**Verstarb 1945** **in Venusberg** Ab.: 26.03.1945
62873 HUN	Bajan, Magda DaNo.: 132410 A: Tatra 33 – Budapest F: vgl. 62872	27.12.1912 Pozsony Budapest-Dachau 24.11.1944 Bergen-Belsen 17.12.1944	**Schicksal ungeklärt**
62874 GRE	Bakola, [Bacola] Rachel [Bacolla] AuNo.: **A-8330** [?] F: vgl. 63290	26.03.1927 Korfu 25.03.1944 Korfu-Auschwitz 30.06.1944	Befreit in Mauthausen Entlassen 22.05.1945 [41.] Auschwitz Block 22b
62875 HUN	Balazs, Sari	27.05.1906	**Schicksal ungeklärt**
62876 GRE	Battino, [Batino] Rita AuNo. : DaNo. : 119888 A : V. Pulopulu 47 - Aten	22.11.1926 Athen Auschwitz-Dachau 27.10.1944 Dachau- Bergen-B. 17.12.1944	Befreit in Mauthausen Vgl. SVHF 21467

FloNo. Nation	**Name**, *Mädchenname **Vorname** [Varianten]	**Geburtsdaten** **Deportationsdaten**	**Opferstatus** **Quellennachweis**
62877 **GRE**	Behoroupoulou, [Bechopoulou] [Vechoropoulos] Tica [Sika] [Tika-Esther] AuNo.: [76856-77183]	08.01.1924 [1920] Joannina [1917] Auschwitz 25.03.-11.04.1944	Befreit in Mauthausen Entlassen 22.05.1945 [7.] **Juli 1945 in Wien verstorben ?** PoT 25.03.1979 Bruder Yaacov Vechoropoulos Vgl. AMM Y/39
62878 **POL**	Bejska, Fela	05.07.1925	**Schicksal ungeklärt** Vgl. Jewish Agency
62879 **POL**	Bejska, Hanka [>Chana Lewit]	08.05.1920 '06.05.1920' Dzszialoszyce Krakau-Auschwitz	Befreit in Mauthausen B 162 8375/61
62880 **GRE**	Denti [Dente], Beki [Deili Beki] [Berky Benghiat Dento] [Beky] DaNo.: 119892 AuNo.: A: Cheramicu 17 - Atene	05.07.1917 Chio R: Athen 24.03.1944 Auschwitz-Dachau: 27.10.1944 Bergen-Belsen: 17.12.1944	Befreit in Mauthausen Entlassen 22.05.1945 [46. vgl. 101.]
62881 **GRE**	Belleli, [Beleli] Diamantina AuNo.: **A-8306** [?] [A-8282 – A-8456]	09.05.1925 Korfu ‚29.07.1944' Korfu-Auschwitz 15.06.-30.06.1944	Befreit in Mauthausen Entlassen 22.05.1945 [88.] Auschwitz Block 22b
62882 **GRE**	Belleli, [Beleli] Esperanca [Speranza] AuNo.: **A-8401** [?] [A-8282 – A-8456]	21.08.1921 Korfu ‚29.07.1944' Korfu-Auschwitz 15.06.-30.06.1944	Befreit in Mauthausen Entlassen 22.05.1945 [11.] B 162 8377 Auschwitz Block 22b
62883 **GRE**	Belleli, [Beleli] Ketti AuNo.: **A-8381** [?] [A-8282 – A-8456]	12.12.1924 Korfu Korfu-Auschwitz 15.06.-30.06.1944	**Verstarb 1945 in Venusberg** Ab.: 26.03.1945 Auschwitz Block 22b
62884 **GRE**	Belleli, [Beleli] Rebeka [Reweka] AuNo.: [A-8282 – A-8456] [>Rebeca Rifka Beleli]	12.06.1914 Korfu ‚29.07.1944' Korfu-Auschwitz 15.06.-30.06.1944	Befreit in Mauthausen Entlassen 22.05.1945 [24.] B 162 8376/615 VP: 03.01.1971
62885 **GRE**	Belleli, Sandra AuNo.: **A-8402** [?] [A-8282 – A-8456]	12.03.1921 Korfu ‚29.07.1944' Korfu-Auschwitz 15.06.-30.06.1944	Befreit in Mauthausen Entlassen 22.05.1945 [10.] Auschwitz Block 22b

FloNo. Nation	**Name**, *Mädchenname **Vorname** [Varianten]	**Geburtsdaten Deportationsdaten**	**Opferstatus Quellennachweis**
62886 **TÜR** [ITA]	Beniacar, [Bouliacar] Matilda [Matilde] AuNo.: **75670**	18.01.1926 Smirne '18.02.1926' Fossoli-Auschwitz 22.02.-26.02.1944	Befreit in Mauthausen Entlassen 22.05.1945 [ITA 4.] Picciotto Fargion S.144
62887 **ITA**	Benun, Maria [Tochter von Haim Benun & Rachele Fis]	20.12.1927 Rhodos [20.12.1926] Rhodos-Auschwitz 23.07.-16.08.1944	**Starb 1945** **Ort unbekannt** www.nomidellashoah.it PoT Moshe Vital YV Item ID: 348108
62888 **CZE**	Bereman, Roza	10.12.1914	**Schicksal ungeklärt**
62889 **GRE**	Besso, ['Bescho'] Stameta [>Stameta Costi] AuNo.: **A-8333**	15.04.1926 Kérkira [,15.04.1923'] Korfu ,29.07.1944' Korfu-Auschwitz 15.06.-30.06.1944	Befreit in Mauthausen Entlassen 22.05.1945 [78.] SVHF 42957 Auschwitz Block 22b
62890 **POL**	Biberstein, [Bieberstein] Celina B: Studentin F: Tochter von 62891 [>Inka Schwarzbaum] AuNo.:	12.01.1921 Krakau A: Warnenczyka-gasse 3 Krakau-Plaszow Auschwitz	Befreit in Mauthausen Vgl. SVHF 5472 Kennkarte 8489 27.02.1941 Krakau A: 18.11.1940 Verstarb 1987 in Israel Bestattet in Holon
62891 **POL**	Biberstein, [Bieberstein] *Opoczynski Lea ,Ica' F: Mutter von 62890 F: Ehefrau v. Dr. med. Alexander Biberstein AuNo.:	30.05.1895 Krakau ,30.05.1904' Krakau-Plaszow Auschwitz	Befreit in Mauthausen Vgl. SVHF 5472 Kennkarte 8490 27.02.1941 Krakau Vgl. YV Testimony 587, 2362 Verstarb 1960 in Israel Bestattet in Haifa
62892 **POL**	Bieler, Berta	13.03.1915 13.03.1906 Tarnopol	Schicksal ungeklärt Verstarb 1945 [?] nicht in Bergen Belsen Tochter Ada Rudzka YV Item ID: 6668811 Vgl. 6609389, 6609094
62893 **POL**	Blass, Brandla [Bronia]	24.05.1906 Nowe Miasto	Befreit in Mauthausen Jewish Agency 14582
62894 **POL**	Bleicher, Rena	04.04.1926	**Schicksal ungeklärt**

FloNo. Nation	**Name**, *Mädchenname **Vorname** [Varianten]	**Geburtsdaten** **Deportationsdaten**	**Opferstatus** **Quellennachweis**
62895 **POL**	Blitz, Judit [Judyt] B: Strickerin [auch Ida Blitz] F: Vater Szymon *22.12.1886 Podgorze F: Mutter Rywka Posner *1886 Oswiecim F: Bruder Pinkus Wolf *24.08.1914 Oswiecim F: Kusine von 62896	15.10.1918 18.10.1918 25.10.1918 Oswiecim A: Krakowska 39/76 A: Borek Falecki Schustergasse 401 Dep.: Krakau Krakau-Plaszow Auschwitz [möglicherweise ging eine andere Person unter dieser Identität auf Transport]	**Verstarb 1945** **Ort unbekannt** Kennkarte 5522 22.02.1941 Krakau A: 12.09.1940 PoT von Kusine Miriam Drenger *Blitz:: ‚Starb 1945 an Typhus auf dem Todesmarsch von Bergen-Belsen' ; Krakowska Str. 39 ; Ida Blitz *1921 ; YV Item ID: 1065116 vom 01.05.1999 Vgl. PoT der Kusine Malka Monovitz YV Item ID: 359037
62896 **POL**	Blitz, Mirjam [Miryam] [>Miriam Drenger] [F: Mutter Ester Reich F: Vater Beni Sucher Blitz *1895 F: Bruder Wolf Pinkas *1924 F: Söhne Avraham & Binyamin Drenger] F: Kusine von 62895 AuNo.: B: Lederglanteriearbeiterin	10.05.1921 Krakau Wolnica A: Wola Duchacka, Wanda 4 Dep.: Krakau Krakau-Plaszow Auschwitz [möglicherweise ging eine andere Person unter dieser Identität auf Transport]	Befreit Ort ungeklärt [Bergen Belsen ?] SVHF 21502 YV Testimony 7350 [42 Seiten Hebräisch] Submitter of PoT für Onkel Szymon Blitz Vgl. Arie Drenger YV 7351 [24 Seiten Hebräisch]
62897 **ITA**	Blum, Enrichetta AuNo.:	27.12.1911 Kushta ‚Istanbul' Dep.: Milano Bolzano-Auschwitz 24.10.-28.10.1944	**Verstarb 1945** **Ort unbekannt** PoT 17.12.1998 Bruder Albert Blum Picciotto Fargion S.149 Foto: www.nomidellashoah.it
62898 **HUN**	Bognar, Erzsebet	17.08.1902	**Verstarb 1945** **in Venusberg** Ab.: 27.03.1945
62899 **HUN**	Bognar, Marta	25.08.1929	**Schicksal ungeklärt**

FloNo. Nation	**Name**, *Mädchenname **Vorname** [Varianten]	**Geburtsdaten Deportationsdaten**	**Opferstatus Quellennachweis**
62900 HUN	Bonyhai, *Böhm Ilona [Laszlone]	01.01.1909 Budapest 01.12.1944	Befreit in Mauthausen Hospital: 22.05.1945 [221.]
62901 POL	Blum, Leonja	30.04.1916	**Schicksal ungeklärt**
62902 POL	Borell 'Borer', *Schreiber Blanka AuNo.: Keine F: Schwester v. 63210	06.05.1920 Krakau Plaszow-Auschwitz Januar 1945	Befreit in Mauthausen Vgl. Schreiber Weitz
62903 JUG	Bosnic, Azra	28.04.1902	**Schicksal ungeklärt**
62904 GRE	Bohorobulu, [Bechopoulou] Rachel AuNo.: [76856-77183]	27.01.1929 Igumenitza Auschwitz 25.03..11.04.1944	Befreit in Mauthausen Entlassen 22.05.1945 [33.]
62905 HUN	Böhm, Margarete	02.03.1914	**Verstarb 1945 in Venusberg** Ab.: 23.03.1945
62906 POL	Bronner, *Reifer Amalia B: Kauffrau F: Ehefrau von Salamon Broner *1900 [>Malka Parnes]	31.10.1907 Krakau ‚31.10.1914' A: Wolnica 11	Befreit Ort unbekannt Submitter of PoT 26.02.1957 [?] Kennkarte 9139 07.03.1941 A: 09.10.1940
62907 HUN	Brünner, Marta	13.04.1924	**Schicksal ungeklärt**
62908 FRA	Ben-Ittan, [Benittah] Cesarine [>C. Mendelbaum] AuNo.: [75174-75204]	30.11.1924 Oran Drancy 67 Auschwitz 03.02.-06.02.1944	Befreit Ort unbekannt Ministère de la défense DP217511999 Repatriiert: 19.05.1945 Tochter Chantal Reis 1952-2006
62909 ITA	Capelluto, [Capellovto] Violetta AuNo.: [A-24215 – A-24468] DaNo.: 119951 A: V. Bonifacio - Rodi	10.04.1925 Rhodos 01.04.1926 01.04.1925 Rhodos-Auschwitz 23.07.-16.08.1944 Auschwitz-Dachau 27.10.1944 Bergen-Belsen 17.12.1944	**Starb in Mauthausen nach der Befreiung** Picciotto Fargion S.669 www.nomidellashoah.it YV PoT ID 801793 Moshe Vital 1957 'nicht Auschwitz'

FloNo. Nation	**Name**, *Mädchenname **Vorname** [Varianten]	**Geburtsdaten Deportationsdaten**	**Opferstatus Quellennachweis**
62910 FRA	Ciacci 'Giacci', Fernande [>Frajda Fligelman Ciacci] AuNo.: **75352**	16.12.1919 Drancy 67 Auschwitz 03.02.-06.02.1944	Befreit in Mauthausen am 05.05.1945 Patrizia DeLuca Museo dell'Emigrante
62911 HUN	Cikk, [Czik] Dora ['Bora'] DaNo.: 86638 R: Laca	03.06.1926 Laca [03.07.1926] Auschwitz-Dachau 01.08.1944 Bergen-Belsen 17.12.1944	Befreit in Mauthausen Hospital: 22.05.1945 [227.]
62912 HUN	Cikk, [Czik] Helen DaNo.: 86433 R: Satoraljaujhely	17.02.1913 Marmarossziget Auschwitz-Dachau 01.08.1944 Bergen-Belsen 17.12.1944	Befreit in Mauthausen Hospital: 22.05.1945 [228.] Adresse 1946: Tisza 18, Budapest Nevek Project USHMM
62913 HUN	Ciner, [Cinor] Marta DaNo.: 131681 A: Budapest 10 Orezy ut. 31	26.10.1905 Györ Budapest Dachau: 24.11.1944 Bergen-Belsen 17.12.1944	**Verstarb 1945 Ort unbekannt** HDCB [nicht 15.11.1944] YV Item ID: 6557736 [H.M. 19632]
62914 GRE	Coen, Viktoria AuNo.: [76856-77183] **A-8403 [?]**	18.08.1918 Athen - Auschwitz 24.03.-11.04.1944? 30.06.1944 [?]	Befreit in Mauthausen Entlassung: 22.05.1945 [45.] Auschwitz Block 22b ?
62915 GRE	Cohen, [Koen] Anna AuNo.: [76856-77183]	20.09.1926 Joaninna Auschwitz 25.03.-11.04.1944	Befreit in Mauthausen Entlassung: 22.05.1945 [28.]
62916 HOL	Cohen, *Cauveren Betsie AuNo.: [76076-76131]	22.08.1910 Amsterdam Westerbork Auschwitz: 23.03.-25.03.1944	**Verstarb 1945 Spätestens 10.05.1945 in Mitteleuropa** www.ogs.nl
62917 HOL	Cohen, *Vischschraper Ester [Esther] AuNo.: [55926-55973]	15.04.1913 Amsterdam Westerbork Auschwitz: 24.08.-26.08.1943	Befreit in Mauthausen Entlassung: 23.05.1945 [6.] Red Cross Holland

FloNo. Nation	**Name**, *Mädchenname **Vorname** [Varianten]	**Geburtsdaten Deportationsdaten**	**Opferstatus Quellennachweis**
62918 FRA	Cohen, Marinetta [Marinette] [>Marie Jullian] AuNo.: [A-5420 – A-5666]	20.12.1924 Marseille Drancy 74 Auschwitz23.05.44	Befreit Ort unbekannt DP211303687 Ministère de la défense Repatriiert: 31.07.1945
62919 FRA	Cohen, *Tcherassi Rachel AuNo.: [A-5420 – A-5666]	20.12.1897 '20.12.1898' Brousse (Turquie) Drancy 74 Auschwitz23.05.44	Befreit Ort unbekannt DP211303681 Ministère de la défense Repatriiert: 01.07.1945
62920 GRE	Cohen, Sara	12.05.1912	**Schicksal ungeklärt**
62921 GRE	Cohen, [Koen] Sarina AuNo.: [76856-77183]	15.08.1913 Kastoria Auschwitz 25.03.-11.04.1944	Befreit in Mauthausen Entlassung: 22.05.1945 [50.]
62922 GRE	Confino, [Konfino] Rita	17.10.1926	Befreit in Mauthausen Entlassung: 22.05.1945 [97.]
62923 GRE	Costi, [Kosti] Luisa [Louisa] [>Loyiza Mpormpoli] F: Schwester v. 62924? AuNo.: **A-8315**	08/1927 Khalkida '23.07.1923' Chalikis 24.04.1944 Korfu-Auschwitz 30.06.1944	Befreit in Mauthausen Entlassung: 22.05.1945 [65.] SVHF 38368 Auschwitz Block 22b
62924 GRE	'Coünne', [Koen] [Cohen] *Kostis Rachel [Rachil] F: Schwester v. 62923? AuNo.: **A-8312**	18.02.1918 Korfu-Auschwitz 30.06.1944	Befreit in Mauthausen? Vgl. SVHF 29985 Vgl. SVHF 38368 Auschwitz Block 22b ? Rasel Koyne Evak-Tote
62925 GRE	Culia, [Kulia] Lina AuNo.: [76856-77183]	15.07.1927 Arta – Auschwitz 25.03.-11.04.1944	Befreit in Mauthausen Entlassung: 22.05.1945 [32.]
62926 POL	Czesnak, [Czosnak] Ida B: Buchbinder	10.08.1924 10.08.1923 Slomniki Krakau-Auschwitz	**Schicksal ungeklärt** Kennkarte 6501-7000 02/1941, USHMM YV Item ID: 10303730
62927 HUN	Czigler, [Ziegler] Isabella [Antalne]	18.04.1902	**Schicksal ungeklärt** Befreit in Mauthausen Entlassung: 22.05.1945 [505.]

FloNo. Nation	**Name**, *Mädchenname **Vorname** [Varianten]	**Geburtsdaten** **Deportationsdaten**	**Opferstatus** **Quellennachweis**
62928 **HUN**	Darvas, *Kattler Iren [Dezsone] F: Mutter Emma Juszt	24.01.1906 1897 Budapest [?] A: Sziv 47	**Schicksal ungeklärt** A: Budapest 1946 [?] Nevek Project
62929 **GRE**	David, [Dawid] Rebecca [Reweka]	27.02.1927 Athen '24.04.1944'	Befreit in Mauthausen Entlassung: 22.05.1945 [72.]
62930 **GRE**	David, [Dawid] Zoe [Dzoja] [>Gioia Arrojo] AuNo.: [76856-77183]	08.05.1924 [05.08.1926] Joaninna Auschwitz 25.03.-11.04.1944	Befreit in Mauthausen Entlassung: 22.05.1945 [1.] B 162 8377/781f. SVHF 21467
62931 **HUN**	Davidovitz, Magda	16.06.1918	Befreit in Mauthausen Hospital: 22.05.1945 [231.] [?]
62932 **HUN**	Davidovitz, Alti F: vgl. 62933, 62934	10.09.1924 Felseszelistye 18.05.1944	Befreit in Mauthausen Entlassung: 22.05.1945 [19.]
62933 **HUN**	Davidovitz, Manci F: vgl. 62932, 62934	[1921] Felseszelistye 18.05.1944	Befreit in Mauthausen Entlassung: 22.05.1945 [20.]
62934 **HUN**	Davidovitz, Regina F: vgl. 62932, 62933	03.10.1923 Felseszelistye 18.05.1944	Befreit in Mauthausen Entlassung: 22.05.1945 [21.]
62935 **POL**	Dawidson, Erna	22.03.1916	**Schicksal ungeklärt**
62936 **SLO**	Deuchtova, Dagmar [>Dagmar Dvorská] AuNo.: **A-24983**	11.09.1931 Trnava [11.09.1928] '11.09.1927' Cadca-Auschwitz 31.08.-01.09.1944	Befreit in Mauthausen Entlassen 23.05.1945 [CZE 45.] AMM U8b/2 3665 AMM OH/ZP1/344
62937 **HUN**	Deutsch, [Halmagyi] Olga [Palne]	16.02.1920 Ujpest 09.07.1944	Befreit in Mauthausen Entlassung: 22.05.1945 [24.]
62938 **POL**	Dicek, [Diczek] Franciska	28.10.1920 Krakau	Befreit in Mauthausen Jewish Agency 19521 World Jewish Congress [Emigration: Italien]
62939 **HUN**	Diamantstein, Iren	10.11.1923 Solocin	Befreit in Mauthausen AMM U8b/2 3667
62940 **HUN**	Diamantstein, Rosze	17.12.1922 Solocin	Befreit in Mauthausen AMM U8b/2 3666
62941 **POL**	Eidelstein, [Ejdelstein] Klara	06.03.1914	Befreit in Mauthausen Jewish Agency 20477

FloNo. Nation	**Name**, *Mädchenname **Vorname** [Varianten]	**Geburtsdaten Deportationsdaten**	**Opferstatus Quellennachweis**
62942 HUN	‚Eisgärfer', [Eisdörfer] Regina	10.06.1913 Svaljava Szolyva	Befreit in Mauthausen Entlassung: 23.05.1945 [CZE 58.] Hospital: 22.05.1945 [449.] AMM U8b/2 3672
62943 POL	Eisner, [*Bloch] Pauline [Paulina] [B: Schneiderin]	17.12.1910 [07.01.1907 Krakau]	**Schicksal ungeklärt** [Vgl. Kennkarte 2368 06.02.1941 Krakau] YV Item ID: 10073202
62944 POL	Eisland, Nina [Mina]	08.10.1918 Krakau	Befreit Ort unbekannt Jewish Agency 20540 DP-Camp Linz
62945 HUN	Eisner, [>Birnbaum] Katalin [Kitty] [>Kitty Gelbman]	03.11.1922 Nagybanya R: Budapest	Befreit Ort unbekannt Schweden Survivor Starb 20.01.2000 USA
62946 GRE	Eliaou, [Elias] Lina [>Lena Russo] AuNo.: [76856-77183] AuNo.: **76891** [?]	10.07.1922 Salonika ‚10.06.1922' Kastoria-Auschwitz 25.03.-11.04.1944	Befreit in Mauthausen Entlassung: 22.05.1945 [99.] SVHF 37218
62947 GRE	Elijas, Sara [>Sara Waisbuh] F: Tochter v. 63284 AuNo.: [76856-77183]	27.01.1927 Bitolj Kastoria-Auschwitz 25.03.-11.04.1944	Befreit in Mauthausen SVHF 32343
62948 HOL	Emanuel, [Emmanuel] *Schleimer Jetty [Gessy] AuNo.: [A-25060 – A-25271]	07.05.1912 Kimpaling Westerbork Auschwitz 03.09.-05.09.1944	Befreit in Mauthausen Entlassung: 23.05.1945 [10.] Red Cross Holland
62949 HUN	Engel, Livia	20.07.1913	**Schicksal ungeklärt**
62950 HUN	Engelmann, *Böhm Roza [Samuelne]	11.09.1911 Nyirbator 01.12.1944	Befreit in Mauthausen Hospital: 22.05.1945 [239.]
62951 HUN	Erdös, Livia DaNo.: 132139 A: Peterfy Sand 44 Budapest	03.07.1923 Budapest Dachau 24.11.1944 Bergen-Belsen 17.12.1944	**Verstarb 1945 in Venusberg** Ab.: 26.03.1945 HDCB: Vermisst YV Item ID: 5840840

FloNo. Nation	**Name**, *Mädchenname **Vorname** [Varianten]	**Geburtsdaten Deportationsdaten**	**Opferstatus Quellennachweis**
62952 FRA	Fabianowicz, [Fabianowitsch] *Plotkine Ester [Esther] AuNo.: [A-8508 – A-8730]	25.04.1895 Rogatchow [10.10.1895] 'Plotkineraga' Paris - Drancy 76 Auschwitz 30.06.-04.07.44	**Verstarb 1945 in Venusberg** Ab.: 26.03.1945 PoT 20.03.1957 Shoshana Shukrun
62953 GRE	Faratji, [Faranzi] [Faragi] Alegra [Allegra] AuNo.: DaNo.: 119890	05.07.1907 Trikala Athen ; 24.04.1944 Auschwitz-Dachau 27.10.1944 Dachau- Bergen-B. 17.12.1944	Befreit in Mauthausen Entlassung: 22.05.1945 [64.]
62954 POL	Federgrün, *Bober Roza B: Angestellte B: Beamtin	29.03.1897 Krakau '29.03.1910' Krakau-Plaszow Auschwitz	**Verstarb 1945 in Venusberg** Ab.: 31.03.1945 Kennkarte 11827 15.03.1941 USHMM YV Item ID: 10577253
62955 POL	Federmann, *Sztrauch Mina [>Minnie Skop] AuNo.: **A-26162**	20.12.1923Koszyce '02.02.1921' Krakau-Plaszow Auschwitz 22.10.1944	Befreit in Mauthausen SVHF 26695
62956 POL	Feldstein, *Baar [*'Baur'] Cilla [Cyla] [>Celia Trunck] F: Mutter von Henryk 12.08.1939 B: Schneiderin AuNo.: **A-26???**[733?]	23.06.1915 Boryslaw A: Dolne Mlyny 9 Krakau-Plaszow Auschwitz 22.10.1944 [YV: ‚23.08.1911'] [KK: ‚23.07.1911']	Befreit in Mauthausen SVHF 6782, USHMM Kennkarte 7407 03.03.1941 Krakau A: 31.10.1940 YV Item ID: 10331352 Verstorben 26.09.2000 Flushing, NY
62957 POL	Feiereizen, *Ziegel [Feuereisen] Gizella [Gitl] [>Gisela Glaser] AuNo.: **A-26182**	15.02.1924 Tarnow Krakau-Plaszow Auschwitz 22.10.1944	Befreit in Mauthausen SVHF 16457
62958 POL [RD]	Fiedler, Ernesteine [>Edith Fiedler] F: Schwester v. 62959 AuNo.: [A-25341 - A-25355]	04.08.1899 Berlin-Auschwitz 06.09.1944 [57. Osttransport]	Befreit Submitter of PoT 02.10.1956

FloNo. Nation	**Name**, *Mädchenname **Vorname** [Varianten]	**Geburtsdaten Deportationsdaten**	**Opferstatus Quellennachweis**
62959 RD	Fiedler, Regina [Relly] F: Schwester v. 62958 AuNo.: [A-25341 - A-25355]	30.10.1900 Czernowitz Berlin-Auschwitz 06.09.1944 [57. Osttransport]	**Starb am 20.03.1945 in Venusberg** Ab.: 31.03.1945 PoT Edith Fiedler 02.10.1956
62960 GRE	Filosof, [Pilosoff?] Rachel	15.07.1925	**Schicksal ungeklärt**
62961 FRA	Fischer, *Eisennemann Andrée [Germaine Fischer] AuNo.: [A-7065 – A-7198]	10.02.1897 Paris 07.02.1898 Drancy 75 Auschwitz: 30.05.-02.06.1944	**Schicksal ungeklärt** **Verstarb 1945** **Ort unbekannt** Ministère de la défense: Vermisst: EC 78036
62962 HUN	Fischer, *Noy Iren [Vilmosne]	05.02.1912 Rakospalota 26.12.1944	Befreit in Mauthausen Hospital: 22.05.1945 [248.]
62963 HUN	Fischer, Irma DaNo.: 132405 A: Tarra –g. 30 Budapest B: Hutmacherin	26.07.1905 Vamosmikola Budapest-Dachau: 24.11.1944 Bergen-Belsen: 17.12.1944	**Starb 1945** **Ort unbekannt** YV PoT der Kusine Gabriela Segali *Sekei vom 16.07.1955 Item ID: 3566285
62964 SLO	Fischer, *Blazenstein Lolla **AuNo.:**	04.04.1909 Cadca [1910]	**Verstarb 1945** **in Venusberg** Ab.: 07.04.1945 PoT 14.02.1957 Schwägerin Sara Orenstein YV Item ID: 944898
62965 CZE	Fischhof, [Fischhofova] Edith [Edita Ruzena] F: Tochter von Irma F. *Strausman **AuNo.: keine** [Durchgangslager]	26.12.1928 06.03.1943: Prag Theresienstadt Auschwitz: 28.10.1944	**Verstarb 1945** **Ort unbekannt** Theresienstädter Gedenkbuch S.1174 PoT vom Onkel Shmuel Strausman YV Item ID: 8654235
62966 POL	Flaumenhaft, *Suss Sofia [>Sophie Gotlob] AuNo.:	13.06.1918 Tarnow ‚10.06.1918' Ghetto Tarnow Auschwitz	Befreit in Mauthausen SVHF 16833 World Jewish Congress
62967 HUN	Fleichmann, Anna	09.11.1904	**Schicksal ungeklärt**

FloNo. Nation	**Name**, *Mädchenname **Vorname** [Varianten]	**Geburtsdaten Deportationsdaten**	**Opferstatus Quellennachweis**
62968 POL	Friedländer, [Friedlender] Eugenia [>Cyns] AuNo.: Keine [?]	15.12.1923 Lad [1924] nad Warta Plaszow-Auschwitz	Befreit in Mauthausen YV Testimony 3406 26.06.1969 Foto: YV 3883/3384
62969 FRA	Friedmann, *Larsi Ida [Ida Solange] AuNo.: [A-7065 – A-7198]	05.09.1923 Marseille Drancy 75 Auschwitz: 30.05.-02.06.1944	Befreit Ort unbekannt DP252100178 Ministère de la Défense Repatriiert: 19.05.1945
62970 HUN	Friedmann, Sari	20.06.1914	**Schicksal ungeklärt**
62971 POL	Friedrich, [Frydrych] Helena F: Mutter v. 62972 AuNo.: [Keine]	05.05.1906 [05.05.1904 Kattowitzerstr. 20 Ghetto Bedzin 05.05.1894 Bedzin]	Befreit in Mauthausen Vgl. Sonia Schreiber [YV Item ID: 7206100]
62972 POL	Friedrich, Ruth [>Rutka Knoll] F: Tochter v. 62971 AuNo.: [Keine]	07.08.1927	Befreit in Mauthausen Vgl. Sonia Schreiber Jewish Agency 25065
62973 POL	Fuks, [Fuchs] Edith [Edzia] F: Schwester v. 62974	20.03.1926	Befreit in Mauthausen Vgl. Sonia Schreiber
62974 POL	Fuks, [Fuchs] Lola F: Schwester v. 62973	16.07.1921	Befreit in Mauthausen Vgl. Sonia Schreiber
62975 POL	Fuxberg, Fanja	24.03.1919	**Schicksal ungeklärt**
62976 POL	Fürst, Ida [>Ida Schwarz] AuNo.: **A-26180**	02.12.1921 Tarnow '17.11.1920' Krakau-Plaszow Auschwitz 22.10.1944	Befreit in Mauthausen SVHF 32906
62977 GRE	Gabbai, [Gobassi] Lora	18.08.1918 Saloniki-Auschwitz 15.04.1943	Befreit in Mauthausen Entlassung: 22.05.1945 [58.]
62978 HUN	Gaspar, *Bernat[h] Eva [Imrene]	24.11.1899 Szihalon Szihalom	Befreit in Mauthausen Entlassung: 22.05.1945 [47.] Adresse 1946: Hidegkuti 72, Budapest Nevek Project USHMM

FloNo. Nation	**Name**, *Mädchenname **Vorname** [Varianten]	**Geburtsdaten** **Deportationsdaten**	**Opferstatus** **Quellennachweis**
62979 **POL**	Geitheim, [Gaythaym] Edita [>Edit Kats] AuNo.: **A-26192**	14.07.1927 Krakau ‚14.07.1925' Plaszow-Auschwitz 22.10.1944	Befreit in Mauthausen SVHF 42104 Prov.Identification Card Mauthausen: 30.06.45
62980 **GRE**	Giula, [Giulu] Roza [Rosa]	01.01.1920	Befreit in Mauthausen Entlassung: 22.05.1945 [96.]
62981 **POL**	Gelb, Halina [Helene] F: Tochter von 63296	03.05.1924 Krakau A: Langegasse 74/11 Krakau-Plaszow Auschwitz	Befreit Ort unbekannt B 162 Kein Protokoll Jewish Agency Kennkarte 8660 06.03.1941 A: 24.10.1940 Krakau
62982 **HUN**	Gelb, *Hirn/Hirl Margeret [Margit] [Laszlone] [>Margit Lohmann] F: Schwester v. Klara F: Schwester v. Rosa BeBeNo. :	07.12.1908 Budapest Budapest – Bergen Belsen 15.11.1944	Befreit in Mauthausen Hospital: 22.05.1945 [264.] B 162 8376/370f. VP: 13.05.1970
62983 **POL**	Gelbard, Felicia	09.09.1923	**Schicksal ungeklärt**
62984 **POL**	Gelbard, Sofia	24.09.1898	**Schicksal ungeklärt**
62985 **POL**	Gemska, Friderika	06.03.1923	**Schicksal ungeklärt**
62986 **HUN**	Gencz, [Ganz ?] Blanka	10.03.1910 [10.04.1910 ?]	**Schicksal ungeklärt** Befreit?Bergen-Belsen, Stockholm Liste No. 10 Ankunft nach 26.06.46
62987 **GRE**	Geni, [Gani] Anna	10.04.1926 Athen 24.03.1944	Befreit in Mauthausen Entlassung: 22.05.1945 [77.] Marcia Haddad A: Agias Marinis 6 World Jewish Congress
62988 **POL**	Goldblatt, Helena	02.10.1921	**Schicksal ungeklärt** PoT Schwester Khana Jakubovski ? Vgl. YV Item ID: 1900284
62989 **HUN**	Goldstein, Iren	08.12.1924	**Verstarb 1945** **in Venusberg** Ab.: 20.03.1945

FloNo. Nation	**Name**, *Mädchenname **Vorname** [Varianten]	**Geburtsdaten Deportationsdaten**	**Opferstatus Quellennachweis**
62990 HUN	Goldschmied, Rozsi	11.10.1913 Budapest 11.12.1944	Befreit in Mauthausen Hospital: 22.05.1945 [272.]
62991 HUN	Gottesmann, Szeren	18.03.1912	**Schicksal ungeklärt** Vgl. CZE 102. Jeri ? AMM U8b/2 3853 ? Vgl. MautNo.: 574
62992 HUN	Gottlieb, Erzsebet	18.07.1910	**Verstarb 1945 in Venusberg** Ab.: 26.03.1945
62993 HUN	Gottlieb, Lilla	15.02.1921 Budapest	Befreit in Mauthausen Hospital: 22.05.1945 [274.] B 162 Kein Protokoll
62994 RD	Gremboni, *Wohrisek Hilda **AuNo.:**	22.08.1898 Wien Triest-Auschwitz 1944	**Verstarb 1945 in Venusberg** Ab.: 23.03.1945 Picciotto Fargion www.nomidellashoah.it
62995 HOL	De Groot, Antje [A. Margaretha] AuNo.: [76534-76600]	24.10.1917 ‚24.12.1917' Rotterdam Westerbork Auschwitz 05.04.-07.04.1944	**Verstarb 1945 in Venusberg** Ab.: 23.03.1945 www.ogs.nl
62996 POL	Grünberg, Sabina	19.10.1910	**Schicksal ungeklärt**
62997 HUN	Grünstein, Rella [Bela] F: Schwester v. 62998 AuNo.:	10.08.1927 Cinadevo Mukacevo Auschwitz	Befreit in Mauthausen Entlassen 23.05.1945 [CZE 186.] AMM U8b/2 3709
62998 HUN	Grünstein, Rozsi [Ruzena] [>Rose Kassirer] F: Schwester v. 62997 AuNo.: **A-???**	19.04.1927 [?] [07.03.1925] 15.05.1926 Cinadovo Mukacevo Auschwitz	Befreit in Mauthausen Entlassen 23.05.1945 [CZE 187.] SVHF 5572 AMM U8b/2 3710 Verstarb: 01.11.2008 Pembroke Pines, FL
62999 HUN	Grünwald, Julia	25.07.1915 [Csirisznyand]	Befreit in Mauthausen Hospital: 22.05.1945 [459.]
63000 HUN	Grünwald, Sari	09.04.1919	**Verstarb 05.06.1945 in Mauthausen** AMM Y/39

FloNo. Nation	**Name**, *Mädchenname **Vorname** [Varianten]	**Geburtsdaten Deportationsdaten**	**Opferstatus Quellennachweis**
63001 HUN	Grünwald, Sidonia	05.06.1910	**Schicksal ungeklärt**
63002 HUN	Guttmann, Erzsi [Erzsebet]	30.10.1900 26.12.1944	Befreit in Mauthausen Hospital: 22.05.1945 [231.]
63003 HUN	Guttmann, Ilona [Ilus]	26.01.1908 26.12.1944	Befreit in Mauthausen Hospital: 22.05.1945 [232.]
63004 HUN	Gyulai, *Abraham Magda [Magdolna] [Balintne]	30.08.1912 Budapest	**Verstarb 1945** **Ort unbekannt** PoT der Tochter Györgyne Radai
63005 GRE	Hajim, Rachel	15.08.1917	**Schicksal ungeklärt**
63006 GRE	Haleguoa, [Chaleua] [Halaghoua] Stella *Halewa [>Stella Esformes] AuNo.:	15.04.1926 '12.03.25' Salonika Thessaloniki ,15.04.1943' Larisa-Auschwitz 25.03.-11.04.1944	Befreit in Mauthausen Entlassung: 22.05.1945 [34.] SVHF 22752 B 162 / 8376 Bl.537ff. VP: 16.10.1970
63007 ITA GRE	Hasson, Belina [Bellina] [,Belzium'] AuNo.: [A-24215 – A-24468] DaNo.: 119925 A: Sigismondo Ralatesta 50 - Rodi	08.02.1923 Rhodos FloNB,30.03.1923' ,29.03.1923' Rhodos-Auschwitz 23.07.-16.08.1944 Auschwit-Dachau: 27.10.1944 Bergen Belsen: 17.12.1944	Befreit in Mauthausen am 05.05.1945 Picciotto Fargion S. 750 Foto www.nomidellashoah.it
63008 POL	Herzog, Fela B: Studentin F: Tochter von Hela Landau/Zucker *1888 / Mosche Herzog *1891 F: Schwester von Gerson Chaim *1912 B: Schneiderin	21.10.1920 21.05.1920 Krakau [,1919 Krakau'] A: Joselewicza 2 Krakau-Plaszow Auschwitz [A: Borek Falecki Hauptstr. 103]	**Verstarb 1945** **Ort unbekannt** [nicht Bergen-Belsen] PoT 12.03.1985 und 30.04.1999 von Kusine Dola Jakirewicz *Herzog 05.07.1925 Befreit in Allach YV Item ID: 1935099 Vgl. GB BeBe S.426 27.02.1941 Krakau USHMM [Foto]

FloNo. Nation	**Name**, *Mädchenname **Vorname** [Varianten]	**Geburtsdaten Deportationsdaten**	**Opferstatus Quellennachweis**
63009 HUN	Hecht, Katalin [vgl. DaNo..: 131788] [A: Amerikai 53 Budapest]	03.10.1919	**Verstarb 1945 in Venusberg** Ab.: 31.03.1945
63010 HUN	Helfgott, Eva	29.04.1927 Esztergom Dep.: Budapest	**Verstarb 1945 in Venusberg** Ab.: 23.03.1945
63011 POL	Henik, [Hönig] Teofila [>Teofila Guzik] [>Tea Guzik] F: Vater Majer F: Mutter Chana Reizel Tzukerman	03.04.1922 Krakau A: Stanislawa 8a Krakau-Plaszow Auschwitz	Befreit Ort unbekannt Submitter of PoT für Vater Majer und Mutter Chana 19.12.1955 Vgl. Zuckerman Family Kennkarte 2215 04.02.1941 Krakau A: 31.10.1940
63012 POL	Herzberg, Henie	12.07.1920	**Schicksal ungeklärt**
63013 HUN	Hochmann, Erzsebet	07.06.1922	**Schicksal ungeklärt**
63014 POL	Immerglück, Franciska [>Franziska Gelbart] [>Frances Gelbart] AuNo.: **A-26284**	20.08.1929 Krakau [‚20.08.1927'] A: Wrzesinska 10 Plaszow-Auschwitz 22.10.1944	Befreit in Mauthausen SVHF 12003 B 162 / 8377 XIII Keine Vernehmung Kennkarte 10321-10640 03/1941 [Eltern] A: 13.08.1940
63015 POL	Innigber, [Ingber] Lili [Renata] [>Lily Rosenberg] AuNo.:	29.03.1928 Krakau '29.03.1923' Plaszow-Auschwitz	Befreit in Mauthausen SVHF 2952 Vgl. SVHF 13524
63016 GRE	Jacoel, [Jakoel] [Yaccel] [Yacoel] Marica [Marika] AuNo.: [76856-77183] DaNo.: 119889 A: 7. Speronihingu Atena B: Juristin	15.08.1917 Trikala Athen-Auschwitz 24.03.-11.04.1944 Auschwitz-Dachau 27.10.1944 Dachau- Bergen-B. 17.12.1944	Befreit in Mauthausen Entlassung: 22.05.1945 [89.] **Verstarb** eventuell bei der Repatriierung PoT ihrer Nichte Yola Gracia Calamaro *Faratzi YV Item ID: 3964599

FloNo. Nation	**Name**, *Mädchenname **Vorname** [Varianten]	**Geburtsdaten Deportationsdaten**	**Opferstatus Quellennachweis**
63017 HUN	Jakubovits, Ilona [>Ilona Roth] F: Schwester v. 63018 AuNo.:	19.04.1920 Kelsoregmec 10.05.1944 Uzhorod Auschwitz	Befreit in Mauthausen Entlassung: 22.05.1945 [78.] Vgl. SVHF 51094
63018 HUN	Jakubovits, Olga [>Olga Volkhovits] AuNo.: **A-25998** F: Schwester v. 63017	17.07.1923 Saloka ‚17.07.1924' Szaloko 10.05.1944 Uzhorod Auschwitz	Befreit in Mauthausen Entlassung: 22.05.1945 [79.] SVHF 51094
63019 GRE	Jeni, [Yeni] Viktorija [Wiktoria] [>Victoria Mizrahi] AuNo.: **53763** [?]	03.09.1922 Salonika ‚05.07.1924' Thessaloniki 15.04.1943 [?] Auschwitz	Befreit in Mauthausen Entlassung: 22.05.1945 [29.] SVHF 11921
63020 GRE	Jochana, [Hochana] Rachal [Rachel]	12.12.1920 Arta ‚29.07.1944'	Befreit in Mauthausen Entlassung: 22.05.1945 [84.]
63021 GRE	Jochana, Stameta AuNo.: [76856-77183]	15.08.1926 Joaninna Auschwitz 25.03.-11.04.1944	Befreit in Mauthausen Entlassung: 22.05.1945 [9.]
63022 GRE	Jeseko, [Joseku] Eftilia [Eftichia] AuNo.: [76856-77183]	17.10.1923 Joaninna Auschwitz 25.03.-11.04.1944	Befreit in Mauthausen Entlassung: 22.05.1945 [6.]
63023 GRE	Joseku, [Juseko] Sandra AuNo.: [76856-77183]	01.01.1927 Joaninna Auschwitz 25.03.-11.04.1944	Befreit in Mauthausen Entlassung: 22.05.1945 [86.]
63024 POL	Kahan, Anna	25.02.1914	**Schicksal ungeklärt**
63025 POL	Kalfus, Fela [>Fela Koszer] AuNo.: A-?????	08.12.1924 Tarnow ‚08.12.1925' Plaszow-Auschwitz	Befreit in Mauthausen SVHF 16445 Identification Card Mauthausen: 23?.05.45 Verstorben: 17.11.2008 Bronx, New York
63026 GRE	Kalo, Doreta [Hella]	17.09.1925	Befreit in Mauthausen Entlassung: 22.05.1945 [95.]

FloNo. Nation	**Name**, *Mädchenname **Vorname** [Varianten]	**Geburtsdaten Deportationsdaten**	**Opferstatus Quellennachweis**
63027 POL	Kanner, [Kaner] Cecilia [Cecylia] F: Stieftochter von Adolf Spisbach *1897	09.02.1921 Krakau Plaszow-Auschwitz	**Schicksal ungeklärt** Kennkarte 9262 28.02.1941 Krakau
63028 POL	Kappler 'Kappner', Bronia [>Bracha Kadmi] AuNo.: **A-26339**	02.07.1925 Krakau '21.02.1925' Plaszow-Auschwitz 22.10.1944	Befreit in Mauthausen SVHF 47182 Kennkarte 5418 12.11.1940 Krakau
63029 FRA	Karyo, Estrela [Estrea] [>Estreia Leonoff] AuNo.: [74783 -74797 & 74835-74874] F: Schwester v. 63030	13.10.1909 Paris Drancy 66 Auschwitz 20.01.-22.01.1944	Befreit Ort unbekannt DP210125019 Ministère de la défense Repatriiert: 12.06.1945
63030 FRA	*Karyo, Marguerite Denise >Margue Vovk [>Marguerite Itelsohn] AuNo.: [74783 -74797 & 74835-74874] F: Schwester v. 63029	26.01.1906 Paris Drancy 66 Auschwitz 20.01.-22.01.1944	Befreit Ort unbekannt DP219928407 Ministère de la défense Vgl. Philip Vock *1929 USHMM 1998.13 u.a.
63031 POL	Zollmann, Berta	13.08.1916	**Schicksal ungeklärt**
63032 HUN	Katz, Anna	20.07.1922	**Schicksal ungeklärt**
63033 HUN	Katz, Etel DaNo.: 119862 AuNo.: A: Magyarpatak Maramarossziget	12.01.1914 Kabolopatak Marmarossziget 18.05.1944 Auschwitz-Dachau: 27.10.1944 Bergen Belsen: 17.12.1944	Befreit in Mauthausen Hospital: 22.05.1945 [304.] AMM U8b/2 3730
63034 HUN	Katz, Fani [Fanny] DaNo.: 119860 AuNo.: A: Magyarpatak Maramarossziget	09.08.1916 Kabolopatak Marmarossziget 18.05.1944 Auschwitz-Dachau: 27.10.1944 Bergen Belsen: 17.12.1944	Befreit in Mauthausen Hospital: 22.05.1945 [305.] AMM U8b/2 3731

FloNo. Nation	**Name**, *Mädchenname **Vorname** [Varianten]	**Geburtsdaten Deportationsdaten**	**Opferstatus Quellennachweis**
63035 POL	Keiner, *Diner Giza [Freide Gitel] F: Ehemann Samuel F: Mutter v. Salomea und Ludwig	27.04.1902 Krakau ‚27.04.1912' A: Adolf Hitlerplatz14	**Schicksal ungeklärt** Kennkarte 3820 13.02.1941 A: 30.10.1940
63036 POL	Kempler, Rosalia	10.06.1914 10.07.1913 [?] Grabic, Zapanow Krakau-Plaszow Auschwitz	Befreit in Mauthausen Jewish Agency 36241 Kennkarte 12614 [?]
63037 HOL	Kesner, *Reens Alida **AuNo.:** [62367-62560]	04.06.1920 Amsterdam Herzogenbusch Westerbork[14.09.] Auschwitz 16.09.1943	Befreit in Mauthausen 23.05.1945 nach Basel **Starb 1945 nach der Befreiung,** Ort unbekannt, OGS
63038 HUN	Kesztenbaum, Elsa [Elza] DaNo.:132745 A: Paulay Ede 39 Budapest	04.03.1906 11.03.1906 Nagyteteny Budapest-Dachau 24.11.1944 Bergen-Belsen 17.12.1944 '11.12.1944'	Befreit in Mauthausen Hospital: 22.05.1945 [314. vgl. 509]
63039 HUN	Kikiny, [vgl. Koekeny] Jolan [vgl. Regina ?]	15.10.1914 [25.10.1914 Kassa]	**Schicksal ungeklärt** Vgl. AMM U8b/2 3862
63040 HUN	Klauber, *Ladanyi Teresia [Dr. Terez] [Vilmosne]	11.04.1912 [04/14] Kaposvar Dep.: Budapest	**Starb im April 1945 in/bei Mauthausen** PoT 01.01.1989 von Tochter Judith Safran
63041 HOL	Klee, *Stuiver Rachel AuNo.: [A-25060 – A-25271]	05.03.1900 [?] ‚05.03.1909' Amsterdam Westerbork Auschwitz 03.09.-05.09.1944	Befreit Ort unbekannt Red Cross Holland USHMM
63042 RD	Klein, Eva	25.01.1925	**Verstarb 1945 in Venusberg** Ab.: 31.03.1945 ; vgl. www.nomidellashoah.it
63043 HUN	Klein, Irma	19.04.1908	**Verstarb 1945 in Venusberg** Ab.: 23.03.1945

FloNo. Nation	**Name**, *Mädchenname **Vorname** [Varianten]	**Geburtsdaten Deportationsdaten**	**Opferstatus Quellennachweis**
63044 HUN	Klein, Rozsi AuNo.: DaNo.: 86637 R: Laca	01.05.1925 Laca Auschwitz-Dachau: 01.08.1944 Bergen-Belsen: 17.12.1944	Befreit in Mauthausen Entlassen: 22.05.1945 [95.]
63045 POL	Kleinmann, [Kleinman] Selma	18.06.1923 Berlin Krakau-Plaszow Auschwitz	Befreit in Mauthausen Vgl. Schreiber Weitz Krakau 12.03.1941 USHMM Distrikt
63046 HOL	Klieb, *Bierman Mietje AuNo.: [55926-55973]	02.01.1907 Amsterdam Westerbork Auschwitz 24.08.-26.08.1943	Befreit in Mauthausen Entlassung: 23.05.1945 [30.] Red Cross Holland
63047 POL	Kluger, Anna	22.04.1915 Kwaczala A: Dlugosza 6 Krakau-Plaszow Auschwitz	Befreit in Mauthausen Jewish Agency 37416 Kennkarte 13531 01.04.1941 Krakau A: 06.09.1940
63048 HUN	Koch, [Kulcsar] *Aczel Magda [Magdolna] [Aurelne] DaNo.: 132151 A: Marko-g. 7 Budapest	10.03.1900 Ujpest Dep.: Budapest Budapest-Dachau: 24.11.1944 Bergen-Belsen: 17.12.1944	**Starb im April 1945** **Ort unbekannt** HDCB: vermisst YV Item ID: 5820082
63049 TÜR	Kohen, Fanny	22.01.1928	**Schicksal ungeklärt**
63050 HUN	Kohn, Edith	24.04.1926	**Schicksal ungeklärt**
63051 HUN	Kohn, Karola [Arpadne]	14.04.1906 Budapest 27.04.1944	Befreit in Mauthausen Entlassen: 22.05.1945 [100.]
63052 HUN	Kolb, Margit	13.12.1905 [05.12.1905 ?]	**Schicksal ungeklärt** [Wien 2, Ferdinandstr. 28/17 ?]
63053 POL	Kornhäuser, Bronislawa	10.06.1913	Befreit in Mauthausen Jewish Agency 38293
63054 POL	Kostmann, Sabina	30.11.1924	**Schicksal ungeklärt**
63055 HUN	Kovacs, Magdalena	02.06.1930	**Schicksal ungeklärt**

FloNo. Nation	**Name**, *Mädchenname **Vorname** [Varianten]	**Geburtsdaten Deportationsdaten**	**Opferstatus Quellennachweis**
63056 HUN	Kovacs, *Semsei Rosa [Rozsa]	02.05.1904 '02.05.1905' Budapest	**Starb am 27.04.1945 Ort unbekannt** HDCB, M.34.1 – YV: 272930/443/1948
63057 HUN	Kovesi, Hedwig	01.01.1915	**Schicksal ungeklärt**
63058 HUN	Kozma, Johanna	23.03.1907 Budapest	**Verstarb 1945 Ort unbekannt** HDCB
63059 POL	Kranz, Anna [Anne-Rose Ehrenhalt]	13.06.1925 Berlin ‚23.06.1923' Krakau-Plaszow Auschwitz	Befreit in Mauthausen B 162 / 8376 Bl. 530f. Kennkarte 3001-3256 02/1941
63060 HUN	[Mautner] *Krausz, Klara [Gyulane]	[1917] ‚06.09.1919' [Homokbodoge] [Dep.: Otteveny] Auschwitz: 5/1944	**Schicksal ungeklärt Verstarb 1945 in Venusberg [?]** PoT Klara Noy [Mezei] 15.05.1999, HDCB: [Missing 05/1944] [Auschwitz 15.07.1944] YV Item ID: 1058108
63061 HUN	Kronovics, [Kronovits] Ilona	07.11.1916 Alsoboskoc [?] Auschwitz 1944	Befreit in Mauthausen Hospital: 22.05.1945 [327.]
63062 GRE	Kulia, [Koulia] Matilda [Matthild] AuNo.: [76856-77183]	15.01.1924 Joaninna Auschwitz 25.03.-11.04.1944	Befreit in Mauthausen Entlassung: 22.05.1945 [57.]
63063 HUN	Künstlinger, [*Kuti ?] Olga	27.12.1908 [Ujpest ?] [Dep.: Budapest]	**Verstarb 1945 in Venusberg** Ab.: 29.03.1945 [PoT Bruder Phillip Kuti 22.09.1978]
63064 HOL	Kijl ‚Kyl', Lea AuNo.: [A-25060 – A-25271]	09.05.1908 Amsterdam Westerbork Auschwitz 03.09.-05.09.1944	**Verstarb 1945** Spätestens 10.05.1945 in Mauthausen www.ogs.nl
63065 GRE	Lachana, Lilika [Lelika] AuNo.: [76856-77183]	26.12.1926 Athen – Auschwitz 24.03.-11.04.1944	Befreit in Mauthausen Entlassung: 22.05.1945 [49.]

FloNo. Nation	**Name**, *Mädchenname **Vorname** [Varianten]	**Geburtsdaten Deportationsdaten**	**Opferstatus Quellennachweis**
63066 POL	Lamstein, Regina [>Regina Lamsztein]	21.03.1925 Warschau Krakau-Plaszow Auschwitz	Befreit in Mauthausen SVHF 46556
63067 HUN	Landau, Adela AuNo.:	15.12.1926 Vlhovce Munkacz- Auschwitz	Befreit in Mauthausen AMM U8b/2 3819
63068 HUN	Landau, Cilli AuNo.: **A-7970**	20.06.1925 20.06.1924 Felsönyeresnice Dep.: Munkacz Auschwitz: Mai 44	Befreit in Mauthausen DEGOB 2020 AMM U8b/2 3820 B 162 Kein Protokoll XI: *20.04.1924
63069 POL	Landau, Maria	03.10.1922 Krakau	Befreit in Mauthausen Jewish Agency 40335 DP-Camp: Linz
63070 POL	Landau, Marta	01.09.1911	Befreit in Mauthausen Jewish Agency 40337
63071 HUN	Lang, *Mandl Margit [Lajosne]	10.07.1910 Tata 02.12.1944	Befreit in Mauthausen Hospital: 22.05.1945 [332.]
63072 POL	Lapides, Ita	23.06.1909	**Schicksal ungeklärt**
63073 POL	Lauber, Helena	15.04.1924	Befreit Ort unbekannt B 162 Kein Protokoll
63074 POL	Lauber, *Sturmwind Mina [>Poznak]	02.11.1910 Tarnow	Befreit Ort unbekannt Verstorben: 06.09.1955 in Trier. Vgl. B 162 XV
63075 HUN	Lebovits, Magda AuNo.: DaNo.: 86641 BeBeNo.:	16.04.1927 Apagy Dep.: 21.05.1944 Nyiregyhaza Auschwitz-Dachau: 01.08.1944 Bergen-Belsen: 17.12.1944	Befreit in Mauthausen Entlassen: 22.05.1945 [109.]
63076 HOL	van Leeuwen, [Leewen] *de Swarte Judith AuNo.:[62367-62560]	18.12.1902 Amsterdam Westerbork-Ausch. 14.09.-16.09.1943	Befreit Ort unbekannt Red Cross Holland
63077 FRA	Lehmann, Lisa [Lise Flore] AuNo.: [A-5420 – A-5666]	01.07.1927 Paris Drancy 74 20.05.-23.05.1944	**Für tot erklärt** **Sterbeort unbekannt** [nicht Auschwitz] vgl. Journal Officiel

FloNo. Nation	**Name**, *Mädchenname **Vorname** [Varianten]	**Geburtsdaten** **Deportationsdaten**	**Opferstatus** **Quellennachweis**
63078 **POL**	Leibler, Rena	02.09.1910	Befreit in Mauthausen Jewish Agency 40105
63079 **POL**	Lehmann, Helena	28.07.1916	**Schicksal ungeklärt**
63080 **POL**	Lehrhaft ‚Lerhaft', Roza [Rose] [>Rosalyn Orenstein] AuNo.: **A-269??** 94 [?]	03.11.1925 Krakau Plaszow-Auschwitz 22.10.1944	Befreit in Mauthausen SVHF 11738 Kennkarte 5692-6000 02/1941
63081 **HUN**	Lerner, Frida	15.07.1921 Felsoapsa 10.05.1944	Befreit in Mauthausen Entlassen: 22.05.1945 [110.]
63082 **ITA**	Levi, Felicina [Felicia] DaNo.: 119878 AuNo.: [A-24215 – A-24468] A: v. Antonio del Poszo - Rodi	13.03.1923 Rhodos ‚09.03.1922' ‚10.03.1921' Rhodos-Auschwitz 23.07-16.08.1944 Dachau:27.10.1944 Bergen Belsen: 17.12.1944	Befreit Ort unbekannt: 23.04.1945 Flossenbürg Vgl. Picciotto Fargion Repatriiert: 01.10.1945
63083 **GRE**	Levie, [Lewi] Luise [Louisa] [>Louisa Frajfeld] F: Schwester v. 63084 AuNo.: **77150**	05.08.1928 Trikala Trikalla-Auschwitz 25.03.-11.04.1944	Befreit in Mauthausen Entlassung: 22.05.1945 [23.] Le Passage Du Témoin S.296ff.
63084 **GRE**	Levie, [Lewi] Julie [Zuli] F: Schwester v. 63083 AuNo.: [76856-77183]	28.07.1921 Trikalla-Auschwitz 25.03.-11.04.1944	Befreit in Mauthausen Entlassung: 22.05.1945 [22.]
63085 **FRA**	Levy, Liane 'Klyane' [>Eliane Picard] AuNo.: **A-5532**	19.10.1924 Ensisheim Drancy 74 Auschwitz 20.05.-23.05.1944	‚Geflohen' am 05.05.45 aus Mauthausen (mit 10 Kameraden) SVHF 11460 www.libramemoria.com
63086 **FRA**	Levy, Simone [>Simone Carniol] AuNo.: [A-5420 – A-5666]	30.06.1922 Mulhouse Drancy 74 Auschwitz 20.05.-23.05.1944	Befreit Ort unbekannt Ministère de la défense: DP21200691
63087 **GRE**	Levy, Palestina	17.05.1927	**Schicksal ungeklärt** Vgl. PoT YV Item ID: 6876686 *1919 Volos Dep.: 11.04.1944

FloNo. Nation	**Name**, *Mädchenname **Vorname** [Varianten]	**Geburtsdaten Deportationsdaten**	**Opferstatus Quellennachweis**
63088 POL	Lewinger, Antonia	02.11.1914	Befreit Ort unbekannt DP-Camp Linz Jewish Agency
63089 POL	Lewkowicz, Dora [>Dorah Pinkesfeld] F: Tochter v. 63090 B: Schneiderin	24.01.1922 Krakau '24.01.1925' A: Krakau, Alte Weichselstr.30 Plaszow-Auschwitz	Befreit in Mauthausen SVHF 25374 Kennkarte 9441-9784 03/1941 Kennkarte 10187 09.03.1941Krakau A: 10.10.1940
63090 POL	Lewkowicz, *Goldkorn Pauline [Pola] [Priwa] F : Mutter v. 63089	20.11.1896 Slomniki '20.11.1905' A: Alte Weichselstr.30 Krakau Plaszow-Auschwitz	Befreit in Mauthausen Vgl. SVHF 25374 Kennkarte 9441-9784 03/1941 Kennkarte 10185 09.03.1941 Krakau A: 10.10.1940
63091 HOL	van Leeuven, [Leeuwen] Duitje [Dientje] [Duifje] AuNo. :	16.01.1904 [18.01.1904] Rotterdam Herzogenbusch Auschwitz 03.06.-06.06.1944	Befreit in Mauthausen Entlassung: 23.05.1945 [61.] Red Cross Holland
63092 GRE	Lewy, [Lewi] Julie [Jolie]	02.08.1924 Athen ,24.04.1944'	Befreit in Mauthausen Entlassung: 22.05.1945 [71.]
63093 HUN	Lichtenstein, *Baum Erzsebet [Gyulane]	10.08.1919 Udvard Deportation: ,26.12.1944'	Befreit in Mauthausen Hospital: 22.05.1945 [337.] **Starb am 09.06.1945 in Mauthausen** YV Item ID: 7169015, 6733171, 6733186 Original: V22 v 124
63094 HUN	Lichtenstein, Jolan [vgl. DaNo: 86434 ? Dachau: 01.08.1944 *26.01.1926]	04.01.1926 Alsoregnes [Hsoregmice] Auschwitz: 23.05.44 [BeBe.: 17.12.44]	Befreit in Mauthausen Entlassung: 22.05.1945 [111.] GB Bergen-Belsen USHMM Nevek Project
63095 HUN	Lichter, *Kuschler Matild [Laszlone]	25.12.1903 Budapest 08.12.1944	Befreit in Mauthausen Entlassung: 22.05.1945 [112.]

FloNo. Nation	**Name**, *Mädchenname **Vorname** [Varianten]	**Geburtsdaten** **Deportationsdaten**	**Opferstatus** **Quellennachweis**
63096 **HUN**	Liebermann, Jolan [>Wieder] [>Yalana Liebermann] AuNo.:	08.05.1927 Holobina Dep: Mukaczevo Auschwitz: Mai 44	Befreit in Mauthausen AMM U8b/2 3863 B 162 8376/561ff. VP: 06.10.1970
63097 **HUN**	Lisztmann, *Wein Barbara [Borbala] [Sandorne]	04.03.1917 Nagyberezna 08.12.1944	Befreit in Mauthausen Entlassung: 22.05.1945 [114.]
63098 **HUN**	Löwy, Erzsebet	02.07.1910	**Schicksal ungeklärt**
63099 **HUN**	Lukacs, [*Elbert] Gizella [Dr. Laszlone]	15.06.1908 [Pomaz] Budapest Dep.: Budapest	**Verstarb 1945** **in Venusberg** Ab.: 27.03.1945 YV Item ID: 5784168 HDC Budapest
63100 **POL**	Majer, Henryka	27.05.1919	Befreit Ort unbekannt Jewish Agency
63101 **HUN**	Malek, Aranka	01.09.1926 Máramarossziget 10.06.1944	Befreit in Mauthausen Hospital: 22.05.1945 [345.]
63102 **HUN**	Mandel, Lili [Livia] F: Schwester v. 63103	04.12.1924 Ujfeherto 26.12.1944	Befreit in Mauthausen Hospital: 22.05.1945 [341.] Adresse 1946: Szovetseg 45, Budapest Nevek Project USHMM
63103 **HUN**	Mandel, Magda F: Schwester v. 63102	25.03.1923 Nyirgelse 26.12.1944	Befreit in Mauthausen Hospital: 22.05.1945 [342.] Adresse 1946: Szovetseg 45, Budapest Nevek Project USHMM
63104 **GRE**	Matalon, Estrine [Estelina]	19.11.1924 Thessaloniki 15.04.1943	Befreit in Mauthausen Entlassung: 22.05.1945 [43.]
63105 **GRE**	Matatia, [Matathia] Alica [Alikim] AuNo.: **A-8447**	15.04.1922 Korfu-Auschwitz 30.06.1944	Befreit in Mauthausen Entlassung: 22.05.1945 [92.] Auschwitz Block 22b
63106 **GRE**	Matavia, [Mathatia] Piro [Pira]	20.01.1925 Korfu oder Joaninna	Befreit in Mauthausen Entlassung: 22.05.1945 [20.]
63107 **GRE**	Matsa, Anna AuNo.: **A-8444** [?]	18.01.1923 Korfu [?] Auschwitz	Befreit in Mauthausen Entlassung: 22.05.1945 [60.] Auschwitz Block 22b

FloNo. Nation	**Name**, *Mädchenname **Vorname** [Varianten]	**Geburtsdaten** **Deportationsdaten**	**Opferstatus** **Quellennachweis**
63108 **GRE**	Matsa, Nina [Mina] [>Sarra Nina Negrin] AuNo.:	01.01.1926 '25.07.1927' Joaninna (Larissa) Auschwitz 25.03-11.04.1944	Befreit in Mauthausen Entlassung: 22.05.1945 [85.] SVHF 45078
63109 **GRE**	Matsa, Kathy [Ketty] Vgl. AuNo.: **A-8446 ?** [Rikete]	20.02.1920 Korfu [?] Auschwitz	Befreit in Mauthausen Entlassung: 22.05.1945 [61.] Auschwitz Block 22b ?
63110 **GRE**	Mattatia, [Matathia] Alichi [Aliki][Alici] AuNo.: **A-8332** [?]	17.05.1917 Korfu-Auschwitz 30.06.1944	Befreit in Mauthausen Entlassung: 22.05.1945 [94.] Auschwitz Block 22b
63111 **GRE**	Mattatia, [Matachia] Anna [Matatia] AuNo.: **A-8331** [?]	18.04.1917 Korfu-Auschwitz 30.06.1944	Befreit in Mauthausen Entlassung: 22.05.1945 [12.] Marcia Haddad Auschwitz Block 22b
63112 **HUN**	Mayer, [Majer] Ilona AuNo.: DaNo.: 86639 R: Satoraljaujhely	24.09.1925 Satoraljaujhely 23.05.1944 Auschwitz-Dachau: 01.08.1944 Bergen Belsen: 17.12.1944	Befreit in Mauthausen Entlassung: 22.05.1945 [117.]
63113 **GRE**	Mazza, [Matsa/Natsa] Anna	15.09.1922 Athen ‚24.04.1944'	Befreit in Mauthausen Entlassung: 22.05.1945 [69.]
63114 **HUN**	Mermelstein, Edith [>Edith Susman] AuNo.:	05.05.1926 Pavlovo ‚05.05.1924' Mukaczevo Auschwitz	Befreit in Mauthausen Entlassen 23.05.1945 [CZE 269.]SVHF11565 AMM U8b/2 3749 B 162 / 8377 Bl. 640ff.
63115 **HUN**	Mermelstein, Fajga [Feigi] F.: Schwester v. 63117 AuNo.: **A-7991**	12.06.1922 [12.04.1922] Kis Palós Munkacs Auschwitz: Mai 44	Befreit in Mauthausen Entlassen 23.05.1945 [CZE 270.] DEGOB 2057 AMM U8b/2 3750 B 162 Kein Protokoll
63116 **HUN**	Mermelstein, Marta	12.09.1923 Budapest 26.12.1944	Befreit in Mauthausen Hospital: 22.05.1945 [346.] Adresse 1946: Akacfa 13, Budapest Nevek Project USHMM

FloNo. Nation	Name, *Mädchenname **Vorname** [Varianten]	**Geburtsdaten Deportationsdaten**	**Opferstatus Quellennachweis**
63117 HUN	Mermelstein, Rifka F.: Schwester v. 63115 AuNo.: **A-7992**	04.04.1925 [02.04.1925] Kis Palós Munkacs Auschwitz: Mai 44	Befreit in Mauthausen Entlassen 23.05.1945 [CZE 273.] DEGOB 2057 AMM U8b/2 3751
63118 FRA	Mestrano, *Benadiret 'Cadet' Kadina AuNo.: [A-5420 – A-5666]	07.03.1904 Aidin ‚03.03.1910' Drancy 74 Auschwitz 20.05.-23.05.1944	**Verstarb 1945** **Schicksal ungeklärt** Vermisst Ministère de la défense
63119 GRE	Meworah, [Mewora] Rachel AuNo.: [76856-77183]	09.08.1926 Kastoria Auschwitz 25.03-11.04.1944	Befreit in Mauthausen Entlassung: 22.05.1945 [8. vgl. 5.] Vgl. AMM Y/39: Tod ?
63120 GRE	Meworah, [Mewora] Sulika AuNo.: [76856-77183]	06.04.1922 Kastoria Auschwitz 25.03-11.04.1944	Befreit in Mauthausen Entlassung: 22.05.1945 [5. vgl. 8.] Vgl. AMM Y/39: Tod?
63121 CZE	Mischnik, Helene	01.11.1916	**Schicksal ungeklärt**
63122 GRE	Mijan, [Mizan] Matilde [Mathtildi] AuNo.: [76856-77183] Vgl. A-8428	20.03.1923 Arta – Auschwitz ‚25.03.1944'	Befreit in Mauthausen Entlassung: 22.05.1945 [44.] Auschwitz Block 22b
63123 GRE	Mizan, Lina AuNo.: **A-8432** [?]	14.11.1924 Korfu [Kerkyra] Korfu-Auschwitz 30.06.1944	Befreit in Mauthausen Entlassung: 22.05.1945 [56.] Vgl. PoT Yitzkhak Mizan Onkel 08.03.1957 YV Item ID: 372810 Auschwitz Block 22b
63124 GRE	Moisi, [Moissi] Alice [Aliki] F: Schwester v. 63125 & 63126 [>Aliki Krasnoburski] AuNo.: [76856-77183]	17.04.1922 Joaninna Auschwitz 25.03-11.04.1944	Befreit in Mauthausen Entlassung: 22.05.1945 [16.] Vgl. SVHF 47927
63125 GRE	Moisi, [Moissi] Klio [>Clara Clio Zychlinski] F: Schwester v. 63124 & 63126 AuNo.: [76856-77183]	22.02.1923 Joaninna Auschwitz 25.03-11.04.1944	Befreit in Mauthausen Entlassung: 22.05.1945 [17.] SVHF 47927

FloNo. Nation	**Name**, *Mädchenname **Vorname** [Varianten]	**Geburtsdaten Deportationsdaten**	**Opferstatus Quellennachweis**
63126 GRE	Moisi, [Moissi] Louise [Loisa] [>Luisa Manowsky] F: Schwester v. 63124 & 63125 AuNo.: [76856-77183]	25.12.1925 Joaninna Auschwitz 25.03-11.04.1944	Befreit in Mauthausen Entlassung: 22.05.1945 [18.] Vgl. SVHF 47927
63127 HUN	Molnar, Julia AuNo.: DaNo.: 86793 R: Kisvarda	26.05.1907 Kisvarda Dep.: Kisvarda Auschwitz-Dachau: 01.08.1944 Bergen-Belsen: 17.12.1944	**Verstarb 1945 in Venusberg** Ab.: 07.04.1945 YV Item ID: 7632076
63128 HUN	Montag, Eva	18.09.1925	**Schicksal ungeklärt**
63129 GRE	Mordo, ['Bogdo'] Perla AuNo.: [76856-77183] Vgl. A-8419	28.02.1928 Athen ‚24.03.1944' Auschwitz	Befreit in Mauthausen Entlassung: 22.05.1945 [48.] Auschwitz Block 22b
63130 GRE	Mordoch, [Mordo] Rachel	15.05.1925 Thessaloniki 15.04.1943	Befreit in Mauthausen Entlassung: 22.05.1945 [30.]
63131 GRE	Mordon, [Mordou] Dora [>Dora Mordo de Tovy] AuNo.: **76990**	10.07.1926 Volissos '10.06.1927' Athen - Auschwitz ‚24.04.1944' 24.03.-11.04.1944	Befreit in Mauthausen Entlassung: 22.05.1945 [63.] SVHF 34770 DP-Camp Linz
63132 GRE	Moscopulou, [Cofinas] [Moskopoulo] Stamatina [Stamatia] [Stamastina] AuNo.: DaNo.: 119887 A: Sannena Grich – Athene	05.05.1908 [05.05.1909] Profiti [Moscopulo] Athen-Auschwitz ‚24.04.1944' Auschwitz-Dachau 27.10.1944 Dachau- Bergen-B. 17.12.1944	Befreit in Mauthausen Entlassung: 22.05.1945 [66.]

FloNo. Nation	**Name**, *Mädchenname **Vorname** [Varianten]	**Geburtsdaten Deportationsdaten**	**Opferstatus Quellennachweis**
63133 GRE	Mustaki, [Kostaki] Alexandra AuNo.: F: Mutter Loytsia Moystaki [Tante von Rebecca Aaron] Bitsa & Rozina Mustaki [weitere Tanten]	15.10.1926 Korfu ‚29.07.1944'	Befreit in Mauthausen Entlassung: 22.05.1945 [19. vgl. 90] **Verstarb 1945 nach der Entlassung.** Marcia Haddad Vgl. Rebecca Aron *Levi [Armandos Aaron] [Kusine] SVHF 45239
63134 HUN	Müller, *Sura Jacob Sari [>Sari Muller] AuNo. :	18.09.1898 Polana ‚18.09.1902' Mukacevo Auschwitz	Befreit in Mauthausen AMM U8b/2 3754 SVHF 2100
63135 GRE	Nacson, [Naxon] Speranza AuNo.: **A-8449**	21.12.1921 [1929?] Korfu-Auschwitz 30.06.1944	Befreit in Mauthausen Entlassung: 22.05.1945 [14.] Marcia Haddad Auschwitz Block 22b
63136 GRE	Nahoum, [Naoum] Sandra	20.03.1925 Athen ‚24.04.1944'	Befreit in Mauthausen Entlassung: 22.05.1945 [68.]
63137 GRE	Nakson, [Naxon] Ester [Estera] AuNo. : **A-8452**	??.??.1924 Korfu-Auschwitz 30.06.1944	Befreit in Mauthausen Entlassung: 22.05.1945 [26.] Auschwitz Block 22b
63138 GRE	Nasahon, [Nassachon] Mexy [Mery] AuNo.: [76856-77183]	25.09.1925 Patras - Auschwitz 24.03.-11.04.1944	Befreit in Mauthausen Entlassung: 22.05.1945 [36.]
63139 GRE	Nakson, [Naxon] Aliki AuNo.: vgl. A-8453	15.06.1921 [1926?] Korfu-Auschwitz 30.06.1944	Befreit in Mauthausen Entlassung: 22.05.1945 [25.]
63140 GRE	Nakson, [Naxon] Matilde [Mathild] AuNo.: **A-8450**	25.12.1919 Korfu-Auschwitz 30.06.1944	Befreit in Mauthausen Entlassung: 22.05.1945 [15.] Auschwitz Block 22b
63141 HUN	Neumann, Ilona	20.07.1920	**Schicksal ungeklärt** Vgl. A: Almassy Ter 8 USHMM Nevek Project
63142 HUN	Nusen, Fani [Fanni]	10.04.1926 Szakonyha 26.06.1944	Befreit in Mauthausen Entlassung: 22.05.1945 [128.]

FloNo. Nation	**Name**, *Mädchenname **Vorname** [Varianten]	**Geburtsdaten Deportationsdaten**	**Opferstatus Quellennachweis**
63143 HUN	Ohlmacher, [Öhlmacher] *Grünwald Erzsebet	07.07.1907 Budapest 11.11.1944	Befreit in Mauthausen Hospital: 22.05.1945 [356.]
63144 POL	Orenstein, Henriette	21.11.1920	**Schicksal ungeklärt**
63145 GRE	Osmo, [Osmou] Eftihia [Eftichia] [>Nata Gatenio] AuNo.: **A-8354**	29.12.1923Kerkyra ‚29.12.1922' Korfu-Auschwitz ‚25.03.1944' 30.06.1944	Befreit in Mauthausen Entlassung: 22.05.1945 [55.] SVHF 30258 Auschwitz Block 22b
63146 ITA	Palombo, Regina [>Regina Masa] F: Schwester v. 63147 AuNo.: **A-24434** DaNo.: 119918 A: v. Bonifacio-Scarampi - Rodi	05.10.1922 Rhodos '05.11.1922' Rhodos-Auschwitz 29.07.16.08.1944 Auschwitz-Dachau 27.10.1944 Bergen Belsen: 17.12.1944	Befreit in Mauthausen Entlassung: 22.05.1945 [GRE 83.] Picciotto Fargion S.798
63147 ITA	Benun *Palombo, Matilde [Matthildi] [>Matilda Hugnu] F: Schwester v. 63146 AuNo.: [A-24215 – A-24468] DaNo.: 119895 A: v. Bonifacio	27.05.1916 Rhodos ‚27.05.1917' ‚25.07.1917' Rhodos-Auschwitz 29.07.16.08.1944 Auschwitz-Dachau 27.10.1944 Bergen Belsen: 17.12.1944	Befreit in Mauthausen Entlassung: 22.05.1945 [GRE 82.] SVHF 32713 Picciotto Fargion S.798
63148 GRE	Atuni, [Atou] Pansewa AuNo.: [76856-77183]	10.09.1925 Trikalla-Auschwitz 25.03.-11.04.1944	Befreit in Mauthausen Entlassung: 22.05.1945 [47.]
63149 FRA	Paskarin, [Pascariu] Jetta [Yetta Bella] AuNo.: [78560-78782]	25.08.1917 Paris 25.09.1917 Drancy 70 27.03.-30.03.1944	**Für tot erklärt Sterbeort unbekannt** Ministère de la défense JO! [nicht Auschwitz]
63150 ITA	Pihas, [Piha] Dina [Diana] AuNo.: [A-24215 – A-24468] DaNo.: 119901 A: V. Sigismondo Malatesta 68 - Rodi	15.03.1924 Rhodos [16.03.1920] Rhodos-Auschwitz 29.07.-16.08.1944 Auschwitz-Dachau: 27.10.1944 Bergen Belsen: 17.12.1944	**Verstorben 1945 Ort unbekannt** www.nomidellashoah.it Vgl. Moshe Vital: PoT YV Item ID: 605313

FloNo. Nation	**Name**, *Mädchenname **Vorname** [Varianten]	**Geburtsdaten Deportationsdaten**	**Opferstatus Quellennachweis**
63151 HUN	Pollak, Lilli [Lilly]	22.01.1921 Izakonyha	Befreit in Mauthausen Entlassung: 22.05.1945 [134.]
63152 GRE	Politan, [Politou] Chrissi [Chriscula] [>Chrisoula Eliasa] F : Schwester v. 63153 AuNo.: [76856-77183]	26.05.1926 [1924] Joaninna Auschwitz 25.03.-11.04.1944	Befreit in Mauthausen Entlassung: 22.05.1945 [76.] SVHF 41946 AMM OH/ZP1/837
63153 GRE	Politu, [Politou] Fortuna [Fortunia] [>Fortoyni Gkani] F: Schwester v. 63152 AuNo.: [76856-77183]	26.05.1928 [1926] Joaninna Auschwitz 25.03.-11.04.1944	Befreit in Mauthausen Entlassung: 22.05.1945 [75.] SVHF 41941 AMM OH/ZP1/836
63154 HUN	Pugacs, *Schönstein Hermin [Miklosne]	07.11.1916 Satoraljaujhely 13.05.1944	Befreit in Mauthausen Hospital: 22.05.1945 [361.]
63155 HUN	Pusztai, *Nemeth Rozsi [Ferencne]	28.09.1915 Budapest 26.12.1944	Befreit in Mauthausen Hospital: 22.05.1945 [362.] Adresse 1946: Magdolna 43, Budapest Nevek Project USHMM
63156 POL	Ratz, Haja [Chaja]	10.02.1910 11.02.1909 A: Paulinerstr. 22/9 Krakau-Plaszow Auschwitz	**Schicksal ungeklärt** A: 15.08.1940 USHMM Kennkarte 7887
63157 HUN	Richter, Klara	21.08.1909 [Budapest]	**Verstarb 1945 in Venusberg** Ab.: 27.03.1945 [PoT der Cousine Judith Somogyi 05.08.1998 ? YV Item ID: 1479194]
63158 HUN	Rosenberg, Edit [Edith]	17.07.1926 Tiszapolgar 18.05.1944	Befreit in Mauthausen Hospital: 22.05.1945 [367.]
63159 HUN	Rosenfeld, Agnes	16.12.1924 Budapest 26.12.1944	Befreit in Mauthausen Hospital: 22.05.1945 [366.]
63160 CZE	Rosner, Helena	06.05.1922	**Schicksal ungeklärt**

FloNo. Nation	**Name**, *Mädchenname **Vorname** [Varianten]	**Geburtsdaten Deportationsdaten**	**Opferstatus Quellennachweis**
63161 POL	Rosshändler, *Regel Rosa [>Rozah Raduan] [>Roza Radwan]	28.12.1914 Wien A: Zyblikiewicza 16 Krakau-Plaszow Auschwitz	Befreit in Mauthausen SVHF 44236 Kennkarte 1025 23.01.1941 A: 11.08.1940
63162 POL	Rotmann, [Rothman] *Wnuk Ernestina [Ernestyna]	12.10.1918 Krakau ‚12.10.1922' A: Adolf Hitlerplatz10 Krakau-Plaszow Auschwitz	Befreit Ort unbekannt DP-Camp Linz Jewish Agency Kennkarte 1735 31.01.1941 A: 19.11.1940
63163 HUN	Rottmann, Ilona [*Illes ?]	09.10.1909	**Schicksal ungeklärt** A: Bajcsy-Zsilinszky 19 USHMM Nevek Project
63164 POL	Rozner, Frania	26.04.1918	**Schicksal ungeklärt**
63165 GRE	Roussou, Hennica [Chanika] [*Hanica Mayo] [>Nina Levy] F : Schwester v. 63166	21.04.1927 Kastoria '25.02.1927'	Befreit in Mauthausen Entlassung: 22.05.1945 [98.] SVHF 26021
63166 GRE	Roussou, Janetta [Jana] F: Schwester v. 63165	21.07.1922	Befreit in Mauthausen Vgl. SVHF 26021
63167 FRA	Rubinsztejn, *Jaler Mariette [Marinette] AuNo.: [A-5420 – A-5666]	15.01.1913 Paris 15.01.1911 Drancy 74 20.05.-23.05.1944	Befreit Ort unbekannt DP217503335 Ministère dela défense Repatriiert: 19.05.1945
63168 POL	Rubin, Roza	18.12.1917 Krakau?	**Schicksal ungeklärt** Jewish Agency Survivors II ?
63169 HUN	Rubinstein, Adel	07.03.1919	**Verstarb 1945 in Venusberg** Ab.: 07.04.1945
63170 GRE	Russu, [Roussou] Julie [Julia] AuNo.: [76856-77183]	13.04.1923 Trikalla-Auschwitz 25.03.-11.04.1944	Befreit in Mauthausen Entlassung: 22.05.1945 [52.]
63171 GRE	Russu, [Roussou] Lenta [Linda] AuNo.: [76856-77183]	02.05.1924 Trikalla-Auschwitz 25.03.-11.04.1944	Befreit in Mauthausen Entlassung: 22.05.1945 [51.]

FloNo. Nation	**Name**, *Mädchenname **Vorname** [Varianten]	**Geburtsdaten Deportationsdaten**	**Opferstatus Quellennachweis**
63172 GRE	Sasson, [Sason] Viktoria [>Yesula] [>Viktoria Gesoyla] AuNo.: **A-8365**	04.08.1924 [?] Athen 15.04.1943 Korfu-Auschwitz 30.06.1944	Befreit in Mauthausen Entlassung: 22.05.1945 [35.] SVHF 48563 Auschwitz Block 22b
63173 HUN	Sajovics, Maria	25.04.1920	**Schicksal ungeklärt**
63174 HUN	Salamon, [*Kesztenbaum] Adel [Imrene] DaNo.: 132719 A: Kiraly-u. Budapest F: vgl. 63176	14.05.1919 Budapest 11.11.1944 Budapest-Dachau 24.11.1944 Bergen-Belsen 17.12.1944	Befreit in Mauthausen Hospital: 22.05.1945 [373.]
63175 HUN	Salamon, [*Schwartz?] Ilona [Adolfne ?]	09.05.1898 Kassa [?]	**Verstarb 1945 in Venusberg** Ab.: 07.04.1945 Vgl. HDCB, YV Item ID: 5812715 ?
63176 HUN	Salamon, Sari [Sarolta] DaNo.: 132767 A: Kiraly 13 Budapest F: vgl. 63174	15.08.1902 Budapest Budapest-Dachau: 24.11.1944 Bergen-Belsen 17.12.1944	**Schicksal ungeklärt**
63177 GRE	Salonichio, [Salonikiou] Sandra [Alexandra] AuNo.: [76856-77183] F: vgl. 63178	15.10.1909 Triesti / Triest Auschwitz 25.03.-11.04.1944	Befreit in Mauthausen Entlassung: 22.05.1945 [54.] **Starb n. d. Befreiung 11.08.1945 Katsdorf** Bestattet: 13.08.1945
63178 'ITA' GRE	Salonikio, [Salonikiou] Regina AuNo.: [76856-77183] F: vgl. 63177	27.01.1908 Triesti / Triest Auschwitz 25.03.-11.04.1944	Befreit in Mauthausen Entlassung: 22.05.1945 [53.]
63179 GRE	Sami, Alegra [Allegra] [>Gita Kaldron] AuNo.: **76914** ?	29.11.1926 Bitolj '29.09.1926' Auschwitz 25.03.-11.04.1944	Befreit in Mauthausen SVHF 29985
63180 HUN	Sebestyen, *Kallos Magda [Istvanne]	14.09.1910 Budapest	Befreit in Mauthausen Hospital: 22.05.1945 [385.]

FloNo. Nation	**Name**, *Mädchenname **Vorname** [Varianten]	**Geburtsdaten Deportationsdaten**	**Opferstatus Quellennachweis**
63181 GRE	Semo, [Simon] Rachel	15.06.1924 Athen 24.04.1944	Befreit in Mauthausen Entlassung: 22.05.1945 [70.]
63182 POL	Siegel, *Butterfass Helena [Helcia] [Helga] B: Kauffrau	15.05.1903 Zalas ‚15.05.1912' A: Radziwillowska 25 Krakau-Plaszow Auschwitz bis 17.01.1945	Befreit in Mauthausen Vgl. SVHF 13524 Kennkarte 9952 04.03.1941 Krakau A: 23.11.1940 Starb 1988 in Israel Vgl. Standing Tall S.66
63183 HUN	Simon, Erzsebet [Erzsbet] DaNo.: 132407 A: Benozur 5 Budapest	01.04.1909 Aszalo Budapest 18.11.1944 Dachau 24.11.1944 Bergen-Belsen: 17.12.1944	Befreit in Mauthausen Entlassung: 22.05.1945 [153.] Adresse 1946: Tunderhegyi Szanatorium, Budapest Nevek Project USHMM
63184 POL	Silberschatz, ‚Silbersatz' Tauba ‚Paula'	08.11.1924	Befreit in Mauthausen Jewish Agency 55361
63185 POL	Silbiger, Sali [Sala]	26.10.1911	**Schicksal ungeklärt** Befreit ‚Bergen Belsen'
63186 HUN	Singer, Charlotte	25.04.1905	**Schicksal ungeklärt**
63187 HUN	Sipos, *Angyal Elisabeth [Erzsebet] [Miksane]	03.03.1901 Budapest	**Verstarb 1945** **Ort unbekannt** [nicht Bergen-Belsen 02.03.45] PoT 14.04.1999 Sohn Beniamin Shavit YV Item ID: 965823
63188 ITA	Sonnino, [Sonino] Maria Luisa AuNo.: **A-26698**	05.10.1920 Neapel [1914] Dep.: Genua Bolzano-Auschwitz 24.10.-28.10.1944	**Verstarb 1945** **in Venusberg** Ab.: 20.03.1945 PoT 21.03.1957 Paloma Sonino YV Item ID: 1499125 CDEC-Library
63189 HOL	Speier, [Speyer] *Querido Selma AuNo.: [62984-63271]	19.02.1921 Utrecht Westerbork Auschwitz 21.09.-23.09.1943	Befreit in Mauthausen Entlassung: 23.05.1945 [52.] Red Cross Holland
63190 POL	Spira, Hana	25.03.1916	**Schicksal ungeklärt**

FloNo. Nation	**Name**, *Mädchenname **Vorname** [Varianten]	**Geburtsdaten** **Deportationsdaten**	**Opferstatus** **Quellennachweis**
63191 **HUN**	Spitzer, Ibolya B: Weberin	10.05.1924 10.05.1923 [1926 Rakospalota] Budapest Rakospalota	**Starb im April 1945 in oder auf dem Weg nach Mauthausen an Erschöpfung** YV Item ID: 6864886, 6943297, 7646199, 7648977, 9324970 ?, 6021864 ? [Original 62728/1947, V26c-341, V5j-4] Nevek Project USHMM
63192 **HUN**	Spitzer, Marietta [>Miriam Silberschatz]	11.06.1924 Budapest Bergen-Belsen	Befreit in Mauthausen Hospital: 22.05.1945 [498.] SVHF 32044 Adresse 1946: Kresz Geza 16, Budapest Nevek Project USHMM
63193 **'HUN'** **GRE**	Suchami, [Souhemi] Belina [Soulkouania]	10.07.1922 Athen 24.04.1944	Befreit in Mauthausen Entlassung: 22.05.1945 [73.vgl. 102]
63194 **HUN**	Svarc, Maria	05.06.1907	**Schicksal ungeklärt**
63195 **HUN**	Szekely, Arabella	09.04.1915	**Schicksal ungeklärt**
63196 **HUN**	Szekely, *Spiegel Magda [Magdolna] [Ferencne]	07.05.1909 Eperjes ‚07.05.1910'Presov R: Kiralyhelmec R: Budapest	**Verstarb 1945 in Venusberg** Ab.: 27.03.1945 vgl. HDCB, YV Item ID: 5801041, 11092962
63197 **POL**	Szerer, Fryda	15.01.1915	**Schicksal ungeklärt**
63198 **POL**	Spiegel, Genia [>Golda Kornbrot] AuNo.:	14.03.1923 Szczekociny Krakau-Plaszow Auschwitz	Befreit in Mauthausen SVHF 32215
63199 **HUN**	Scher, Ilona AuNo.: DaNo.: 86765 R: Kisvarda	01.09.1916 Kisvarda KisvardaAuschwitz 08.06.1944 Auschwitz-Dachau: 01.08.1944 Bergen-Belsen: 17.12.1944	Befreit in Mauthausen Hospital: 22.05.1945 [375.]

FloNo. Nation	**Name**, *Mädchenname **Vorname** [Varianten]	**Geburtsdaten Deportationsdaten**	**Opferstatus Quellennachweis**
63200 POL	Scherr, Tamara	16.11.1920	**Schicksal ungeklärt**
63201 HUN	Schifer, Rozsi	26.02.1906	**Schicksal ungeklärt**
63202 POL	Schiff, Basia	01.06.1916 Krakau	**Schicksal ungeklärt** Vater Jehuda, Mutter Chaja? USHMM D51.8.f World Jewish Congress
63203 POL	Schkop, Bunia	20.05.1920 Kolschani	Befreit Ort unbekannt B 162 Kein Protokoll
63204 POL	Schkop, Fruma	15.10.1925 Krevo	**Schicksal ungeklärt** GB Bergen-Belsen
63205 POL	Schkop, Gitta	11.05.1926 Krewo	**Schicksal ungeklärt** GB Bergen-Belsen
63206 POL	Schmiedt, [Schmidt] Toni [Tonia] [Tosia]	02.02.1923	Befreit in Mauthausen Jewish Agency 58283
63207 HUN	Schnurmacher, Julia	17.04.1922 [1923 Pecs ?] [R: Rakospalota ?]	**Schicksal ungeklärt** PoT 1988 der Schwester Margit Lesner [?] YV Item ID: 1261021
63208 HOL	Schoemaker, *Lisser Margarete [Margaretha] **AuNo.:** [A-25060 – A-25271]	19.03.1908 Amsterdam Westerbork Auschwitz 03.09.-05.09.1944	**Verstarb 1945 in Venusberg** Ab.: 23.03.1945 OGS
63209 POL	Schreck, [Srek] Hanka [>Ann Weisbord] AuNo.: **A-26779**	12.08.1928 Tarnow ‚12.12.1924' Krakau-Plaszow Auschwitz 22.10.1944	Befreit in Mauthausen AMM OH/ZP1/423 SVHF 4819 ; AutoBio.: "Ich sah den Tod" Jewish Agency 56182
63210 POL	Schreiber, Sonia [>Weitz] AuNo.: Keine F: Schwester v. 62902 AuNo.: Keine [Evakuierung]	27.08.1923 Krakau Plaszow-Auschwitz Januar 1945	Befreit in Mauthausen AutoBio.: I Promised I Would Tell
63211 HUN	Schwach, Regina [Roza] DaNo.: 132271 R: Budapest	18.07.1910 Papa Budapest-Dachau 24.11.1944 Bergen-Belsen 17.12.1944	**Schicksal ungeklärt**
63212 HUN	Schwartz, Aranka	20.10.1923	**Schicksal ungeklärt**

FloNo. Nation	**Name**, *Mädchenname **Vorname** [Varianten]	**Geburtsdaten Deportationsdaten**	**Opferstatus Quellennachweis**
63213 HUN	Schwartz, Eva	05.08.1928	**Schicksal ungeklärt**
63214 HUN	Schwartz, Viera	09.10.1925	Befreit in Mauthausen AMM U8b/2 3788
63215 POL	Steier, Anna	03.04.1928	**Schicksal ungeklärt**
63216 HUN	Steiner, Ernestine	22.09.1913	**Verstarb 1945 in Venusberg** Ab.: 07.04.1945
63217 SLO	Steiner, [Steinerova] Wilma [Vilma]	08.03.1900	Befreit in Mauthausen Entlassen 23.05.1945 [CZE 393.] AMM U8b/2 3779
63218 HUN	Stern, Cili [>Irene Rosenfeld]	24.12.1924 Svalava Szolyva Budapest Bergen-Belsen	Befreit in Mauthausen Entlassen: 22.05.1945 [164.] SVHF 3109
63219 HUN	Stern, Frida [>Frieda Fried] AuNo.: A-????	10.10.1928 Polana ‚12.10.1928' Mukacevo Auschwitz	Befreit in Mauthausen SVHF 47895 AMM U8b/2 3785 DP-Camp Gabersee, DP Prien am Chiemsee Starb: 02.06.2011 USA
63220 HUN	Stern, Gizela [Gizella]	28.12.1913 Karozg 26.12.1944	Befreit in Mauthausen Hospital: 22.05.1945 [398.]
63221 RD	Stern, Herta	16.06.1901 16.06.1905 Berlin	Befreit Ort unbekannt Aufbau Verlag PR: Wien
63222 HUN	Stern, Magda	13.05.1926	Befreit in Mauthausen AMM U8b/2 3784
63223 HUN	Stern, Regina	08.03.1926 Marmarossziget	Befreit in Mauthausen Entlassung: 22.05.1945 [167.]
63224 HUN	Sternbosch, [Sternbachova] Fanni [Fanny]	14.05.1924	Befreit in Mauthausen Entlassen 23.05.1945 [CZE 396.] AMM U8b/2 3786
63225 POL	Sternberg, Rosalia	13.11.1923	**Schicksal ungeklärt**
63226 POL	Sternlicht, Ida	11.08.1908	**Schicksal ungeklärt**

FloNo. Nation	**Name**, *Mädchenname **Vorname** [Varianten]	**Geburtsdaten Deportationsdaten**	**Opferstatus Quellennachweis**
63227 HUN	Stober, Berta	11.07.1926	**Schicksal ungeklärt**
63228 POL	Storch, Cecylia [Cesia] [>Cecile Mosberg] AuNo.: **A-26545**	02.07.1925 Krakau Plaszow-Auschwitz 22.10.1944	Befreit in Mauthausen YV Remembrance Award, Häftlingsjacke parsipanyfocus.com Verstarb: 2007 USA
63229 POL	Storch, Erna	04.05.1924	**Schicksal ungeklärt**
63230 HUN	Struhl, Gisela [Gizella]	10.01.1918 Gyergyotolgyes	Befreit in Mauthausen Hospital: 22.05.1945 [168.] Adresse 1946: Piheno 1, Budapest Nevek Project USHMM
63231 POL	Stuhlzaft, Wezka	23.10.1919	**Schicksal ungeklärt**
63232 POL	Teichmann, Helena	29.12.1920	Befreit in Mauthausen Jewish Agency 59387
63233 HUN	Tesla, [Teszler] Henia	02.10.1924 [1927] Rosalia 26.06.1944	Befreit in Mauthausen Entlassung: 22.05.1945 [175.]
63234 HUN	Tesler, [Teszler] Helen	10.06.1918 Rosalia 18.05.1944	Befreit in Mauthausen Entlassung: 22.05.1945 [174.]
63235 HUN	Tillemann, Elisabeth	11.03.1921	**Verstarb 1945 in Venusberg** Ab.: 29.03.1945
63236 HUN	Tillemann, Eszter	12.04.1918	**Schicksal ungeklärt**
63237 POL [FRA]	Tuchszerer, [Tuchfzerer] Marie Sara [Michla] [>Marie Chafir] AuNo.:[58300-58405]	18.05.1923 Wegrow '22.07.1924' Paris - Drancy 59 Auschwitz 02.09.-04.09.1943	Befreit in Mauthausen SVHF 27899 Repatriiert: 23.05.1945
63238 HUN	Tuvel, Fanni	22.03.1925	**Schicksal ungeklärt**
63239 HUN	Ulvovits, Margit	07.08.1914	**Schicksal ungeklärt**

FloNo. Nation	**Name**, *Mädchenname **Vorname** [Varianten]	**Geburtsdaten Deportationsdaten**	**Opferstatus Quellennachweis**
63240 'HUN' **POL**	Unger ,Ungar', Dora [>Dorah Sadeh] F: Schwester v. 63241 AuNo.: A-26645	28.06.1922 ,28.06.1923' Krakau Plaszow-Auschwitz	Befreit in Mauthausen SVHF 14166 B 162 / 8376 Bl. 459f.
63241 **POL**	Unger, Helena F: Schwester v. 63240 AuNo.: A-2664?	01.02.1921 ,01.02.1922' Krakau Plaszow-Auschwitz	Befreit in Mauthausen Vgl. SVHF 14166 Verstarb am 15.01.1948 in Krakau
63242 **HUN**	Ungvar, Zsuzsanna	15.03.1928	**Schicksal ungeklärt**
63243 **FRA**	Vainstein, [Vainchtein] *Tintel Celina [Celine] AuNo. : [A-5420 – A-5666]	13.05.1896 Paris '13.05.1900' Drancy 74 20.05.-23.05.1944	**Verstarb 1945** **Ort unbekannt** PoT YV der Tochter Jacqueline Benhamou [nicht Auschwitz 1944] DP 217508387
63244 **SLO**	Deucht, Ester AuNo.:	21.08.1906 Cadca Cadca-Auschwitz	Befreit in Mauthausen AMM U8b/2 3664
63245 **HUN**	Vegh, Rozsi	12.10.1927 Aknaszlatina 18.05.1944	Befreit in Mauthausen Hospital: 22.05.1945 [419.]
63246 **HUN**	Vegh, Zali	23.03.1928 [1930] Aknaszlatina 18.05.1944	Befreit in Mauthausen Hospital: 22.05.1945 [418.]
63247 **HUN**	Vetö, Sari	08.04.1902	**Schicksal ungeklärt**
63248 **GRE**	Vital, [Wital][Witali] Rachel [Rachela] AuNo.: **A-8293**	27.10.1929 Korfu-Auschwitz 30.06.1944	Befreit in Mauthausen Entlassung: 22.05.1945 [27.] Auschwitz Block 22b
63249 **GRE**	Vital, [Witali] [Vitalis] Stella AuNo.: **A-8296**	29.05.1927 Triesti ,29.07.1944' Korfu-Auschwitz: 30.06.1944	Befreit in Mauthausen Entlassung: 22.05.1945 [13.] Auschwitz Block 22b
63250 **HOL**	Vitali, Mina AuNo.: [A-25060 – A-25271]	21.09.1898 Amsterdam Westerbork Auschwitz 03.09.-05.09.1944	Befreit Ort unbekannt Red Cross Holland

FloNo. Nation	**Name**, *Mädchenname **Vorname** [Varianten]	**Geburtsdaten** **Deportationsdaten**	**Opferstatus** **Quellennachweis**
63251 **GRE**	Vivante, *Matathia Stelina [Ester] [Stellina] [>Stella Matathia] AuNo.: **A-8388**	01.01.1919 Kerkyra ‚20.04.1920' Korfu-Auschwitz 30.06.1944	Befreit in Mauthausen Entlassung: 22.05.1945 [93.] SVHF 48699 Auschwitz Block 22b
63252 **POL**	Vogel, Sofia	25.07.1924	**Schicksal ungeklärt**
63253 **HOL**	de Vries, *van Kloeten Sara AuNo.: [A-25069 - A-25271]	08.01.1891 Zierikzee Dep.: Haarlem Westerbork Auschwitz 03.09.-05.09.1944	**Verstarb 1945** **Ort unbekannt** www.ogs.nl PoT YV der Enkelin Elisabeth Stella Suchard YV Item ID: 5679489
63254 **HUN**	Waldmann, Edith	18.01.1914	**Schicksal ungeklärt**
63255 **FRA**	Weinberg, Blancha [Blanche] AuNo.: [75174-75204]	02.12.1921 '02.12.1901' Les Lilas Drancy 67 Auschwitz 03.02.-06.02.1944	Befreit Ort unbekannt Ministère de la défense DP217507647 Repatriiert: 19.05.1945
63256 **CZE**	Weiner, *Hochberger Felicia [Felicja]	01.07.1903 Krakau ‚01.07.1910' A: Wola Duchacka Krakauerstr. 86 Plaszow-Auschwitz	**Verstarb 1945** **in Venusberg** Ab.: 23.03.1945 „An den Beauftragten des Distriktchefs ..."
63257 **POL**	Weiss, Gizela	22.01.1916	**Schicksal ungeklärt**
63258 **HUN**	Weisz, Erzsebet *Heisler Jenöne	27.11.1918 Bakon bank [?]	Befreit in Mauthausen Hospital: 22.05.1945 [425.] Vgl. AMM Y/39 Vgl. FloNo.: 62222, 62223, 63293
63259 **HOL**	Weisz, *Neumann Ruth [Ruth Hanna] AuNo.: [A-25060 – A-25271]	15.05.1910 Berlin Westerbork Auschwitz 03.09.-05.09.1944	**Verstarb spätestens** **10.05.1945 in Mittel-** **europa** (Gelenau) OGS
63260 **HUN**	Weist, Sarolta	18.09.1905	**Schicksal ungeklärt**
63261 **HUN**	Weiszmann, [Weiszmanova] Edith	18.03.1923 Vojnatina	Befreit in Mauthausen Entlassen 23.05.1945 [CZE 444.] AMM U8b/2 3802

FloNo. Nation	**Name**, *Mädchenname **Vorname** [Varianten]	**Geburtsdaten Deportationsdaten**	**Opferstatus Quellennachweis**
63262 HUN	Widder, [*Guttman] ‚Gyöngyi' [Zoltanne] [*Sarolta]	17.01.1906 Gyöngyos	Befreit in Mauthausen Hospital: 22.05.1945 [430.] Adresse 1946: Marko 7, Budapest Nevek Project USHMM
63263 POL	Wiener, Regina [>Regina Horowitz] AuNo.: **A-19165**	13.08.1923 Krakau Plaszow-Auschwitz 06.08.1944 [10.08.1944]	Befreit in Mauthausen SVHF 19518 Vgl. SVHF 6782 B 162 / 8376 Bl.629ff. VP: 11.01.1971
63264 HUN	Wiesel, Frida	15.10.1921 Felsöapsa	Befreit in Mauthausen Hospital: 22.05.1945 [432.]
63265 HUN	Wiesel, Sari	18.11.1918 Felsöapsa	Befreit in Mauthausen Hospital: 22.05.1945 [433.]
63266 HUN	Winter, Eva	22.02.1923 Budapest [23.02.1923]	**Schicksal ungeklärt Verstarb 1945 Ort unbekannt** (nicht Bergen Belsen) Vgl. PoT 28.02.2009 Neffe Gabor Dombi 'Domgi' YV Item ID: 8131448
63267 GRE	Zadik, [Tsadik] Viktoria	30.04.1927 Saloniki 15.04.1943	Befreit in Mauthausen Entlassen: 22.05.1945 [62.]
63268 GRE	Zakar, ['Zacar'] Anna AuNo.: vgl. A-8370 ?	10.11.1925 Patra -Auschwitz ‚24.03.1944' [‚1918']	Befreit in Mauthausen Entlassung: 22.05.1945 [38.] [Auschwitz Block 22b]
63269 GRE	Zakar, Emilia AuNo.: vgl. A-8371 ?	12.12.1920 Athen - Auschwitz ‚24.03.1944' [‚1925']	Befreit in Mauthausen Entlassung: 22.05.1945 [42.] [Auschwitz Block 22b]
63270 HUN	Zegelstein, [Segelstein] Vilma BeBeNo.: 12098	16.11.1920 Marosheviz 08.12.1944 BeBe.: 15.12.1944	Befreit in Mauthausen Entlassen: 22.05.1945 [152.] DEGOB 128 UAS 1128; K/11/06
63271 HUN	Zenner, Erzsebet [Erzsi]	07.11.1915 Budapest ‚Ungvar'	Befreit in Mauthausen Hospital: 22.05.1945 [495.] AMM U8b/2 3842

FloNo. Nation	**Name**, *Mädchenname **Vorname** [Varianten]	**Geburtsdaten** **Deportationsdaten**	**Opferstatus** **Quellennachweis**
63272 **POL**	Ziegelfarb, [Zigelfarb] [Cygielfarb] Berta	01.09.1920 Krakau	Befreit in Mauthausen Jewish Agency 18511 PWR: Italien
63273 **SLO**	Zilicikowa, [Zilincikova] Erna	10.11.1899	Befreit in Mauthausen Entlassen 23.05.1945 [CZE 456.] AMM U8b/2 3809
63274 **POL**	Zimet, Salomea F: Mutter von 63275	22.12.1907	**Schicksal ungeklärt** Starb wahrscheinlich während Evakuierung Vgl. B 162
63275 **POL**	Zimet, Tola F: Tochter von 63274	17.07.1927	**Schicksal ungeklärt** Starb wahrscheinlich während Evakuierung Vgl. B 162
63276 **POL**	Zmigrod, Blanka	22.01.1924	**Schicksal ungeklärt** [[Ermordet in Frankfurt 23.02.1992 ???]]
63277 **HUN**	Zoldan, [Zoldanova] Dori [Dora] [Doris]	10.05.1921 Felsöverecka 18.05.1944	Befreit in Mauthausen Hospital: 22.05.1945 [439.] [CZE. 457] AMM U8b/2 3807 Adresse 1946: Vas 11, Budapest Nevek Project USHMM
63278 **HUN**	Zoldan, [Zoldanova] Sara	02.02.1923 Visny Verecky	Befreit in Mauthausen Entlassen 23.05.1945 [CZE 458.] AMM U8b/2 3808
63279 **GRE**	Mioni, [Miani] Louise [Lasika] [>Loyiza Ovadia] AuNo.: [76856-77183] F: Schwester v. 63287 & 63289	??.??.1921 Athen – Auschwitz 24.03-11-04.1944	Befreit in Mauthausen Entlassung: 22.05.1945 [2.] SVHF 48565 AMM OH/ZP1/626
63280 **GRE**	Eliau, [Elias] Rachel	15.04.1926	Befreit in Mauthausen Entlassung: 22.05.1945 [100.]
63281 **GRE**	Venezia, [Wenetta] Klara AuNo.: [76856-77183]	??.??1907 Athen – Auschwitz 24.03-11-04.1944	Befreit in Mauthausen Entlassung: 22.05.1945 [80.]

FloNo. Nation	**Name**, *Mädchenname **Vorname** [Varianten]	**Geburtsdaten** **Deportationsdaten**	**Opferstatus** **Quellennachweis**
63282 **GRE**	Belelli, [Beleli] Gina [Regina] [Zinah] [>Malkah Barzili] [>Malca-Regina Barzilai] AuNo.: [A-8242 – A-8456]	15.08.1925 Korfu ‚29.07.1944' Korfu-Auschwitz 15.06.-30.06.1944	Befreit in Mauthausen Entlassung: 22.05.1945 [79.] SVHF 31863 Auschwitz Block 22b ?
63283 'POL' **GRE**	Dosti, Dora [>Dora Cohen] AuNo.: **77063**	25.05.1925 Ioannina Larissa Athen – Auschwitz 24.03-11.04.1944	Befreit in Mauthausen Entlassung: 22.05.1945 [91.] SVHF 44849
63284 **GRE**	Elias, Matilde F: Mutter v. 62947 AuNo.: [76856-77183]	15.05.1902 Kastoria Auschwitz 11.04.1944	Befreit in Mauthausen Vgl. SVHF 32343
63285 **HOL**	van der Veen ‚von der Fein', *Baas [Bas] Sientje AuNo.:	24.11.1907 27.11.1907 Amsterdam Westerbork Auschwitz	Befreit in Mauthausen **Starb am 12.07.1945 in Herisau.** OGS Bestattet: St. Gallen www.ogs.nl
63286 **SLO**	Weisova, Gizella	08.06.1910	Befreit in Mauthausen AMM U8b/2 3839
63287 **GRE**	Mionix, [Miani] Eftchija [Eftichia] AuNo.: [76856-77183] F: Schwester v. 63289 & 63279	??.??.1922 Athen – Auschwitz 24.03-11.04.1944	Befreit in Mauthausen Entlassung: 22.05.1945 [3.] Vgl. AMM OH/ZP1/626
63288 **GRE**	Decastro, [Dekastrou] Rachel [De Castro] [>Rachel Becker] AuNo.: [76856-77183]	10.12.1922 Joaninna / Salonika Auschwitz 24.03-11.04.1944	Befreit in Mauthausen Entlassung: 22.05.1945 [59.] SVHF 1486
63289 **GRE**	Mioni, [Miani] Sarika [Skytha] [>Sarra Vrachoritoy] AuNo.: **77086** F: Schwester v. 63287 & 63279	1918 Ioannina '??.?? 1922' Larissa Athen – Auschwitz 24.03-11.04.1944	Befreit in Mauthausen Entlassung: 22.05.1945 [4.] SVHF 45328, Vgl. AMM OH/ZP1/626
63290 **GRE**	Bakola, [Bacola][Bacolla] Eftchija [Eftichia] AuNo.: **A-8329** F: vgl. 62874	??.??.1925 Korfu -Auchwitz 25.03.1944 30.06.1944	Befreit in Mauthausen Entlassung: 22.05.1945 [40.] Auschwitz Block 22b

FloNo. Nation	**Name**, *Mädchenname **Vorname** [Varianten]	**Geburtsdaten Deportationsdaten**	**Opferstatus Quellennachweis**
63291 **HUN**	Garai, *Teller Margit DaNo. : 132443 A : Wesselenyi 65 Budapest	24.06.1912 14.06.1912 Budapest Budapest-Dachau : 24.11.1944 Bergen-Belsen : 17.12.1944	**Schicksal ungeklärt**
63292 GRE **ITA**	Alchadeff, [Alhadeff] Kadena ! [Caden] [‚Gaden Alhadof'] F: Schwester v. 62866 DaNo.: 119879 AuNo.: **A-24236** A: V. Bernardo - Rodi	??.??.1920 Rhodos [10.04.1915] [13.01.1914] [15.08.1919] Auschwitz-Dachau: 27.10.1944 Bergen-Belsen: 17.12.1944	Befreit in Mauthausen Foto www.nomidellashoah.it
63293 **HUN**	Weiss, [Weisz] Erzsebet [Jenöne] DaNo.: 135436 A: Csengery 64 Budapest F: vgl. 63294 [*Moskovits]	04.01.1915 Szatmarnemeti Budapest-Dachau : 24.11.1944 Bergen-Belsen : 17.12.1944	Befreit in Mauthausen Hospital: 22.05.1945 [423.] **Starb in Mauthausen nach der Befreiung** Vgl. AMM Y/39 Vgl. FloNo. : 62222, 62223, 63258 YV Item ID 9325277 YV Item ID: 9325657
63294 **HUN**	Fenyves, Eva DaNo.: 131659 A: Csengery 64 Budapest 6 'Csergery' F: vgl. 63293	04.12.1920 Nagysaros Budapest-Dachau : 24.11.1944 Bergen-Belsen : 17.12.1944	**Verstorben 1945 in Mauthausen** YV Item ID: 9325212
63295 **POL** **[BEL]**	Gobe, [Gobbe] *Dylewski Pola [Paula] AuNo.: DaNo.: 120541 B: Schneiderin A: Grand Rue 260 Charleroi	20.10.1921 Wielun Charleroi Mechelen Auschwitz 31.07.1944 Auschwitz-Dachau: 27.10.1944 Bergen-Belsen: 17.12.1944	**Verstarb 1945** **Ort unbekannt** Red Cross

FloNo. Nation	**Name**, *Mädchenname **Vorname** [Varianten]	**Geburtsdaten** **Deportationsdaten**	**Opferstatus** **Quellennachweis**
63296 **POL**	Gelb, *Wildstein Rosa [Roza] [Reisel] F: Mutter von 62981	25.06.1899 Jodtówka Jadowniki '25.06.1908' [1906] Krakau-Plaszow Auschwitz	Befreit Ort unbekannt Jewish Agency DP-Camp Linz Kennkarte 8661 06.03.1941 Krakau
63297 **'POL'** **HUN**	Segelstein, Blanka [vgl. Helene Segelstein *Lerner]	30.08.1915 Szarhegy [30.08.1915 *Paris Drancy 62 20.11.43	Befreit in Mauthausen Entlassung: 22.05.1945 [151.] Vgl.YV 6339852 vermisst DP 210105522
63298 **HUN**	Klein, Magda	26.09.1926 Debrecen 26.06.1944	Befreit in Mauthausen Entlassen: 22.05.1945 [94.]
63299 **HUN**	Farago, *Gera Emma [Jozsefne]	02.07.1913 Szolnok Dep.: Budapest	**Verstarb 1945** **in Venusberg** Ab.: 29.03.1945 HDCB YV Item ID: 5803957
63300 **HUN**	Toth, *Czigler Piroska [Jozsefne]	09.05.1922 Sarkad	Befreit in Mauthausen Hospital: 22.05.1945 [502.] Adresse 1946 Nefelejts 47, Budapest Nevek Project USHMM
63301 **FRA**	Herzog ‚Erzoge', Odette AuNo.: [A-5420 – A-5666]	17.12.1917 Rodez ‚17.12.1921' Drancy 74 20.05.-23.05.1944	Befreit Ort unbekannt Rodez www.ladepeche.fr M.-Ch. Bessou 27.01.15
63302 **GRE**	Dzig, Estera	15.01.1928	**Schicksal ungeklärt**
63303 **HUN**	Weiss, Ilonka	31.12.1918	**Schicksal ungeklärt** Ilonka Weisz? Starb 1945 in Mauthauen? M.34.1 - / YV:WM II -1
63304 **HUN**	Weissmann, [Weiszman] [Weissmannova] Margit F: vgl. 63261	17.04.1912 [AMM:17.04.1919] Vojnatina Vajnatina	Befreit in Mauthausen AMM U8b/2 3801 YV Item ID 9079680 Vgl. AMM Y/39
63305 **HUN**	Glück, Margit	03.12.1914 Kosice	Befreit in Mauthausen AMM U8b/2 3816
63306 **POL**	Tessler, Blima	10.12.1922	**Schicksal ungeklärt**

FloNo. Nation	**Name**, *Mädchenname **Vorname** [Varianten]	**Geburtsdaten** **Deportationsdaten**	**Opferstatus** **Quellennachweis**
63307 'FRA' **GRE**	Mojze, [Moissi] Louise [Liseta] AuNo.: [76856-77183]	22.08.1920 Joaninna Auschwitz 25.03.-11.04.1944	Befreit in Mauthausen Entlassung: 22.05.1945 [21.]
63308 **HUN**	Tessler, [Teszler] Gizi	10.06.1917 Rosalia 18.05.1944	Befreit in Mauthausen Entlassung: 22.05.1945 [173.]
63309 **GRE**	Beladium, Paulete	??.??.1928	**Verstarb 1945** **in Venusberg** Ab.: 18.03.1945
63310 **HUN**	Frank, Ester	20.02.1913	**Schicksal ungeklärt**
63311 **HUN**	Adlovics, [Adlovits] Erzsebet	15.03.1921 Levelek 28.05.1944	Befreit in Mauthausen Hospital: 22.05.1945 [194.]
63312 **HUN**	Klein, Vali [Valaria]	28.07.1925 Nagyvarad	Befreit in Mauthausen Hospital: 22.05.1945 [320.]
63313 **HUN**	Landau, Elza	16.05.1922	**Schicksal ungeklärt**
63314 'GRE' **POL**	Meth, Rachela	11.12.1914	Befreit in Mauthausen Jewish Agency 44822
63315 **POL**	Goldfinger, Mila [Gila ?]	28.03.1919 Krakau [1914]	Befreit in Mauthausen Jewish Agency 28001 DP-Camp Linz YV Testimony 7382 [?]
63316 **HUN**	Appel, Frida	??.??.1923 Marmarossziget	Befreit in Mauthausen Hospital: 22.05.1945 [204.]
63317 **HUN**	Gyemant, Blanka	28.01.1916 Rakospalota 01.07.1944	Befreit in Mauthausen Entlassung: 22.05.1945 [65]
63318 **HUN**	Gyemant, Regina	02.10.1919 Ersekujvar 26.06.1944	Befreit in Mauthausen Hospital: 22.05.1945 [283.]
63319 **SLO**	Kralovska, *Kraus Livia [Lida] AuNo.: **2421** [‚Lilly Gyemant' ?]	25.05.1914 Vrbove [23.05.1914] Trnava A: Paulinska 52 /51 [‚Patronka-Lublin'] Bratisl.-Auschwitz: 28.03.1942	Befreit in Mauthausen Entlassung: 22.05.1945 [66.] ? Vgl. AMM Y/49 USHMM: Slovak census data YV Item ID: 9290894 YV Item ID: 4730904

FloNo. Nation	**Name**, *Mädchenname **Vorname** [Varianten]	**Geburtsdaten Deportationsdaten**	**Opferstatus Quellennachweis**
63320 HUN	Stein, Klari [Klara]	??.??.1925 Galocas 10.05.1944	Befreit in Mauthausen Entlassung: 22.05.1945 [160.]
63321 POL	Holzberg, *Zuckerman [Cukierman] Erna [>Erna Rosner] AuNo.: **A-26671**	04.05.1925 Krakau ‚07.05.1925' Plaszow-Auschwitz 22.10.1944	Befreit in Mauthausen SVHF 2707 Jewish Agency 18294 Reportage D. Sterwald
63322 POL	Puretz, Gizella [Gitel] [Gisela] F: Mutter von 63323 F: Ehefrau von Josef	07.04.1907 [1904] Rzeszow- Auschwitz	Befreit Ort unbekannt World Jewish Congress Collection D51.8.e
63323 POL	Puretz, Doretta [Dorota] F: Tochter von 63322	06.08.1923 [1924] Rzeszow- Auschwitz	Befreit Ort unbekannt World Jewish Congress Collection D51.8.e
63324 POL CZE	Salamonivicz, [Salomonowitz] Irena B: Krankenpflegerin	09.09.1922 Krakau A: Zyblikiewicza 11 Krakau Plaszow-Auschwitz	**Schicksal ungeklärt** Kennkarte 4394 07.02.1941 Krakau A: 14.08.1940
63325 POL	Goldmann, [Goldman] Frida [Fryda] B: Krankenschwester	26.10.1908 Wolka Turebska, Lemberg ‚26.10.1914' Krakau Plaszow-Auschwitz	**Schicksal ungeklärt** Vgl. SVHF 17438 Kennkarte 3103 15.02.1941 Krakau
63326 POL	Grünberg, Maria [Marcha] [>Marsha Kreuzman] PlaszowNo.: 797 AuNo.: Keine BeBeNo.: 21280	18.05.1923 Krakau [18.05.1925] Plaszow-Auschwitz Januar 1945	Befreit in Mauthausen SVHF 17438 DP-Camp Bindermichl eilatgordinlevitan.com www.bild.de 21.01.15 Video
63327 POL	Ferziger, Regina	02.04.1920	**Schicksal ungeklärt**
63328 POL	Hermann, Zena [>Zena Suchter] AuNo.:	26.03.1926 Radom Krakau-Plaszow Auschwitz	Befreit in Mauthausen SVHF 4959 Jewish Agency
63329 POL	Bloch, *Rosenblum Helena	02.01.1910 Krakau ‚02.01.1913' Krakau-Plaszow Auschwitz	**Schicksal ungeklärt** Kennkarte 7092 01.03.1941 Krakau
63330 POL	Kems, Sala	17.08.1916	**Schicksal ungeklärt**

FloNo. Nation	**Name**, *Mädchenname **Vorname** [Varianten]	**Geburtsdaten Deportationsdaten**	**Opferstatus Quellennachweis**
63331 POL	Eckert, Hilda	01.05.1920 Rzeszow	**Starb 1945 in Mauthausen** Association of Rzeszow Survivors, PoT YV Item ID: 1380556
63332 POL	Löwi, Halina	22.08.1927	**Schicksal ungeklärt**
63333 POL	Kahan, Roza	06.06.1916	**Schicksal ungeklärt**
63334 POL	Kleinmann, Hanka	04.04.1915	**Schicksal ungeklärt**
63335 POL	Kreisberg, Eva [>Ewa Kologorska] AuNo.: Keine [Evakuierung] B: >Theaterregie	11.10.1925 Krakau Plaszow-Auschwitz Dezember 1944 [?]	Befreit in Mauthausen Reportage: Renata Radlowska Kennkarte 6834 24.02.1941 Krakau Starb: 25.10.2007 in Szczecin, Polen
63336 POL	Kleinberg, Johanna [Johanna Maria] B: Stenografin [>Hanni Kleinberg] [>Hanni Glöckner] AuNo.:	01.12.1921 Teschen A: Zyblikiewicza 11 Krakau-Plaszow Auschwitz	Befreit Ort unbekannt Kennkarte 3054 08.02.1941 Krakau A: 18.08.1940 Starb: 03.08.1955 George Vladar Collection Folder 4 & 3
63337 POL	Trohm, Mala [>Malka Friedman]	21.02.1920 [Rzeszow]	**Schicksal ungeklärt** [Befreit Ort unbekannt Yizkor Book S. 596 YV PoT Item: 640158]
63338 POL	Dintuch, [Düntuch] Felicia [Felicja]	11.01.1919 11.01.1911 Krakau Plaszow-Auschwitz	**Schicksal ungeklärt** Kennkarte 3217 15.02.1941
63339 POL	Grünberg, *Müller Berta F.: Mutter v. 63340	07.11.1898 Krakau ‚07.11.1905' A: Stillegasse 10/2 Plaszow-Auschwitz	**Starb am 23.04.1945 auf Evakuierung** PoT der Tochter Ziuta Grünhut 20.12.1998 mit Foto Kennkarte 2077 10.02.1941 Krakau A: 23.08.1940

FloNo. Nation	**Name**, *Mädchenname **Vorname** [Varianten]	**Geburtsdaten Deportationsdaten**	**Opferstatus Quellennachweis**
63340 POL	Grünberg, Ziuta [> Ziuta Grünhut] F.: Tochter v. 63339	11.10.1927 Krakau Plaszow-Auschwitz	Befreit in Mauthausen PoT 20.12.1998 für die Mutter Kennkarte 2001-2256 02/1941
63341 POL	Riemer, Alicja [>Alice Adler] [F: Vater Menachem]	12.02.1922 [Rzeszow] PR: Wien	**Schicksal ungeklärt** Befreit Ort unbekannt YV Item ID: 3960508
63342 POL	Feuer, Sonja	10.05.1916 10.06.1916	**Schicksal ungeklärt** GB Bergen-Belsen
63343 POL	Morawitz, [Morowitz] *Lamensdorf Irena	17.06.1923 17.06.1922 Krakau A: Jozefinska 30 Plaszow-Auschwitz	Befreit Ort unbekannt Laut Ruth Knoll FloNo.: 62972 USHMM Distrikt
63344 HUN	Geiger, Maria	20.03.1916	**Schicksal ungeklärt**
63345 POL	Tillesz, Regina	21.07.1915	**Schicksal ungeklärt**
63346 HUN	Roth, Hellen	18.02.1928	**Schicksal ungeklärt**
63347 POL	Rotblum, [Rothblum] Krisa [Krusa] [Kresel]	30.10.1924 Krakau A: Koletekgasse 6 Krakau-Plaszow Auschwitz	Befreit Ort unbekannt PoT 06.04.1956 für Zwillingsbruder Abra- ham & Schwester Ida Kennkarte 12720 21.03.1941 Krakau A: 22.11.1940
63348 HUN	‚Wiesel', *Gross Bella [>Beila Rosenfeld] AuNo.: **A-7561**	26.05.1923 Sacel ??.??.1924 Izaszacsal Auschwitz 18.05.1944	Befreit in Mauthausen Hospital: 22.05.1945 [431.] SVHF 30799 Starb: 04.11.2005 Buenos Aires
63349 POL	Ruzizcka, Danuta	06.07.1904	**Schicksal ungeklärt**
63350 POL	Tilles, *Zuckermann Helena [>Helena Tilles] AuNo.:	29.06.1915 Wien '27.06.1918' Krakau-Plaszow Auschwitz	Befreit in Mauthausen SVHF 32850 DP-Camp Linz
63351 POL	Birnbaum, [Birenbaum] Chana [Chaya][Hanna] AuNo.:	12.12.1923 Krakau-Plaszow Auschwitz	**Schicksal ungeklärt** Jewish Agency 14198 ? Vgl. Häftling 980 Mauthausen 07.12.1922 [SVHF 15277]

FloNo. Nation	**Name**, *Mädchenname **Vorname** [Varianten]	**Geburtsdaten Deportationsdaten**	**Opferstatus Quellennachweis**
63352 HOL	Becht, *Beugeltas Schoontje [‚Schontje'] [Schontze] AuNo.: [50204-50394]	13.10.1898 Amsterdam Drancy 57 Auschwitz 18.07.-20.07.1943	**Starb am 20.06.1945 auf Insel Reichenau** nach der Befreiung in Mauthausen Bestattet:Frankfurt a.M. www.ogs.nl
63353 RD	Friedrich ‚Friedricht', Lili [Lilly] *Stötter F: Ehemann Rudolf	07.04.1894 Osijek A: Wien 7, Karl Schweighofergasse 8 [‚07.05.1894'] Wien-Auschwitz Juni 1944	**Verstarb 1945 1946 für tot erklärt** LGfZRS Wien: 48 T 1444/46 „Zuletzt gesehen ‚April 1945' in Mauthausen" DöW
63354 CZE	Masatova, *Ledererova [Ledrova] Marketa AuNo.: 7518 [?] [A-7518 ?]	30.12.1899 Plzen Prag	**Verstarb 1945 Ort unbekannt** PoT Enkelin Vladimira Holubova 12.06.2002 YV Item ID: 5235640
63355 HUN	Molnar, Elisabeth	09.02.1906	**Verstarb 1945 in Venusberg** Ab.: 29.03.1945
63356 CZE	Pelikan, Anna [vgl. Antonia Pelikan?]	02.03.1900 [10.07.1894 ? A: Wien 19 Kreindelgasse 15 Kielce:19.02.1941]	**Verstarb 1945 in Venusberg** Ab.: 31.03.1945 [DöW ?]
63357 POL	Zamulewicz, [Samulewicz] Pola	05.01.1925 Krakau	Befreit in Mauthausen Jewish Agency 54697
????? POL	Schermant, Henryka [>Shaw] AuNo.: **A-26538** BeBeNo.:	14.07.1925 Krakau [14.07.1927] Plaszow-Auschwitz 22.10.1944 - 17.01.1945	Befreit in Mauthausen SVHF 13524 AutoBio.: Standing Tall Verstorben 2011 Kennkarte 824 DP-Camp Enns
53348 POL	Lewin, Elisa [Häftlingsärztin]	30.08.1910 Königsberg Auschwitz-Hainichen 08.09.44 Venusberg 06.03.1945	**Schicksal ungeklärt**

4.7 Literatur

Baumgartner, Andreas. Die vergessenen Frauen von Mauthausen. Die weiblichen Häftlinge des Konzentrationslagers Mauthausen und ihre Geschichte.
Verlag Österreich. Wien. 1997

Benz, Wolfgang. Distel, Barbara. Der Ort des Terrors.
Geschichte der nationalsozialistischen Konzentrationslager. Band 4
C.H. Beck Verlag. München. 2006

Bieberstein, Alexander. Zaglada Zydow w Krakowie. Wydawn. Krakau. 1986

Braham, Randolph L. The Destruction of Hungarian Jewry. Band II
New York. 1963

Czech, Danuta. Kalendarium der Ereignisse im KZ Auschwitz-Birkenau
1939-1945. Rowohlt. Reinbek bei Hamburg. 1989

Cziborra, Pascal. KZ-Autobiografien. Geschichtsfälschungen zwischen Erinnerungsversagen, Selbstinszenierung und Holocaust-Propaganda.
Lorbeer Verlag. Bielefeld. 2012

Cziborra, Pascal. KZ Dresden Reick. Tödlicher Typhus.
Lorbeer Verlag. Bielefeld. 2014

Cziborra, Pascal. KZ Flossenbürg. Gedenkbuch der Frauen.
Lorbeer Verlag. Bielefeld. 2015

Cziborra, Pascal. KZ Freiberg. Geheime Schwangerschaft.
Lorbeer Verlag. Bielefeld. 2015

Cziborra, Pascal. KZ Mehltheuer. Lippenstift statt Lebensmittel.
Lorbeer Verlag. Bielefeld. 2012

Cziborra, Pascal. KZ Wilischthal. Unter Hitlerauges Aufsicht.
Lorbeer Verlag. Lemgo. 2007

Cziborra, Pascal. KZ Zschopau. Sprung in die Freiheit.
Lorbeer Verlag. Lemgo. 2007

Düsing, Michael. Zwangsarbeit für den Endsieg. ArtHOUR. Dresden 2105

Eschinger, Doreen. «Weiter leben» im Land der (Mit-)TäterInnen?
Weibliche jüdische Überlebende nach der Shoah in Ungarn 1945-1956. S. 153-165
In: „Zwischen Mutterkreuz und Gaskammer". Edition Mauthausen. Wien 2008

Hartmann, Geoffrey. Le Passage du Témoin. Portraits et témoignages des rescapés des camps de concentration et d'extermination Nazis. Brüssel. 1995

Holden, Wendy. Born Survivors. Sphere. London. 2015

Jankowski, Herbert. „Das Außenlager Venusberg/Ortsteil Spinnerei Ein Versuch der Wahrheitsfindung“. Venusberg. 1999

Johnson, Uwe. Jahrestage. Aus dem Leben von Gesine Cresspahl. Suhrkamp. Frankfurt a.M.

Klarsfeld, Serge. Le mémorial de la déportation des juifs de France. Beate et Serge Klarsfeld.1978

Krappmann, Tamara. Die Namen in Uwe Johnsons „Jahrestagen“ V&R Unipress. Göttingen. 2012

Picciotto Fargion, Liliana. Il libro della memoria gli ebrei deportati dall'Italia (1943-1945). Mursia. Milano. 2002

Reichl, Leo. Katsdorfer Heimatblätter. Die KZ-Grabanlage auf dem Friedhof Katsdorf aus dem Jahre 1945. Heimatkundliche Schriftenreihe. Folge 5. 2000

Schreiber Weitz, Sonia. I Promised I Would Tell. Facing History and Ourselves. Brookline, MA. 1993/2004

Slozberg, Rikica-Radmila. "Auf dich wartet noch das Leben…" Donat Verlag. Bremen. 2010

Weiss, Helga. Und doch ein ganzes Leben. Lübbe. Köln. 2013

Bundesarchiv Koblenz. Gedenkbuch. Opfer der Verfolgung der Juden unter der nationalsozialistischen Gewaltherrschaft in Deutschland 1933-1945. Koblenz. 2006

Gedenkbuch Berlins der jüdischen Opfer des Nationalsozialismus. Freie Universität Berlin, Zentralinstitut für sozialwissenschaftliche Forschung, Edition Hentrich. Berlin. 1995

Mauthausen Komitee Österreich. Meine Tage waren leer. Biografien und Zeitzeugenberichte weiblicher Häftlinge des Konzentrationslagers Mauthausen. Edition Mauthausen. Broschüre ohne ISBN

4.8 Archivalien

Bundesarchiv Berlin (Ludwigsburg):

Barch, B 162 / 8375 ; Barch, B 162 / 8376, Barch, B 162 / 8377
Barch, NS 4/ FL 428

Staatsarchiv Nürnberg:

Staatsanwaltschaft Nürnberg-Fürth 2004-1-519
Staatsanwaltschaft Nürnberg-Fürth 2004-1-520
Staatsanwaltschaft Nürnberg-Fürth 2004-1-521
Staatsanwaltschaft Nürnberg-Fürth 2004-1-522
Staatsanwaltschaft Nürnberg-Fürth 2004-1-523

Stadtarchiv Zschopau:

Akte Judenstraflager Venusberg

DEGOB – Deportáltaktat Gondozó Országos Bizottság – Budapest:

Protokolle
128, 175, 741, 1206, 1557, 1764, 2020, 2057, 2393, 2468, 2477, 2807, 3595

CEGESOMA – Brüssel:

Mikrofilm 14683

Shoah Visual History Foundation – Los Angeles:

SVHF Videointerviews:
1486, 2100, 2707, 2952, 3109, 4819, 4959, [5472], 5572, 6782, 11460, 11565, 11738, 11921, 12003, 14166, 16138, 16445, 16457, 16833, 17438, 19518, 21467, 22752, 24791, 25374, 25542, 26021, 26695, 26867, 27406, 27576, 27720, 27846, 27899, 29985, 30258, 30799, 31831, 31863, 32044, 32215, 32343, 32713, 32850, 32906, 33890, 34770, 37218, 38368, 41941, 41946, 42104, 42957, 43635, 44236, 44849, 45078, 46556, 47182, 47510, 47726, 47895, 47927, 48563, 48565, 48699, 49965, 50646, 50895, 51094

NARA – National Archives and Records Administration – Washington:

NARA, M-1935 R1, M-1935 R-2, M-1935 R-3, M-1935 R-4
[Flossenbürger Nummernbücher]

Fotos

Gemeindearchiv Gelenau: F8

Privatarchiv Christian Brünig: Titelfoto oben, F2

Privatarchiv Pascal Cziborra: Titelfoto u.r., F1, F27, F28

Privatarchive Herbert Jankowski/ Scheffler: F5, F6, Titelfoto u.l., F7 [Müller]

Privatarchiv Martin Wollmann: F3, F4

United States Holocaust Memorial Museum (USHMM):

F9, F10, F11, F12, F13, F14, F15, F16, F17, F18, F19,
F20, F21, F22, F23, F24, F25, F26

Privatarchiv Jean-Pierre Couzon: D4

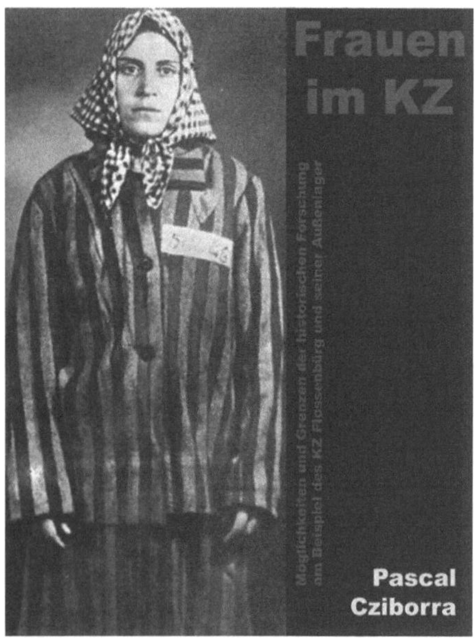